Felix Rieper,
Mollie Brandl Bowen (Hg.)

»LASST MICH LEBEN!«

Stationen im Leben des Künstlers Arnold Daghani

Aus dem Englischen von Felix Rieper

Mit einem Vorwort von
Professor Dr. Edward Timms,
University of Sussex, Brighton, England

zuKLAMPEN!

Anmerkung des Verlags:
Das vorliegende Buch folgt der heute gültigen Rechtschreibung.
Um die Lesbarkeit zu vereinfachen und Irritationen zu vermeiden,
gilt das auch für zitierte Dokumente.

Die Deutsche Bibliothek – CIP-Einheitsaufnahme
Daghani, Arnold
»Lasst mich leben!« : Stationen im Leben des Künstlers
Arnold Daghani / Hrsg.: Felix Rieper ; Mollie Brandl Bowen.
Übers.: Felix Rieper. – Gerlingen : Bleicher; Lüneburg : zu Klampen, 2002
(Zeugen der Zeit)
Einheitss.: The Grave is in the cherry-orchard ‹dt.›
ISBN 3-88350-672-9
ISBN 3-934920-25-X

e-mail: info@zuklampen.de
Lektorat: Angelika Vogt
Umschlag: Atelier Reichert, Stuttgart,
unter Verwendung eines Bildes von Arnold Daghani
»Camp interior«, 1943, Wasserfarben

Herstellung: Clausen & Bosse, Leck
ISBN 3-934920-25-X

Inhalt

Edward Timms

Zeugnis, Gerechtigkeit und Versöhnung

Arnold Daghanis Bericht von den Ereignissen im Arbeitslager Michajlowka in der Ukraine wirft Fragen über die Rolle von »gewöhnlichen« Deutschen im Holocaust auf. Ihm lag besonders daran, Verstrickungen von deutschen Straßenbaufirmen wie der August Dohrmann KG zu verstehen, die während der Besetzung der Ukraine Zwangsarbeiter einsetzten.

Die Originalversion des Tagebuchs über das Leben im Arbeitslager erschien 1947 in Rumänien unter dem Namen *Groapa este in livada de vişini*. Obwohl es den Charakter eines Tagebuchs mit exakter chronologischer Abfolge aller Ereignisse hat, verfasste der Künstler diese Version erst 1944 in Bukarest, nachdem ihm und seiner Frau die Flucht aus dem Lager geglückt war. 1961 erschien eine englische Version unter dem Titel *The Grave is in the Cherry Orchard*. Im Vorwort des Herausgebers heißt es dort, Daghani habe seine Tagebuchnotizen ursprünglich in Englisch verfasst. Das mag auf den ersten Blick erstaunen, da Daghanis Englisch in jener Zeit nicht sehr gut gewesen sein kann – auch wenn er in den dreißiger Jahren als Übersetzer für eine Handelsfirma tätig war. Warum er dennoch in Englisch schrieb, erklärte er 1965 in Lübeck im Zusammenhang mit den staatsanwaltschaftlichen Ermittlungen zu den Kriegsverbrechen in der Ukraine. Daghani hatte zwei Übungsbücher für englische Stenographie mit ins Lager geschmuggelt. So konnte er auf kleinen Zetteln stenographische Notizen über Ereignisse und Personen machen, die für die Wachen nicht entzifferbar waren. Es war eine notwendige Vorsichtsmaßnahme, denn hätte man seine Aufzeichnungen von den Ereignissen im Lager entdeckt und als solche erkannt, wäre er erschossen worden. Die Aufzeichnungen behielt Daghani stets gut versteckt am Körper und so erreichten sie nach seiner Flucht die Welt jenseits der Arbeitslager. Das Tagebuch in seiner abgerundeten Form wurde »später mit Hilfe der Aufzeichnungen, die ich gerettet habe, als Tatsachenbericht niedergelegt«.

Nach seiner Rückkehr nach Bukarest im März 1944 verfasste Daghani – ebenfalls in englischer Sprache – eine zusammenhängende Form des Tagebuchs. Warum nicht in Deutsch? War er davon abgestoßen, wie die Nazis seine Muttersprache missbraucht hatten, oder war es auch jetzt noch eine Vorsichtsmaßnahme? Im Frühjahr 1944 war Bukarest noch in den Händen von Marschall Antonescu, der ein nazi-freundliches Regime etabliert hatte. Deshalb war es sehr riskant als Jude ein antifaschistisches Manuskript in Deutsch oder gar in Rumänisch zu besitzen. Die Situation änderte sich schlagartig, als am 23. August 1944 Antonescus Regierung gestürzt wurde und eine Woche später die Rote Armee die Stadt besetzte. Während der folgenden Monate übersetzte Daghani sein Tagebuch ins Rumänische. Mit dieser Übersetzung wurde sein Tagebuch *Groapa este in livada de visini* erstmals veröffentlicht. Der Ausgabe waren 16 Aquarelle und Zeichnungen aus dem Lager von Michajlowka beigefügt. Jeder Eintrag enthält die genaue Angabe des Tages, beginnend mit dem 18. August 1942. Die Datierung wurde in den folgenden Ausgaben in anderen Sprachen beibehalten – jedoch mit zahlreichen Änderungen.

Zeugnis

Die Kraft eines Tagebuchs hängt nicht davon ab, ob die Ereignisse genau zum Tatzeitpunkt notiert wurden, oder ob es in der Sprache verfasst wurde, mit der man sich am Ort des Geschehens verständigte. Die wichtigsten Vorbilder für Daghanis Art der Erzählung sind Memoiren aus dem Ersten Weltkrieg, die Unmittelbarkeit vortäuschen, obwohl sie erst im Nachhinein verfasst wurden. Ernst Jüngers *In Stahlgewittern* (1922) ist wohl das bedeutendste Beispiel eines »Fronttagebuchs«, das seine Wirkung durch geschicktes Zusammenstellen von Notizen erreicht, die der Autor als Offizier an der Front gemacht hat. Im Gegensatz zu Jünger versucht Daghani die Geschehnisse so exakt wie möglich wiederzugeben und jede Voreingenommenheit zu vermeiden. Dieser Anspruch ließ Daghani sein Manuskript immer wieder überarbeiten, wenn neue Informationen ans Tageslicht kamen. Das »Tagebuch« entwickelte auf diese Weise einen eigenen Charakter, was die Glaubwürdigkeit seines Inhaltes aber keineswegs herabsetzt. Wer Daghani persönlich kannte, weiß welch ausgezeichnetes Gedächtnis für Ereignisse, Namen, Daten und Orte er hatte. Da er alle Strapazen mit seiner Frau, die er im Tagebuch stets unter dem förmlichen Namen Anishoara erwähnt, durchlitten hatte, konnte sie seine Erinnerungen bestätigen. Die Originalversion verdankt ihre Wirkung der Genauigkeit der beschriebenen Ereignisse, und ihrem nüchternen Stil, den Daghani selbst in Abschnitten mit persönlichen Gedanken und Reflexionen beibehält. Die besondere Leistung Daghanis liegt darin, dass er durch sein Tagebuch und seine Bilder dem Leiden der Zwangsarbeiter ein menschliches Antlitz gegeben hat. Er dokumentiert mit Daten und Fakten das subtile System der Gräueltaten und der Massenvernichtung. Das Tagebuch löst die Anonymität »des Holocausts« auf, indem es Aufschluss über Namen und Ränge der einzelnen Verbrecher, über die Charaktere ihrer Opfer und über den Handlungsspielraum der Personen gibt, die zuschauten: den Vertretern von Straßenbaufirmen, die zur Zusammenarbeit mit dem System der institutionalisierten Barbarei gezwungen waren.

Die Lagergeschichte von Michajlowka endete mit der Ermordung aller Insassen. Das veranlasste Daghani mehr Informationen über das Schicksal seiner ehemaligen Mithäftlinge zusammenzutragen. Ihr Schicksal, das Gedenken der Opfer und die Erinnerung an sie beschäftigten ihn so sehr, dass er unermüdlich die Aufzeichnungen und Bilder von damals überarbeitete. Das Gedenken wurde zu seiner Lebensaufgabe und begleitete ihn – abgesehen von kleinen Unterbrechungen – über 40 Jahre. An der vorliegenden überarbeiteten und erweiterten Ausgabe des Tagebuchs arbeitete Daghani, bis ihm die Parkinsonsche Krankheit das Schreiben unmöglich machte. Zur Eigenart des Lagertagebuchs gehört, dass es mit der Überarbeitung von Sprache und Bildern an Kraft gewann, zumal Daghani immer nachdrücklicher wurde, wenn seine Aussagen in Frage gestellt oder gänzlich ignoriert wurden.

Daghani frischte auch das Gedächtnis von all denen auf, die vergessen wollten: den Vollstreckern und den Zuschauern der Verbrechen von Michajlowka. In den sechziger und siebziger Jahren gab es eine Reihe von Ermittlungsverfahren und Prozessen in der Bundesrepublik, um diejenigen zur Verantwortung zu ziehen, die der Entnazifizierung entgangen waren. Daghani verfolgte das Geschehen aus der Ferne mit großem Interesse, besonders wenn es um die Zwangsarbeitslager in der Ukraine ging, und sammelte Informationen für seine Memoiren. Er war außer sich, als er erfuhr, dass einige der Verbrecher, die namentlich in seinem Tagebuch erwähnt werden, bestritten, jemals in der Ukraine gewesen zu sein. Aus diesem Grund entschloss er sich im letzten Jahrzehnt seines Lebens, eine überarbeitete und vollständige Version seines Tagebuchs zu veröffentlichen. Bei diesem letzten großen Projekt, das er nach seinem Umzug 1977 nach England fortsetzte, unterstützte ihn die preisgekrönte jüdische Journalistin Mollie Brandl Bowen, die seine engste Mitarbeiterin wurde. Es ist das Verdienst von Felix Rieper, dass dieses erweiterte Tagebuch nun veröffentlicht wird. Ermutigt von Brandl Bowen übersetzte er das Manuskript ins Deutsche und engagierte sich für eine Herausgabe in Deutschland.

Das englische Original der Memoiren besteht aus 300 Schreibmaschinenseiten mit zahlreichen handschriftlichen Anmerkungen und Korrekturen. Die neuen Erkenntnisse, die Daghani von den ermittelnden Staatsanwälten erhielt, fügte er in Form von Anmerkungen dem englischen Text *The Grave is in the Cherry Orchard* hinzu. Die Fußnoten sind manchmal so ausführlich, dass sie über zwei Seiten gehen; sie ergänzen die Lagererzählungen aus den vierziger Jahren mit späteren Begegnungen und Erkenntnissen aus den sechziger und siebziger Jahre. Das Werk ist gekennzeichnet durch einen häufigen Perspektivwechsel und die Gegenüberstellung von persönlichen Erinnerungen und gerichtlichen Zeugenaussagen – es wird so zu einem Gedenkwerk des Holocausts von enormer Komplexität.

Gerechtigkeit

Dieses erweiterte Tagebuch enthält neben persönlichen Erinnerungen auch Zeugenaussagen aus staatsanwaltlichen Ermittlungen. Daghanis Verwicklung in die Ermittlungsverfahren in Deutschland war eine Folge der Veröffentlichung der ersten Fassung seines Tagebuches in deutscher Sprache im Jahre 1960. Siegfried Rosenzweig, selbst ein jüdischer Holocaustüberlebender aus der Bukowina, übersetzte das Tagebuch aus dem Rumänischen ins Deutsche, und der Verlag Weg und Ziel aus Tel Aviv veröffentlichte es unter dem Titel *Lasst mich leben*. Daghani war von der Qualität der Übersetzung enttäuscht und widersprach den Äußerungen im Vorwort, wie aus seinen Notizen hervorgeht, die in der Universität von Sussex vorliegen. Rosenzweig war der Meinung, dass bei den Verbrechen »nur deutsche Horden eifrig am Werke waren« und die im Buch dargestellte Brutalität der Deutschen gegenüber den Juden ein Zeichen für »den wahren deutschen Charakter« sei. Daghani strich in seinem Exemplar das gesamte Vorwort mit schwarzem Kugelschreiber durch und fügte handschriftlich hinzu: »Bin mit dem Vorwort nicht einverstanden; widerspricht meiner Auffassung.«

Daghani wollte keine allgemein gültigen Aussagen über den »deutschen Charakter« machen. Seine Berichte von den Ereignissen in Michajlowka zeigen sehr verschiedene Deutsche, von sadistischen SS-Männern wie Mintel, Maass und Kiesel, die ohne ein Wimpernzucken jüdische Häftlinge erschossen, bis zu den Ingenieuren der Straßenbaufirma, wie Elsäßer und Bergmann, die ihr Mitleid mit den Häftlingen zum Teil zum Ausdruck brachten. Daghani macht sehr deutlich, dass die fanatischen Nazis auch willige Gehilfen unter den litauischen und ukrainischen Wachen fanden, die nicht weniger sadistisch und brutal vorgingen als ihre deutschen Vorgesetzten. Es waren keinesfalls »nur« Deutsche verantwortlich, so wie nicht alle Opfer jüdisch waren. Daghani hütet sich ebenso davor, die jüdischen Häftlinge über einen Kamm zu scheren und zu idealisieren. Neben dem Mut, mit dem seine Mithäftlinge das Leiden ertrugen, stellt er auch ihre menschlichen Schwächen dar.

Daghanis Berichte und Bilder aus dem Lager sind Understatements. Jahre später sagte er nicht ohne Stolz: »Ich habe nie eine Übertreibung verwendet – alle Aussagen basieren auf Tatsachen.« Das Gleiche gilt für seine Bilder: Er weigerte sich, irgendetwas zu zeichnen, das er nicht mit eigenen Augen gesehen hatte. Einmal fertigte er eine Zeichnung an, auf der 107 ukrainische Juden dargestellt waren, wie sie sich zur Hinrichtung durch Walter Mintel anstellten, der in der Mitte der schreienden Masse stand – mit einer Peitsche in der einen und einer Pistole in der anderen Hand. Später behauptete Daghani, das Bild zerstört zu haben, da er von dem Geschehen nur durch Hörensagen erfahren hatte. Es wäre »eine Darstellung einer Tragödie gewesen, die ich nicht selbst gesehen habe«. Während Daghani auf Melodramatik verzichtet, nutzt er gezielt Ironie, um die Absurdität der brutalen Herrschaft im Arbeits- und Vernichtungslager aufzuzeigen. Der Tagebucheintrag vom 14. September 1942 beschreibt einen Morgenappell, bei dem 25 Zwangsarbeiter vortreten müssen und anschließend zur Erschießung abgeführt werden. Am Abend dieses Tages schreibt Daghani in seiner Unterkunft – einem inzwischen zu voll gepferchten Pferdestall: »Die Pferde scheinen auch der Firma August Dohrmann zu gehören, aber die Zeichen stehen schlecht für uns, da sie wohl kaum ihre Pferde töten werden.«

Die erste Übersetzung des Tagebuchs ins Deutsche führte sofort zu einer Reaktion der Staatsanwälte in Deutschland. Am 16. Mai 1960 bedankt sich der Oberstaatsanwalt von Ludwigsburg in einem Brief bei Herrn Rosenzweig für die Übersendung eines Exemplars von *Lasst mich leben* und fragt nach Daghanis Adresse. Es dauerte dann einige Jahre bis die Ermittlungen voll in Gang kamen, aber am 5. April 1965 ist es so weit: Daghani wird in einem Brief vom Lübecker Staatsanwalt Dieter Joachim zur Zeugenaussage vorgeladen. Zweieinhalb Tage wird diskutiert und am Ende liegt eine 24-seitige stenographische Mitschrift vor. Die zeugenschaftliche Vernehmung untermauert die Beweislast des Tagebuchs und führt zu einigen neuen Erkenntnissen. Erneut wird die Beteiligung von Walter Mintel an der Erschießung von 107 ukrainischen Juden bestätigt, obwohl Daghani zugibt, die Hinrichtung nicht mit eigenen Augen gesehen zu haben. Die kriminellen Machenschaften des SS-Offiziers Bernhard Maass, der nur flüchtig im Tagebuch erwähnt wird, stellen sich als besonders verheerend heraus. Maass wird als »der wichtigste Mann von Michajlowka« beschrieben, und es wird angenommen, dass er für die Erschießung von 50 bis 55 Häftlingen am 26. April 1943 verantwortlich ist.

Nach den Angaben Dieter Joachims war es Daghanis Tagebuch zu verdanken, dass die deutsche Justiz auf die »Schreckenswelt« in der Südwestukraine aufmerksam wurde. »Um genau zu sein«, soll Joachim gesagt haben, »kam das ganze wie eine Lawine über uns.« In kurzer Zeit hatte er Hunderte von Namen in seinem Karteikasten und eine Landkarte an der Wand, die ihm die geographische Lage der Zwangsarbeitslager von Michajlowka, Krasnapolka und Ivangorod verdeutlichte. Tarassiwka war hingegen ein so unbedeutender Ort – vielleicht auch nur ein größeres Gehöft – dass man es vorerst auf keiner Karte fand. Mit Hilfe von Daghanis Hinweisen gelang es den Staatsanwälten schließlich, Augenzeugen des Massakers von Tarassiwka ausfindig zu machen. Ausgewählte Mitschriften ihrer Zeugenaussagen nahm Daghani in die erweiterte Fassung seiner Lebenserinnerungen auf. Werner Bergmann bestätigte, dass zwischen 400 und 450 Juden von deutschen SD-Leuten mit Hilfe von Litauern erschossen wurden, der befehlshabende deutsche Offizier sei ihm aber unbekannt gewesen. Die Aussagen von elf verschiedenen Zeugen des Massakers von Tarassiwka hat Daghani in seinen Memoiren festgehalten, hauptsächlich handelte es sich um Angestellte der Firma Dohrmann. Daraus ergab sich eine glaubwürdigere Bestätigung der Horrorszenarien, die er zwanzig Jahre zuvor auf den letzten Seiten seines Tagebuchs beschrieben hatte.

Daghani wurde so zu einem zweiten Simon Wiesenthal: Seine Aussagen machten es möglich, bestimmte Verantwortliche vor Gericht zu stellen und deren Gehilfen für ihr Handeln zu bestrafen. Aber die Ermittlungen schleppten sich über fast zehn Jahre hin. Am 10. November 1971 erhielt Daghani einen Brief von einem Lübecker Staatsanwalt, der ihn darüber informiert, dass es nicht möglich gewesen sei, die Personen, die für die Ermordung der Häftlinge des Lagers von Michajlowka am 10. Dezember 1943 in Tarassiwka verantwortlich waren, zu überführen. Daher »werden die Ermittlungen eingestellt«. Doch ein Fall ist noch offen: Am 8. März 1972, wie aus seinem Tagebuch hervorgeht, wird Daghani in seinem Zuhause in der Schweiz vom Hamburger Landgerichtsrats Hans-Joachim Röhse und der Staatsanwältin Frau Dr. Sarembe bezüglich der Anschuldigungen gegen Walter Mintel verhört. In Begleitung der beiden Vertreter der Hamburger Justiz ist Mintels Rechtsanwalt. »Der Anwalt wollte von mir wissen, ob ich die Massengräber selbst gesehen hätte und ob die ausgewählten Personen nicht in ein anderes Lager gebracht worden seien. Es gebe keine Zeugen, die die Anklage gegen seinen Mandanten wegen Mordes hätten stützen können.« Am 14. März 1976 erfährt Daghani aus einem Brief von Röhse, der inzwischen Gerichtspräsident von Hamburg geworden war, dass die Ermittlungen gegen Mintel wegen Mangel an Beweisen eingestellt worden sind.

Versöhnung

Eine Schlüsselfrage während der Ermittlungen war, wie sich deutsche Zivilisten in den Arbeitslagern verhielten – jene, die sich an Verbrechen beteiligten oder sie stillschweigend tolerierten, wie Daghani es formulierte. Er gab an, dass sowohl die Sicherheit im Lager, als auch die Vernichtung unerwünschter jüdischer Zwangsarbeiter in den Händen des Kommandeurs der Sicherheitspolizei und des Sicherheitsdienstes lagen. Die Straßenarbeiten unterlagen dagegen der Leitung der Organisation Todt (OT), einer Nazi-Organisation für den Ausbau des Straßennetzes während des Krieges. Die OT-Mitarbeiter trugen Uniformen und hatten Ränge ähnlich denen im Militär – dennoch waren sie weder Polizei noch eine bewaffnete Einheit. Daghani und seine Mithäftlinge waren »Sklaven einer Straßenbaufirma und lebten ständig unter einem Damoklesschwert.« Jedoch verneinte Daghani, als ihn der Staatsanwalt 1965 fragte, ob er Mitarbeitern der Straßenbaufirma Dohrmann etwas vorzuwerfen habe. Im Gegenteil, im Tagebuch und in der Niederschrift der Vernehmung berichtet Daghani von einem Vorfall im Mai 1943, bei dem die Firmenmitarbeiter Elsäßer und Bergmann möglicherweise eine Vernichtungsaktion verhindert haben und daraufhin von den Häftlingen mit Geld und Wertgegenständen beschenkt wurden. Während Daghani die Verantwortlichen wie Walter Mintel heftig angriff, äußerte er sich über die Zuschauer der Verbrechen zurückhaltend, wenn auch nicht ganz ohne Vorwürfe: »Aus moralischer und ethischer Sicht hätten die Straßenbaufirmen wie Dohrmann die Zwangsarbeiter nicht einstellen dürfen und deren Vernichtung verhindern müssen.«

Das Thema der Versöhnung gibt Daghanis Tagebuch einen besonderen Charakter. In den frühen siebziger Jahren entschloss sich Daghani, zu denjenigen Kontakt aufzunehmen, die damals Mitgefühl mit den Häftlingen zeigten: zu Angestellten der Straßenbaufirmen wie der Sekretärin Martha Fischer. In seinen Aufzeichnungen stellte er ihre Zuwendung der Brutalität der SS entgegen. Vermutlich suchte Daghani den Kontakt zu »seinen Herren von einst«, um deren genaue Rolle und Motive im Lager zu ergründen. Nachdem Daghani erfahren hatte, dass der Staatsanwalt die Hauptverantwortlichen der Firma Dohrmann identifiziert und vorgeladen hatte, nahm er direkten Kontakt mit ihnen auf. Außerdem wurde ein Exemplar von »Lasst mich leben« an die Firma gesandt, das von vielen der ehemaligen Mitarbeiter gelesen wurde.

Am 23. Januar 1973 erhielt Daghani drei Briefe in seinem Haus in Jona in der Schweiz: die Antworten von Werner Bergmann aus Freudenstadt (Schwarzwald), Martha Fischer aus Mainz und Josef Elsäßer aus Remscheid. Nanino brach in Tränen aus, als sie die Briefe las. Alle drei drückten darin ihre Freude aus, dass Daghani und seine Frau überlebt hatten. Sie berichteten von den Ereignissen in der Ukraine, als sie sich vor der Roten Armee zurückziehen mussten und die Lager vernichtet wurden.

In den folgenden Jahren entstand eine Freundschaft zwischen Daghani und den ehemaligen Angestellten der Straßenbaufirma. Davon zeugen 36 Briefe von Bergmanns Familie und 30 von Herrn Elsäßer. Der Ton darin ist erstaunlich herzlich, obwohl Daghani an der einen oder anderen Stelle seine Briefpartner aufforderte, zu ihrem Verhalten während des Kriegs Stellung zu nehmen.

Als selbst ernannter Aufklärer über die Verbrechen von Michajlowka setzte Daghani die Ermittlungen durch persönliche Gespräche und Diskussionen fort. Zusammen mit Werner Bergmann, Josef Elsäßer, Martha Fischer und ihren Familien versuchte er, die Geschehnisse von einst so genau wie möglich zu rekonstruieren. Der Prozess erwies sich als sehr heilsam. Martha Fischer besuchte die Daghanis im März 1973 in Begleitung ihres Manns Karl und ihrer Tochter. Nach ihrer Rückkehr schrieb Martha Fischer, wie beeindruckt sie doch war, dass Daghani keine Gefühle des Hasses ihnen gegenüber empfand.

Am 22. August 1974 bekamen sie Besuch von Josef Elsäßer. Nanino sah dem Tag nervös entgegen, da Elsäßer in seinem zehnseitigen Brief vom Januar 1973 taktlos in der Vergangenheit herumgestochert hatte. Aber Daghani brannte darauf, Antworten auf noch offene Fragen zu bekommen. Als Elsäßer schließlich mit einem Freund namens Friedrich Mayer eintraf, gab es einige Querelen, da Daghani das Argument, die Firma Dohrmann habe nur unter Zwang gehandelt, nicht akzeptieren wollte. Er verwies auf den Unterschied zwischen militärischen Gehorsam und zivilen Verträgen. Letztere beinhalteten gegenseitige Vereinbarungen, die auf Zustimmung beider Seiten basieren würden. Die Suche nach Versöhnung wurde im Mai 1973 belohnt, als die Daghanis Werner Bergmann und seine Frau in Freudenstadt besuchten. Es war gewiss ein sehr herzliches Treffen. Eines der schönsten Kunstwerke Daghanis aus jener Zeit zeigt die Willkommensblumen, die Bergmann ihnen am Bahnhof von Freudenstadt geschenkt hatte. Nach einem Tag voller Gespräche brachte Bergmann die Daghanis wieder zum Zug. Die Memoiren geben diesen Moment sehr eindrücklich wieder: »Keiner von uns dreien – weder er, noch Nanino oder ich – konnte seine Gefühle verstecken, als wir uns Auf Wiedersehen sagten. Für mich war es, als verabschiede ich mich von einem Bruder. Nanino und ich haben uns mit der Vergangenheit versöhnt.«

Schlussbemerkung

Dieser Prozess der Versöhnung findet nun seinen Abschluss darin, dass das Tagebuch mit seinen Ergänzungen, an denen Daghani zusammen mit Mollie Brandl Bowen so lange gearbeitet hat, auf Deutsch erscheint. Dazu gehört auch die Entscheidung des heutigen Geschäftsführers der Firma Dohrmann, Dr. Walter Spelsberg, die Übersetzung vom Englischen ins Deutsche zu finanzieren. Im Gegensatz zu anderen Firmenchefs verheimlichte er nicht die Verstrickung in den Missbrauch von Zwangsarbeitern, sondern trat offen für Aufklärung der Vergangenheit ein und beteiligte sich am Fond zur Entschädigung der Zwangsarbeiter. In einem Brief an Arnold Daghani vom 20. Dezember 1979 schrieb Spelsberg: »Aus Gesprächen mit Herrn Elsäßer, der vor wenigen Monaten verstorben ist, weiß ich um die erschütternden, unmenschlichen Geschehnisse während des Einsatzes unserer Firma in der Ukraine. Diese Geschehnisse sind für uns Deutsche zutiefst beschämend.«

Nachdem Daghani und seine Frau sich 35 Jahre lang für das Gedenken an die ermordeten Zwangsarbeiter eingesetzt hatten, musste dieser Brief ihnen sehr viel bedeutet haben. Die Veröffentlichung der erweiterten und illustrierten Ausgabe von *»Lasst mich leben!«* beendet nun eine lange Geschichte und vollendet Daghanis selbst auferlegtes Ziel, in Schrift und Bild Zeugnis abzulegen über eine Zeit, die sein Leben für immer geprägt hat.

Mollie Brandl Bowen

Erste Begegnung

Das erste Mal traf ich Arnold Daghani und seine Frau Anishoara – bekannt unter dem Kosenamen Nanino –, als sie nach England kamen, um sich eine Wohnung anzuschauen; sie befand sich im zweiten Stock des Hauses, in dem seine Schwägerin, Professor Carola Grindea, und ihr Mann Miron, der Herausgeber der renommierten Zeitschrift für Literatur *Adam*, lebten. Daghani verliebte sich sofort in den Palmeira Square in Hove – kurze Zeit später zog er mit Anishoara nach England. Ich war damals Juniorredakteurin beim *Jewish Chronicle* und oft zu Gast bei den Grindeas, wo stets ein Heer von Musikern und Schriftstellern für gute Unterhaltung sorgte. Als Daghani in Palmeira Square 1 einzog, wurde das Haus zu einem der interessantesten Orte in Brighton und Hove. Im Erdgeschoss hatten Musik und Literatur ihren Platz, während sich Kunst, Geschichte und Erinnerungen an den Holocaust im ersten Stock befanden.

Als ich Daghanis Kunstwerke zum ersten Mal sah, war ich überwältigt: Er hatte seine gesamte Wohnung in eine Kunstgalerie verwandelt – Besucher wurden mit Eindrücken durch Gemälde, Zeichnungen und Skulpturen überschüttet. Außerdem standen und lagen dort hunderte von handgebundenen, in sauberster Kalligraphie geschriebenen Büchern und Mappen, die Zeugnis von fast allen Lebensbereichen ablegten, einschließlich der politischen Verhältnisse nach dem Zweiten Weltkrieg.

Umgeben von Clowns und farbigen Collagen, schien es unwahrscheinlich, dass es eine weitere so ungewöhnliche Kunstsammlung in Form von Alben geben konnte mit ebenso starker Wirkung. Wenn Besucher durch die Seiten dieser riesigen Sammlung blätterten und die grausame Geschichte lasen, die vor ihren Augen aufgerollt wurde, kehrte Ruhe ein: Hier fand sich der Grauen erregende Bericht vom Leben der Daghanis als Häftlinge in den Arbeitslagern Michajlowka und Tarassiwka jenseits des Bug in der von Deutschland besetzten Südwestukraine. Die gebundenen Seiten waren mit anschaulichen Zeichnungen und Gemälden aus Daghanis dunkelsten Tagen ergänzt, die er mit seiner Frau Nanino und anderen jüdischen Häftlingen durchlebt hatte.

Im Frühjahr 1979 besuchte ich Dr. Samuel Krakowski, den Archiv-Direktor der Holocaust-Gedenkstätte Yad Vashem in Jerusalem. Er zeigte mir den *Pinkus Haliokot*, ein Gedenkbuch des Holocaust, für das Daghani detaillierte Informationen über die Lager jenseits des Bug beigesteuert hatte. Später schickte mir Dr. Krakowski einen Brief, in dem er das Buch *»Lasst mich leben!«* ansprach, an dem Daghani und ich arbeiteten. Das autobiographische Werk, das auch die zehn Jahre dauernden Ermittlungsverfahren in Deutschland dokumentiert, beschrieb Dr. Krakowski als »einen unermesslichen Tribut an alle Opfer des Holocaust«.

Auszüge aus Daghanis Tagebuch sind bereits 1947 in Rumänien, kurze Zeit darauf in deutscher Sprache in Israel[1] veröffentlicht worden, und später in Miron Grindeas Literaturzeitschrift *Adam* unter dem Titel *The Grave is in the Cherry Orchard*. Die deutsche Fassung kam nach Deutschland, wo sie in den sechziger Jahren Ermittlungsverfahren in Lübeck und anderen Städten auslöste, die sich über zehn Jahre erstreckten. In dieser Zeitspanne wurden Berichten zufolge 1500 mehrheitlich deutsche Personen zu den Verbrechen in den Lagern jenseits des Bug verhört.

Im Laufe der Verfahren wurde nach ukrainischen und litauischen Lageraufsehern gefahndet; Vertreter zahlreicher deutscher Baufirmen, die unter der Organisation Todt (OT) in der Südwestukraine eingesetzt waren, wurden befragt. Etwa hundert Überlebende legten Zeugnis ab, darunter Daghani. Während des gesamten Verfahrens bezog man sich auf Daghanis Tagebuchaufzeichnungen, die durch Aussagen der Deutschen erhärtet wurden. Walter Mintel, Kommandant des

---

[1] Unter dem gleichnamigen Titel *Lasst mich leben*, Verlag Weg und Ziel.

Zwangsarbeitslagers Michajlowka, verweigerte die Aussage. Der *Stern* veröffentlichte 1980 einen Artikel über die Zwangsarbeitslager in der Südwestukraine. Der aufgespürte Mintel bestritt im Interview, jemals in Michajlowka gewesen zu sein.

Daghani kochte vor Zorn, als er das las. Er schrieb sofort einen Brief an Walter Mintel mit bitterer Ermahnung an seine Verbrechen in den Lagern jenseits des Bug. Er erinnerte ihn mit detaillierten Beschreibungen daran, wo er gewesen war und an welchen Tagen er Häftlinge umgebracht hatte. Nach Daghanis Tod fand ich heraus, dass Mintel noch lebte und in Hamburg wohnte.

Ohne Daghani hätte die Welt vom täglichen Leben der Inhaftierten und vom Schrecken, den sie ertragen mussten, nie erfahren. Auch wären die deutschen Staatsanwälte auf die Massenvernichtung und das tägliche Morden nie aufmerksam geworden. Tatsächlich scheinen die Geschehen in diesen Gebieten bis heute noch weitgehend unbekannt zu sein.

Daghani setzte all seine Energie ein. Er wollte keine Rache, sondern Gerechtigkeit. Als die Ermittlungsverfahren sich in die Länge zogen, die Staatsanwälte in jedem Ermittlungsgebiet nur von eingeschränkten Beweismitteln Gebrauch machen konnten, verlor Daghani die Hoffnung auf einen erfolgreichen Ausgang der Untersuchungen. Am Ende erschien ihm das Verfahren wie eine Farce. Hunderte Menschen lagen verscharrt in Massengräbern in Obstgärten, am Straßenrand, in Gruben und auf Feldern, doch von Gerechtigkeit war keine Spur. Die Ermittlungsverfahren wurden eingestellt – die NS-Verbrecher blieben auf freiem Fuß, da sich keiner der Verhörten mehr daran erinnern konnte, wer die Befehle zum Töten und schließlich zur Vernichtung der Insassen aller Lager jenseits des Bug gegeben hatte. Andere Beteiligte konnten nicht gefunden werden, da es keinen Zugang zu den Gebieten gab, die im Herrschaftsbereich der Sowjetunion lagen.

Daghani bezeichnete sein Buch als »vollständiges Tagebuch«: vollständig, weil er darin Befunde der staatsanwaltlichen Ermittlungsverfahren aufgenommen hatte, die noch mehr Beweise an den Tag brachten, etwa über die Kollaboration der Ukrainer und Litauer. *»Lasst mich leben!«* ist meiner Meinung nach einzigartig: Während die meisten Bücher über das Leben im KZ mit der Befreiung enden, dokumentiert Daghanis Werk auch das Leben eines Überlebenden nach dem Holocaust. Noch ungewöhnlicher ist die Tatsache, dass kurz vor Beginn des Ermittlungsverfahrens zwei frühere Mitglieder und eine Sekretärin der Straßenbaufirma »August Dohrmann« mit Daghani Verbindung aufnahmen und später zu Freunden wurden – davon zeugen die zahlreichen Briefe und Postkarten. Nach dem Tod Daghanis nahm ich Kontakt mit der Sekretärin Martha Fischer in Mainz auf, die damals in Michajlowka für die Firma Dohrmann gearbeitet hatte. Sie sprach viel von Daghanis Bemühungen um Wahrheit, Gerechtigkeit und Anerkennung – Anerkennung für die Menschlichkeit, die sich einige Menschen selbst in der größten Barbarei bewahrt hatten. So wurden damals beispielsweise von Wachposten Informationen über die Bedingungen im Zwangsarbeitslager herausgeschmuggelt, die später Jerusalem erreichten. Eine andere Wache hatte die Tore aufgeschlossen, um den Häftlingen die Flucht zu ermöglichen. Die Sekretärin Martha Fischer hatte stets versucht, für die Häftlinge zusätzliches Essen zu bekommen. Daghani vergaß in all dem Schrecken nie, dass es auch solche Menschen gegeben hatte.

Unglücklicherweise erkrankte Daghani Anfang der achtziger Jahre an der Parkinsonkrankheit. Dennoch kämpfte er mit seiner Frau und mir weiter für Erinnerung, für die Veröffentlichung seines Lebenswerks.

Mit den Jahren, in denen ich mit Daghani und seiner Frau am Buch »Lasst mich leben!« arbeitete, wurden mir die Häftlinge immer vertrauter – sie wurden Teil meines Lebens. Dennoch habe ich mich manchmal gefragt, warum ich es sein musste, die die Aufzeichnungen über die schrecklichen Geschehnisse in Michajlowka überarbeiten musste. Oft sehnte ich mich nach einer Pause, besonders wenn wir über die grauenvolle Vernichtung der Lager jenseits des Bug sprachen: Sie ging nur zu anschaulich aus den deutschen Zeugenaussagen hervor.

Daghani reagierte so: »Es ist ganz einfach: Wie willst du etwas verstehen, wenn du nicht neben mir stehst – auch du musst es empfinden.«

In einem Brief schrieb er mir: »Seiten, Seiten, Mollie – Bitte lass es nicht vergebens sein.«

Ich fühle mich verpflichtet, das zu erfüllen, was er sein größtes Lebensziel nannte: Aufklärung. Er wollte, dass die Welt weiß, was in jenen dunklen Tagen jenseits des Bug geschehen war. Wir sind all jenen verpflichtet, die in anonymen Massengräbern, Feldern und Gruben verscharrt sind. Und dem jüdischen Schuhmacher Abrashka, seinen Kindern und seiner Frau, die erschossen wurden, weil sie Daghani und anderen die Flucht ermöglichten. All denen ist dieses Buch gewidmet.

Hove, England im Februar 2000 *Mollie Brandl Bowen*[2]

---

[2] Mollie Brandl Bowen verstarb am 9. September 2000, bevor es zur Veröffentlichung dieses Buches kam. Felix Rieper hat es sich zur Aufgabe gemacht, ihre Arbeit zu vollenden.

Arnold Daghani
Die Durchgangsstraße IV

Auf der Grundlage der Auszüge meines Tagebuchs *Lasst mich leben*, begannen im Frühjahr 1960 deutsche Staatsanwälte das »Ermittlungsverfahren gegen Friese und andere wegen Mordes« in Lübeck. Nach zehn Jahren Ermittlung wurden die Ergebnisse den zuständigen Gerichten im Sommer 1970 übergeben. Obwohl hunderte jüdischer Häftlinge in den Lagern jenseits des Bug starben, und obwohl wir Misshandlung und Folter durch die Hände von Hitlers Vollstreckern über uns ergehen lassen mussten, wurden die Ermittlungsverfahren gegen die Beschuldigten eingestellt, und zu meiner Verwunderung heißt es in einem der Dokumente: »Mitglieder der Sicherheitspolizei, die von den Staatsanwälten als Mittäter angesehen wurden, wurden von aller Schuld freigesprochen: Sie hatten die Befehle befolgt.« Und was passiert mit jenen, die die Befehle erteilt hatten? Obwohl deutsche Zeugen meine Aufzeichnungen bestätigten und darüber hinaus Verbrechen gestanden, schien niemand zu wissen, wer letztendlich verantwortlich war! Bis heute hat die breite Öffentlichkeit nicht die geringste Vorstellung von dem, was sich an der Durchgangsstraße IV (DG IV) im südwestlichen Teil der Sowjetunion während des Zweiten Weltkriegs zutrug.

Die DG IV führte von Deutschland geradewegs durch das damalige Generalgouvernement in die Südukraine: unter anderem durch die Städte Lemberg und Tarnopol. In der Südukraine führte die DG IV durch Proskurow, Letyczew, Winnica, Gaisin, Uman, Kirowograd, Kriwoi-Rog, Dnjepropetrowsk, bis nach Stalino als vorläufig östlichsten Punkt; sie sollte später bis in den Kaukasus fortgeführt werden. Vor dem Ausbruch des Krieges war sie von den Sowjets als Verbindungsstraße zwischen den Großstädten angelegt worden. Da die Kapazität der Straßen für die Versorgung der deutschen Truppen nicht ausreichte und ganze Abschnitte für schwere Fahrzeuge unpassierbar waren, verlangte das Oberkommando der Wehrmacht kurz nach dem Einmarsch der Deutschen, dass die Straße im Bereich der eroberten Gebiete erweitert werde. Sie wurde die wichtigste Transportstraße für die südlichen Frontabschnitte.

Nach einer Übereinkunft zwischen dem Oberkommando der Wehrmacht und dem Reichsminister Dr. Todt wurde die Organisation Todt (OT) mit der Erweiterung und Wartung der Straße beauftragt. Dr. Todt beauftragte den Generalbauinspekteur Berlins, Professor Albert Speer, mit dem Straßenausbau. Im Jahre 1942 arbeiteten an der DG IV ungefähr 50.000 Einheimische, 50.000 Kriegsgefangene und 10.000 Juden unter der Aufsicht von 5.000 Deutschen. 1943 wurde die Zahl der Zwangsarbeiter von 110.000 auf 70.000 verkleinert. Nachdem die Wehrmacht militärische Niederlagen erlitten hatte und sich im Rückzug befand, wurden Anfang 1944 die Arbeiten ganz eingestellt.

Die Staatsanwaltschaft konnte nicht ermitteln, wer die Zwangsarbeit angeordnet hatte. Dem Zentralbüro für die Aufklärung nationalsozialistischer Verbrechen in Ludwigsburg zufolge war es der verstorbene angeklagte SS-Hauptsturmführer Franz Christoffel; seine Vorgesetzten bestätigten das. Rumänische Juden wurden vermutlich deshalb herangezogen, weil Arbeitskräfte fehlten: Die ukrainischen Juden, die zuvor in Arbeitslager gearbeitet hatten, waren fast alle liquidiert worden.

Die Arbeits- und Vernichtungslager für Juden wurden von Straßenbaufirmen erbaut, die der Organisation Todt unterstanden. Die verpflichteten Firmen kamen aus Hanau, Koblenz, Miesenheim, München, Bad Neuenahr, Nürnberg und Remscheid. Die Häftlinge – oder Sklaven, wie wir uns selbst bezeichneten – wurden am Ende von der SS und dem SD liquidiert, einige aber auch von Mitgliedern der Organisation Todt und Hilfsfreiwilligen aus Litauen. Die Überlebensspanne der Häftlinge im Lager lag zwischen zwei und sechzehn Monaten.

Zu den neun Straßenbaufirmen zählten: August Dohrmann-Schütte aus Remscheid, Eras aus Nürnberg, Horst & Jüssen aus Sinzig, Ufer aus Koblenz, Teeras aus München sowie Fix aus Bad Neuenahr. Sie waren für die Reparatur der Straße von Gaisin nach Uman in der Südwestukraine verantwortlich und wurden mit Zwangsarbeitern von beiden Seiten des Bug beliefert. 3.500 ukrainische Juden wurden aus verschiedenen Ghettos der Region dorthin verschleppt; 3.800 »Exiljuden« stammten aus der Bukowina im Norden Rumäniens.

Da die Zwangsarbeiter von der SS »beschafft« worden waren, mussten die Baufirmen die Arbeiter nicht bezahlen – wir wurden ihnen als Sklaven überlassen. Offiziell unterstanden wir dem Ingenieur und OT-Mann Werner Bergmann aus Hagen, an dessen Seite zahlreiche Lagerkommandanten und Aufseher standen sowie der Vorarbeiter und der OT-Truppführer Josef Elsäßer. SS und Reichspolizei (5. Schutzkompanie), einige Litauer, übergelaufene Sowjetsoldaten und Wachposten aus dem Dorf beobachteten und bewachten uns ständig.

Der Tod lauerte auf all jene, die man aus irgendwelchen Gründen als nicht arbeitsfähig ansah; das hatte sonderbare Folgen: Jungen im Alter zwischen 13 und 14, die gemäß den Vorschriften der Sklavenhalter als zu jung für harte Arbeit galten, wurde das Recht auf Leben genommen; anfangs versuchten sie sich vor den suchenden Augen der Wachposten zu verbergen, dann stellten sie sich auf Zehenspitzen, um größer zu wirken. Ältere Leute versuchten alles, um jünger zu wirken: Wer stolz einen Vollbart oder Schnurrbart getragen hatte, rasierte ihn ab. Die Kranken gaben vor, gesund zu sein. Doch konnte es jederzeit passieren, dass ein Sklave, der sich wegen seines Alters in Sicherheit wähnte, aus dieser Welt gerissen wurde, oder dass ein Sklave – obgleich er wie zwei junge Männer schuftete – wegen seines hohen Alters erschossen wurde. Selbst wenn der eigene Ehemann oder die eigene Ehefrau, Kinder oder Eltern aus dieser erbärmlichen Welt gestoßen wurden, wurde weitergearbeitet und später stellte man sich für seine Erbsensuppe an – »und gib uns unsere tägliche Suppe« – so Ekel erregend und ungenießbar sie auch war. Für Trauer blieb keine Zeit. Die Straßenbaufirmen überließen die Häftlinge mit ihrem Flehen ums Überleben den Mördern, den litauischen Wachposten und Gefolgsmännern aus dem Dorf. Für die Organisation Todt war es nur wichtig, dass der Straßenbau reibungslos voranging. Ihre Vertragsfirmen brachten nicht nur Gewinne ein, sondern die Arbeit an der

DG IV verschaffte ihrem Personal auch ein Alibi für das Zurückbleiben hinter der Front.

Wie stark der Wunsch war, dass alles so zügig wie möglich voranging, offenbarte sich mir in einem Gespräch, das ich mit Karl Ullerich, einem OT-Mann der Firma Dohrmann, führte. Er fragte mich, ob ich mich wundere, dass seit längerer Zeit die Exekutionen nicht mehr auf der Baustelle selbst stattfänden. Ehrlich gesagt hatte ich nicht darüber nachgedacht; die Gedanken derer, die unser Leben in ihren Händen hielten, waren so unergründlich, dass wir ihre Urteile nicht hinterfragten. Ullerich aber wollte seine Erklärung loswerden: Es habe eine negative Wirkung auf die Kameraden der Erschossenen. Die Firma war davon überzeugt, eine Säuberung fernab von der Baustelle wirke sich weniger einschüchternd auf unseren Arbeitswillen aus.

An jenem Ostermontag, dem 26. April 1943, als die Exekutionen entfernt von der DG IV stattfanden, waren wir in einer Gruppe mit Rechtsanwalt Dr. Markus Rudich und seinen zwei Kindern Lilly und Gery. Frau Rudich musste im Lager bleiben. Sie wurde angeblich zu »niedriger Arbeit« abkommandiert – eine Umschreibung für Exekution. Als Lilly mit düsterem Gesicht zur Gruppe der Sklaven stieß, die zur Baustelle geschickt werden sollte, wurde Ludo Adler – der Schwiegersohn von Frau Rudich und Lillys Mann – ohnmächtig. Herr Rudich schluchzte; Lilly und Gery waren verzweifelt.

Im Großen und Ganzen aber waren die Sklaven weniger empfindsam als zu Beginn der Schreckenszeit. Damals wurde der zwanzigjährige Barasch fast ohnmächtig, als er ein blutbespritztes Fahrrad und einen blutigen Schlagstock auf Befehl des litauischen Aufsehers Zelinskas säubern musste. Heute kam Barasch scheinbar ungerührt von einer »Säuberung« zurück, die weit entfernt vom Lager durchgeführt worden war.

Trotz der Barbarei blieben wir Menschen. An Sonntagen genossen die jugendlichen Sklaven ihren Ruhetag; glatt rasiert saßen die Männer hinter dem Stacheldraht und folgten mit ihren Augen den schön angezogenen Jungen und Mädchen jenseits des Zauns.

Der Pfarrer, ein Nachbar des OT-Mannes Hermann Kaiser, ließ keine Gelegenheit aus, den Sklaven, die am Ostersonntag kleinere Aufträge für Kaiser erledigten, Brot zuzustecken: Heimlich drückte er oder seine Frau den Sklaven ein Stück in die Hand, wenn sie vorbeiliefen. Als der Pfarrer eines Tages sah, wie ich für Kaiser ein Aquarell malte, schenkte er mir zwei Blätter Briefpapier zum Malen. Kostbares Papier! Jeder der Aufseher wollte es für sein Porträt.

Die Häftlinge waren sehr gesprächige Menschen und nahmen ihre Rolle als Gesprächspartner ihrer Herren sehr ernst, doch vergaßen sie manchmal, wo sie sich befanden. So fremd es anmuten mag: Sie konnten die Gewohnheit nicht ablegen, sich als gleichberechtigt anzusehen – gleichberechtigt gegenüber den Aufsehern, den Mitgliedern der Organisation Todt und den litauischen Wachposten! Sie lebten in Träumen – in ihren Gedanken planten sie ein Leben nach der Befreiung, die eines Tages kommen würde, oder nicht?

Wir lauschten, wenn Ruth Segall »Wir sind die Moorsoldaten« sang – ein Lied, von dem sie sagte, dass es in einem Zwangsarbeitslager in Nazideutschland entstanden sei. Vor allem viele Frauen baten sie, es öfter zu singen. Die Vision der Befreiung in diesem Lied gab ihren Seelen Halt, wie aus ihren Gesprächen hervorging. So sagte Frau Jurmann eines Tages für alle gut hörbar zu ihrer Nachbarin: »Wenn uns der Himmel beisteht und wir zu Hause sind, möchte ich, dass meiner Martha ›Zu fünf, zu fünf‹ als Hochzeitsmarsch gespielt wird. Wäre das nicht herrlich.« Sie brachen in herzliches Lachen aus. (»Zu fünf, zu fünf« lautete der Befehl zum Aufstellen in Fünferreihen, den wir Tag für Tag hörten, wenn wir zur Arbeit aufbrachen oder wenn die Schinderei abgebrochen wurde).

Die Häftlinge sprachen sich untereinander gelegentlich mit »mein Herr« oder »meine Dame« an: »Sie sollten die Schaufel anders halten, meine Dame«, konnte man anfangs hören, wenn eine Frau den Kniff heraushatte und ihn einer anderen Sklavin beibringen wollte. Nicht ungewöhnlicher war der Satz: »Es tut mir Leid, mein Herr, ich kann Ihnen die Kartoffeln nicht überlassen, weil ich meine Schlüpfer noch nicht verkauft habe.« Die Sprache der Häftlinge war so grotesk, wie ihre Situation – vergleichbar mit einem Zug von Leichen, die Floskeln der Höflichkeit austauschten.

Als Sklavenkameraden sahen, wie ich Aquarelle vom Lagerleben anfertigte, seufzten sie auf und sagten: »Wenn nur die Amerikaner sie sehen könnten, dann würden sie verstehen, wie viel Leid wir ertrugen.« […] Andere Kameraden machten sich lustig. Welchen Nutzen hätten die Aquarelle und Zeichnungen, fragten sie. Ob ich ihnen die Befreiung versprechen könnte? Sie waren äußerst skeptisch, was den Ausgang des Krieges und das Schicksal des Lagers anging. Zu allem Unglück waren es die Skeptiker, die Recht bekommen sollten: Wenige Monate, nachdem Anishoara und mir die Flucht gelungen war, wurden im Jahr 1943 alle Lager jenseits des Bug liquidiert.

ZWANGSARBEIT UND ARBEITSLAGER

Arnold Daghani

»Lasst mich leben!« – Tagebuchaufzeichnungen

Dienstag, 18. August 1942 Einige von uns schliefen noch – in der Garage am Rande der Stadt Ladyschino am Bug. In der Nacht zuvor war es Nanino mit Hilfe des Zahnarztes Klein als Dolmetscher gelungen, von einer Bauersfrau zwei Arme voll Heu zu bekommen. So konnten wir zum ersten Mal seit dem 7. Juni eine erholsame Nacht verbringen.

Wie aus dem Nichts grölte plötzlich eine fremde Stimme: »Raus!« Ein fettleibiger Mann in SS-Uniform stand im Tor. »Haut ab, mit all eurem Müll!«, fügte er ungeduldig hinzu und fuchtelte bedrohlich mit seinem Schlagstock. Sein unerwartetes Erscheinen ließ uns aufspringen. Schleunigst machten wir, dass wir herauskamen; unsere Sachen zogen wir hinter uns her.

Zu unserem Entsetzen sahen wir draußen Menschen wild durcheinander hasten. Die Ankunft von Lastern mit der Kreideaufschrift OT machte das Chaos komplett. Eine alte Frau bückte sich, um eine Kartoffel aufzuheben, die sie vor Angst und Verwirrung hatte fallen lassen. Ein SS-Führer[3] schritt ein: »Vergiss das Ding! Du kriegst genügend zu Fressen da drüben.«

Auf Lkws verfrachtet wurden wir zum Bug gefahren, wo uns eine improvisierte Fähre erwartete. Eine Stunde lang fuhr sie hin und her, spie die Elenden am anderen Ufer aus. Jedes Alter konnte man an-

[3] 1973 erfuhr ich, dass SS-Obersturmführer Christoffel und SS-Untersturmführer Friese in Ladyschino eingesetzt waren. Staatsanwalt Dieter Joachim schickte mir die Abschlussverfügung des »Ermittlungsverfahren gegen Friese und andere wegen Mordes.« (geführt unter Kennziffer: 3 Js 1428/65 Staatsanwaltschaft Itzehoe, 2 AR 711/65 Staatsanwaltschaft Lübeck. Siehe auch hier S. 283).

treffen, vom sechsmonatigen Baby bis zum 91-jährigen Greis. Ein Konglomerat verschiedenster Menschen: einige noch gut aussehend, andere zerbrechlich, blind oder bucklig, Kinder und Säuglinge sowie schließlich kräftige Arbeiter – alle entführt für die Organisation Todt.

Wieder wurden wir aufgeladen. Bevor man die Motoren anließ, kamen OT-Männer und Soldaten auf der Suche nach Geld, das wir vielleicht versteckt und noch nicht übergeben hatten. »Wo ihr hinkommt, braucht man kein Geld«, sagten sie. Ein rumänischer Offizier der Grenzpolizei brüllte dem Haufen Elend zu: »Sollte jemand von euch versuchen zurückzukehren, wird er auf der Stelle erschossen.« Die Worte rauschten an mir vorbei, mich beschäftigte nur eines: Was stand uns bevor?

Wir fuhren durch Dörfer, deren Bewohner uns verstohlen hinter ihren Fenstern nachschauten. Einige von ihnen grinsten.[4] Dann passierten wir ein Ortsschild mit der Aufschrift Gaisin. Wenig später erreichten wir unser Nachtlager, ein Haus, vor dem Soldaten in uns unbekannten Uniformen herumlungerten. Einer von ihnen sprach mit unserem Wachposten in einer uns ebenfalls unbekannten Sprache.

Als wir am nächsten Morgen Gaisin verließen, erblickten wir Straßenschilder, die den Weg in östlicher Richtung nach Teplik und Uman wiesen. Auf unserer an einem Wald entlangführenden Straße arbeiteten Kriegsgefangene in blauen Jacken, auf denen in großen Buchstaben »S.U.« stand. Schließlich hielten die drei Laster am Ende eines Dorfes: Michajlowka.

---

[4] Als im Januar 1945 *Forum* in Bukarest mein Tagebuch veröffentlichen wollte, bat mich der Mitherausgeber Ghelerter darum, diesen kleinen Satz herauszunehmen, da er mir nicht glaubte, dass ukrainische Dorfbewohner uns angegrinst hätten, während wir unter Bewachung standen. Ein herrisches »Nein« zur Veröffentlichung des Satzes war sein letztes Wort.

Michajlowka

Wir waren am Ziel: ein mit Stacheldraht umzäunter Stall, der von einer Dorfwache bewacht wurde. Wir mussten einzeln zum Abzählen durch die Öffnung in der Umzäunung treten. Nach den jüngsten Ereignissen standen wir unter Schock: Wir trotteten hinein, ohne zu begreifen, was mit uns passierte.

Ein Polizeimeister hielt eine kleine »Willkommensansprache«: »Es ist verboten, mit den Bauern Kontakt aufzunehmen oder mit ihnen Tauschgeschäfte zu machen. Wer den Befehl nicht befolgt, wird erschossen oder gehängt.« Er deutete mit dem Finger auf den Galgen über dem Tor. Vor einigen Tagen sei ein Flüchtender gefasst und gehängt worden.[5] »Wir machen keinen Unterschied zwischen gebildetem und einfachem Volk – alle müssen arbeiten, ein Jude ist ein Jude. Ist das klar?«

Wenige Stunden, nachdem einer unserer Mitdeportierten, der Ingenieur Heinz Rosengarten, zuversichtlich bemerkt hatte: »Man wird uns dort Arbeit geben; viel besser als hier unsere Zeit zu verschwenden«, kletterten wir auf Lkws. Rosengarten schien zufrieden zu sein. [...]

Als der Polizeimeister verschwand, machte mich Anishoara auf einige Gesichter aufmerksam, die in den niedrigen Stallfenstern auftauchten. Man öffnete das Stalltor. Ein entsetzlicher Anblick: entmenschlichte Gestalten in Fetzen und Lumpen standen auf der Schwelle.

Unsere Sklavenkameraden waren im Mai[6] aus den Ghettos von Teplik und Uman hierher verlegt worden, um als Handwerker und

---

5 Vgl. Ermittlungsverfahren gegen Friese und andere wegen Mordes, Bd. 2 S. 369: Hinrichtung von zehn Juden (Tarassiwka) auf Befehl des SS-Obersturmführers Christoffel. Er hatte die Hinrichtung befohlen, weil zwei jüdische Verlobte geflohen waren. Die Hinrichtung fand vor den Augen der Lagerinsassen statt. Ebd. S. 213 (Lager von Lezniewo): Hinrichtung eines Juden durch einen litauischen Soldaten der Hilfstruppe wegen eines Fluchtversuchs. Vgl. hier S. 282, Ermittlungsverfahren gegen Friese und andere wegen Mordes, Nr. 1.

6 Vgl. hier S. 250 ff., Brief des früheren OT-Truppführers Josef Elsäßer vom 21. Januar 1973.

Küchengehilfen zu arbeiten. Offensichtlich war hier ein System errichtet worden, um jenseits des Bug aus jüdischen Zwangsarbeitern eine wirkungsvolle Arbeitsmaschinerie zu machen. Jetzt wurden auch wir ein Teil von ihr. Man riet uns, nicht unser wahres Alter anzugeben, wenn uns Wachposten danach fragten. Alle unter 14 und über 45 Jahren kämen auf eine besondere Namensliste, zusammen mit denen, die so töricht waren, sich krank zu melden.

Unser Herr ist der Lagerkommandant Arthur Kiesel, ein Berliner, der Mann, der uns bei der Ankunft begrüßte. Seine Adjutanten sind der SS-Unterscharführer Walter Mintel und ein litauischer Unteroffizier. Die unbekannten Uniformen der Soldaten, die vor den Baracken herumgelungert haben, sind also litauisch.

In der Feldküche hob gerade eine Frau den Deckel eines enormen Kochtopfes an; ein Geruch von säuerlicher Erbsensuppe verbreitete sich: Unser Essen, eine salzlose Erbsensuppe mit schimmliger Hirse darin. Alle 8 oder 9 Tage gab es drei Viertel eines altbackenen, grün gemaserten Brotlaibs. Natürlich konnten Häftlinge Kartoffeln, Zwiebeln oder Brot bei Vorübergehenden eintauschen, vorausgesetzt sie besaßen etwas zum Handeln.

Avram Naimann, ein Sklave aus Uman, richtete seinen Blick auf unser erstandenes Vorratsbündel. »Verboten?« Die Frage tat er verächtlich ab. Die Polizei und die Litauer seien nur allzu froh, wenn man ihnen nur ein Bestechungsgeld zuschöbe.

Eine junge Frau mit ihrem Baby auf dem Arm gesellte sich zu uns. »Es ist zwei Wochen alt«, erzählte sie. »Eines Tages werden sie es mir wegnehmen.«

Von der Ferne zog eine Staubwolke heran, ein Crescendo betäubte unsere Ohren: Eine Kolonne von mehreren Hundert Männern und Frauen, nach Geschlecht getrennt und von Wachposten der Gegend und litauischen Soldaten flankiert, hielt vor dem Lagertor. Nachdem der Unteroffizier die Häftlinge durchgezählt hatte, befahl er ihnen einzutreten. Ein Höllenlärm setzte ein. Männer, Frauen und Kinder hasteten hinein, kreischten und schrien, drängelten, schubsten und verfluchten einander. Wir beobachteten, wie sie sich vor dem Fenster der Küchenbaracke in einer Reihe aufstellten. Erschöpfte Gesichter; sie wirkten erbärmlich. Gierig streckten sie ihre Hände nach dem Mahl aus. Einige standen abseits und verfolgten all jene mit neidvollen Blicken, die früher an das Küchenfenster gelangt waren. Anishoara und ich sahen uns kurz in die Augen, es schauderte mir. Würden wir genauso enden?

Der Abend dämmerte. Da es nicht genügend Platz für alle im Stall gab, mussten die Neuankömmlinge im Freien übernachten.

Mittwoch, 19. August 1942 Als der Morgen dämmerte, wurden wir geweckt. Nachdem jeder seine Habseligkeiten verstaut hatte, befahl man uns, in Fünferreihen anzutreten; Männer und Frauen getrennt. SS-Unterscharführer Walter Mintel führte die Zählung durch: 480 Sklaven. Sieben Mütter von Säuglingen werden als Köchinnen und Küchengehilfinnen abkommandiert. Nathan Segall, unser selbst ernannter Lagersprecher, wurde Übersetzer für den OT-Mann, der das Kommando über die ukrainischen Bäuerinnen im Lager hatte.

Während die Kolonne von Arbeitern zur Kiesgrube geführt wurde, mussten der Rechtsanwalt Dr. Markus Rudich, der Architekt und Esoteriker Hammerling, ein gewisser Haskil Zuker – ein ehemaliger Industrieller – und ich den Pferdestall von Mist reinigen. Da nur einige Pferde umquartiert worden waren, würden wir den Stall, durch ein Gitter getrennt, mit den verbleibenden Tieren teilen.

Zwei weitere Lkws kamen von der anderen Seite des Flusses. Zu den Ankömmlingen gehörte auch eine alte Frau mit einem Baby, ihrem Enkel. Seine Eltern waren in einem anderen Lkw mit anderem Zielort unterwegs. Ich erfuhr, dass die Großmutter und das Baby ihnen hinterhergeschickt werden sollten.

Zur Mittagszeit traf ein von einem OT-Mann gelenkter Laster voller Lebensmittel ein. Ich schaffte es, über seine Schultern zu spähen, als er die Tagesrationen notierte: 50 Gramm Hirse und 100 Gramm Erbsen pro Kopf und Tag. Wir waren »Eigentum« der August Dohrmann AG aus Remscheid. Derselbe Laster versorgt auch die Lager von Tarassiwka und Braclaw. Wie eigenartig: So weit ich wusste, fiel nur diese Seite des Bug unter deutsche Zuständigkeit; Braclaw aber liegt auf der anderen Seite, von wo wir gekommen waren.

Nathan Segall schaute von einem Schreibheft auf. Auf meine Frage, ob ich helfen könne, entgegnete er, ich solle den Stall säubern, und so misteten wir weiter aus. Nathan Segall, sagte man mir, sei Tuchhändler in Czernowitz, Hauptstadt der Bukowina, gewesen.

In Ladyschino hatte Segall mit dem Rechtsanwalt Dr. Camillo Harth um die Vorherrschaft im Lager gekämpft, aber ohne Erfolg – Dr. Harth wurde von der Polizei zum Sprecher des Ghettos ernannt. Hier in Michajlowka bewarb sich Segall wieder um den Posten als Sprecher der Häftlinge, und diesmal schien sich ihm niemand entgegenzustellen.

Als ich gestern an der Seite Dr. Rudichs im Stall arbeitete, konnte ich hören, wie sich Segall beim Polizeimeister dafür einsetzte, dass wir nicht zusammen mit den ukrainischen Juden in einen Stall gepfercht würden. [...] Nach drei Monaten im Lager sind die ukrainischen Juden von Läusen befallen. Da unsere Kleidung noch verhältnismäßig gut erhalten ist, sehen uns die Ukrainer als Amerikaner an – eine seltsame Faustregel, die da gut Gekleidete zu Amerikanern macht! Arme Wesen. [...]

Sonnenuntergang. Die Häftlingskolonne kommt. Die Leute trotten daher; einige, man erkennt sie an kleinen Säckchen in den Händen oder auf dem Rücken, besitzen noch etwas Essbares aus Ladyschino. In der Masse sind keine Gesichter auszumachen. Sie sind vom Staub verhüllt. Ausgezehrt und hungrig können sie es kaum erwarten, die lebensspendende Erbsensuppe zu erhalten. Eine weitere Nacht bricht herein, für die meisten im Freien, für einige im Stall neben den Pferden und auf dem Dachboden darüber. Überall liegen so viele Menschen, dass zwischen den Körpern kein Fingerbreit Platz ist. Ein Haufen menschliches Elend, eingepfercht mit unruhigen Pferden. Der Geruch beißt in der Nase. Was wird uns der nächste Tag bescheren?

Donnerstag, 20. August 1942 In der Kiesgrube arbeiten die Männer mit Hacken; Frauen und Kinder schaufeln den Kies auf kleine Haufen. Das mechanisch ausgestoßene »Weiter arbeiten!« entstammt den Kehlen der Wachposten aus dem Dorf. Allzu oft schlagen sie einen Arbeiter mit ihren Stöcken zu Boden. OT-Mann Kühne ist der Aufseher. Nach Angaben der Zwangsarbeiter, die in den letzten drei Monaten unter seiner Aufsicht standen, ist er ein anständiger Bursche, der nie zuschlägt.

Als wir uns auf dem »Weg nach Hause« dem Stall nähern, sehen wir, wie eine mit Tüchern bedeckte Leiter durch das Tor getragen wird. Es ist die 70-jährige Frau Trebitsch. Sie ist an Herzversagen gestorben, während wir gearbeitet haben. Wir hören von zwei weiteren Toten; sie sind vom SS-Unterscharführer Walter Mintel und vom litauischen Wachmann Zelinskas innerhalb des vom Stacheldraht umzäunten Areals erschossen worden. Der eine soll Heimer geheißen haben, ein Mathematiklehrer. Den Namen des anderen konnte ich nicht herausfinden. Was mit ihren Körpern geschah, weiß ich nicht.[7] Vielleicht liegen die Gebeine der Opfer irgendwo in der Nähe des Stalls im Sand verscharrt. Werden wir das je erfahren?

Nach der Suppe pferchte man uns in den Stall ohne Stacheldrahtumzäunung. In normalen Zeiten wären die Ställe mit ihren Strohdächern richtig schön anzuschauen. –

Anishoara und ich haben einen Platz auf dem Dachboden gefunden und schätzen uns glücklich. Den Freiraum zwischen den Verschlägen teilen sich Nathan Segall, seine Frau und seine zwei Töchter Ruth und Livia, seine Schwägerin, und deren Söhne Dolfi und Fredy Breitner.

Sonntag, 23. August 1942 SS-Unterscharführer Walter Mintel hatte heute Nachmittag eine Unterredung mit Nathan Segall. Der teilte uns mit, dass wir 1000 Reichsmark an Mintel bezahlen müssten, wenn die Mütter ihre Babys behalten wollten – ohne Bestechungsgeld würde man alle Babys erschießen. Die Häftlinge sammelten den Betrag im Lager. »Wo ihr hinkommt, braucht man kein Geld« – so lauteten jedenfalls vor nur fünf Tagen die Worte der OT-Männer. Es schien Monate her zu sein, seit wir den Bug überquert hatten.

Montag, 24. August 1942 Eine Kolonne ist auf dem Weg zur Kiesgrube, die andere Kolonne zur Baustelle. Anishoara und ich müssen zum Straßenbau marschieren. Auf dem Weg durchqueren wir einen

---

[7] Wir erfuhren nach dem Krieg, dass der Stall (Nummer 1) niedergebrannt wurde, so dass die anonymen Gräber dahinter die einzigen Hinweise auf die Erschossenen sind.

Wald, ein unvergesslicher Anblick. Für einen Moment versuchen wir die Realität zu vergessen, die Erinnerung an Stacheldraht und Wachposten aus unseren Gedanken zu verdrängen. Doch das wird uns nicht gestattet; mit Gewehrkolben und Flüchen werden wir zurück in die Wirklichkeit gestoßen. [...]

Die Hitze des Tages trocknet uns die Kehlen aus. Zum Glück hat man uns ein Fass Wasser mitgegeben. Den OT-Männern ist es wegen der Typhusgefahr nicht erlaubt, Wasser zu trinken – sie trinken Kaffee.

Wieder zu Hause erzählt man uns, der Litauer Zelinskas habe verlauten lassen, wer lieber in der Kiesgrube anstatt an der Straße arbeiten möchte, solle ihm Geld oder Schmuck geben. [...] Doch die Zahl der Arbeiter in der Kiesgrube hat er im Voraus auf 100 Mann beschränkt, und wir besitzen weder Schmuck noch Geld.

Dienstag, 25. August 1942 Der Litauer Lonya Serskus scheint nur ein einziges Wort zu kennen: »Schneller.« Er weiß, was er sagt, wenn er »schneller, schneller!« schreit.

Als wir am Ende des Dorfs Michajlowka ankamen, standen wir kurz vor dem Zusammenbruch. Gerade in diesem Moment ereilte uns das Unglück, dem auf einem Rad ankommenden Walter Mintel zu begegnen. Einige hoben ihr Käppi zum Gruß, doch andere behielten es auf, weil sie ihn nicht bemerkt hatten. Das brachte ihn zur Weißglut. Er sprang vom Rad und schrie: »Wisst ihr nicht, dass ihr eure Mützen abnehmen müsst, wenn ihr einem deutschen Soldaten begegnet? Dafür werdet ihr büßen, das werdet ihr nie wieder wagen.« Mintel wartete noch, bis alle an ihm vorbeimarschiert waren, dann radelte er davon.

Wenig später standen wir in der Warteschlange für Erbsensuppe. Es war kaum eine Woche verstrichen, und schon hasteten auch wir durch das Lagertor, um zu den Ersten in der Schlange vor der Essenausgabe zu gehören. Die Zeit, in der Menschen höflich waren, Frauen und Älteren den Vortritt gaben, war nur noch ein fahler Schatten im Gedächtnis. Ja, es schien unglaublich, dass es solch eine Zeit je gegeben hatte.

Irgendetwas brachte Unruhe in die Menge – es war Walter Mintel, er stand am Lagertor. Die Häftlinge flüsterten miteinander. Was hatte er vor? Wir waren gespannt. Nach einem flüchtigen Blick radelte Mintel davon; was in seinem Kopf vorging, blieb mir ein Rätsel.

Mittwoch, 26. August 1942 Die Litauer und Wachposten aus dem Dorf haben ihre Erpressungsgelder in Branntwein umgesetzt. Dafür ging es den Erpressten umso schlechter: Die meisten der Zwangsarbeiter an der Hauptstraße besaßen nur noch wenig oder gar kein Geld mehr.

Zelinskas und einige anderen Wachposten an der Kiesgrube amüsierten sich in ihrem Rausch: Sie stellten leere Branntweinflaschen als Zielscheibe über die Köpfe der Arbeiter in die Kieswände. Auf Befehl wurde den Zwangsarbeitern verboten, sich von der Stelle zu rühren, wo sie gerade arbeiteten. Als Frau Meikhes von einem herausgelösten Stein verwundet wurde, bemerkte Zelinskas angesichts des Blutes beiläufig: »Sei froh, dass du in gewöhnlichen Zeiten 'ne Frau bist. Wenn die Wunde schlimmer wäre, würde ich dich erledigen.«

Sonnabend, 29. August 1942 Ich träumte von meiner Mutter und erwachte. Heute wäre sie 73 geworden. Sie ist im vergangenen April nach 12-jähriger Krankheit in Bukarest gestorben. So blieben ihr wenigstens der Tod meines Vaters am 17. August und die Leiden dieser Hölle erspart.

An diesem Morgen blieben einige Litauer zurück in ihren Häuser. Nebenbei sagte uns Lonya Serkskus: »Die Mannschaft hat heute Urlaub.«

Ich dachte nicht weiter darüber nach. Während wir aus dem Lager marschierten, flüsterte mir unser Freund Bernhard Locker ins Ohr: »Wir werden heute Märtyrer bekommen.« Die ukrainischen Juden bestätigten, dass ein Massengrab ausgehoben worden sei. Der Jude Smiths hat den Hinweis von den Dorfbewohnern bekommen.

Am Nachmittag kamen die Litauer auf einem Pferdewagen die Straße entlanggefahren. Pfeifend, mit strahlenden Gesichtern und einer Alkoholfahne gaben sie den OT-Männern und den Wachposten die Hände. Sukerkas war auch dabei.

… 16 Häftlinge sind erschossen worden. 14 der Märtyrer sind ukrainische Juden. Unter ihnen die Mutter mit ihrem drei Wochen alten Baby, die bei ihrer Ankunft mit uns gesprochen hatte – ihre Vorahnung war jetzt bestätigt. Die zweite Tochter des Kochs ist ebenfalls den Märtyrertod gestorben.[8]

Nathan Segall wurde von der Zwangsarbeit befreit und nutzte die Gelegenheit, das grausame Schauspiel unbemerkt, von einem kleinen Fenster im Dachboden aus, zu beobachten. Später schilderte es uns so: Nachdem die Kolonne in Richtung Baustelle verschwunden war, wurden alle Handwerker und Küchenkräfte zusammen mit Segall im Stall eingesperrt. Die zum Tode verurteilten trieb man zum Grab, das hinter dem Stall ausgehoben worden war. Der 91-jährige Herr Seidner aus der Gegend von Czernowitz führte den siebzigjährigen und erblindeten Shlomo Wohlmanns aus Suczawa[9] an der Hand. Segall hörte, wie sie mit lauter Stimme ihre Gebete sangen. Sie kamen ans Grab und mussten sich ausziehen – hinter ihrem Rücken standen die Litauer. Dann krachten die Schüsse und die Häftlinge sanken entblößt ins Grab.

Wie konnte Segall all dem nur zuschauen? Vielleicht tat er es ja, um eines Tages Zeugnis ablegen zu können – falls es die Befreiung gäbe. [...] Als ich Anishoara anschaute, setzte mein Verstand aus. Der Gedanke, dass ...

Sonntag, 30. August 1942 Das Leben ging weiter. Einige Leute klopften ihre Kleider aus und zerdrückten Läuse, während die beiden Friseure, Herr Dampf und Herr Sporn, Bärte rasierten und Haare schnitten. Den ganzen Morgen waren die Frauen mit dem »Haushalt« beschäftigt. Zwei Klumpen Erde, darüber ein irdener Topf, und dann war es eine Frage des Wohlstandes, ob man einen Kürbis oder Kartoffeln aufwärmen konnte oder nur Wasser, und selbst das war nichts Selbstverständliches: Die Wachposten führten unsere Wasserträger nur zum Dorfbrunnen, wenn sie es für nötig hielten.

---

[8] 1972 besuchte mich Herr Röhse, der Landgerichtsrat von Hamburg, wegen des SS-Unterscharführers Walter Mintel. Vgl. hier S. 221.

[9] Es ist seltsam, dass der arme blinde Shlomo Wohlmann am Geburtstag meiner Mutter in seinen Tod laufen sollte; sie gehörten der gleichen Synagoge an.

Anishoara und mir gibt man ein Stückchen Kürbis. Drinnen diskutiert man hitzig die neuesten Nachrichten. Professor Henner hat sich in seine Englischgrammatik verkrochen, die er zusammen mit einer italienischen Grammatik ins Lager geschleust hat. Der zwölfjährige Nori Steiner liest eine Lutherbibel. Wenige Schritte weiter liest Rosa Tabak (geborene Semmel), umringt von Jung und Alt, den Häftlingen das Schicksal aus den Karten. Keine Liebesgeschichten, keine unerwarteten Erbschaften. Nein! Stattdessen ist Rosa Tabak fest davon überzeugt, die Befreiung in den Karten zu sehen. Befreiung, nach dem, was gestern geschehen ist? Ja, die Befreiung werde kommen, wird sie nicht müde zu wiederholen. Doch die anderen wollen nicht daran glauben.

Fast alle haben gute Karten gezogen. »Nur nicht Mio Goldschlagers«, bemerkt Rosa Tabak zu den Versammelten, als die junge Frau die Runde verlassen hat. Etwas sei nicht in Ordnung mit Mios Karten.

Während ich bedächtig die Treppe vom Dachboden hinabstieg, um von Rosas Schwager, Jacob Landmann, Kartoffeln zu besorgen, hörte ich einen Schrei; von oben herab senkte sich eine Staubwolke. Aus der Decke ragte das Bein einer Frau heraus. Ein morsches Brett hatte nachgegeben. Zum Glück war Frau Rosa Kreindler-Weiss nicht ernstlich verwundet.

Mittwoch, 2. September 1942 Das Leben im Stall läuft nur mit Improvisationen: Die Futterkrippen sind in Kinderbetten verwandelt worden; alte Kölnisch-Wasser-Parfumfläschchen werden zu Lampen, die ein gedämpftes Licht ausstrahlen.

Nicht weit vom Stallzentrum steht Max Gutmann – umgeben von Männern und Frauen – und bietet Kartoffeln zum Verkauf an, die er in der Kiesgrube im Tauschhandel erstanden hat. Eine Gruppe betet ihr Abendgebet und wippt dabei rhythmisch mit ihren Oberkörpern vor und zurück. Das Gewieher der jenseits des Gatters stehenden Pferde, wo Nathan Segall mit seiner Familie sitzt, übertönt von Zeit zu Zeit ihre Stimmen. Plötzlich tritt Stille ein. Häftlinge geben sich vorsichtig Zeichen …

Zelinskas! – Er befiehlt unserem Kesselflicker und unserem Uhrmacher herauszutreten. Benedykt Semmel und Herr Fischmann gehorchen. Humpelnd und stark blutend kehren sie später zurück. Zelinskas sei zornig gewesen, weil sie Käse und Tomaten von einem Stallknecht[10] gekauft hatten, ohne ihm zuerst ein Bestechungsgeld gegeben zu haben – deshalb ließ er sie auspeitschen.

[…]

Freitag, 4. September 1942 Lange vor dem Aufwecken holte uns das Geschrei von Susi, der fünfjährigen Tochter von Mia und Zaharia Siperstein, aus dem Schlaf: »Mami, ich hab Hunger, ich hab Hunger!« Armes Kleines, ihre Mutter konnte sie nur schwer wieder beruhigen. Einige Frauen aus der Kiesgrube standen auf und zogen sich mehrere Kleider an. Vielleicht wollten sie die Zeit bis zum stets gleichklingenden Appell Dolfi Breitners, Segalls Neffen, »Aufstehen und Ankleiden!« nutzen, um etwas Essen zu erstehen.

Der Ruf. In Reih und Glied stehend tauschen die Häftlinge ihre Träume der vergangenen Nacht aus. Viele haben von Schüsseln voller Essen geträumt. Lilli Adlers Augen funkeln, als sie Mizzi Harth von ihrem herrlichen Fisch erzählt, den sie im Traum verspeist hat. Der Esoteriker Hammerling bemerkt plötzlich: »Ich bin mir sicher: Am 18. des Monats werden wir wieder zu Hause sein.« Tiefes Seufzen geht durch die Reihen der Häftlinge. Sie kennen Hammerling aus Czernowitz – er ist kein Spinner. Sie wissen, dass er sogar noch im Lager Michajlowka Bücher über Sprachen und Esoterik liest. Ich bin oft versucht, ihn darum zu bitten, sie mir einmal zu zeigen, doch fehlt mir der nötige Mut dazu.

Sonnabend, 5. September 1942 Die Häftlinge sind mit blank liegenden Nerven von der Kiesgrube zurückgekehrt. Mizzi Locker erklärte mir warum: Sie hatten zwei Stunden gearbeitet, als Zelinskas erregt mit SS-Unterscharführer Walter Mintel diskutierend gesehen wurde. Dann verließ Zelinskas die Kiesgrube. Nur Mintel blieb zu-

[10] Vgl. hier S. 250 ff., Brief des ehemaligen OT-Truppführers Elsäßer vom 21.1.1973 über die Litauer im Lager.

rück und behielt alle genau im Auge. Sie arbeiteten weiter, schwer, ihre Nerven waren zum Reißen gespannt. Irgendetwas lag in der Luft ... Dann kehrte Zelinskas in Begleitung von zwei Wachposten auf einem Pferdekarren zurück. Das Gespann hielt vor der Grube. Mit einem flüchtigen Blick zur Seite sah Mizzi, wie zwei Wachposten ein etwa 18-jähriges Mädchen vom Wagen zerrten. Ihre Kleidung war zerrissen, ihr Haar zerzaust. In ihrem Gesicht stand der Schrecken und dennoch konnte man noch Spuren ihrer Schönheit erkennen.

Mizzi glaubte, sie sei von einem anderen Lager geflohen, habe die Orientierung verloren und sei in die Hände der Lagerwachen geraten.

Dem Mädchen wurde befohlen, eine Spitzhacke zu nehmen und in einiger Entfernung von den anderen zu arbeiten. Zelinskas und ein Kumpan setzten sich in ihre Nähe und genossen ein kräftiges Frühstück, während das Mädchen unter größter Anstrengung hackte und sich nicht traute, aufzublicken. Ohne erkennbaren Anlass, ließ Zelinskas plötzlich von seinem Frühstück ab, sprang auf und prügelte mit seinem Schlagstock auf das Mädchen ein. Sie versuchte seine Schläge abzuwehren: »Oi! Oi! – Nicht! Ich arbeite doch!« Aber es war zwecklos. Schließlich war Zelinskas vom Schlagen ermüdet, und kehrte zu seinem Frühstück zurück.

Noch während er aß, befahl er, ein Grab auszuheben. Das Mädchen sollte hineinsteigen, doch sie weigerte sich. Schläge zwangen sie zu einem ersten Schritt, dann hielt sie wieder an. Nach einem kurzen Kampf, warf man sie ins Grab. »Gesicht auf den Boden!« ... Ein Schuss.

Sonntag, 6. September 1942 Der Architekt Hammerling schaute mir direkt ins Gesicht und ließ die Bemerkung fallen: »Ihr Unglück wird mit der Vollendung Ihres 37. Lebensjahres ein Ende nehmen.

---

[11] Anishoara und ich haben Gewässer überquert, etwa den Bug, den Dnjester, das Mittelmeer und den Ärmelkanal. Ruhm? Ich warte noch immer und bin jetzt 73! SS-Unterscharführer Walter Mintel ist am Leben und wohnt in Deutschland. Wir fragen uns, ob er von Alpträumen gequält wird wie wir – ich bezweifle es!

Sie werden Gewässer überqueren und berühmt werden.«[11] In viereinhalb Jahren – aber wohl nur, wenn es SS-Unterscharführer Walter Mintel, Zelinskas und dergleichen nicht gäbe.

Montag, 7. September 1942 Zum ersten Mal sahen wir unseren Herren. August Dohrmanns Bruder, Walter, reiste mit einem Lkw an, um den OT-Aufsehern ihre Löhne auszuzahlen. Der Ingenieur Werner Bergmann und der OT-Truppführer Elsäßer begleiteten ihn. Alle drei trugen die Uniform der Organisation Todt. Angeblich waren Werner Bergmann und Walter Dohrmann OT-Frontführer. Während sie die Arbeiten inspizierten, versuchte der Fahrer Hennes, ebenfalls in OT-Uniform, heimlich einige Streichholzschachteln zu verkaufen. Ich fragte mich, was sie uns gegenüber empfanden – ein müßiger Gedanke.

Donnerstag, 10. September 1942 Zwielicht. Markus Rudichs Familie, Heinz Rosengarten und seine Frau Annie, Mizzi Harth, Anishoara und ich diskutierten über den Kauf von zwei Eimern Kartoffeln, der für unsere vier Familien reichen musste. Da zischte eine Stimme neben uns: »SS!« Wenig später, tobte eine andere Stimme: »Dalli! Dalli! Raus mit eurem Müll!« Heinz erblasste augenblicklich. Hatten wir diese Stimme nicht schon einmal gehört? »Du wirst sehen«, flüsterte er uns mit strahlender Miene zu, während wir die Treppen hinabstiegen, »sie sind gekommen, um uns auf die andere Seite des Bug zurückzuschicken. Annie, meine Liebe, freu dich, deinen Geburtstag werden wir auf der anderen Seite des Ufers feiern.«

Draußen erkannten wir einen der SS-Männer: den feisten Kerl, der uns über den Fluss begleitet hatte. Stille kehrte ein. Ich sah, wie ein SS-Offizier Dolfi Breitner ein Zeichen gab. Jetzt ertönte laut seine Stimme über dem Platz. »Wer nicht folgende Sachen herausrückt, wird sofort mit dem Tod bestraft: Felle, Pelzmäntel, Pelzhüte, Lederschuhe, Waschbecken, Kocher und Geld.«

Etwa zwanzig Minuten später brach man die Sammlung ab; es war zu dunkel geworden. Sie fuhren davon.

Heinz hatte tags zuvor seinen Mantel verkauft, um von dem Geld Kartoffeln kaufen zu können – jetzt hatte es die SS. Anishoara hatte sich von einem neuen Kocher trennen müssen.

Freitag, der 11. September 1942 Auf dem Weg zurück zum Stall erblickten wir einen Fremden in Zivil, der am Sturz der Stalltür lehnte. Er kam aus dem Ghetto von Uman, seine Frau und seine Tochter waren hier im Lager. Offenbar hatte er Erlaubnis von der Gestapo, sie zurück ins Ghetto mitzunehmen. Mintel und Zelinskas unterhielten sich lange mit ihm und überprüften dann seine Papiere. Er sollte die Nacht mit uns im Stall verbringen, getrennt von seiner Familie.

Jüdisches Neues Jahr – 5703 Von der Decke hing eine improvisierte Lampe herunter, gebaut aus einem Fläschchen Kölnisch Wasser, gefüllt mit Kerosin und einem brennenden Docht aus Baumwolle – so feierten wir das Neue Jahr. Unruhe steckte in den Häftlingen. Ihre Gebete[12] waren voller Leidenschaft; erfüllt von dem Wunsch nach Befreiung und einem Ende der Bedrohung. Instinktiv gingen wir aufeinander zu und wünschten uns Erlösung von den Qualen. Frau Fany bot den Umstehenden Honig an, den sie noch aus Czernowitz hatte. Noch immer drang der Gesang der Gebete herauf. Ganz dicht bei mir standen Anishoara und Mizzi Harth, jeder sehnte sich nach Wärme.

Die Erbsensuppe, die einmal täglich ausgegeben wurde, war unser Mittag- und Abendbrot in einem. Schneller als sonst löffelten wir sie – nicht gerade ein üppiges Festmahl zum jüdischen Neujahr. Keiner von uns konnte sich daran erinnern, je Erbsensuppe zu diesem Anlass gegessen zu haben. Die Gebete erklangen weiter, bis die Lampe ausgemacht wurde. Wie erbärmliche Schlucker trotteten wir zu unseren Schlafplätzen und träumten vom fernen Zuhause.

Sonnabend, 12. September 1942 Vor dem Wecken ging ich zur Küchenbaracke, um eine Tasse heißes Wasser zu holen. Als ich am

---

[12] Philippe Kellmer sagte, dass es ihm schwer falle, angesichts der vielen Morde im Lager noch an Gott zu glauben. Sein Vater, der ein religiöser Mann in Czernowitz gewesen war, und seine Mutter wurden 1943 erschossen. Sein Verstand konnte einfach nicht begreifen, wie Gott solch schändliche Verbrechen zulassen konnte. Sein Sohn überlebte den Holocaust und lebte später in Paris. In den siebziger Jahren besuchte er uns in der Schweiz, um über seine Eltern zu sprechen.

zweiten Stall vorbeiging, hielt mich die Schwester des Fremden von gestern zurück. »Ist meinem Bruder irgendetwas zugestoßen?«, fragte sie mich ängstlich. »Nicht, dass ich wüsste«, entgegnete ich, »was sollte ihm schon passiert sein?«

Als wir uns zu Reihen formierten, erfuhr ich es. Gestern Nacht waren Rechtsanwalt Marian Dolberg, Bernhard Locker und andere durch das Grölen des besoffenen SS-Unterscharführers Walter Mintel und Zelinskas erwacht. Die beiden hatten den Fremden gesucht. Als sie ihn fanden, sollte er ihnen folgen. Nach einem Tumult hatte man in der Nähe einen Schuss gehört. Heute Morgen war von dem Fremden keine Spur mehr. Bernhard hatte gesehen, wie sich seine Frau die Kehle nach ihm aus dem Halse schrie und sich die Haare vom Kopf riss.

Wegen des Toten kam ein SS-Unterscharführer aus Uman vorbei und machte ein Höllenspektakel.[13]

Ich weiß nicht mehr, was hier gespielt wird.

Sonntag, 13. September 1942 Der feiste SS-Mann und andere SSler tauchten heute Morgen erneut im Lager auf. Dieses Mal waren wir alle im Stall. Sie befahlen uns, unsere Bündel zu öffnen.

Ihr Auftreten war schnell wieder vergessen. Selbst Frau Kreisel und ihre zehn Jahre alte Tochter Selma dachten für einen Augenblick nicht mehr an den Pelzmantel. Sie hatten den feisten SS-Mann gebeten, Selma den warmen Mantel zu lassen – vergeblich, er hatte ihn mitgenommen.

Große Freude brach unten im Stall und im Dachboden aus: Angeblich habe der OT-Mann Hermann Kaiser dem Rechtsanwalt Arie Zuckermann gesagt, dass die Arbeiten beiderseits der Straße bis Ende Oktober beendet sein würden. Die Häftlinge fingen sofort an, wild über unsere Zukunft zu spekulieren.

Wahrscheinlich wird man die Gruppe von Bauersfrauen auflösen. Sie arbeiten auch an der Hauptstraße, manchmal kamen sie, in Kar-

---

[13] Vgl. hier S. 284, Nr. 4 Zeugenaussage von Theodor Groever: Über die Erschießung eines Juden aus Uman.

ren zusammengedrängt, an unserer Kolonne vorbeigefahren und sangen. Aber was würde mit uns geschehen? Einige drücken ihre Zweifel aus, dass die rumänischen Behörden uns zurück haben wollen. Sie erinnern sich an die Warnung des rumänischen Grenzpolizisten beim Übersetzen in »Himmlers Reich«.

[...] Inmitten der finsteren Spekulationen strahlen manche vor Hoffnung: Sie glauben, die Firma Dohrmann werde uns bestimmt zurückschicken. Bei diesem Gedanken erschaudern die anderen: Sie müssen an das Elend der Massen auf der anderen Seite des Bug denken; an den Typhus; an die bedrückende Armut; an die verfallenen Häuser, unter deren Dächer die Gesunden zusammen mit den Kranken eingepfercht sind; an den Karren, der täglich von Haus zu Haus zieht, um die Toten einzusammeln; an den Kutscher, der an die Tür klopft und fragt: »Haben Sie Tote?« und manchmal die Antwort erhält: »Noch nicht!«

Ich musste an das London von 1665 und die Zeit der Pest denken. 1942 schien sie in das Osteuropa zurückgekehrt zu sein.

Montag, 14. September 1942 Der Weckruf. Polizeimeister Arthur Kiesel und SS-Unterscharführer Walter Mintel sind erschienen. Der litauische Unteroffizier zählt uns. Mintel zögert mit dem Befehl zum Abmarsch. Plötzlich richten sich unsere Blicke auf den Unteroffizier, der die erste Reihe entlangschreitet und einer Frau hervorzutreten befiehlt. Sie schaut verstört. Eine ungeduldige Bewegung mit dem Schlagstock und sie taumelt in Richtung Stall davon, begleitet von einer Wache.

Wieder schreitet der Unteroffizier langsam an den Reihen vorüber, während sein Auge jeden von uns mustert. Ich blicke über die Männer hinweg zu Anishoara in der Frauenkolonne und sehe ihre verängstigten Augen. Wer wird die Nächste sein? ...

25 ukrainische Jüdinnen werden, eine nach der anderen, aus den Reihen gefischt und ans Ende des Stalls geführt. Der Litauer scheint seine Arbeit getan zu haben. Ich sehe ihn zu Mintel und Kiesel hinübergehen. Doch vergeblich warten wir auf das Signal zum Abmarsch.

Eine jüdische Frau aus der Gruppe am Stall ruft ihren Jungen, zieht ihre zerschlissene Jacke aus und gibt sie ihm. Keine Träne in ihren

Augen, auch der Junge weint nicht. Kurz umarmen sich Mutter und Sohn, dann muss sie ihn gehen lassen – die Kolonne setzt sich in Bewegung.

Meine Knie zittern, als ich aus dem Tor stolpere. Keiner mehr hat ein Auge für den anderen. Jeder scheint seinen Schritt zu beschleunigen, man fürchtet den Blick nach hinten. Doch kaum sind wir aus dem Lager, sehe ich, wie der Litauer Wisotzkas eine Frau aus der Reihe der ukrainischen Juden herauszerrt. Verzweifelt versucht sie sich gegen ihn zu wehren und jammert: »Ich möchte zur Arbeit gehen – bitte lassen Sie mich doch zur Arbeit gehen.« Mit unbewegter Miene zerrt der Wachmann sie davon, zurück zu den Ställen. Ihre Schreie verklingen, als wir uns vom Lager entfernen.

»Weiter!«, kläffen die Wachposten, und treiben uns wie Vieh mit Stöcken und Gewehrkolben an, um verlorene Zeit wettzumachen.

Auf dem Rückweg schaute ich geistesabwesend das Tor an, hinter dem das Gelände mit den Ställen lag. Auf einem Schild über dem Tor stand in Deutsch und Ukrainisch: SCAB, was Räude heißt. So ist das nun einmal: wenn man sein zu Hause mit Pferden teilen musste.

Die Pferde gehörten der Firma August Dohrmann. Alles sprach gegen uns, denn es war unwahrscheinlich, dass die Firma ihre Pferde töten würde, um Platz für uns zu schaffen.[14] Pferde sind teuer. Juden? »Selbst eine Schaufel ist mehr wert.«[15] Das hat ein OT-Mann ausgerufen, als er heute Morgen in der Mitte der Straße eine Schaufel erblickte.

Herr Fleischer, der zu Arbeiten im Lager bleiben musste, sollte nach der Hinrichtung zusammen mit anderen Handwerkern das Massen-

---

[14] Vgl. hier S. 250 ff., OT-Truppführer Josef Elsäßers Brief vom 21.1.1973. Vgl. Anklage des Autors, der Dohrmann-Firma liege mehr an Pferden, als an Menschen.

[15] Am 22. Februar 1970 hörte ich, dass rumänische Juden nach Israel auswandern durften, im Austausch gegen Apfelsinen – eine Tonne pro Emigrant. Eigenartig! In Michajlowka war eine Schaufel mehr wert als ein Jude, und 30 Jahre später setzt Rumänien den Wert eines Juden mit einer Tonne Orangen an. Verändern sich je die Zeiten? Schaufeln! Orangen! ... Wie viele Juden muss man wohl eines Tages anbieten, um einen Liter Benzin zu bekommen?

grab mit Erde auffüllen. Wir erfuhren, dass das Grab auf einer Lichtung angelegt wurde, etwa 400 Meter vom Lager entfernt. Fleischer und die anderen Häftlinge hörten, wie noch jemand im Grab flüsterte. Auch der litauische Unteroffizier hörte die Stimme. Ruhig nahm er die Pistole und drückte ab, dann wurde das Grab zugeschüttet.[16]

In der Nacht kamen einige Litauer in den Stall. Sie waren betrunken und erzählten, sie hätten von den Hingerichteten Geld bekommen, damit sie Schüsse abfeuerten, die sofort töten. Angeberei? Weiß Gott, nein.

[...]

Mittwoch, 16. September 1942 Es ist zu uns durchgedrungen, dass während des Besuchs des SS-Unterscharführers Friese eine Liste von 150 Häftlingen aufgestellt worden ist. Sie sollen in das Lager von Naraewka verlegt werden.[17] Nachdem Walter Mintel die Liste verlesen hatte und wir uns auf dem Rückmarsch befanden, flehten ihn Frau Korn und ihre Tochter an, sie nicht zu verlegen. Er zog eine herablassende Miene. Zum Glück verbeugte sich die Mutter und küsste seine Hand. Frau Korn sei Dienstmädchen gewesen, erzählte man mir später.

Es ist schon merkwürdig: Kaum eine Stunde zuvor, als wir auf unserem Rückweg durch den Staub stapften, hat sich Herr Jurgrau unentwegt bei einem Mann in den hinteren Reihen darüber beklagt, dass

---

[16] Vgl. hier S. 277, Ergebnisse des Staatsanwaltsbüros im Ermittlungsverfahren gegen Friese und andere wegen Mordes: Der Wohnort des angeklagten Litauers ist unbekannt. Eine Suche ist aussichtslos. Kiesels Wohnort ist unbekannt. Angeblich sei er Lagerkommandant von der Errichtung des Lagers bis zum 23. November 1942 gewesen. Ungeklärt bleibt, welcher Einheit er angehörte. Der Angeklagte SS-Unterscharführer Walter Mintel lehnte es ab, in den bisher untersuchten Fällen eine Aussage zu machen. Ob der angeklagte Wisotzkas beteiligt war, ist unbekannt. Er ist verstorben.

[17] Man fand heraus, dass 150 Insassen von Michajlowka in Krasnapolka eintrafen. Als Unterkunft diente ihnen eine Scheune. In Krasnapolka wurden sie zur Arbeit im Steinbruch für die Firma Kaiser aus Hanau gezwungen. Davor wurde der Steinbruch von der Firma Dohrmann/Schütte Pool betrieben. Am fünften Tag nach ihrer Ankunft fand ein Massaker mit 23 Opfern statt.

sie im Straßenbau arbeiten mussten, während andere ein müßiges Leben in der Kiesgrube führen durften. Jetzt wird er, zusammen mit seiner Familie, ins Lager von Naraewka gehen und ein ruhigeres Leben beginnen – er schätzt sich glücklich.

Natürlich ist Herr Jurgrau mit dem »müßigen Leben« im Unrecht: Es ist naiv, so etwas zu glauben. In unserem Höllenlager gibt es keine Freizeit, auch nicht für die Familie Nathan Segalls, dem wohl der Fingerzeig Jurgraus gegolten hat.

Donnerstag, 17. September 1942 Ohne gearbeitet zu haben, kehrten wir von der Straße zurück, weil es dem OT-Mann Karl Kühne zu heftig regnete. Während wir unsere durchnässte Kleidung trockneten, tauchte am Tor des Stacheldrahtzaunes ein Lkw auf. Es war wieder der feiste SS-Mann.

Nur Männer mussten sich schnell in Reihen aufstellen. Ängstliche Blicke der Mütter, Ehefrauen, Schwestern und Kinder. Sie folgten dem Männervolk in die Umzäunung, dann brachen sie in Panik aus.

Dreißig Handwerker sollen nach Gaisin überführt werden. Unter ihnen ist der Esoteriker Hammerling und der Baumeister Antschel.[18] Armer Hammerling! Er ist sich so sicher gewesen, am 18. September wieder zu Hause zu sein.

Sonntag, 20. September 1942 Leute knackten dicht neben uns ihre Läuse. Einige Frauen ließen sich den Kopf kahl scheren. Eine gewöhnliches Bild der »häuslichen Reinhaltung«.

Professor Dr. Moses Gottlieb zitierte einer Gruppe aus dem Buch Jeremia. Plötzlich ertönte Hupen und das Geräusch sich nähernder Autos. Die SS! Wie Hasen verschwanden die Leute in ihren Ställen – der Platz lag verlassen da. Wieder diese Stimme: »Dalli! Dalli!« Es war SS-Obersturmführer Bernhard Maass. [...]

---

[18] Es ist schwierig zu verstehen, warum der Lyriker Paul Celan nach dem Krieg den Namen Antschel abgelegt. Und noch schwieriger ist zu verstehen, warum er der literarischen Welt glauben machte, seine Eltern seien in Auschwitz umgekommen. Leo and Fritzi Antschel waren bei uns in Michajlowka, wurden später in ein anderes Lager jenseits des Bug verlegt, wo sie ums Leben kamen.

Wir mussten uns im Kreis vor den Ställen aufstellen und unsere Säcke ausleeren. SS-Offiziere kamen zu jedem Haufen, und nahmen, was ihnen irgendwie gefiel: Damenschuhe, Herrenschuhe, Handtücher, Seife, Messer, Gabeln und so weiter. Als ein Offizier Mizzis halb volle Flasche Kölnisch Wasser in seiner Hosentasche verschwinden ließ, gewahrte er ihren verächtlichen Blick und machte eine Geste, als wollte er sie schlagen, doch dann überlegte er es sich anders.

Ein anderer Offizier, begleitet vom Polizeimeister Arthur Kiesel, sammelte Eheringe und Schmuck ein. Wir mussten alles in Lederbeutel werfen, als wären es Spenden.[19]

Ein sadistischer rumänischer Schutzmann versuchte uns zu überrumpeln. In seiner Begierde nach Anishoaras Ehering redete er uns ein, die Deutschen schnitten die Finger ab, um an die Ringe zu kommen. Doch was zählt schon ein Finger, wenn demnächst der ganze Körper aus dem Weg geschafft werden soll?

Seit unserer Ankunft am 18. August gab es zahlreiche Hinrichtungen; über 43 Opfer. Wenn es stimmt, was Philippe Kellmer am Sonnabend, den 29. August gesehen hat, dann halfen zwei der ukrainischen Judensklaven den Deutschen dabei, die nächsten Opfer auszuwählen. Unglaublich!

Ich wurde aus meinen Gedanken gerissen. Man forderte mich auf, einige persönliche Dokumente auszuhändigen. [...]

Architekt und Esoteriker Hammerling und Antschel sind aus Gaisin gekommen, um ihre Frauen und ihr Eigentum zu holen. Über das Leben dort verhalten sie sich reserviert.

Montag, 21. September 1942 Zelinskas ist an der Baustelle der Hauptstraße aufgetaucht. Das ist höchst ungewöhnlich. In der Regel inspizieren uns Polizeimeister Arthur Kiesel und SS-Unterscharführer Walter Mintel. Walter Mintel pflegt vorbeizuradeln, während Kiesel in seinem Pferdekarren wie in einer Limousine sitzen bleibt und so tut, als sehe er uns nicht, während ein Litauer mit einem Karren zu ihm fährt und ihm berichtet.

---

[19] Vgl. hier S. 285, Nr. 6: Zeugenaussage von Bernhard Maass, in der er bestreitet, »die armen elenden Leute beraubt zu haben«.

Wenig später erschien auch Kiesel, reichte Zelinskas die Hand und sprach lange mit ihm. Wisotzkas gesellte sich für eine Weile zu ihnen. Nachdem Kiesel die Baustelle verlassen hatte, fing Zelinskas an, zwischen den Leuten hin- und herzureiten. Wisotzkas schritt auf und ab. Es war unerträglich, seinen Blick auf uns zu spüren.

Während wir unter Anspannung weiterarbeiteten, kam der Rechtsanwalt Arie Zuckermann, unser Litauisch-Übersetzer, zu uns. Wut und Verstörung standen in seinem Gesicht.

»Um Gottes Willen«, flüsterte er, »schaut euch nicht um und arbeitet. Alle! Ein Grab wurde im Maisfeld ausgehoben.« Ein Grab? Anishoara und ich schauten einander an.

Wisotzkas stand jetzt still. Ich betrachtete ihn aus den Augenwinkeln und sah, wie er zwei ältere ehemalige Krankenschwestern aufforderte, ihm zu folgen. Die Tochter von einer der Krankenschwestern, Sally Fuchs, sah ängstlich aus. Die betroffenen Frauen aber ließen die Schaufeln fast mechanisch fallen, küssten Sally zum Abschied und liefen langsam hinter Wisotzkas her, bis sie im Feld verschwanden ... Zwei Schüsse ... Ein Schrei ... Sally fiel in Ohnmacht, doch ein wuchtiger Schlag des ordinären Sukerka brachte sie schnell wieder zu sich.

Auf dem Rückweg zum Stall diskutierten die Leute im Flüsterton über den Vorfall. Einige meinten, es geahnt zu haben, da Zelinskas eine Abneigung gegen die Frauen empfunden und oft über die Schneeschuhe von Sallys Tante gespottet hatte. Ich verstand nicht, warum es so viele Leute erwartet hatten; doch es gibt so vieles, was ich nicht mehr verstehe.

Wir ließen Sally in Ruhe – keiner hätte sie trösten können. [...]

Wir waren Figuren in einer grauenvollen, höchst einfallsreichen Horrorkomödie und der Phantasie der Nazi-Regisseure ausgeliefert.[20]

[...]

---

[20] Vgl. hier S. 285, Nr. 7 und Bd. 3 S. 453 (5728) der Abschlussverfügung.

Mittwoch, 23. September 1942 Als wir den Ort der Zwangsarbeit, die Straßenbaustelle, erreichen, sehen wir in der Nähe eine Gruppe von Menschen. Während der halbstündigen Mittagspause kommen einige der Gefangenen zu uns herüber, um mit uns zu sprechen und nach Verwandten und Bekannten Ausschau zu halten. Wir erfahren, dass sie zum Arbeitslager von Tarassiwka gehören.[21] In der Gruppe sind außer den ukrainischen auch polnische und rumänische Juden sowie ein deutsches Ehepaar. Rein zufällig habe ich erfahren, dass ein junger Mann seit einiger Zeit an Lagerfieber leidet. Ich habe noch nie von solchen Beschwerden gehört. Man hat ihm in Nathan Segalls Wohnhöhle eine Pferdekrippe aufgestellt. Offenbar hat Zelinskas den Patienten besucht, und ihm später Essen zukommen lassen. Anishoaras einziger Kommentar war: »Merkwürdig!«

Freitag, 25. September 1942 OT-Mann Hennes (Hans) Wippenbeck hat heute Morgen beiläufig zum Häftling Poldi Weisselberg gesagt: »Ihr seid wie vom Schlachter gekauftes Vieh. Der eine wird heute getötet, der andere morgen. Erwischen wird es euch alle.« Hat er diese Bemerkung aus Sympathie gemacht – wohl kaum. Im Gegenteil, sein Lächeln war verstellt. Der Schlachter, der Vieh zum Schlachten kauft, denkt an seinen Profit durch Felle und Fleisch. »Wo ist hier der Profit?«, frage ich mich, »oder der Vorteil, den die SS-Schlächter aus dem Menschenmord ziehen?«

Im Lager töten sie Menschen, die vielleicht eines Tages viel zur Welt beigetragen hätten. […]

Sonnabend, 26. September 1942 Als wir die Baustelle an der Straße erreichten, sahen wir eine Gruppe von sowjetischen Kriegsgefangenen, die an den Telefonleitungen entlang des Feldes arbeiteten und

---

[21] Eine größere Kolchose, die sich fünf Kilometer östlich von Gaisin befand. Das Lager war am 9. Juli 1942 auf Befehl der OT-Abschnittsbauleitung in Gaisin errichtet worden. Die Gefangenen waren in scheunenartigen Gebäuden untergebracht. Auf Befehl des SS-Hauptsturmführers Franz Christoffels (verstorben), wurden zuerst ukrainische Juden aus dem Lager von Nishnaja-Krobiwa dorthin überführt. Die jüdischen Sklaven arbeiteten für die Firma August Dohrmann.

von Männern in Zivil mit Hakenkreuz-Armbinde bewacht wurden. Einer unserer Häftlinge, Weisselberg, der Ältere (Wilhelm), erkannte unter den Wachmännern einen Freund aus Czernowitz und rief ihm zu: »Lennert!« Überrascht schaute der Wachmann in unsere Richtung, kam herüber und gab Wilhelm die Hand. Ich sah, wie er einige Zigaretten hervorkramte und sie ihm entgegenhielt. [...]

Vor unseren Augen tat sich der Litauer Aliosha Wisotzkas an einem Hühnchen gütlich. Neben ihm saßen Heinz Rosengarten und der Rechtsanwalt Arie Zuckermann, die jede seiner Bewegungen verfolgten. Schließlich teilte Wisotzkas die Reste unter ihnen auf. Sie nagten gierig an den Knochen. Der Hunger war stärker als der Ekel: Wisotzkas hatte vor kurzem zwei Frauen ermordet. [...]

Sonntag, 28. September 1942 Wisotzkas kam spät auf die Baustelle. Er stieg vom Karren und schaute auf ein Papier in seiner Hand. Dann ging er zu Frau Kron, einer Sklavin, die einst Beamtin gewesen war. Brüsk befahl er ihr auf den Karren zu steigen. »Nein!, nein!«, schrie sie. »Um Himmels Willen, lasst mich leben, ich arbeite doch gut«, flehte sie ihn an. »Ich bin sicher, Sie werden keine Fehler in meiner Arbeit finden.« O je! So sehr sie sich mühte, er blieb kalt. »Los!«, herrschte er sie an. Mutter und Tochter fingen an zu weinen; sie versuchten alles, um Wisotzkas zu erweichen. Da kam Serskus voller Ungeduld an die Seite seines litauischen Landsmannes, versetzte der Frau einen gewaltigen Stoß in Richtung Karren und trieb die Tochter mit dem Gewehrkolben zurück an die Arbeit.

Noch im Karren schrie die Frau und streckte ihrer Tochter die Arme entgegen: »Mein Kind, hilf mir doch!« Der Karren rollte langsam an und hielt erneut bei einer anderen Gruppe. Dort wurde einer älteren Frau befohlen, aufzusteigen – es war Frau Bromberg! Poldi Weisselberg befürchtete, seine Großmutter werde geschlagen und setzte sie selbst auf ihren Platz im Karren. Das Gespann zog an und verschwand bald im Feld. ... Zwei Schüsse![22]

---

[22] Ergebnisse des Staatsanwaltsbüros: Bd. 1 S. 9, Bd. 7 S. 1625-1626. Vgl. Zeugenaussage des Ephraim Fruchtel bezüglich der Erschießung von Frau Bromberg und Frau Kron.

Dienstag, 29. September 1942 An der Straße gibt mir die Dorfwache Sukerka zwei Äpfel für eine Bleistiftzeichnung, die ich von ihm angefertigt habe. Sukerka sprach gewöhnlich nur Wörter mit vier Buchstaben. Seine Sätze beginnen unweigerlich mit der Silbe »Yob« (mit jemandem schlafen ...). Um seinen verhassten Namen nicht aussprechen zu müssen, lassen die Häftlinge nur das Wörtchen »Yob« fallen, wann immer er sich einer Gruppe von Arbeitern nähert. Einmal errötete er, als eine Sklavin, die in dem Glauben war, Yob sei sein Familienname, ihn mit »Herrn Yob« anredete; und er versetzte ihr einen Schlag mit einem Stock ... [...]

Am Abend gaben die litauischen Wachposten Ludo Adler ein Akkordeon, damit er für sie im Wachhaus spiele. Seiner Frau Lilly (Dr. Rudichs Tochter) hatte er versprochen, etwas Essen von den Litauern mitzubringen; dennoch war sie unruhig und bekam kein Auge zu.

Mittwoch, 30. September 1942 Der Litauer Romko – ein Neuling – schritt auf und ab, schaute uns mit starrem Blick an, doch seine Aufmerksamkeit galt unserem Nachbarn, Herrn Jablonower. Schließlich hielt er vor ihm und befahl, ihm zu folgen. Seine Frau schnappte nach Luft, war der Ohnmacht nahe, doch sie fand ihre Selbstbeherrschung wieder und beobachtete, wie sie im Feld verschwanden ... Stille.

Quälend verstrich die Zeit, dann erschienen beide wieder. Herr Jablonower hob seine Spitzhacke auf und arbeitete weiter. Der Litauer hatte nur die Stiefel des Häftlings gewollt und sie im Feld anprobiert – sie passten ihm nicht.[23]

In der Kiesgrube hat Fedya Herrn Landmann geraten, ihm seinen Anzug auszuhändigen, wenn er nicht erschossen werden wolle. An-

---

[23] 1973 besuchte uns Dr. Berhard Lockers Witwe Mizzi in der Schweiz. Sie rief Ereignisse in Michajlowka wach und erinnerte uns an eine ähnliche Geschichte, in der Wachen sich Schuhe und Stiefel aneigneten. An der Straße hatte SS-Unterscharführer Walter Mintel Dr. Locker befohlen, ihm ins Maisfeld zu folgen. Mizzi war damals wie versteinert gewesen – dann waren die beiden wieder aufgetaucht. Bernhard hielt die Schuhe in seinen Händen, musste sie säubern und gegen die abgetragenen Schuhe Walter Mintels tauschen. Es war eigenartig, dass SS-Männer im Todeslager in die Schuhe von Juden schlüpfen wollten.

geblich hat Segall dann Herrn Landmann dazu überredet, dem Wunsch der Wache nachzukommen.

Freitag, 2. Oktober 1942 Heute Morgen hat sich Heinz Rosengarten darüber beklagt, dass jemand seinen Schal und die Brotration von ihm und seiner Frau Annie gestohlen hat. Die Häftlinge verdächtigen einen ehemaligen Industriellen ...

Annie ist seit einigen Tagen krank. Angeblich leidet sie an Typhus oder Typhusfieber – Krankheiten, die immer häufiger im Lager auftreten.

SS-Unterscharführer Walter Mintel hat eine lange Diskussion mit Nathan Segall geführt. Mintel verlangt eine hohe Summe an Besänftigungsgeld, damit er die Kranken in Ruhe lasse. Man verschweigt ihm die Art der Krankheiten, insbesondere dass einige an Typhus litten. Was die Kranken betrifft, so werden sie den fürsorglichen Händen zweier Häftlinge überlassen – Herrn Alter Lockers und Herrn Zaharia Sipersteins. Ihre Möglichkeiten sind beschränkt: Es gibt weder Ärzte noch Medikamente.

[...]

Sonntag, 4. Oktober 1942 Mia Goldschlager ist eines »natürlichen« Todes gestorben. Rosa Tabak hat die Karten an jenem Sonntag richtig gelesen. Aber was ist mit unserer bevorstehenden Befreiung, die sie für heute prophezeit hat?

OT-Mann Willi Kustin,[24] Kommandant des Lagers für die ukrainischen Bäuerinnen, hat bei uns einen Zwischenstopp eingelegt. Segall stellte mich ihm als einen Künstler vor, der in München studiert hat. Der OT-Mann gab mir die Hand und sagte: »Sprich niemals vom Sterben! Hoffen wir aufs Beste.« – Es ist das erste Mal, dass ich einen OT-Mann so reden höre.

---

[24] Als ich am 10. und 11. Juni 1965 den ermittelnden Staatsanwalt Dieter Joachim in Lübeck besuchte, erzählte er mir: »Der Kustin ist eine geheimnisumwobene Person. Er ist auf keiner Namensliste, sei es die der Firma August Dohrmann, der Organisation Todt oder einer der anderen Einheiten.«

Montag, 5. Oktober 1942 Nachdem Polizeimeister Arthur Kiesel der Bericht über die Straße überreicht worden war, erlitt Lilli Adler einen Nervenzusammenbruch. Er habe sie unentwegt angestarrt, sagte sie später schluchzend, als Kiesel bereits in seinem Karren davonfuhr. Da sie trotz ihrer 22 Jahre völlig abgezehrt aussah, hatte er bestimmt ihre Erschießung befohlen. Wir konnten nichts tun, um sie zu besänftigen.

Kurz nach der Pause befahl der Litauer Lonya Serskus einer älteren Insassin, auf den Leichenwagen zu steigen. Frau Lublin[25] hatte neben ihrem Mann und ihren drei Töchtern gearbeitet. Eine zweite Frau wurde »selektiert«.

Waren die zwei Schüsse deutlich hörbar? Es ist alles so normal geworden, dass es die Arbeiter – zumindest dem Anschein nach – nicht mehr erschüttert. Dennoch fragte sich jeder, wer der Nächste sein wird.

Dienstag, 6. Oktober 1942 Dr. Arnold Goldenberg, ein Rechtsanwalt, hat Selbstmord versucht. Er hat Tabletten geschluckt, den Freitod vor dem unausweichlichen Ende – dem Todesschuss zu ungewisser Zeit – bevorzugt.

Später erfuhren wir, dass sein Selbstmordversuch fehlgeschlagen war, und dass sich Dr. Zaharia Siperstein und Dr. Alter Locker um ihn kümmerten.

Mittwoch, 7. Oktober 1942 Dr. Arnold Goldenberg hat schwer zu bluten angefangen. Auf Befehl SS-Unterscharführer Walter Mintels, wurde er von einer Wache erschossen.[26]

Dr. Goldenberg hatte so erbittert darum gekämpft, solch einem Tod zu entgehen, aber der Regisseur des Horrors hat einmal mehr seinen

---

[25] Vgl. Ergebnisse des Staatsanwaltsbüros: Bd. 1 S. 9,10; Bd. 7 S. 1626. Laut Daghanis Tagebuch und den Aussagen der Zeugin Sophie Meyer gegen den Angeklagten Lonya Serskus. Vgl. Frau Lublin.

[26] Vgl. Ergebnisse des Staatsanwaltsbüros: Bd. 1 S. 10, Bd. 7 S. 1626 f., Bd. 18 S. 4210, 4216. Vgl. Verweigerung einer Zeugenaussage des Angeklagten Mintels. Vgl. Eidliche Aussagen Marian und Pepi Dolbergs u.a. gegen Mintel.

Sinn für das Makabre bewiesen: Warum nicht zur Abwechslung einen suizidgefährdeten Häftling töten? Gestern hat die seit langem kranke Frau Bertha Landmann, deren Liegestatt direkt neben der von Dr. Goldenberg steht, gesehen, wie Goldenberg etwas Brot und einen Apfel aß. Um sich dieses letzte Mahl leisten zu können, hat er sein letztes paar Schuhe verkauft, erzählte man mir.

Goldenberg und ich sind in Suwzawa geboren und in enger Nachbarschaft aufgewachsen. Seinen Vater schätzte ich außerordentlich; zu Hause hatte ich oft dessen guten Namen aus dem Munde meiner Eltern gehört. Später wurde er Rechtsanwalt und eröffnete eine Kanzlei in Czernowitz. Ich hatte Dr. Goldenberg kurz vor unserer Deportation in Ladyschino getroffen und war sehr froh über unser Wiedersehen. Im Lager habe ich so oft wie möglich seine Nähe gesucht, denn er war ein sehr angenehmer Mensch. Noch vor einigen Tagen haben wir zusammen in der Kiesgrube gearbeitet und miteinander geplaudert – aber über unser Suwzawa haben wir kein Wort verloren. Es wäre die letzte Möglichkeit gewesen, nochmals die Kindheit gemeinsam zu träumen.

[...]

Sonntag, 11. Oktober 1942 Walter Mintel hat erneut Besänftigungsgeld gefordert, damit er die Kranken in Ruhe lässt. Das Lösegeld hat er auf 50 Mark pro Kranken festgelegt. Er weiß noch immer nicht, dass Typhus und Typhusfieber im Lager wütet, sonst ...

Sollten Anishoara und ich ernsthaft krank werden, wären wir verloren – wir könnten das geforderte Lösegeld nicht aufbringen.

Doch gerade vor zwei Tagen hat es mich erwischt. Ich weiß nicht, was es war. Dr. Zaharia Siperstein hat mir das Leben gerettet: Er hat den Ernst der Lage sofort erfasst und leerte unauffällig den Nachttopf. [...]

Montag, 12. Oktober 1942 Heute habe ich an einem Schild für das Wachhaus gearbeitet: »Es ist strengstens verboten, das Judenlager ohne Erlaubnis zu betreten.«

Ich schäme mich, Berthold Brüll um ein Ei gebeten zu haben; vielleicht habe ich seiner neunjährigen Tochter Jessica Essen weggenommen. Sie hat so wunderschöne, große Augen.

Die Litauer amüsierten sich mit einem Landsmann, einem Armeegeistlichen, im Nachbarraum. Ich nutzte die Gelegenheit, um schnell mit grauer Farbe ein Aquarell von den Ställen auf der anderen Wegseite zu pinseln. Mit Glück werde ich noch einige weitere anfertigen können.

Vera, eine ukrainische Bäuerin, die für die Litauer kocht, hat mir ein wenig heiße Suppe für Anishoara gegeben, die mit Schmerzen im Stall geblieben ist.

Von den Häftlingen der zurückkehrenden Kolonne erfahre ich, dass Misha – ein ukrainischer Jude – von Wisotzkas auf der Baustelle erschossen worden sei.[27] Wisotzkas hatte dem kräftigen jungen Misha befohlen, ihm zu folgen. Doch Misha ergriff dessen Gewehr und schoss auf ihn. Wisotzkas wurde nur leicht verletzt.

Eine andere Wache legte auf Misha an und schoss. Misha fiel zu Boden, sein Hand löste sich vom Gewehr und Wisotzkas riss es ihm weg und zog begierig den Abzug.

Ich malte weiter an meinem Camaieu vom Lager. [...]

Während hinter den beiden Häftlingsställen primitiv errichtete Latrinen stehen, liegen in Gräbern hinter den Ställen der Ukrainer die toten Häftlinge – Menschen, die aus einem einzigen Grund ihr Leben lassen mussten: sie waren Juden.

Das ist kein Schlachtfeld, sondern ein Schlachthaus – so treffend formulierte es einst der OT-Mann Hennes (Hans) Wippenbeck. [...]

Walter Mintel ist auf dem Weg nach Berlin. Wenn er Ende des Monats zurückkehrt, muss ich ein Porträt von ihm zeichnen. Segall hat auch Kiesel vorgeschlagen, einmal Modell zu stehen. Doch Kiesel hat daraufhin böse geblickt.

---

[27] Anm. Mollie Brandl Bowens: Im Laufe des Ermittlungsverfahrens erfuhr Arnold Daghani durch den Staatsanwalt, dass Misha am 20. Oktober von Wisotzkas erschossen wurde, und nicht am 12., wie es in den Tagebuchauszügen *The Grave is in the Cherry Orchard* heißt. Vgl. *Adam*, S. 33. Vgl. Ergebnisse des Staats-anwaltsbüros, Bd. 7 S. 1627, Bd. 18 S. 4210, 4215. Vgl. Zeugenaussagen von Marian und Pepi Dolberg, Ephraim Fruchtel, Dr. Bernhard und Mizzi Locker, Arie Zuckermann bezüglich der Erschießung von Misha.

Dienstag, 13. Oktober 1942 Ein neuer rumänischer Soldat steht draußen vor dem Stall. Seiner Meinung nach werden wir zurück über den Bug geschickt. Als er um einige Hemden bittet, bringt man sie ihm, dem Vorboten der frohen Botschaft, eilfertig.

Warum machte der Soldat überhaupt im Lager Halt? War es des Streichs wegen, den er einigen jüdischen Sklaven spielen wollte? Wir fragen uns, woher er gehört haben will, dass wir zurück, in die Gegend jenseits des Dnjestr geschickt würden. Wir können nur wenigen Rumänen trauen.

Freitag, 16. Oktober 1942 Es wird bitterkalt. Nicht ein Schimmer von Hoffnung bleibt, dass man uns zurückschicken wird, sagen die Pessimisten unter uns. Heinz Rosengarten, der selbst Straßenbauingenieur ist, schlägt vor, Segall irgendwie nach Gaisin zu schicken, damit er dort mit dem leitenden OT-Frontführer Werner Bergmann und dem Vorarbeiter OT-Tuppführer Josef Elsäßer spricht. Wahrscheinlich würden sie sich auf ein lukratives Angebot einlassen, wer weiß, und uns zurückschicken, sobald der Feldzug beendet ist.

Sonnabend, 17. Oktober 1942 Abend. Einer Einladung von Nathan Segall folgend, sind alle Häftlinge auf den Dachboden gekrochen. Sähe man von dem Geschrei der Wachposten draußen ab, dann hätte man die Szene für romantisch halten können: Vorsichtig und Schatten gleich kamen die Häftlinge emporgestiegen, beleuchtet von der schwachen Flamme des kerosingetränkten Baumwolldochts in den zwei Fläschchen Kölnisch Wasser.

Segall berichtete von seinen Gesprächen am Morgen im Hauptquartier der Organisation Todt in Gaisin. Zuerst hatte er einen Unteroffizier, der im Begriff war, dorthin aufzubrechen, dazu überredet, ihn mitzunehmen. In der Firma Dohrmann bekam er dann einen Gesprächstermin mit »den großen Zweien«, dem Ingenieur Werner Bergmann und Josef Elsäßer.[28] Sein ohne Umschweife hervorgebrach-

[28] Das ist merkwürdig. »Die großen Zwei« waren eigentlich Walter Dohrmann und Werner Bergmann, der die Firma Schütte in dieser Firmengemeinschaft repräsentierte. Welche Rolle spielte Elsäßer und warum ignorierte man Walter Dohrmann? Vielleicht weil er nicht in Gaisin war und Elsäßer ihn hier vertrat?

tes Angebot von Schmuck und Dollar wurde angenommen. Sie würden mit dem Aufseher OT-Hauptsturmführer Josef Stracke,[29] dem Leiter der Abschnittsbauleitung II, Kontakt aufnehmen. In wenigen Tagen wäre alles geklärt.

»Ich bin überzeugt«, schloss Segall, »dass sich alles zum Guten wenden wird.« Die Versammelten zerstreuten sich in gehobener Stimmung.

»Wie abartig ist es doch«, sagte Hersch Scharf, als er die Treppen hinaufhumpelte, »dass wir dafür bezahlen müssen, auf die andere Seite des Flusses zurückgeschickt zu werden. Hier sterben wir durch eine Kugel, dort am Elend – und beide Male müssen wir dafür aufkommen.«[30]

Sonntag, 18. Oktober 1942 Die achtzehnjährige Selma Meerbaum-Eisinger hat versprochen, mir *Das Heim und die Welt* zu leihen – das einzige Buch, das sie ins Lager mitgebracht hat. Zurzeit liest es Edie Weiss. Rabindranath Tagores Werk ist in eine ungewöhnliche Umgebung geraten; aber vielleicht kann es auch hier ruhig und besinnlich machen.

Der Rechtsanwalt Arie Zuckermann hat mir nahe gelegt, morgen zur Kiesgrube zu gehen, anstatt zum Straßenbau. Er wolle sich dafür einsetzen, dass ich auf die Liste komme: Aliosha Wisotzkas habe mich gestern lange beobachtet, als unsere Kolonne in den Stall zurückkehrte. Weil ich mich gestern oder vorgestern nicht rasiert habe? Jedenfalls scheint er mit mir unzufrieden zu sein, weil ich ein Schultertuch über meinen Kopf gezogen habe. Ich muss völlig erschöpft ausgesehen haben.

---

[29] Glaubt man der Aussage Josef Strackes (Vgl. Bd. 14 S. 3203 f. »Ermittlungsverfahren gegen Friese und andere wegen Mordes«), so wurde Nathan Segall entweder von Bergmann oder Elsäßer dazu überredet, die Häftlinge irrezuführen, oder er tat dies aus eigener Motivation.

[30] Herr Scharf war der Vater des Israeli Zeev Sharef, Autor von *Drei Tage*. Er war auch Vertreter der *Inland Revenue* und Minister für Handel, Industrie und Finanzen.

Dienstag, 21. Oktober 1942 Beunruhigende Neuigkeiten. Angeblich hat der OT-Mann Willi Kustin einem unserer Häftlinge, Herrn Stammler, gesagt, wir würden über den Winter hier behalten werden: Wir sollten die Hauptstraße vom Schnee befreien. Weiß der OT-Mann wirklich Bescheid?

Donnerstag, 23. Oktober 1942 Die Arbeit in der Kiesgrube ist abgebrochen worden. Alle arbeiten jetzt an der Straße, entlang derer ein Graben ausgehoben werden soll, der den Schnee aufnehmen kann. Sukerka, eine Wache aus dem Dorf, treibt mich mit heftigen Schlägen auf den Rücken zur Arbeit an, und droht mit mehr, wenn ich weiterhin hinter dem Tagespensum bleibe. Frau Sporn, ihre Tochter Henia und Herr Erbsenthal helfen mir, damit ich es erreiche. [...]

Freitag, 24. Oktober 1942 Ein Platzregen. Auf Befehl des Polizeimeisters Arthur Kiesel bleiben wir in den Ställen. Nach dem Appell befiehlt Zelinskas allen Männern zur Kiesgrube zu gehen und die Spaten und Hacken zu holen. Kein männlicher Sklave, kein Handwerker bleibt für irgendeine andere Arbeit zurück. Alle – auch Nathan Segall und sein Neffe Dolfi Breitner – müssen gehen. Von der Kiesgrube aus sollen wir irgendwohin gebracht werden.

Zelinskas hinterhältiges Lächeln und seine Anspielungen lassen uns das Schlimmste befürchten. Während des Hinmarschs bin ich mit meinen Gedanken bei Anishoara und den anderen.

Unter Bewachung ziehen wir von der Kiesgrube auf der Hauptstraße ins Dorf, vorbei am deutschen Soldatenfriedhof. An der Schule hält unsere Kolonne. Das Gebäude besteht nur aus einem Erdgeschoss und liegt verlassen da, die Bäuerinnen sind nach Hause geschickt worden. Es nähern sich uns OT-Männer und Dorfbewohner. Wenige Minuten später erscheinen auch Zelinskas und plötzlich tauchen auch die Frauen, in Reihen marschierend, unter Bewachung auf. Sie verschwinden in einem kleinen Anbau der Dorfkirche. In diesem Moment befiehlt man uns, die Spaten und Hacken fallen zu lassen und die Schule zu betreten. Wir müssen uns in den drei Räumen dicht nebeneinander hinlegen – als ob wir den Boden vollständig bedecken sollen.

Nachdem wir eine Weile so gelegen haben und unsere Herzen fast zersprungen sind, hören wir den Befehl zum Aufstehen und Verlassen des Gebäudes.

Wollten sie nur feststellen, ob das Gebäude als neues Quartier uns alle aufnehmen könnte? Was für ein seltsames Vorhaben. Schließlich lebten wir in der jetzigen Behausung dicht genug aneinander – ohne Zwischenraum nebeneinander zu liegen wäre sicher keine Maßnahme mit Zukunft. Dem Anschein nach war es wohl eher ein Versuch, uns zu Tode zu erschrecken.

Wir mussten Gruben für den Stacheldrahtzaun um das Gebäude ausheben. Die Frauen wurden in der Zwischenzeit zu den Ställen zurückgeschickt.

Anishoara erzählte mir später, dass Anna Ozrud neben ihr in der Reihe fast einen ganzen Laib Brot verschlungen hatte, den sie am Vortag gegen ein Kleid eingetauscht hatte – so blank lagen ihre Nerven nach dem, was geschehen war. Zumindest wusste Anna, wie sie ihren Hunger stillen konnte, wenn sie es auch aus Angst tat.

Sonnabend, 25. Oktober 1942 Heute Morgen wollte Pita Mihailowski, dass ich ein Porträt von ihm mit Wasserfarben male. Er ist Angestellter der Firma Dohrmann; er hat offiziell die Position eines Straßenmeisters.

Er erlaubte mir, die Hacke gegen einen Pinsel zu tauschen, natürlich nur, wenn der Polizeimeister Arthur Kiesel oder die Litauer nicht in Sicht waren. Nach einiger Zeit wurden meine Hände steif vor Kälte, und ich musste aufhören. Als Lohn gab Pita Anishoara ein paar Äpfel.

Montag, 27. Oktober 1942 Es ist zu uns durchgedrungen, dass die Verantwortlichen – sei es die Firma Dohrmann, die Polizei, die Bauabschnittsleitung oder die SS – noch immer nicht wissen, ob sie uns in die Schule einquartieren sollen, weil dort so wenig Platz ist. Dennoch würde der Willi Kustin weiterhin zwei Klassenräume und die Küche der Schule als eigenen Wohnraum nutzen.

Ein kräftiger Wind wehte über die Straße und machte die Bauarbeiten zur Qual. Kudisch und einige andere Häftlinge gürteten ihren flatternden Mantel fest um den Körper. Ich hoffte, die Seile um ihre Hüften würden bei Wisotzkas auf Verständnis stoßen – und nicht den Tod herausfordern.

Kiesel sah, wie sich eine Frau in einigem Abstand zur Gruppe aufhielt und rief ihr zu, sich ihm zu nähern. Sie rührte sich nicht vom Fleck, und er fragte die Leute schreiend, ob sie »ihr Bedürfnis« verrichte. Das war reine Erniedrigung – etwas, mit dem wir täglich leben mussten.

Dienstag, 28. Oktober 1942 Etwa 50 Frauen und Männer sind von der anderen Seite des Bug eingetroffen. Sie wurden im Stall der ukrainischen Juden untergebracht. Es sind sowjetische Juden des von Rumänen errichteten Ghettos von Moghilew; sie wurden vermutlich auf Befehl der Rumänen deportiert. Hier werden sie nun zu richtigen Sklaven.

Mittwoch, 29. Oktober 1942 Die Neulinge wurden mit den üblichen Fragen bombardiert und sollten über den aktuellen Verlauf der Front erzählen. Doch wussten sie kaum mehr als wir. Einzig, dass die Deutschen Stalingrad eingenommen hätten, konnten sie uns berichten.

Am Abend wurde ich unfreiwillig Zeuge einer Unterhaltung im Dunkeln: »Und was, wenn sie Stalingrad erobert haben?«, fragte Frau Bertha Landmann mit einer sorgenvollen Stimme. »Wenn ich die Wahrheit sagen darf, ich habe die Nase voll. Es hat keinen Sinn, irgendwelche Hoffnungen zu hegen. Angenommen die Sowjets hielten die Linie und trieben sie zurück. Was soll's? Glauben sie wirklich, die kämen rechtzeitig, um uns zu befreien? Das bezweifle ich doch stark.« »Sie liegen hier falsch, Madam«, unterbrach sie eine energische, tiefe Stimme. »Ziemlich falsch. Es ist nicht unser Leben, was zählt, sondern die Befreiung der Menschheit – die Befreiung all der Länder, die unter Hitlers Joch leiden. Aber wenn wir befreit würden, und wir überlebten, würde ich ganz bestimmt die größte Lebensfreude daran haben, mich an Walter Mintel, Kiesel, Zelinskas und all denen der Firma Dohrmann zu rächen.« »Ach wirklich, Poldi!«, sagte Dr. Seidner spöttisch. »Einverstanden, du hast deine Mutter getragen und im Karren auf ihren Platz gehoben. Das war sehr anständig von dir. Aber warum hast du nicht den Litauer getötet? Und jetzt fällt mir auf, du hast bei deiner Aufzählung Wisotzkas vergessen, der Deine Großmutter ermordet hat. Aus dieser Erinnerungslücke würden Psychologen einiges herauslesen, weißt du das? Es war eine Woche nach dem Versöhnungstag geschehen, dem jüdischen Fastentag. War es die Wirkung dieses heiligen Tages, die dich deine Mutter den Mördern übergeben ließ, anstatt sie zu verteidigen? Warum hast du ihm nicht wie Misha das Gewehr weggerissen? Aber schau mich an! Habe ich nicht Serskus – dem Mörder meines Vaters – gedankt, als er mir eine Zigarette anbot? Weißt du, was Ehre bedeutet, junger Mann? Und du sprichst von Rache. Unsinn! Ich sehe hier keinen von uns Rache üben; ich sähe darin auch keinen Sinn. Vielleicht aber in Gerechtigkeit. Aber was nützt all das Reden. Denk daran, wir stecken mitten drin. Nur ein Wunder kann uns retten – Stalingrad hin, Stalingrad her.«

Sonntag, 1. November 1942 Anishoara und ich sind »wohlhabend« geworden: Wir haben unser letztes Hemd gegen ein paar Bohnen und Tomaten verschachert. Eine Wache, die das Gemüse lieferte, hat sich nicht an die Vereinbarung gehalten und uns betrogen – aber das macht nichts.

Vier Stunden lang bliesen wir vergeblich beide das Feuer an. Unsere Augen waren schon ganz rot, aber die Flammen gingen ständig wieder aus und die Bohnen wurden nicht gar. Schließlich wandten wir uns an unsere Nachbarn, den zwanzig Jahre alten Lothar und seine Mutter Frau Vogelhut aus Berlin. Sie hatten eine herrliche Flamme.

Frau Vogelhut sagte mit einem Seufzer: »Ich befürchte, die Leute werden uns kaum glauben, was wir ihnen von hier erzählen. Es ist niederschlagend, weil wir es wirklich erlebt haben.[31] Wir müssen ein-

---

[31] Im September 1944 gab mir Herr Virgil Montaureanu, Lektor des Bukarester Verlages Socec & Co., mein Lagertagebuch zurück und sagte mit einem Lächeln des Bedauerns: »Es enthält zu wenig Grausamkeiten. Es ist nichts, verglichen mit Lublin.« Ich fragte mich, was Frau Vogelhut und all die anderen in Massen- und Einzelgräbern und jene im Kirschgarten von diesen Worten gehalten hätten.

fach unendlich viel Ausdauer aufbringen. Es könnte nicht härter sein. Ich glaube, wir sind an unsere Grenzen gelangt.« Sie begann zu weinen.

Montag, 2. November 1942 Wir gruben am äußersten Ende des Grabens. Mihailowski hatte Anishoara und mich hierher gebracht, damit ich seinem Porträt den letzten Pinselstrich gäbe, ohne von Kiesel, den Wachposten oder den Litauern gesehen zu werden. So arbeitete ich abwechselnd mit Pinsel und Hacke, denn auch das Tagespensum musste erfüllt werden, und Anishoara konnte nicht alles allein ausheben.

Nach der Pause wurden wir von zwei Schüssen aufgeschreckt. Ich war so vertieft in die Arbeit am Porträt, dass ich fast vergessen hatte, wo wir uns befanden, und dass wir den Status von Freiwild hatten.

Nach angstvollen Minuten erreichten uns die Worte, dass Fredy Breitner erschossen worden sei. Aber nein! Genau in diesem Moment sahen wir ihn, wie er mit anderen jungen Burschen aus der entgegengesetzten Richtung daherkam … Lilli Adlers Gesicht war blutleer. Ihr Bruder Gery Rudich arbeitete auch dort, von wo der Schuss zu hören gewesen war …

Als wir die Arbeit niedergelegt hatten und bereits in Reihen zum Durchzählen standen, wussten wir, wen es erwischt hatte: den Sohn von Frau Vogelhut, Lothar! Er hatte mit seiner Mutter in einiger Entfernung vom Graben an einem Haufen Rübenwurzeln gestanden, als Wisotzkas auf ihn anlegte, zweimal schoss und ihn im Bereich der Lenden traf.

»Mutter, es tut so weh!«, hatten die Grabenden Lothar aufschreien gehört. Sie sahen, wir er zu Boden fiel. Frau Vogelhut kreischte und warf sich über den blutenden Körper ihres Sohnes. Wenig später war er tot.[32] Wisotzkas und ein Neuling aus Litauen brüllten sie an, sie solle zurück zur Arbeit. Sie schlugen ihr auf den Kopf und zerrten sie zurück zum Graben. Auf Befehl mussten Professor Henner und Bern-

---

32 Erneut kamen in mir die Worte von Herrn Virgil Montaureanus hoch: »Zu wenig Gräueltaten.« Was wollte er noch von meinem Tagebuch?

hard David ein Grab ausheben, in das Lothar nackt hineingelegt wurde. Die Kleidung riss sich Wisotzkas unter den Nagel.[33]

Am Abend kam Zelinskas vorbei, um der Mutter sein Beileid auszudrücken und bot ihr ein Stück Weißbrot an. [...]

Arme Frau Vogelhut! Erst gestern hat sie gesagt: »Schlimmer kann es nicht werden. Ich glaube es ist die Grenze«, als Lothar sich über den Topf beugte, in dem er unsere Bohnen kochte.

Wisotzkas erzählte Zelinskas, er habe Lothar erschossen, als er ihn beim Stehlen von Rübenwurzeln ertappt hätte.

Dienstag, 3. November 1942 Die Häftlingen wissen, dass Lothar aus einem anderen Grund erschossen worden ist. Vor einigen Tagen hat Wisotzkas Professor Gottlieb gebeten, ihm seine Winterkleidung auszuhändigen, doch er hat sich geweigert. Die Ermordung von Lothar sei nur eine Warnung an all diejenigen, die dasselbe versuchen sollten, erzählte Bernhard Locker und vertraute mir an, dass auch er seine Erschießung erwarte. Warum Bernhard? Rühmt er sich jetzt schon damit, ein potentielles Opfer zu sein? Und warum wurde Lothar getötet und nicht Professor Gottlieb? Genießt er Immunität? Ich nehme nur noch mutwilliges Erschießen meiner Lagerkameraden wahr – aber keine Hintergründe und keinen Verstand.

Donnerstag, 5. November 1942 SS-Unterscharführer Walter Mintel ist aus Berlin zurückgekehrt. Er sieht aus, als sei er am Ende. Nur gut für ihn, dass Wisotzkas oder Serskus nicht hinter ihm sitzen – aber sie würden ja doch nicht seine ausgehöhlten Wangen zum Anlass nehmen, ihn zu beseitigen, wie sie es mit uns tun.

Sonntag, 8. November 1942 Mit Anbruch des Tages fanden wir unsere improvisierten Betten von Schnee verschüttet. Vor Kälte zit-

---

[33] Vgl. Ermittlungsverfahren gegen Friese und andere wegen Mordes, Bd. 1 S. 11 f.; Bd. 7 S. 1628; Bd. 18 S. 4216, 4127; Bd. 2 S. 301, Bd. 11 S. 2461 f.: Augenzeugenberichte von Marian Dolberg, Ephraim Fruchtel, Philippe Kellmer, Karl Kühne, Dr. Bernhard und Mizzi Locker, Arie Zuckermann. Der Angeklagte Wisotzkas ist inzwischen verstorben.

ternd, suchten wir in der stickigen Wärme im Erdgeschoss Unterschlupf.

Nach dem Appell, der im Stall abgehalten wurde, kämpfte jeder um einen kleinen Platz für seine Nachtruhe. Der Dachboden war gänzlich unbewohnbar geworden.

Anishoara und ich richten unsere Liegestatt neben den Füßen der Familie Freyer ein, so dass der große Zeh von Otto Freyer unweigerlich Anishoaras Wangen kitzelt. Aber wir können die Plätze nicht tauschen, weil meine Frau sonst noch schlechter liegen würde. [...]

Montag, 9. November 1942 Anishoara hat sich Schneeschuhe aus Schnüren von Zwiebelbündeln gebastelt. Draußen wütete ein Schneesturm. Die Dorfbewohner haben sich im Rathaus dagegen ausgesprochen, die Pferde draußen zu lassen und verlangten beide Ställe für die Tiere.

Dienstag, 10. November 1942 Walter Mintel hat den Umzug in das Schulgebäude befohlen. Das betrifft nur einige aus unserem Stall; die anderen Ställe bleiben bewohnt, bis man andere Unterkünfte finden wird. Die Mehrheit der ukrainischen Juden muss deshalb in ihren Quartieren bleiben. Einige von uns meinen, dass die Ukrainer als Zweite-Klasse-Sklaven behandelt werden müssten, weil sie viel heruntergekommener aussähen als wir. Um zu widerlegen, dass wir besser aussehen, braucht man nur einen OT-Mann zu fragen.

Auf dem Weg zur Schule lösten sich Anishoaras Schneeschuhe wieder zu Schnüren auf. Bei der Ankunft unsere Gruppe in der Schule wurden wir mit einem Höllenspektakel empfangen. Jeder versuchte durch Hinsetzen oder Hinlegen einen Platz für sich zu beschlagnahmen, den ein anderer bereits durch einen Blick für sich reserviert haben wollte. Die Leute schrien und fluchten, stießen und schubsten einander, und im Hintergrund krakeelten die Kinder. Licht gab es nicht, jeder Schritt wurde im Dunkeln ertastet.

Mittwoch, 11. November 1942 Die zweieinhalb Klassenräume sind in einen Hühnerstall verwandelt worden. Zwei Zwischendecken aus Brettern, gehalten von Pfosten und Stangen, dienen als Wohnflächen.

Die Käfige sind nicht voneinander getrennt, haben eine Länge von einem Meter sechzig, sind siebzig Zentimeter hoch und können jeweils vier Menschen beherbergen.

Hundert ukrainische Juden sind in ein anderes Lager überführt worden: nach Iwangorod.

Gegen Abend kam Zelinskas herein. Prüfend schaute er, ob er im Raum weitere 137 Menschen unterbringen könnte. Nach gründlicher Inspektion entschied er, dass hier noch Platz für 40 sei, wenn sich alle auf das Engste zusammendrängten.

Donnerstag, 12. November 1942 SS-Unterscharführer Walter Mintel scheint die Lösung für den Platzmangel gefunden zu haben: Er hat den Befehl erteilt, alle zu erschießen, die krank und abgezehrt aussahen, 107 Leute. [...]

Angeblich hat Willi Kustin auf seinen zwei Zimmern und der Küche in der Schule bestanden. Er ist der ehemalige Leiter des Lagers für die ukrainischen Bäuerinnen. Ich frage mich, warum er nicht etwas Platz gemacht hat für die 107 Leute.[34] Wozu diese Massenhinrichtung?[35]

Montag, 16. November 1942 Noch immer heben wir den Graben um die Schule aus. Obwohl der Boden gefroren ist, müssen wir weiterhacken und graben. Die Litauer haben sich ein Feuer gemacht. Wir bekommen davon nur den Rauch ab.

Ein Mann taumelte und musste sich übergeben. Die Kälte hat Herrn Korn angegriffen. Wisotzkas hat die ganze Zeit ein Auge auf ihn geworfen. Dann befahl er Zwie (Hersch) Semmel und Bernhard David, am Ende des Grabens ein Loch auszuheben ... Semmel wurde befoh-

---

[34] Vgl. Ermittlungsverfahren gegen Friese und andere wegen Mordes, Bd. 18 S.4208 ff., bzgl. der Beteiligung des Angeklagten Kiesel und des SS-Unterscharführers Walter Mintel am Abtransport von 107 Häftlingen. Vgl. Aussagen der Zeugen.

[35] Vgl. Ermittlungsverfahren gegen Friese und andere wegen Mordes, Bd. 18 S.4208, 4214. Vgl. Dr. Bernhard Lockers Kommentar zum Platzmangel: »Um nicht wegen Platzmangels erschossen zu werden, baten wir um Erlaubnis, Käfige auf zwei Ebenen zu errichten ... Da wir an der Straße arbeiten mussten, bauten wir auf Befehl Elsäßers die Käfige an Sonntagen.

len, aus dem Munde des Toten die Goldkronen herauszuziehen. Im Lager sagte man der Witwe von Herrn Korn und ihrem 18-jährigen Sohn Musia, die beide schwer krank waren, das Herr Korn an Herzversagen gestorben sei.[36]

Dienstag, 17. November 1942 Am Abend kam Zelinskas vorbei, um uns Lebewohl zu sagen. Er und andere Litauer würden morgen zu ihren Regimentern zurückkehren. Er gab einigen Häftlingen die Hand, obwohl er noch im September gesagt hatte: »Wenn ich einen Juden erschieße, diene ich meinem Vaterland.« [...]

Ich begann mich zu fragen, ob ein Wandel in seinem Herzen eingesetzt hatte. Waren wir nun ebenbürtige Menschen, denen man die Hände schüttelte? Würde er nach dem Krieg mit Tränen in den Augen seinen Freunden erzählen, was für gute Freunde er im Lager zurückgelassen hatte? [...]

Freitag, 20. November 1942 Man kann nicht sagen, dass wir in den Ställen besonders hygienisch gelebt hätten, aber hier in der Schule wurden Dreck und Gestank die unbesiegbaren Herrscher. 330 Menschen hausen in den Klassenräumen. Zwei tragbare Leitern verbinden die eingezogenen Wohnetagen. Der immer gleichklingende Ruf »Die Leiter, bitte!« hört erst mit dem Erlöschen der Kölnisch-Wasser-Lampe auf. Dann muss man im Dunkeln zu den Käfigen hinaufsteigen.

Meine Frau hat mir geraten, den oberen Käfig zu belegen, der in der Nähe des Ofens steht. Mizzi Harth teilt ihn mit uns. Rechts neben uns bewohnen die Familie Landmann und Frau Rosa Tabak einen Käfig. Sie alle haben für uns etwas Platz gemacht. Unter uns schläft die Familie von Sigmund Ebner. Er war ein höherer Beamter in der Hauptpost.

Ohne Unterschiede wurden die Kranken mit den Gesunden zu-

---

[36] Vgl. Ermittlungsverfahren gegen Friese und andere wegen Mordes, Bd. 1 S. 12, Bd. 7 S. 1628 f., die Erschießung Herrn Korns durch den Angeklagten Wisotzkas und die Zeugenaussage des Zwie (Hersch) Semmel, der das Grab zuschütten musste.

sammengepfercht, soweit es in diesem Loch überhaupt noch Gesunde geben konnte.

Von oben konnte ich die erste Etage beobachten: Einige Sklavinnen verlangten nach einem Platz am Ofen, um ihre Kartoffeln backen zu können. Eine andere schnipste die Läuse von ihrem Kleid.

Auf dem Boden, mit dem Rücken am Ofen, saßen Frau Korn, ihr Sohn Musia und eine Verwandte, oder – mit den Worten anderer – ihr früheres Hausmädchen Vica Wallach und die Witwe Dr. Mehler.

Die alte Frau Locker lag am Fenster gegenüber und hatte soeben ihren letzten Atem in den Armen von Mizzi, ihrer Schwiegertochter, ausgehaucht. Die Söhne der Verstorbenen, Bernhard und Alter, die selbst krank waren, kamen gerade herein.

Nathan Segall betete mit einer wehklagenden Stimme für Frau Locker den Kaddisch, das jüdische Totengebet. Die allgemeine Unruhe und das heillose Durcheinanderrufen, das einsetzte, als die Leiche auf den Flur hinausgetragen wurde, nutzte Frau Jablonower in der oberen Etage, um sich auf den Nachttopf zu setzen und ihre »Bedürfnisse zu befriedigen«, wie die Häftlinge es bezeichneten, wenn man vor aller Augen seine Notdurft verrichten musste.

»Macht die Fenster zu! Unsere Kranken haben Fieber!«, schrie jemand und bekam als Antwort: »Fenster auf! Wir ersticken!« Dann rief Frau Landmann: »Man hat uns in ein Massengrab gesperrt – niemand wird entkommen.«

120 Häftlinge in einem Klassenraum von elf Quadratmetern, wie Tiere eingepfercht in 21 Käfigen. Neben den Liegestätten auf der Erde gibt es noch welche in den Räumen auf der anderen Seite des Flurs. 30 weitere Häftlinge sind zusammen mit Nathan Segalls Familie in einem kleineren Raum untergebracht.

Montag, 23. November 1942 Polizeimeister Arthur Kiesel und SS-Unterscharführer Walter Mintel sind abkommandiert worden.

Dienstag, 24. November 1942 Es ist sehr stürmisch geworden. Auf unserem Weg zur Baustelle überholte uns Stützpunktleiter Hermann Kaiser mit seinem Schlitten. Er befahl den Rückmarsch, die Arbeit am Graben wurde abgebrochen. Was für eine Freude!

Freitag, 28. November 1942 Bauern haben davon gehört, dass die Sowjets die Linien der 4. rumänischen Armee durchbrochen hätten. »Und jetzt?«, fragen die Häftlinge, »werden die Russen rechtzeitig kommen, um uns zu retten?«

[...]

Dienstag, 1. Dezember 1942 Ich habe ein Porträt des OT-Manns Willi Kustin mit Wasserfarben begonnen. Darauf trägt er eine riesige Pelzmütze, die Rosa Tabak angefertigt hatte. Während der ersten Sitzung erfuhr ich von ihm den Namen des neuen Lagerkommandanten: Willi Buder aus Erfurt, Thüringen.

Das Aquarell wird 27 mal 20 Zentimeter groß – das größte Papierformat, das ich zurzeit noch besitze. Dank sei dem Polizisten, der damals darauf gedrängt hat, die Wasserfarben und das Zeichenpapier mitzunehmen, das er auf dem Schrank in unserem Mietzimmer gefunden hat.

Sonnabend, 5. Dezember 1942 Die Zahl der Leute in den Räumen nimmt ständig ab, die meisten sind an Typhusfieber gestorben, andere an Erschöpfung.

Ich nehme das Maßband unseres Schneiders und messe die Größe des blaugrauen Aquarells, das ich von den Ställen gemalt habe: 18 mal 8 Zentimeter. Hoffentlich werde ich auch ein Bild vom Inneren der Klassenräume malen können, doch ist mir noch schleierhaft, wie ich das unter den herrschenden Umständen schaffen soll.

Das Porträt von Pita Mihailowski, mit helleren Farben, misst 20 mal 14,5 Zentimeter. Pita wollte damals, dass ich sein Haar dunkler malte, aber ich erwiderte, dass ich das nicht könne –so musste ich das Porträt behalten. Damit verzichtete ich auch auf den Laib Brot, was eine große Entbehrung für uns bedeutete.

Bis auf den heutigen Tag habe ich zwei Aquarelle gemalt: »Arbeit in der Kiesgrube« (20 cm x 16 cm, einfarbig) und »Bauarbeiten an der Hauptstraße« (17cm x 8 cm, einfarbig).

Frau Kron ist an Schwäche gestorben und Frau Mehler ist von Würmern und Läusen aufgefressen worden; vielleicht hat sie auch

Typhus gehabt. Vica Wallach ist ebenfalls krank, kümmert sich aber weiterhin um Musia, der an Darmtuberkulose leidet.

Sonntag, 6. Dezember 1942 Ich habe auch ein Porträt von Fedya angefertigt, mit heller Farbe auf einem 17,5 mal 12,5 Zentimeter großem Bogen Papier. Obwohl er das Porträt nicht nehmen wollte, gab er uns zwei Äpfel – als Ausgleich für das versprochene Brot. Von Sukerka habe ich an der Baustelle ein Porträt mit Bleistift gezeichnet.

Das Buch *Das Heim und die Welt* habe ich nun doch nicht bekommen. Selma Meerbaum-Eisinger hat es mir zwar versprochen, doch ist es längst in Rauch aufgegangen: Wilhelm Weiss und andere Häftlinge haben es als Feueranzünder benutzt.

Arme Selma, sie ist seit einiger Zeit krank. Auf dem Rückweg von der Baustelle hörte ich einmal, wie sie, vertieft in einer Diskussion über Kunst, den Standpunkt vertrat, der Künstler müsse voreingenommen sein, wolle er die Unmenschlichkeit im Lager überzeugend darstellen. Das empfand ich als Kritik an meinem Camaieu.

Wäre es ihr lieber gewesen, wenn ich Hinrichtungen auf Papier verewigt hätte. Was brächte es, wenn ich die Häftlinge darstellte, wie sie auf dem Weg zum Grab verdroschen und dann erschossen wurden? Es würde nie die fast übermenschliche Würde vermitteln können, die die Häftlinge bis zu ihrem Ende wahrten: Die Mutter, die ihre Jacke auszieht, sie ihrem Sohn gibt und ihn noch einmal umarmt; Sallys Mutter und ihre Tante, wie sie Sally zum Abschied küssen; der 91-jährige Seidner und der 70-Jährige blinde Shlomo Wohlmanns bei ihrem letzten, stillen Gebet.

Warum Gräueltaten durch Malen und Zeichnen verharmlosen? Vielleicht wollten die Häftlinge, dass die Welt auf den Bleistiftstrich genau erfahre, was sich hier im Lager abgespielt hatte, denn wer würde unseren Worten glauben, wenn wir überleben sollten?[37] [...]

Widersprüchliche Gerüchte über das Schicksal der Hammerlings

---

[37] Anm. Mollie Brandl Bowens: Am 26. Februar 1960 schrieb die Kunstkritikerin Miriam Tal: »Daghanis Kunst ist ein Werk der Tapferkeit; es sind Dokumente und Zeitzeugnisse; Kunstwerke hoher Qualität ...« Vgl. die Daghani-Ausstellung in Yad Vashem.

in Gaisin kursieren. Herr Hammerling war seiner Frau – einer Pianistin – gefolgt, als man sie wegen ihres Buckels wegschaffte. Einige Häftlinge glauben, dass unsere Aufseher sie ermordet hat, andere dagegen behaupten, die Typhusepidemie habe sie dahingerafft.

Auch das Schicksal der Antschels bleibt uns ein Rätsel. […]

Dienstag, 8. Dezember 1942 Es ist zu uns durchgedrungen, dass der Lagerkommandant Buder sich die Mütter mit Kleinkindern vom Halse schaffen will. Auch Familien mit Kindern unter 14 sollen liquidiert werden.

Das neunjährige Hannerl trägt wieder das lange Kleid der Mutter. Obgleich ihr Alter in den Listen aufgeführt ist, geben die Eltern die Hoffnung nicht auf, sie werde als älter durchgehen.

Mittwoch, 9. Dezember 1942 Am Abend haben bei Frau Lebel die Wehen begonnen. Sie kauert auf der Erde in ihrem Käfig, während ihr Mann hilflos zuschaut. An ihrer Seite spielt ihre 13 Monate alte Tochter. In den anderen Käfigen geht das Leben seinen gewöhnlichen Gang. Frau Eisinger streitet mit Frau Jablonower um einige Zentimeter Platz im Käfig. Hersch Scharf humpelt gerade zum Ofen, um einen Topf mit gekochten Kartoffeln herunterzunehmen; er will ihn seiner Frau bringen, deren Gesicht vom Lagerleben mit tiefen Furchen gezeichnet ist. Rosa Tabak schwärmt Mizzi Harth von den Kuchen vor, die sie früher zu Hause gebacken hat. Und der fünfzehnjährige Hardy Goldstein unter uns pfeift, recht erkennbar, Themen einer Brahmssonate. In all dem Wirrwarr vollzieht sich die Geburt des Kindes ganz unbemerkt. Als Dr. Zaharia Siperstein zur Tür hereinkommt, haben wir schon Nachwuchs.

Donnerstag, 10. Dezember 1942 Der Soldat Stefan Bregulla von der Fernsprech-Betriebskompanie[38] ist ins Lager gekommen, um den Oberfeldwebel Willi Buder zu fragen, ob er ihm eine Gruppe von

[38] Nach den Ermittlungsverfahren gegen Friese und andere wegen Mordes der Staatsanwaltschaft Lübeck hat die Telefongesellschaft 39/644 einen Häftlingsaustausch mit dem Lager von Michajlowka durchgeführt.

Häftlingen für einige Arbeiten überlassen könne. Er hat im Dorf Quartier bezogen. Auf dem Weg dorthin zurück folgten ihm der ukrainische Jude, Frieda und die beiden Rechtsanwälte Dr. Rudich und Herr Cashdan. Außer ihnen kamen ein älterer Mann und der Vater von Philippe, Herr Kellmer, mit, der als Holzfäller eingesetzt werden sollte; ich wurde zum Schildermalen ausgewählt. Eines der Schilder, das ich anfertigen musste, trug die Inschrift »WC nur für Deutsche«. [...]

Freitag, 11. Dezember 1942 Ich erinnere mich daran, dass ich am 10. Dezember 1926 in Bukarest schwer zusammengeschlagen worden bin. Ein Polizist hat tatenlos danebengestanden und zugeschaut. Der 10. Dezember war auch der Aryan-Studententag. Ich wollte es schon gestern aufschreiben, doch irgendetwas hat mich davon abgehalten.

Dr. Alter Locker hat Berthold Brüll vorsichtig beigebracht, dass seine Frau durch Typhus taub geworden sei.

Sonnabend, 12. Dezember 1942 Aisic – Friedas Verlobter – ist vom OT-Mann Karl Ullerich erschossen worden, doch zuvor hat er ihn gefoltert.[39] Wozu nur, frage ich mich?

Die Häftlinge wissen, dass der Lagerkommandant nicht nur die Familien mit Kindern unter 14 loswerden will, sondern auch alle Häftlinge höheren Alters. Der arme Isaac Gruber weint leise in einer Ecke. Er hat zwei charmante Kinder, die jetzt auf der Liste der zu Überführenden stehen – angeblich weil die Jablonowers und die Henners den Lagerkommandanten darum gebeten haben.

Dennoch gibt es zwei erleichterte Gesichter an jenem Abend: Frau Steiner darf mit ihrem Sohn Nori hier bleiben. Mit Zustimmung des Oberfeldwebel Buder hat an ihrer Stelle Frau Kreindler-Weiss die »Erlaubnis« erhalten, in ein anderes Lager verlegt zu werden. Die Menschen verhalten sich schon merkwürdig, und dem Beobachter fehlen die Worte. Sind nicht alle Lager dem Untergang geweiht? Letztlich macht es doch keinen Unterschied, in welchem Lager man sich befin-

---

[39] Vgl. Ermittlungsverfahren gegen Friese und andere wegen Mordes, Bd. 1 S. 13, Tagebuchaufzeichnungen Daghanis bzgl. der Tötung des Juden Aisic.

det oder wohin man überführt wird, solange man bei seiner Familie bleiben kann.

Dr. Moses Gottlieb musste vom Raum jenseits des Flurs in ein gesondertes Wohnquartier umziehen, wo ungefähr 40 ukrainische Juden lebten. Angeblich ist er stärker als die anderen von Läusen befallen. Wer hat das nur verbreitet, und wer entscheidet seine Überführung? Es ist sicherlich eine Angelegenheit zwischen den Häftlingen, das hat nichts mit dem Lagerkommandanten oder mit Willi Kustin zu tun. Schon einige Tage zuvor haben sich die Häftlinge dagegen gewehrt, dass sich Gottlieb für ein Porträt zu mir setzt: Auf seinem Mantel wuselte es von kleinen Tieren. Dabei sind doch alle von Parasiten befallen. Anishoara betete oft: »Herr mach, das unsere Läuse keine Krankheiten haben!« Auf Professor Dr. Gottlieb wird – wie auf den ukrainischen Juden – herumgetreten und die Tretenden sind selbst Getretene.

Sonntag, 13. Dezember 1942 Es ist schon eigenartig, dass hinter der Hinrichtung Aisics erstmals ein sehr ungewöhnliches Motiv steckt: Eine Beschwerde der Häftlinge. Sie haben gegenüber Hermann Kaiser und Karl Ullerich ihre Sorgen wegen Aisics menschenunwürdigen Verhaltens ausgedrückt und um seine Verlegung gebeten. [...]

[...]

Mittwoch, 16. Dezember 1942 Gegen Abend machte Selma ihren letzten Atemzug. Ihr ursprünglicher Nachname war Meerbaum. Der Name Eisinger stammte von ihrem Stiefvater, sagte man mir.

Sklaven, die im Dorf für die Deutschen arbeiten, trugen die Nachricht ins Lager, dass 94.000 Offiziere und Soldaten in einem Gefecht zwischen dem 19. November und dem 11. Dezember gefallen seien. 90 Prozent davon seien Deutsche und Rumänen. Spekulationen über unser Schicksal stehen wieder hoch im Kurs.

Donnerstag, 17. Dezember Prof. Dr. Moses Gottlieb ist an Schwäche gestorben. Der Kreditbrief über 2000 Leu, den er besitzen soll, hat sich als Gerücht entpuppt. Moses und Selma wurden zusammen beerdigt, obwohl sie sich Zeit ihres Lebens in den Haaren lagen. [...] Auch Vica Wollach hat seinen letzten Atemzug getan.

Musia Korn, die einer wandelnden Leiche gleicht, wurde in das kleine separate Haus einquartiert, das zwei Räume hatte, von denen der kleinere zum Kochplatz für die unumgängliche Erbsensuppe umgewandelt wurde.

Wie gnadenlos auch Häftlinge sein können! Die Abschiebung in das kleine Häuschen ist an sich zwar nicht grausam, wohl aber die Atmosphäre, in der sich Musia Korn plötzlich wie verstoßen und ohne moralische Unterstützung fühlen muss. Und warum vermitteln die rumänischen Juden den ukrainischen das Gefühl, ihre Ställe seien ein Lager zweiter Klasse?

Freitag, 18. Dezember 1942 Selmas Mutter hat mir erzählt, dass ihre Tochter, bevor sie krank wurde, mit Hilfe einer Wache einen Weg in die Freiheit gesucht hatte. Das weiß sie aus einem Abschiedsbrief, den sie in Selmas Mantel gefunden hat. Zu meiner Überraschung habe ich auch erfahren, dass Selma Gedichte geschrieben hat, die man sehr hoch schätzte.[40]

Die Häftlinge sammeln Weihnachtsgeschenke für Buder, Kaiser und Kustin: ein Paar Handschuhe, einen Schal, einen Pullover, einen Kamm aus Silber und einen Handspiegel. Alles muss gründlich gesäubert werden. Das Lager ist auch in dieser Hinsicht eine verkehrte Welt: Im normalen Leben sind es die hohen Herrschaften, die ihren Sklaven Geschenke machen. Die hohen Herren im Lager aber nehmen nur – selbst unsere Leben – und machen keine Geschenke. Vielleicht wollen sich die Sklaven, für einen Moment wenigstens, davon überzeugen, dass sie gleichberechtigt sind.

Donnerstag, 24. Dezember – Heilig Abend 1942 Willi Kustin und sein Landsmann feiern.

Toni Schneeberg, die Junggesellin mit Buckel aus dem Zimmer jenseits des Flurs, ist eingeladen, um für sie Weihnachtslieder zu singen. Ist sie wegen ihrer angeblich schönen Stimme ausgewählt worden oder

---

[40] Anm. Riepers: Vgl. Artikel im *Stern* vom 8. September 1980, S. 167 ff.

wegen ihres Buckels, der beim Berühren Glück bringen soll? Mizzi Locker ist eine ausgebildete Sängerin und hätte ihnen mehr Genuss bereiten können; hat sie vielleicht abgelehnt?

Grisha, ein ukrainischer Jude, wird vermisst. Angeblich hat er sich vor seinem Verschwinden rasieren und die Haare schneiden lassen. Sollte er sich auf der Flucht befinden, würde er bestimmt einen Unterschlupf finden, denn er ist mit der Gegend vertraut und kennt sicher ein paar Einheimische.

Wir sind Fremde hier. Unsere Kleidung ist untypisch für die Gegend und hätte uns wegen des mitteleuropäischen Aussehens verraten – unsere Chancen wären minimal gewesen. Aber alles ist Schicksal. Warum ist das ukrainische Mädchen gefasst worden?

[...]

Mittwoch, 30. Dezember 1942 Ich habe aus der Erinnerung auf ein liniertes Blatt Papier (6 cm x 15 cm) mit Bleistift gezeichnet, wie Selma vor zwei Wochen auf einer Leiter herausgetragen worden ist. Es erinnert mich an die »Kreuzabnahme«. Hier also begegnen wir Geburt und Tod Christi. Aber das übersteigt unsere Phantasie.

Ich habe auch ein Aquarell (17 cm x 14 cm) auf Skizzenpapier angefertigt. Es zeigt eine Wache am Eingang zum Lager. Alles in allem besitze ich jetzt sechs Werke, einschließlich des Porträts von Fedya, das er als Abbild von sich nicht akzeptiert hat.

Weiterhin habe ich ein Aquarell auf Skizzenpapier gemalt, das mir Wanka, eine Wache aus dem Dorf, gegeben hat. Das Bild stellt Anton dar, einen Wachmann aus dem Dorf, wie er am Eingangstor zum Lager steht.

Mir bleiben nun noch zwei Blätter für Aquarelle und ich frage mich, woher das Papier für weitere kommen soll.

Nanino am Fenster
Arnold Daghani: »(Wasserfarbenbild, gemalt im April 1942, etwa 2 Monate vor unserer Deportation. Wir erhielten es durch Zufall 1944 in Bukarest zurück.) Nanino wartet voller Besorgnis am Fenster (in Czernowitz) auf meine Rückkehr. Die Gefahr in den Straßen ist zu groß ...«

Der Markt von Bershad 1943
Arnold Daghani: »Heimlich gefertigt, hinter einem Fenster versteckt. Bershad im frühen Herbst 1943.«

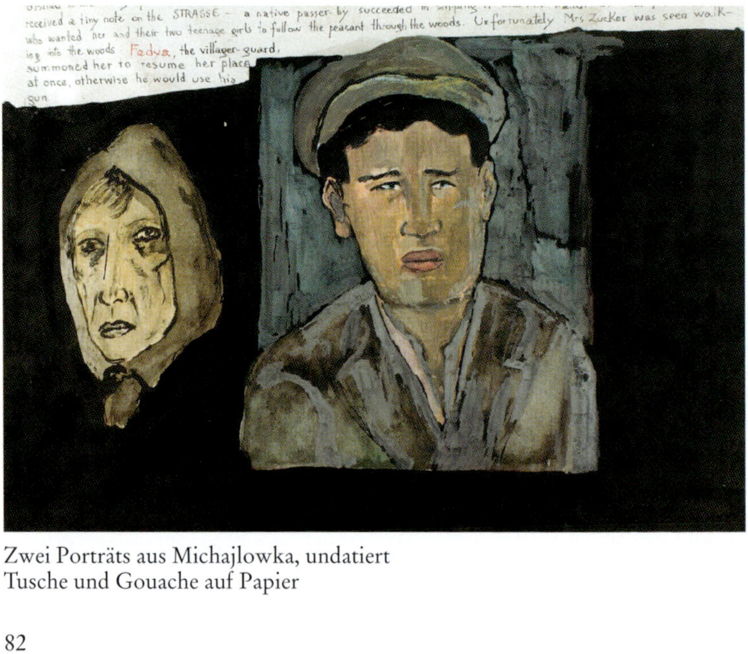

Zwei Porträts aus Michajlowka, undatiert
Tusche und Gouache auf Papier

Wachen und Gesichter von Gefangenen
Arnold Daghani: »Am Hinrichtungsplatz auf die Ankunft der Sklaven wartend – so wie es Spießgesellen leicht tun.«
Tusche auf Papier

Selbstporträt Daghanis, 1964, Tusche und Bronzefarbe auf Papier
Arnold Daghani: »Aus Janes Brief vom Februar 1964: ›Jeden Morgen wirst du früh in den Spiegel blicken und vielleicht dich an deine ›Stunden‹(!) erinnern und liebevoll Arnold Daghani, dem großen Künstler, zunicken.‹«

Arnold Daghani: »Nanino denkt über einen Brief nach. Wegen der nur wenig erwärmten Wohnung trägt sie eine weite Strickjacke.«
Tusche auf Papier, Januar 1963

DAGHANI

Kopf eines Clowns
1965, Tusche, Pastell- und Ölfarbe auf Papier

Blumen, 1973, Tusche und Goldfarbe auf Papier
Arnold Daghani: »24.5.1973: Blumen für Nanino von Dr. Werner Bergmann, überreicht am Bahnhof in Freudenstadt im Schwarzwald.«

Zirkusimpressionen – drei Clowns auf ihren Fahrrädern, 1963
Tusche auf Papier

Nanino, 1963, Tusche auf Papier
Arnold Daghani: »Nanino – endlich zu Hause!«

Donnerstag, 31. Dezember 1942 Der Oberfeldwebel Willi Buder hat mir ein Stück rote Kreide gegeben, damit ich »Frohes Neues Jahr« auf ein lebendiges Schwein schreibe, das Willi Kustin gehört. Ist das ein deutscher Brauch?

Stimmen dringen vom Käfig der Nachbarn herüber. Frau Rosa Tabak liest im Kerzenlicht Pepi und Paula Segall das Schicksal aus den Karten. Nur Erfreuliches steht darin: Männer in Uniformen werden kommen und die Tore öffnen; die Familie wird wieder nach Hause kommen.

Freitag, 1. Januar 1943 Ich erfuhr, dass – und zwar während wir fest schliefen – der Oberfeldwebel Willi Buder den Klassenraum betreten hatte. Er wünschte allen Häftlingen ein frohes Neues Jahr und sagte, er sei glücklich darüber, dass bis zum Ende des neuen Jahres alle wieder zu Hause sein würden. Das war eine freundliche Geste von ihm.

Ich habe ein paar Tulpen für Anishoara gemalt. Der Soldat Stefan Bregulla hat mir ein paar Bögen Papier in Kanzleiformat geschenkt. Ein Aquarell ist für ihn bestimmt. Auf das Bild für Anishoara habe ich auf Rumänisch geschrieben: »Pentru Nanino: La Multi Ani Fericiti. Sa Dea Dumnezeu CA 1943.« (Für Nanino ein frohes Neues Jahr. Möge uns Gott beistehen, dass wir 1943 nach Hause zurückkehren, zurück zu unserer Familie).[41]

Anishoara saß neben mir im Käfig und summte das alte französische Lied »L'étang«. In ihren Augen standen die Tränen. Erinnerungen an ihre Zeit als Sekretärin bei der Schauspielerin Alice Cocea in Paris seien hochgekommen, erzählte sie mir später.

Sonnabend, 2. Januar 1943 Eine Wache aus dem Dorf, die Weihnachten in Krasnapolka verbracht hat, berichtete einigen Häftlingen, dass die Lager von Krasnapolka, Kiblicz und Niemirow[42] während der Feiertage eine »Säuberung« gesehen hätten. […]

---

[41] Das Original befindet sich in dem Album *1942-1943*.

[42] Vgl. Ermittlungsverfahren gegen Friese u.a. wegen Mordes bzgl. Krasnapolka. Vgl. Hinrichtungen und die Augenzeugenberichte von Klara Scheiner und

Ich habe mit einem Aquarell angefangen, das das Leben in unserem Klassenraum einfangen soll. Man sieht darin Anishoara im oberen Käfig. Es entspricht einem Genrebild, in dem die Menschen durch Porträts dargestellt werden.

[...]

Montag, 4. Januar 1943 Ich habe mit einem Porträt des Oberfeldwebels Willi Buder auf seinem Zimmer im Dorf begonnen. Er erzählte mir, dass er zehn Jahre als Buchbinder gearbeitet habe, bevor er zur Polizei ging. Buder bestätigte, dass es »Säuberungen« in anderen Lagern gegeben habe. Nach einer Weile bemerkte ich beiläufig: »Ich frage mich, ob Anishoara und ich je wieder Bukarest erblicken werden.« »Bukarest? Ich glaube nicht!« Dann sagte er nachdenklich: »An Ihrer Stelle würde ich lieber woanders hingehen, wenn die Generalsäuberung stattfindet.« Das war deutlich.

Am Abend unterhielt die Familie Sigmund Ebner aus dem Käfig unter uns das ganze Zimmer, indem sie ein Dorforchester auf dem Dorfplatz imitierte und die Rede eines öffentlichen Ausrufers hielt. Was für ein Spaß, doch die Diskussion mit Buder am vergangenen Morgen überschattete alles; sie ging mir nicht aus dem Kopf. Ich hatte Anishoara noch nicht eingeweiht und auch zu Mizzi kein Wort gesagt. Wir saßen alle in einer Todeszelle, ohne Aussicht auf Begnadigung, und dennoch wollte der Verstand die Realität nicht wahrhaben, sondern klammerte sich an ein verschwommenes Etwas: Hoffnung.

Dienstag, 5. Januar 1943 Mit Erlaubnis des Oberfeldwebels Willi Buder sowie Willi Kustins durften Heinz Rosengarten und der Ukrainer Avraham Naiman zu den Dorfbewohnern, um Kleidung der Häftlinge gegen Nahrungsmittel zu tauschen; sie kehrten mit Kartoffeln und anderen Nahrungsmitteln zurück.

Fortsetzung Fußnote 42
Herbert Teiler. Vgl. XI A. Niemirow, XI P. Kiblicz und die Zeugenaussagen von Bercu Danielow und Robert Haun (Firma Stoehr), die bestätigten, dass die Hinrichtungen von zwei oder drei SS-Männern ausgeführt wurden, die am Tag zuvor eingetroffen waren.

Am Abend wurde das Essen ausgeteilt. Zuerst erhielten die Besitzer der Kleidung ihren Anteil, der Rest wurde an die vom Hunger Geschwächten und Kranken verteilt. Anishoara und mir gab man eine viertel Tasse Honig. Der Rechtsanwalt Marian Dolberg gehörte zu denen, die austeilten. Nach der Essensvergabe kletterte Dr. Markus Rudich die Leiter zu unserem Käfig hinauf und berichtete, dass es von morgen an Kartoffelsuppe vor dem Abmarsch zur Baustelle gebe: für 50 Pfennig bzw. kostenlos für die Mittellosen. Anishoara und ich redeten auf Dr. Rudich ein, dass er sich nicht dafür schämen brauche, die Suppe umsonst zu bekommen. Später versprach er uns, zu Erbsenthal zu gehen und ihn um eine größere Portion für uns zu bitten.

Mittwoch, 6. Januar 1943 Herr Kiermayer, der einen Doktortitel in Jura hat, ist beschuldigt worden, das Brot seiner Nachbarin, Frau oder Fräulein Klara Schärf, gestohlen zu haben. Kiermayer erklärte Nathan Segall, er habe der Versuchung nicht widerstehen können, ein paar Brocken abzubrechen, als er das Brot so daliegen sah. Von mal zu mal seien die Brocken größer geworden, sagte er, bis drei Viertel des Brots fehlten – und die Brotration einer Woche verschlungen war. Als das Urteil und die Begründung verkündet wurden, errötete Klara Schärf und ihr Blick wurde verlegen. Sie hat sich sehr gut mit Herrn Kiermayer und seiner Frau Susi verstanden. [...]

Freitag, 8. Januar 1943 Ich habe eine Bleistiftzeichnung angefertigt: »Gebet am Abend«. Dabei schaute ich von unserem Käfig herunter in den schwach beleuchteten Raum – das ergab ein sehr mysteriöses Bild.

Gestern habe ich ein Aquarell von Häftlingen gemalt, die in einer Schlange auf ihre Suppe warteten. Jenseits des Stacheldrahts ragt der Zwiebelturm einer Kirche in den Himmel. [...]

Donnerstag, 14. Januar 1943 Die Epidemie ist eingedämmt, die Zahl der täglichen Toten geht zurück. Zur schlimmsten Zeit hat es 100 Infizierte gegeben.

Montag, 18. Januar 1943 Das Graben auf der Baustelle ist in der Kälte sehr anstrengend geworden. Anishoara hat meine Knickerbocker gegen den beißenden Frost angezogen. Im Lager habe ich ein Paar englische Armeeshorts angezogen, die einige Zentimeter über meine Knie reichen.

Ich war inzwischen zu schwach für diese Arbeit. Die Frauen mussten nur jeden zweiten Tag dorthin. Anishoara wurde gnadenlos von der Dorfwache Iwan geprügelt, weil sie es gewagt hatte, während der Arbeit von einem trockenen Brotkanten zu essen.

Willi Kustin kam zu mir und wollte wissen, wo meine Hosen geblieben seien. Ich sagte ihm, ich hätte sie meiner Frau gegeben, um sie vor der Kälte zu schützen. Etwa zwei Stunden später fragte mich dann Nathan Segall, warum ich mich bei Kustin beklagt habe. Kustin hatte Segall befohlen, mir eine Hose von den Verstorbenen zu geben. Sie war gestreift und wurde gewöhnlich mit einem Konferenzanzug getragen. Ich hatte nicht gewusst, dass Segall die Kleidung der Toten besaß. Ich fragte mich, ob Nathan Segall meiner Erklärung Glauben schenkte, dass ich Anishoara meine Knickerbocker geliehen hatte.[43]

Dienstag, 19. Januar 1943 Da die Straße schneefrei war, wurden die Häftlinge auf die Felder geschickt, wo sie Schnee fegen sollten. Angeblich hatte Willi Kustin sich vor Lachen kaum auf seinem Schlitten halten können, als er die Häftlinge in den verschneiten Feldern arbeiten sah. Er machte sich über die Firma Dohrmann lustig. Den Häftlingen war es egal, wo sie sich ihre tauben Finger und erfrorenen Zehen holten: auf der Straße oder im Feld. Doch das Leben wäre erträglicher gewesen, hätte Willi Kustin die Arbeiten abgebrochen, als die Straße schneefrei war. Selbst in den benachbarten Dörfern musste Schnee geschaufelt werden, so dass die Häftlinge 30 Kilometer durch den eisigen Steppenwind laufen mussten.

[…]

---

[43] Vgl. S. 179ff.: Nathan Segalls Augenzeugenbericht vom 21. Oktober 1943. Originaldokument in der Holocaustgedänkstätte Yad Vashem, Jerusalem.

Sonnabend, 23. Januar 1943 Die Bauern von Adamowka haben Kartoffeln, Brot und Zwiebeln an die Häftlinge verteilt, die in ihrem Dorf den Schnee von den Straßen geschaufelt haben. Eine Zeit lang erlaubten das die Wachposten, doch dann fingen sie an, auf die Häftlinge einzuschlagen.

Am Abend rufe ich nach Ludo Adler in seinem Käfig. Er liegt mit einem hartnäckigen Typhus im Bett. Ich zeige ihm meine Aquarelle und Zeichnungen. Meine Sammlung ist inzwischen um ein Porträt (15 cm x 14 cm) von Naimum, einem jüdisch-ukrainischen Häftling, reicher. Als Hintergrund hat das Schulgebäude gedient. Neu ist auch eine 28 mal 15 Zentimeter große Bleistiftzeichnung. »Auf dem Weg zur Straße«, wie es Ludo Adler mit seiner schwachen und dünnen Stimme bezeichnet hat. »Ich kenne einen Dorfbewohner, dem wir dein Album anvertrauen können. Sobald ich erholt bin, werde ich mit ihm sprechen. Unsere Chance zu überleben ist verschwindend gering, sie werden noch nicht einmal unser Grab finden. Was für eine Tragik, wenn deine Werke ungesehen blieben und die Welt nie unser Leid erblicken könnte.« Plötzlich verwandelt sich seine Stimme in ein gestoßenes Flüstern: »Siehst du den Lkw da draußen? Sie holen meinen Bruder.« Er fängt an zu weinen.

In der Nacht wurden wir von lauten und energischen Stimmen geweckt. Ich entnahm dem Streit, dass Herrn Sigmund Ebner während des Schlafes eine warme Flüssigkeit über das Gesicht gelaufen war: Urin. Nach der ersten Verlegenheit entschuldigte sich Mizzi. Schneeschaufeln ohne genügende Kleidung hatte Mizzis Blase geschwächt. Das Missgeschick hatte sich ereignet, als sie davon träumte, wieder zu Hause zu sein und voller Freude die Wasserhähne im Bad aufdrehte. Jetzt kehrte wieder Harmonie ein.

Sonntag, 24. Januar 1943 Yasha Wassilchuk, eine Wache aus dem Dorf, bat mich, ein Porträt von ihm zu malen. Keine einfache Skizze, er wollte ein perfektes Abbild. Wie gewöhnlich war der Raum überfüllt, und ich musste schieben und drängeln und hatte Schwierigkeiten, mein Gleichgewicht auf dem Baumstamm zu halten. Als ich schließlich zum Ende kam, bat ich darum, die Sitzung verschieben zu können. »Mach weiter!«, sagte er kurz.

Als das Porträt schließlich fertig war, nahm er Pinsel und Farben in seine eigene Hand, bespritze sein Porträt und bohrte mit dem Pinsel sadistische Löcher in die Zeichenplatte. Wie konnte ich in dieser Wildnis die Zeichenplatte ersetzen, wo es noch nicht einmal Papier gab? [...]

Dienstag, 2. Februar 1943 Josef Elsäßer ist zu Nathan Segall gekommen, um ihm zu sagen, dass die Quartiermeister fast keine Erbsen mehr für das Lager hätten, auch die Brotrationen müssten verkleinert werden.

Im Hof musste ich ein Porträt von der Dorfwache Iwan anfertigen. Er hat das Papier gestellt: ein liniertes Blatt aus einem Notizblock. Zuerst war er zufrieden, doch am Ende gefiel es ihm nicht besonders, so dass ich es für meine Sammlung behalten konnte. Ich habe eine weitere Zeichnung vom Innenraum angefertigt. 13 eigene Werke besitze ich jetzt. Die Leute machen sich wieder über mich lustig. Was es für einen Sinn mache, das »Leben« im Lager zu beschreiben, hören sie nicht auf zu fragen. Könne ich ihnen die Befreiung versprechen?

Mittwoch, 3. Februar 1943 Während ich am Porträt von Oberfeldwebel Buder arbeite, erzählt er mir von dem Brief seiner Frau. Sie hat ihn gebeten, etwas Stoff von den Häftlingen für ein Kleid zu besorgen. Buder hat sich an Segall gewandt und zeigt mir nun das erstandene Gewebe. »Gefällt es Ihnen?« »Natürlich, sehr!« Es ist zweifellos feinste Seide. Wem hat es gehört? Vielleicht Simon Auslander, der immer einen teuren Pelzhut trägt, mit so viel Fell, dass man glauben kann, er wolle darunter jeglichen Gedanken ersticken.

Nach kurzem Schweigen kommen wir auf OT-Mann Konrad Schweser von der OT-Bauleitung in Teplik zu sprechen, der heute Morgen für eine halbe Stunde das Lager besichtigt hat begleitet von Dr. Shajowicz, dem Lagersprecher von Teplik. Als Schweser Shajowicz vorgestellt hat, sei Buder in Wut ausgebrochen. »Stellen Sie sich vor, Shajowicz wagte es, mir seine Hand zur Begrüßung entgegenzustrecken. Ich ignorierte sie und war drauf und dran, ihm eine Ohrfeige zu verpassen.«

Das Geläute von Schlittenglocken verhinderte, dass ich mich dazu äußern konnte. Aber wollte ich es überhaupt? Wohl kaum. Oberfeldwebel Buder sprang auf. »Wenn es jemand von der SS ist, müssen Sie sich schnell in der Küche verstecken. Zwei SS-Männer sind letzte Woche an Typhus gestorben, deshalb hat man uns strengstens verboten, in Eure Nähe zu kommen. Übrigens, fände man Sie hier, würde man Sie auf der Stelle erschießen.«

Die Schlitten passieren das Haus. Ein Gefühl des Ekels steigt in mir hoch: Oberfeldwebel Buder wird als unser bester Kommandant angesehen, doch im Vergleich zu Polizeimeister Kiesel ist er nicht einen Deut besser. Ich frage mich, warum er mir die Episode mit Dr. Shajowicz erzählen musste und dieses »auf der Stelle erschießen«, als sei ich ein wild gewordener Hund. Wir sind Häftlinge eines Arbeits- und Vernichtungslagers, eingepfercht, weil wir zu einer Rasse gehören, die offenbar nach den geltenden Ideen von der Erde getilgt werden soll. An Frau Buders Stelle hätte ich mich geschämt, Stoffe von Häftlingen eines Lagers wie Michajlowka zu verlangen. Vielleicht ist es aber Mode, Stoffe mit dem Zertifikat »Aus dem Todeslager« zu tragen.

[...]

Montag, 8. Februar 1943 Edie Weiss wurde dazu ausgewählt, Brot aus Teplik zu holen. Es ist bitterkalt und niemand von der OT will für Brot und Verpflegung nach draußen.

Livia, Nathan Segalls Tochter, hat mit verträumten Blick dem Schlitten nachgeschaut. Seit kurzem hegen die beiden Zuneigung füreinander.

Mittwoch, 10. Februar 1943 Beunruhigende Neuigkeiten sind uns aus Teplik mitgebracht worden. Ein OT-Mann glaubt, dass im Frühjahr weitere 10 000 Häftlinge zu uns über den Bug deportiert werden sollen, damit die Bauarbeiten an der Landstraße fortgesetzt werden können. Eine »Säuberung« soll die Schwächelnden aus unserer Gruppe tilgen. Edie Weiss schaut bei dieser alarmierenden Neuigkeit verächtlich. Frühling? Unsinn. Die Wehrmacht ist doch bereits im Rückzug. Beladene Lkws ziehen in Richtung Deutschland vorbei. Dieser Mann muss übertrieben haben. Noch dachte ich an die Worte, die mir Oberfeldwebel Buder vor über einem Monat gesagt hat: »Die große Säuberung wird eines Tages kommen.«

Donnerstag, 11. Februar 1943 Einige Häftlinge, die in der Dorfschmiede für die OT arbeiten, sind mit einer sensationellen Botschaft zurückgekehrt: Die Dorfbewohner wüssten, dass die Sowjets sich Kiew näherten. Sie seien dabei, in der Nähe von Niemirow eine Brücke über den Bug zu bauen.

[...]

Sonnabend, 13. Februar 1943 Oberfeldwebel Willi Buder hat uns verlassen und hat sich auf den Weg nach Niemirow gemacht. Es ist zu uns durchgedrungen, dass alle Kommandanten und Mitglieder der Polizei abberufen würden.

Sonntag, 14. Februar 1943 Dorfbewohner haben unseren Wasserträgern erzählt, dass sowjetische Infanterie in die Region von Dnjepropedrowsk eingedrungen sei. Bis zum Ende des Monats seien wir erlöst, versicherten sie unseren Männern. Paula Segal (sie gehört nicht zur Familie Segall) ist betrübt. Erst heute habe ich erfahren, dass zwischen ihr und Buder ein Band der Zuneigung gewachsen ist.[44]

Montag, 15. Februar 1943 Als Max Guttman zusammen mit den anderen Wasserträgern vom Dorfbrunnen zurückkehrte, rief er uns zur Seite und zeigte uns einen kleinen Zettel, den ein Dorfbewohner ihm in die Hand geschoben und dabei »Eure Befreiung ist da!«, geflüstert habe.

Ungeduldig scharten sich die Häftlinge um Max Guttmann, und er begann den Brief klar und deutlich vorzulesen. Je weiter er kam, des-

---

[44] Am Freitag, den 11. Juli 1965, wurde Pepi durch den Lübecker Staatsanwalt bezüglich der Beziehung befragt, die Willi Buder zu Paula Segal hatte. Ich fragte mich, warum sie so viel Interesse für diese Affäre aufbrachten. Paula Segal war nicht mehr da, um antworten zu können. Sie wurde zusammen mit ihrer Mutter am 10. Dezember 1943 im Lager von Tarassiwka erschossen.

to enttäuschter wurde er: »Ihr müsst an Gott glauben und Vertrauen in ihn setzen. Kopiert das neun Mal und gebt es weiter.« Wem sollten wir es weitergeben? Hätte der Dorfbewohner es in den Brunnen geworfen, die Wirkung wäre wahrscheinlich größer gewesen. Armer Mann! Natürlich konnte er nicht wissen, was ein Arbeits- und Todeslager bedeutet und dass gemeinsame Morgen- und Abendgebete von gläubigen Häftlingen bis heute ohne Wirkung geblieben waren.

Mittwoch, 17. Februar 1943 Schulte, Kommandant des Lagers von Krasnapolka, soll vor seiner Abreise die Erschießung des jüdischen Sprechers befohlen haben.[45] Willi Kustin hat den Befehl gegeben, sein Schwein zu schlachten.

Sind sie bereit für den Absprung?

Am Abend sprachen alle Häftlinge mit gedämpfter Stimme. Was würde jetzt geschehen? Wir waren hier hinter Stacheldraht gefangen, und jede Sekunde konnte die Entscheidung für oder gegen unser Leben fallen – mit einem einzigen Befehl.

[…]

Freitag, 19. Februar 1943 Edie Weiss kam nicht nur mit unseren Brotrationen zurück, sondern lieferte auch Säcke voller Essen an die OT-Männer ab.

Hermann Kaiser ist von seinem Aufenthalt in Deutschland zurückgekommen. Er hat einen Rahmen für ein Porträt von Hitler bestellt. Als er uns vor einem Monat verließ, waren wir fest davon überzeugt, dass es keine Häftlinge mehr gäbe, zu denen er zurückkehren könnte. Es gibt uns noch, doch wo man auch hinschaut, nichts als entmutigte Gesichter.

Montag, 22. Februar 1943 Heute vor 34 Jahren wurde ich geboren. Warum nur – um in dieser Hölle zu enden?

Ich habe ein Porträt von Musia Korn begonnen. Er ist 18, sieht aber schon so aus wie ein alter Mann.

---

[45] Vgl. Ermittlungsverfahren gegen Friese und andere wegen Mordes, Bd. 7 S. 1630.

Dienstag, 23. Februar 1943 Heute ist Mizzis Geburtstag. Weil die Dorfbewohner ihr erzählt haben, die Sowjets würden zum Tag der Roten Armee, also heute, eine große Offensive starten, hofft sie, dass dieser Zufall ein gutes Omen für sie sei. Ich habe ihr ein Aquarell geschenkt, das unsere Wohnstatt im Detail darstellt. Es ist eine Kopie von einem Werk aus meiner Sammlung. Auf dem Bild[46] ist Folgendes zu sehen: Links oben, neben dem Ofen liegt Anishoara; im Käfig darunter Sigmund Ebner, sein Sohn und Hardy Goldstein; in der Mitte vom Zimmer rasiert der Friseur Sporn eine Dorfwache, und Frau Bertha Landmann ist dabei, Wäsche zu waschen; im Käfig rechts sitzt Herr Lublin, daneben Rechtsanwalt Kiermayer beim Rasieren; Herr Hersch Scharf sitzt an einem niedrigen, klapprigen Tisch auf einem ebenso klapprigen Stuhl, die er beide selbst getischlert hat.

[...]

Dienstag, 2. März 1943 Josef Elsäßer hat Nathan Segall versprochen, er werde Erbsen besorgen, er sei sich aber nicht sicher, ob man sie noch essen könne: Sie seien sechs oder sieben Jahre alt. Segall willigte sofort ein.

OT-Truppführer Josef Elsäßer betrat zum ersten Mal unseren Stall. Frau Sporn fragte ihn nach dem Verbleib von Dr. Greif, der vor einigen Monaten in das Lager von Braclaw überführt worden war. »Ach, der Zahnarzt?«, fragte Elsäßer. »Anscheinend hat ein ukrainischer Priester ihm einen Floh ins Ohr gesetzt, woraufhin er mit seiner Frau, seinem Sohn und einigen anderen weggerannt ist. Ich frage mich nur warum. Sie hatten doch keinen Grund zur Beschwerde, oder?«

Nun, OT-Truppführer Josef Elsäßer hatte wohl keine Vorstellung davon, was die zwei Buchstaben »SS« für uns bedeuteten: Folter und Liquidierung. Vielleicht fand er unsere Hühnerställe, die er heute erstmals sah, ganz normal. Er übersah einfach, dass wir nicht einmal billige Arbeitskräfte waren, sondern Sklaven der Firma August Dohrmann. [...] Kein Grund zur Beschwerde? Das junge Mädchen ver-

---

[46] Anm. Riepers: Vgl. Buchumschlag, »Unsere Wohnstatt im Detail«, Michajlowka, Februar 1943.

suchte es und wurde erschossen. Kein Grund zur Beschwerde, Herr Elsäßer? Andere werden eines Tages einer anderen Auffassung sein!

Mittwoch, 3. März 1943 Um die Mittagszeit ging geräuschlos die Stalltür auf. Es waren Soldaten der Wehrmacht. Sie hatten einfach das Tor mit dem Schild »Das Betreten des Judenlagers ohne Erlaubnis ist strengstens verboten« passiert. Sie wollten wissen, wie es hier drin aussah. Feiste, fetthalsige Oberwachtmeister der Wehrmacht mit rosigen Gesichtern und strotzender Gesundheit glotzten uns an, als seien wir Wachsfiguren in Madame Tussaud's Ausstellung. Einer der Männer fragte Willi Kustin: »Wie lange hängen die hier 'rum, ohne an der Straße zu arbeiten?« Ein anderer antwortete, bevor Kustin den Mund öffnen konnte: »Bis sie versteinert sind.« Im Raum befanden sich einige Genesende und Häftlinge mit Frostbeulen. Willi Kustin sah verlegen aus. Was für ein Besuch! ...

In der Nacht hauchte der 18-jährige Musia Korn seinen letzten Atem aus. Armer Musia. Seine Mutter war vor einem Monat an Entkräftung gestorben; sein Vater auf der Straße erschossen worden. Ich glaube, durch Wisotzkas im November.

Freitag, 5. März 1943 Ein Lkw brachte Säcke voller Erbsen. Große Mengen davon wurden zum Aufweichen in Fässer mit Wasser geschüttet.

[...]

Sonnabend, 13. März 1943 Zweihundert Häftlinge aus Tarassiwka sind heute eingetroffen. Einige von ihnen sind aufgedunsen; ihre Kleider hängen in losen Fetzen herunter.

Wie sehen nur wir in ihren Augen aus? Ganz bestimmt so wie sie – besonders unsere Frauen. Das harte Leben hat ihnen ihr weibliches Aussehen gestohlen, sie frühzeitig altern lassen und den jungen Mädchen den monatlichen Beweis ihrer Fruchtbarkeit genommen. Nichtsdestoweniger tragen die weiblichen Häftlinge Lippenstift: damit ihre hohlen Wangen und bleichen Lippen die Todesengel nicht zum tödlichen Schlag verleiten. Ein Anblick, der schmerzt!

Was Frauen und Männer betrifft, so besteht nicht der geringste Anreiz für eine Verführung, obwohl unsere Körper in den Käfigen eng aneinander liegen; dass Mädchen und Frauen sich in aller Gründlichkeit vor den Augen der anderen Häftlinge waschen, birgt nichts Provokatives. Nur manchmal verdeckt ein Tuch einen Käfig – meistens aber herrscht freie Sicht.

Montag, 15. März 1943 Anishoara, Sophie Semmel-Meyer, ich und einige andere Häftlinge wurden nach Tarassiwka gebracht, um das Lager für die Bauern zu säubern. Angeblich sollten die nun das Lager belegen, und die jetzigen jüdischen Insassen sollten zu uns kommen.

In diesem Lager herrschten die gleichen Hühnerstallverhältnisse: leben in zwei winzigen, verdreckten Räumen, einfach Ekel erregend.

Montag, 22. März 1943 Als wir auf Selma, die Mitte Dezember verstorben war, zu sprechen kamen, zeigte uns ein Nachbar einige englische Gedichte, die Selmas Mutter in den Unterlagen ihrer Tochter gefunden hatte.

Gedicht von Selma Meerbaum-Eisinger[47]

All day I muse, all day I cry,
aye me.
I feel the pain that on me feeds,
aye me.
My wound I stop not, though it bleeds
aye me.

[Den ganzen Tag grüble ich, den ganzen Tag weine ich,
weh mir!
Ich fühle den Schmerz, der mich erfüllt,
weh mir!
Meine Wunde behandle ich nicht, obwohl sie blutet,
weh mir!]

---

47 Anm. Mollie Brandl Bowens: Der *Stern* veröffentlichte einen Artikel, der meh-

Sollte ich die Meinung ihrer Mutter teilen, dass die Verse Selmas Schmerz über das Lagerleben ausdrücken, oder hatte sie sie aus ihrer Erinnerung niedergeschrieben?

Donnerstag, 25. März 1943 Wir müssen jetzt alle zum Straßenbau. Die Wasserträger werden durch sechs Frauen ersetzt.

Der Rechtsanwalt Arie Zuckermann ist im Lager von Czeczelowka zum Dolmetscher ernannt worden[48], seine Mutter Lisa und seine Schwester Ruth sind in unserem Lager geblieben. Arie darf uns einmal pro Woche besuchen.

Freitag, 26. März 1943 Eine lange, lange Kolonne zur Baustelle. Nur die Häftlinge mit erfrorenen Beinen und Füßen und die im schlimmsten Krankheitszustand blieben zurück sowie all diejenigen, die im Lager Aufgaben erledigen mussten wie Nathan Segall und sein Neffe Dolfi Breitner.

In den Wäldern, die wir durchquerten, war das Grün aufgebrochen. Was für ein Anblick. Die Dorfwachen, die auch voller Freude waren, trieben uns zur Eile an. Wegen des Schneematsches und der Hindernisse auf dem engen Pfad war es aber fast unmöglich, Schritt zu halten – viele stolperten.

Ich spürte einen Schlagstock auf meinen Rücken trommeln: »Maler, warum so langsam?« Dann traktierte die Dorfwache Sukerka auch Anishoara, die neben mir lief, mit dem Stock, so dass sie hinfiel.

Die OT-Männer Hermann Kaiser, Hermann Schneider und Karl

Fortsetzung Fußnote 47:
rere Gedichte von Selma Meerbaum-Eisinger enthielt, die sie vor ihrem Tod im Lager geschrieben hatte (Vgl. *Stern* 8.9.1980). Der Artikel verwies auch auf Daghanis Tagebuch. In dem Artikel bestritt SS-Unterscharführer Walter Mintel aus Hamburg, je in Michajlowka gewesen zu sein. Daghani schrieb ihm zur Erinnerung, wo und mit wem er im KZ von Michajlowka war. Vgl. hier S. 268, Brief des Gerichtspräsidenten, Hans-Joachim Röhse, in dem er seine Unzufriedenheit über den Prozess gegen den ehemaligen SS-Unterscharführer Mintel ausdrückte.

[48] Das Ermittlungsverfahren gegen Friese und andere wegen Mordes ergab, dass die Firma August Dohrmann/Schütte aus diesem Lager Zwangsarbeiter erhalten hatte.

Ullerich kamen in einem Pferdewagen daher. Sie setzten sich auf eine Bank in der Waldlichtung und beobachteten die Häftlinge, die das Pech hatten, gerade dort arbeiten zu müssen. Da die OT-Männer froren, befahlen sie einen Häftling und mich herbei. Wir sollten Feuerholz von einem Stapel mit Stämmen hertragen. Kaiser rief uns hinterher, dass wir uns nicht vom Förster erwischen lassen sollten.

Sonntag, 28. März 1943 Eine Schmalspurbahn soll neben der Straße zum Transport von Erde gebaut werden. Frauen, Männer und Mädchen tragen die Schienen.

[...]

Dienstag, 30. März 1943 Die Häftlinge Bertha Kiesler, Rosa Schauer und andere Frauen und Männer wurden zur Arbeit am Bahnhof von Gaisin abkommandiert, wo sie die Schienen auf Lkws verladen mussten. Die Schienen stammten von der Firma Teeras.

OT-Mann Karl Ullerich erzählte mir in unserer halbstündigen Pause, wie er uns bewundere. »Die Menschen singen oft, trotz der miserablen Situation im Lager.« Das schrieb er auch nach Hause. Trotz dieser Bewunderung hatte er den Lagersprecher der ukrainischen Juden, Aisic, gefoltert und erschossen, und ich fragte mich, ob er auch das seinen Nächsten mitgeteilt hatte.

Freitag, 2. April 1943 Ich musste OT-Mann Hierl porträtieren. Er war Inspektor für die OT und teilte einst ein Zimmer mit Willi Kustin. Da ich keinen Zeichenpinsel mehr besaß, versuchte ich es mit einem Teil meines Rasierpinsels aber es funktionierte nicht. Dann versuchte ich es mit Pferdehaar, aber auch das blieb ohne Erfolg. Schließlich schnitt Anishoara mit der Schere ein Büschel aus dem Schaf-Fell der Dorfwache Fedya heraus – das nahm die Farbe gut auf: Das andere Problem löste der Kesselflicker Semmel: Er befestigte das Büschel an einem Stöckchen, und fertig war der Pinsel.

[...]

Donnerstag, 15. April 1943 Vergangene Nacht hat mir Heinz gesagt, dass ich ein Mosaik vor dem Haus der OT-Männer Kaiser und Ullerich anfertigen und dass der Häftling Sigmund Ebner mir beim Auslegen helfen soll. Ich erwiderte scharf, dass Anishoara mir lieber helfen solle, da sie mir bereits bei einem Mosaik für den rumänischen Polizeiposten in Ladyschino zur Seite gestanden hatte. Heinz blieb fest: »Ebner, nicht Anishoara!« Dann sagte er in versöhnlichem Ton: »Nimm es hin, Arnold. Wenn du hier fertig bist, wirst du nach Gaisin geschickt, um für Bergmann ein Mosaik zu legen, dort bekommst du gut zu Essen.« Ich erwiderte: »Ohne Anishoara möchte ich kein gutes Essen. Solange du sie nicht mitgehen lässt, werde ich nicht mit Kaisers Haus anfangen.«

Wenn sie Ebner eine einfachere Arbeit verschaffen wollten, wie es Heinz ausdrückte, warum dann nicht im Lager selbst? Seine Frau und seine beiden Söhne arbeiten doch auf der Baustelle. [...]

Heinz hatte Recht: Es war nicht immer gut, Anishoara an meiner Seite zu haben. Zum Beispiel wenn ich für die OT-Männer malte oder ein Porträt Buders anfertigte, war das sehr gefährlich, aber mit dem Mosaik stand es anders, es würde immerhin eine Woche dauern.

Heute Morgen bat ich Anishoara, sich nicht der Kolonne anzuschließen, sondern bis zu deren Abmarsch zu warten. Nathan Segall tauchte auf und befahl ihr, das Lager zu verlassen und bei der Kolonne zu bleiben. Da sie zögerte, antwortete ich für sie: dass sie mit mir zum Kaiser gehe und nicht zur Baustelle. Segall erfasste der Zorn: »Du bist verrückt, völlig verrückt! Jetzt, da jederzeit die SS auftauchen kann.« Ich bestand darauf, dass sie nicht zur Baustelle gehe und sagte mit zitternder Stimme: »Ich hoffe, dass ich eines Tage in Bukarest ein Denkmal für dich und dein ehrenhaftes Verhalten errichten kann.« Er ging weg.

Nachdem die Kolonne verschwunden war, lief ich zu Kaiser, der auf dem Pferdewagen zur Baustelle wartete.

»Meine Frau kommt mit mir; sie ist meine Assistentin«, sagte ich mit zitternder Stimme. Was, wenn er das ablehnte, zweifelte ich immer wieder. Doch Kaiser nickte nur.

Für das Mosaik – einen deutschen Adler – holten wir farbige Steine vom Steinbruch herbei und zerklopften sie mit einem Hammer. Es gab keinen Zement, so dass wir das Mosaik einfach in den Sand legen mussten. Alles wurde jetzt auf Sand errichtet, nur nicht das Schicksal des Lagers! [...]

Etwa zwei Stunden später tauchte Sigmund Ebner auf, um die Blumenbeete zu gestalten. Gartenarbeit war sein Hobby zu Hause in Czernowitz gewesen. Ich hoffte, er sei mir nicht böse, aber zwischen dem Anlegen von Mosaiken und Blumenbeeten lagen einfach Welten. Und das wusste er, denn er schaute interessiert herüber, wie Anishoara und ich die Steine mit dem Hammer bearbeiteten.

Ebner zeigte sich sehr pessimistisch, was den Ausgang des Lagers anging: Zwar glaubte er daran, dass die Sowjets immer weiter vordringen würden, doch Karl Ullerichs »Geständnis« war von größerer Bedeutung für ihn. Nach dem Krieg wolle Ullerich sich wegen des guten Bodens in der Ukraine niederlassen, die ganz bestimmt ein Teil Großdeutschlands sein würde. Seine Frau wolle auf keinen Fall hierher, doch am Ende würde er sie doch überzeugen. Vieles müsse wieder aufgebaut werden und hier komme unser Lager ins Spiel: Man würde uns für die Aufbauarbeiten hier behalten!

Ebner und Karl Ullerich stimmten weitgehend überein, was das Schicksals der Häftlinge betraf. Doch ihre Meinung darüber, wer Herrscher über Ost-Europa werden würde, ging auseinander.

Freitag, 16. April 1943 Als ich am Morgen das Haus betrat, um den Hammer zu holen, sah ich Hermann Kaiser, Karl Ullerich und Hermann Schneider, wie sie zusammen frühstückten. Unweigerlich musste ich auf den gedeckten Tisch starren: Eier, Kartoffelpuffer, Marmelade, Margarine, Schmalz, Kaffee und dunkles Brot. Mir wurde so schlecht bei diesem Anblick, dass ich, eine Entschuldigung murmelnd, aus dem Zimmer taumelte, ohne den Hammer zu nehmen. Würden sie jetzt den anderen erzählen, dass mein Herausstürzen sie davon abgehalten habe, mir etwas von den Leckereien anzubieten?

Zwei Polizeimeister wurden in Begleitung von Willi Kustin gesehen.

Sonntag, 18. April 1943 Willi Kustin ist nach Teplik aufgebrochen. Von heute an werden die beiden Polizeimeister das Lager leiten. Kustins Zimmer und seine Küche wurden großzügigerweise dem

Lager übergeben. Unglaublich, wenn man bedenkt, dass vier Monate zuvor 106 ukrainische Juden wegen Platzmangel im Schulgebäude erschossen worden waren. Hat Willi Kustin von diesem Dilemma gewusst? […]

[…]

Dienstag, 20. April 1943 Heute Morgen tauchte ein dritter Kommandant zusammen mit zwanzig Dorfwachen auf. Damit liegt die Verantwortung des Lagers in den Händen von drei Polizeimeistern und etwa 30 Wachposten. Die Neuen scheinen sehr jähzornig zu sein. Wenn wir nicht sofort in Reih und Glied stehen, greifen sie brutal durch und legen auf unsere Köpfe an.

Ich habe die Namen der Kommandanten gelernt: Emil Hartmann, Louis Glasbrenner und Luneville[49].

Mittwoch, 21. April 1943 Kaum waren wir aus dem Lager, mussten wir anhalten. Ein Auto hatte vor dem Zwangsarbeitslager Halt gemacht. SS-Oberscharführer Bernhard Maass! Der kleine Mann versetzte uns alle in Schrecken. Nachdem er fünf Minuten mit Polizeimeister Emil Hartmann gesprochen hatte, befahl er, dass wir uns in Reihen auf der anderen Straßenseite aufstellten.

SS-Oberscharführer Bernhard Maass schritt die Reihen auf und ab und erkundigte sich nach dem Alter von einigen Häftlingen, die er besonders gemustert hatte. Das Schauspiel dauerte nur ein paar Minuten, dann verschwand Maass im Lagereingang. Polizeimeister Emil Hartmann sah beunruhigt aus.

Jetzt strömten die Kranken und all jene, die Arbeiten im Lager ausführen mussten, aus dem Gebäude. Dr. Hermann Seidner konnte wegen seines schmerzvollen Furunkels mit einem Fuß nicht auftreten, doch ein Schlag auf den Kopf zwang ihn vorwärts.[50] Bernhard

[49] Vgl. hier S. 286, Lunevilles wirklicher Name war Hermann Franz Emil Lannois. Wieso wir ihn unter dem Namen Luneville kennen lernten, war mir immer ein Rätsel. Im Mai 1973 schrieb mir seine Witwe Frau Klara Lannois. Die Anklage wurde mangels Beweisen fallen gelassen.
[50] Vgl. hier S. 286, Nr. 9.

Maass ließ sie alle neben dem Tor aufstellen und fixierte sie nacheinander mit scharfem Blick. Dann drehte er sich schlagartig um und lief in Richtung seines Autos davon.

Uns befahl man, schnell abzumarschieren, als wolle man die verlorene Zeit wieder wettmachen.

Einige Monate lang hatte es die SS den Epidemien überlassen, einer Übervölkerung entgegenzuwirken. Jetzt sah alles danach aus, als wollten sie das Problem wieder in ihre eigenen Hände nehmen.

[...]

Sonntag 25. April 1943 Das Auto des SS-Oberscharführers Bernhard Maass wurde gesehen, wie es in Richtung der Wohnung der Kommandanten Emil Hartmann und Louis Glasbrenner fuhr.

Am Ostersonntag? Er war doch nicht eingeladen, oder? Die Häftlinge spürten die Spannung in der Luft. Eine Stunde später befahl man uns, ein Kennzeichen zu tragen, damit wir von den Dorfbewohnern unterschieden werden konnten, oder besser, damit wir als Juden erkennbar waren. Gegen Mittag kam ein weiterer Befehl: Alle sollten sich registrieren lassen sowie Name und Beruf angeben.

Ich bekam mit, wie Lilli Adler auf Nathan Segall und Heinz einredete, während die beiden die Listen vorbereiteten. Lilli bat sie, ihre Eltern auf der Liste jünger zu verzeichnen, als sie waren. Was hatte das zu bedeuten?

Die Gläubigen unter uns feierten den siebten Tag das Pessachfestes, oder besser, sie beobachteten genauer als sonst. Ich dachte über die Worte nach, die vorgelesen wurden: »So wie du Israel von einer Übermacht erlöstest, so bitten wir dich, alle deine Kinder von der Unterdrückung zu befreien.« Wir waren zwar auch im alten Ägypten Sklaven gewesen, aber Adolf Hitler, der moderne Pharao, hatte alle Bosheit seiner Vorgänger in den Schatten gestellt.

Ostermontag, 26. April 1943 Nach dem Wecken durften wir nicht die Baracken verlassen, sondern mussten im Flur warten. »Die Barackentür zum Innenhof ist verschlossen«, flüsterten die Häftlinge. Segall und Heinz machten einen nervösen Eindruck und waren aschgrau.

Die Nervosität steckte die anderen Häftlinge an. Eine Zeit lang geschah nichts. Meine Gedanken spielten verrückt. Schließlich hörten wir den Schlüssel im Türschloss.

Die Stimme des Polizeimeisters Emil Hartmann erklang. Wir sollten uns draußen zum Appell aufstellen. Normalerweise hatten wir zusammen mit den ukrainischen Juden aus Tarassiwka Appell, doch heute, so erfuhren wir, seien sie bereits durchgezählt; und Hermann Kaiser, der schon seit einiger Zeit der Zeremonie ferngeblieben war, sei auf dem Weg zur Baustelle. [...]

Ein junger Mann verließ mit verbundenen Wangen das Haus, wo die Häftlinge aus dem Zwangsarbeitslager Tarassiwka untergebracht waren. Er war ein bessarabischer Jude aus Soroca, wie er mir auf Rumänisch erzählte.

Flehend wandte er sich an Hermann Kaiser: »Bitte lass mich arbeiten!« Kaiser aber schüttelte nur den Kopf. Der Junge bettelte weiter, bis Kaiser rot anlief und einen Stock, den er gerade in der Hand hielt, nach ihm warf.[51] »Geh weiter«, sagte Kaiser. Polizeimeister Emil Hartmann beobachtete das Geschehen und gab einer Dorfwache den Befehl, den Jungen zurück zum kleinen Haus zu führen.

Herschel Semmel, der Sohn des Kesselflickers, sagte links neben mir mit bangem Unterton: »Ich fühle mich elend. Meine Mutter sollte heute im Lager bleiben, um für die OT-Männer oder die Kommandanten zu flicken. Sie kann nicht gut nähen – ich frage mich, warum sie ausgewählt wurde. Ich habe solche Angst um sie!« Ich versuchte ihn zu beruhigen. »Versteh doch«, fuhr er fort, »gestern Nacht als du wahrscheinlich schon schliefst, las man die Liste der Häftlinge vor, die heute im Lager arbeiten sollten. Sie war viel länger als normal. Würde ich es nur schaffen, meine Mutter zur Baustelle zu bekommen. Ich fühle mich so elend.«

»Itzku!«, rief eine besorgte Stimme irgendwo aus der Reihe. »Reih' dich ein! Du arbeitest heute nicht im Lager.« – »Doch!«, sagte der

---

[51] Vgl. hier S. 228 ff., Zeugen unter den Angestellten der Firma Dohrmann/Schütte; »Selektion« und Erschießung von 55 Juden. Vgl. auch Gewalttaten des SS-Hauptsturmführers Christoffel.

Mann aus der Gruppe, die im Lager arbeitete. »Ich mache diese Arbeit schon seit langem.«

Der Appell. Ich musste an Itzku Herschmann denken. Mit welchem Stolz hatte er mir Tage zuvor ein Foto von sich in Uniform als Postmeister in Czernowitz gezeigt. Bisher hatte er die Latrinen geputzt, und jetzt lehnte er den Straßenbau ab, einfach aus Pflichtgefühl.

Die Latrinen. Die Hälfte des Dachstrohs fehlte: es hatte seinen Dienst als Toilettenpapier getan. Deshalb kursierten Furunkel in riesigem Ausmaß. Man mochte Anishoara und mich für verrückt halten, wenn wir die Latrinen mit einer Wasserflasche betraten und Wasser statt Stroh benutzten, aber wir hatten keine Furunkel. An Papier war nicht zu denken. Ich fragte mich, ob jemand hier Borsalbe und steriles Verbandszeug besaß, um die Furunkel und Karbunkel zu behandeln.

Dem Sonnenstand nach zu urteilen, war es gegen zehn Uhr, als SS-Oberscharführer Maass an der Baustelle in der Nähe unserer Gruppe anhielt. Emil Hartmann sprang aus dem Wagen und verlangte mit heiserer Stimme ein paar Schaufeln … Wen hatte es getroffen?

Die schlimmsten Befürchtungen wurden wahr: 55 Opfer. Dem Druckermeister Ungar, dessen Beine erfroren waren, war seine Frau Anna freiwillig in den Tod gefolgt. Der humpelnde Hersch Scharf schleppte sich mit seiner Frau zum Lkw und hob sie vorsichtig auf die Ladefläche. Man hörte, wie er ihr zuredete: »Gib nicht auf, Gott wird uns beistehen.«

Ludo Adler wurde von Litauern hochgehoben und auf den Lkw geschleudert, doch er fiel wieder hinunter. Erst beim zweiten Anlauf flog er über die Köpfe der Hockenden. Herschel Semmels Befürchtungen hatten sich bewahrheitet: Nicht nur seine Mutter musste gehen, auch seine Schwester. Frau Kellmer und Fany Rudich waren gerade noch entkommen; wie es zu diesem Glück kommen konnte, weiß ich nicht.[52]

---

[52] Vgl. hier S. 289, Zeugenaussage Phillippe Kellmers bezüglich des Verschwindens seines Vaters, der Selektion und Erschießung von 50 Häftlingen.

Selbst als Itzku Herschmann schon auf dem Lkw war, schrie er weiter: »Kommandant, aber ich bin doch zur Arbeit im Lager eingeteilt!« Auch Segall wurde zum Lkw gedrängt und sollte hineinklettern, doch kam ihm Polizeimeister Emil Hartmann rechtzeitig zur Hilfe und erklärte der SS (oder den Litauern), dass Segall der Lagersprecher der Häftlinge sei.

Drei Mädchen aus dem Lager von Tarassiwka hatten es geschafft, sich in Luft aufzulösen.[53]

Nach der Abfahrt der drei Lkws mit den Todgeweihten erschien der Soldat Stefan Bregulla im Lager. Als er durch Hartmann von den verschwundenen Mädchen hörte, machte sich Bregulla selbst auf die Suche nach ihnen.

Er fand sie in der Küche, versteckt in den Kesseln. Ohne sich um ihr Flehen zu kümmern, ließ er sie von Wachposten auf den Hof schleppen. Zusammen mit dem Polizeimeister Hartmann zwang er sie in das Auto des SS-Oberscharführers Maass und brachte sie zur Waldlichtung, dem Ort der Erschießungen.[54]

Der kleine 18 Monate alte Mucki war das einzige Baby, das – mit Einverständnis des Polizeimeisters Emil Hartmann – bei uns bleiben durfte. Es kam gerade so mit dem Leben davon. Normalerweise versteckte es sich sofort im Käfig, sobald seine Mutter ihm zurief: »Mucki, der Kommandant!« Heute versetzte die Mutter, Frau Enzenberg, es auf den Rat Dr. Alter Lockers und Nathan Segalls hin mit Schlafmittel in tiefen Schlaf und versteckte es in einem Rucksack. Sukerka, die Dorfwache, die Mucki sehr gut kannte, suchte jeden Winkel nach ihm ab. Schließlich entdeckte er den Rucksack, tastete ihn ab und fand das Baby. Zum Glück ließ sich Sukerka mit einer kräftigen Summe bestechen. Später konnte man das Baby sehen, wie es mit seiner Mutter spielte …

Der Kesselflicker Benedykt Semmel saß in seinem Käfig und schlürf-

---

[53] Vgl. hier S. 290, Zeugenaussagen von Dolberg, Mizzi Locker, Dr. Bernhard Locker und anderen sowie die belastenden Tagebucheinträge Arnold Daghanis bezüglich der Erschießung von drei jüdischen Mädchen.

[54] Vgl. Ermittlungsverfahren gegen Friese und andere wegen Mordes. Stefan Bregulla lebt heute in Polen. Er wurde nicht verhört.

te eine Suppe, die ihm seine Nichte oder Tochter gekocht hatte. Er bemerkte meinen Blick, drehte sich um und sagte mit weicher Stimme: »Ich kann das nicht fassen, ich kann das nicht fassen.« Nach einem Moment der Stille schloss er sich der Gruppe an, die im Flur betete. Sein Sohn Herschel und dessen Arbeitsgruppe waren nicht von der Baustelle zurückgekehrt.

Es gab Dinge, die auch ich nicht begreifen konnte. Wir konnten uns nicht daran gewöhnen, dass die SS, quasi als Bestandteil ihrer Operation, ständig Opfer von uns verlangte, unterstützt durch die Polizei und den Wehrmachtssoldaten Stefan Bregulla. Warum musste er die vermissten Mädchen suchen? Niemand hatte ihn beauftragt, hier – in diesem düstersten und widerlichsten Teil des Krieges – mitzumischen.

Donnerstag, 29. April 1943 Ich habe ein Aquarell vom Zimmer des OT-Stützpunktleiters Hermann Kaiser beendet. Eine Bäuerin verschönerte heute Morgen Hitlers Porträt, das in einer Ecke hing, indem sie daraus eine Ikone machte. Ich habe auch ein Porträt von Segall gemalt und eine Szene mit unserem Doktor im Einsatz. Inzwischen besitze ich zwanzig eigene Werke. [...]

In Bergmanns Zimmer hingen über seinem Bett zwei meiner Aquarelle und über dem Kopfkissen seine Pistole; auf dem Nachtisch standen Blumen. Das Aquarell von Dr. Alter Locker zeigte ihn bei der medizinischen Untersuchung eines Häftlings. Er stand auf einem zum Stuhl umfunktionierten Baumstamm. Dank Polizeimeister Willi Buder durfte Paula Segall ihm als Krankenschwester zur Seite stehen. Die goldenen Flaumfedern, die den Häftling bis zur Hüfte bedeckten, gaben der trostlosen Umgebung etwas Farbe. Oben im Bild konnte man Frau Freyer entdecken.

Ich erfuhr, dass sie und ihre Familie sich zum Katholizismus bekehrt hatten in der Hoffnung, der Deportation zu entkommen – doch hatte die Konversion sie nicht vor dem Schlimmsten bewahrt.

Die Kiste unter der Schlafstätte von Frau Semmel gehörte der Familie Jurmann.

Ich malte noch andere Aquarelle: vom einäugigen Herrn Zucker, von Frau Dvora Semmel und von einem jüdisch-ukrainischen Schneider. Schließlich blieben mir nur noch zwei dünne Härchen an meinem Pinsel. Damit malte ich ein Porträt des OT-Manns Hierl.[55]

Freitag, 30. April 1943 Anishoara und ich haben mit dem improvisierten Mosaik im Garten der Polizeimeister Glasbrenner und Hartmann angefangen. Polizeimeister Lannois hat Ausgang …

Mittwoch, 5. Mai 1943 Während Anishoara und ich im Vorgarten das Mosaik legten, kamen Werner Bergmann und Josef Elsäßer, um den OT-Stützpunktleiter Hermann Kaiser zu besuchen. Als sie von mir hörten, dass Kaiser nicht im Haus sei, rannten sie durch den Regen zurück in den Wagen und schauten uns zu.

Minuten später, es musste gegen neun Uhr gewesen sein, hörten wir Geschrei aus der Richtung des Dorfes. Wir blickten auf und sahen eine Kolonne von Männern und Frauen in Begleitung der Dorfwachen. Sie bogen um die Ecke in Richtung Lager. Josef Elsäßer musste bei diesem Anblick losschreien: »Was zum Teufel hat das zu bedeuten?« Er winkte die Dorfwache Yasha Wassilchuk zu, die sogleich herbeieilte und berichtete, dass der schwere Regen sie zum Abbruch der Arbeit gezwungen habe.

(Erst zwei Tage zuvor hatte ich OT-Mann Karl Kühne gehört, wie er einen General zitierte, der da gesagt haben soll, dass die Straße Gaisin-Uman nicht die geringste strategische Bedeutung habe. Also wessen »Hobby« war sie dann?)

Elsäßer brauste auf: »Vergiss es! Zurück mit ihnen, aber sofort und sieh zu, dass sie in Reihen laufen, nicht wie Partisanen.« Ich wechselte einen Blick mit Anishoara. Acht Kilometer waren es etwa bis zur Baustelle, 16 Kilometer im Schlamm hatten sie bereits hinter sich. Nach einer Weile fuhr das Auto davon. Ich fragte mich, ob Josef Elsäßer je

---

[55] Anm. Mollie Brandl Bowens: Daghani erzählte mir, wie er sich aufgeregt hatte, als ihn 1959 der damalige Direktor von Yad Vashem in Jerusalem, Dr. Esh, gefragt hatte, welche Formate seine Aquarelle hätten und welche Materialien er verwandte. Daghani sagte, Dr. Esh habe wohl die Illusion, dass Künstler im Lager irgendwelche Vorteile gehabt und Materialien bekommen hätten. Er erzählte, wie er für ein Gemälde der zwei Ställe 56 Tage gebraucht hatte. Es wäre sein Tod gewesen, hätte man ihn beim Malen des Lagerlebens erwischt.

auf Partisanen gestoßen war, die in Reih und Glied liefen, wie es diese Häftlinge taten.

Freitag, 7. Mai 1943 Die Dorfwachen machen einen immer nervöseren Eindruck, doch wir haben den Grund dafür noch nicht entdeckt. Alle Ausgänge aus dem Innenhof sind verbarrikadiert.

Da! ... Einzelne Schüsse fallen, gefolgt von Maschinengewehrsalven ... Partisanen haben das Dorf angegriffen. ... Absolute Stille, dann der Galopp von Pferden. ... wieder Ruhe.

Eigenartig, zum ersten Mal erfahren wir, dass die Wehrmacht im Dorf einen Stützpunkt hat. Wir dachten, Stefan Bregulla sei der einzige deutsche Soldat hier. Was wissen wir überhaupt?

Sonnabend, 8. Mai 1943 Gepanzerte Autos fuhren morgens am Lager vorbei. Am Rande des Dorfes soll es zu Kämpfen gekommen sein. Wir müssen im Lager bleiben, die Baustelle liegt verlassen. Die Häftlinge fühlen die Nähe der Soldaten. Was wenn ...?

Die Gedanken kreisen wie wild. Wir können nur Gedanken spinnen – was geschehen wird, wissen wir nicht.

Sigmund Ebner, der aus der Stacheldrahtumzäunung zurückkehrte, brachte nur die lakonische Nachricht: Keine Deutschen, keine Österreicher. Die Häftlinge beruhigten sich. [...]

Am Nachmittag erfuhr ich, dass der Gehilfe Stefan Bregullas, der Ukrainer Andrei, von Partisanen erschossen wurde, während er einen Notruf nach Gaisin senden wollte.

Sonntag, 9. Mai 1943 Der Kampf von gestern hat unsere Kost etwas bereichert: Pferdefleisch. Endlich Fleisch![56]

[...]

---

[56] Als uns Mizzi Locker am 18. August 1973 in unserem Haus im schweizerischen Jona besuchte, erinnerte sie uns an die Zeit, in der wir zum ersten und letzten Mal Fleisch im Lager zu essen bekamen, weil ein Pferd im Kampf getötet worden war. Sie brachte auch diesen schicksalsträchtigen 18. August 1942 in Erinnerung – als wir ins KZ Michajlowka deportiert worden waren.

Freitag, 14. April 1943 Als Anishoara und ich den Garten des Kommandanten betraten, stellten wir fest, dass Stroh auf dem Mosaik verstreut lag. Polizeimeister Emil Hartmann befahl uns in barschem Ton, sofort das Mosaik zu säubern, das Stroh hatte ihn erzürnt. Anishoara und ich machten uns an die Arbeit, doch der Sturm war gegen uns. Ich lief zurück ins Lager, und zu unserem Glück hatte Rosa Tabak eine Pinzette. Wir hoben jeden einzelnen Strohhalm auf und warfen ihn in einen Eimer mit Wasser. Als wir mit dem Mosaik fertig waren, säuberten wir den restlichen Hof vom Stroh und brachten die Säcke in die Scheune. [...]

Montag, 17. Mai 1943 Werner Bergmann bat mich um ein Mosaik für den Stützpunkt der Firma Dohrmann in Gaisin. Zusammen mit fünfzig Männern und Frauen, die im Lager von Tarassiwka und am Bahnhof von Gaisin arbeiten sollten, mussten Anishoara und ich einen Lkw nach Gaisin besteigen. Hinten drin sahen wir Ozrud, der seit einiger Zeit einen Küchengarten anlegte, und Hersch Semmel, der als Mechaniker in der Werkstatt arbeitete und von drei Häftlingen aus dem Lager von Tarassiwka unterstützt wurde.

Gegen fünf Uhr nachmittags waren wir angekommen und mussten aussteigen, nur Hersch Semmel blieb im Wagen.

Dienstag, 18. Mai 1943 Auf dem Rückweg von Gaisin brüllte uns der OT-Mann Ernst Josef Wippenbeck an, wir sollten aussteigen. Zu seinem Vergnügen mussten wir die verbleibenden zehn Kilometer zu Fuß zurücklegen.

Im Lager erklärte uns Pepi, warum Hartmann uns neulich beim Füllen der Säcke geholfen hatte. Wie sie uns versicherte, sei nur sie der Grund dafür gewesen. Denn als Hartmann sah, wie sie uns half, habe er sich beschämt gefühlt, wie er es ausdrückte, und kam uns zu Hilfe. Wir sagten kein Wort dazu.

Mittwoch, 19. Mai 1943 Während wir im Gras auf dem Stützpunkt der Firma Dohrmann in Gaisin lagen, sagte Ozrud in sanftem Ton zu mir: »Wir werden nicht mehr nach Gaisin gebracht! Der OT-Mann Ernst, der Koch, hat es mir gesagt. Es ist unglaublich – aber du wirst es schon sehen, wenn der Lkw uns morgen in Michajlowka nicht abholen wird.« Ich konnte mit den Worten nichts anfangen. Hatte es eine weitere Niederlage gegeben? Ozrud wusste nur eines zu sagen: »Etwas Schreckliches für das Lager,« dann in traurigem Ton: »Sollte das Lager untergehen, hätten meine Frau Anna und ich niemanden, der unser gedenkt.«[57]

Anishoara wachte von ihrem Nickerchen auf. Ich gab Ozrud ein Zeichen, ihr nichts von all dem zu erzählen. Er war schon immer auf das Schlimmste vorbereitet, Anishoara aber nicht. [...]

Das Lager von Michajlowka war in Unruhe. Etwa zwanzig Dorfbewohner seien am Morgen mit Schaufeln über der Schulter am Lager vorbeigelaufen. Wohin und wozu wusste niemand.

Donnerstag, 20. Mai 1943 Der Lkw kam nicht, um uns nach Gaisin zu bringen. Der Marschbefehl zur Baustelle galt für alle.

Sonnabend, 22. Mai 1943 Die ukrainisch-jüdischen Schmiede sollen gestern mit beunruhigenden Nachrichten aus den Schmieden im Dorf ins Lager zurückgekommen sein: angeblich sei ein Massengrab ausgehoben worden. Die SS würde wahrscheinlich morgen eintreffen.

Ich zermarterte mir den Kopf über diese Gerüchte, ich wollte die Wahrheit wissen. Bei der ersten Gelegenheit, als Polizeimeister Louis Glasbrenner in unsere Nähe kam, fragte ich ihn, ob ich morgen mit dem Aquarell für ihn anfangen könnte. Er sagte zu. Dann fragte ich beiläufig, ob es wahr sei, dass morgen die SS käme, um uns alle zu erschießen. Meine Frage bewegte ihn kein Stück, und genauso beiläufig erwiderte er: »Die SS kommt, aber nicht wegen euch.«

---

[57] Ozruds Leben und das seiner Frau Anna wurden bei der Vernichtung des Lagers am 10. Dezember 1943 ausgelöscht. Ich bin froh darüber, dass ihre Namen all jenen begegnen, die »The Grave is in the Cherry Orchard« aus dem Literaturmagazin *Adam* oder dieses – mein abgeschlossenes – Tagebuch »Lasst mich leben« lesen, dessen Informationen und Hintergründe ich in über 42 Jahren meines Lebens zusammengetragen habe. In der Welt sollte kein einziges Leben unbemerkt verlöschen; noch sollten die Taten jener Verbrecher vergessen werden, die dessen Ende verschuldet haben.

Gegen Mittag verließen wir die Baustelle. Als wir im Lager eintrafen, sagte uns Segall, dass der Polizeimeister Lannois (Luneville) angesichts der Gerüchte über Massengräber und eine Generalaktion sehr zornig gewesen sei. Ich wusste nicht, dass er zurückgekehrt war. Diesen Tag, den 22. Mai 1943, werde ich nie vergessen.[58]

»Wenn irgendetwas geplant ist«, sagte Lannois, »wird die Polizei es als Erstes erfahren, aber was mich betrifft, so habe ich nicht den geringsten Hinweis.« Segall hatte seinen Blick auf mich geheftet, während Lannois uns das erzählte. Wir standen noch in Reihen zum Durchzählen. Es war wirklich gut von Lannois, dass er nicht nach dem Häftling fragte, der das Gerücht in die Welt gesetzt hatte. Dennoch war klar, dass Lannois eine Generalaktion nicht ausschloss. Er war nur beunruhigt darüber, ob die Polizei vorher in Kenntnis gesetzt würde.

Sonntag, 23. Mai 1943 Die SS ist im Dorf. Die Dorfwachen wurden vom SS-Arzt untersucht. Die für tauglich befundenen erhielten eine Uniform. Die Polizeimeister Lannois und Glasbrenner hatten also doch Recht, und die Dorfbewohner lagen falsch – und hoffentlich auch Ozrud!

[…]

Dienstag, 25. Mai 1943 Lisa Zuckermann strickte an Ullerichs Strümpfen, ermutigt durch die Aussicht auf ein bisschen Brot für ihren Vater, bis die kleine Lampe ausgelöscht wurde. Heute Morgen übergab sie Ullerich die fertigen Strümpfe, doch bis jetzt hat sie nichts dafür bekommen.

---

[58] Es war für mich an jenem 22. Mai 1943 unvorstellbar, dass ich dreißig Jahre später mit einer gewissen Martha Fischer und ihrer Schwester Atti, die im Büro der Firma Dohrmann in Gaisin arbeiteten, befreundet sein würde. In Gaisin verlobte sich Martha Fischer mit ihrem späteren Mann, einem Leutnant der Luftwaffe – zu einer Zeit, in der wir in Käfigen gehalten und ohne rechtmäßiges Urteil zum Tode verurteilt wurden. Vgl. hier S. 257 ff., Begegnung unserer beiden Familien in der Schweiz im Jahre 1973, die der Beginn einer lebenslangen Freundschaft wurde.

Einige Dorfbewohner, die an der Baustelle vorbeiliefen, haben uns vertraulich erzählt, dass ein Massengrab ausgehoben worden sei!

Im Lager erfahren wir Genaueres von Nathan Segall: Nach den Worten der drei Kommandanten hätten die Dorfbewohner lediglich die zweite Hälfte eines Grabes zuschütten müssen, auf dessen Boden die Opfer eines Massakers liegen, das auf den Tag genau vor einem Monat stattgefunden hatte. ... Die Menschen sorgen wohl stets dafür, dass auf jedes Massaker ein Gedenktag kommt.

Ein Lkw-Fahrer aus dem Dorf hat erzählt, wie die Sklaven am 26. April 1943 liquidiert wurden: Anders als zuvor wurden die Opfer in Lkws bis an den Rand der Massengräber gefahren. Sauber ausgearbeitete Treppen führten bis an den Boden. In Dreiergruppen mussten die Häftlinge hinabsteigen und sich mit dem Gesicht nach unten ins Grab legen. Nachdem die Schüsse vom Lkw aus abgefeuert worden waren, mussten die nächsten drei hinab und dann die nächsten drei und dann ...

[...] Unsere Nerven sind zum Zerreißen angespannt, und wir fragen uns, ob an den Gerüchten etwas Wahres ist. Pepi, Heinz und Segall haben einander etwas zugeflüstert.[59]

Mittwoch, 26. Mai 1943 Bis die Dorfwache Dracz auftauchte, schien an der Baustelle alles wie gewöhnlich zu laufen. Dracz suchte den Polizeimeister Louis Glasbrenner. Ich dachte nicht weiter darüber nach, sondern überlegte, warum Pepi plötzlich erbleichte, während sie mit Heinz und Segall sprach. Irgendetwas stimmte nicht. Ganz bestimmt hatte sie etwas Schreckliches erfahren.

Wenn ich bedenke, dass sie mir einmal in Hartmanns (oder Glasbrenners) Wohnung versprochen hatte, mich vor drohenden Gefahren zu warnen. Nun, sie hatte die ganze gestrige Nacht Zeit dazu. Doch was würde es ändern, wenn sie ihr Versprechen eingehalten hätte? Nichts.

---

[59] Als Mizzi Locker uns 1973 in der Schweiz besuchte, erzählte sie uns, dass Pepi Nachforschungen betrieben habe, ob Nathan Segall, seine Familie, Heinz, Annie und sie selbst sich im Fall einer Flucht in einer Kneipe verstecken könnten; doch Pepi hatte kein Glück. Diese Geschichte erfuhr Mizzi Ende Mai 1943 von einer Bauersfrau.

Jeder muss allein durchkommen. Was Anishoara und mich betrifft, so können wir nichts wagen: Wir haben weder Geld noch Schmuck und des Ukrainischen sind wir nicht mächtig.

Eduard Arnold hat dem Häftling Turi Landmann erzählt, dass sich ungefähr 35.000 Juden unterstützt mit Waffen von deutschen Deserteuren gegen die deutsche Garnison in Warschau aufgelehnt hätten. Gepanzerte Fahrzeuge und Tiefflieger seien gegen die Juden eingesetzt worden.[60] Als Reaktion gegen den Aufstand habe Hitler den Befehl gegeben, alle Juden in den Zwangsarbeitslagern Osteuropas zu vernichten.

Ich frage mich, wie viel davon wahr ist. Der selbe Eduard Arnold hat letzten Freitag zu mir gesagt: »Maler, warum malst du dir nicht ein Brot?« Er biss ein Stück von seinem Kanten Brot ab, schluckte es herunter und reichte mir den Rest – ich aß ihn!

Letzten Herbst, als uns kurz nach Ankunft auf der Baustelle der Hunger quälte, aßen Anishoara und ich einige Knoblauchzehen. Sie waren sehr scharf, aber das mussten wir aushalten. Jahre zuvor und hunderte Kilometer entfernt hätte mich kein Mensch dazu gebracht, Knoblauchzehen in Eisbein oder den Knoblauchraspel in einem Essen zu loben. Hier aber, in Michajlowka, war Knoblauch ein Luxusartikel, und die Bauern rückten ihn nur gegen ausgewählte Tauschware heraus. Einige meinten, dass Knoblauch gesund halte!

Bei der Ankunft im Lager wurden wir von herumlümmelnden Dorfwachen mit Schlägen begrüßt. Solch ein Empfang war ungewöhnlich und neu für uns. Nachdem wir durchgezählt waren, blieb ich im Hintergrund. Anishoara brach in Tränen aus. Schluchzend sagte sie zu mir, dass das unser Ende sei. Pepi, Mizzi Locker und Bernhard waren vom Dorf aus geflohen. Deshalb suchte die Dorfwache Dracz wahrscheinlich den Polizeimeister Glasbrenner. Der letzte Strohhalm. Ich versuchte Anishoara zu trösten. Im Käfig neben mir saß auch Mizzi Harth und weinte. Sie schluchzte: »Gerade jetzt, wo Nazideutschland untergeht, müssen wir sterben.«

---

60 Ich persönlich habe nichts davon gehört, dass deutsche Deserteure den Juden während des Aufstandes Warschauer Ghetto halfen. Auch Reinhard Henky erwähnt in seinem Buch nichts davon.

Eine zweite Kolonne ist von der Baustelle zurückgekehrt. Es herrscht große Unruhe. Drei weitere Häftlinge sind verschwunden: der Rechtsanwalt Marian Dolberg, Ephraim Fruchtel und Sophie Semmel-Meyer. Angeblich wurden sie vom Häftling Stammler gesehen, wie sie sich in der Mittagspause davonschlichen.[61] Da sie in einer anderen Gruppe arbeiteten, die separat gezählt wurde, fiel ihr Verschwinden erst spät auf. Frieda, die im Winter für den Soldaten Stefan Bregulla kochte, ist auch auf der Flucht. Angeblich hätten die Dorfwachen sie auf Schritt und Tritt im Lager beobachtet, da sie von ihrer Freundschaft zu Bregulla wussten. Im Glauben der Häftlinge soll er sie aus dem Lager herausgezaubert haben. Wie, war mir völlig unklar.

Einige Dorfwachen, die ständig durch unser Fenster geschaut hatten, kamen plötzlich hereingestürmt und verprügelten Frau Sporn und andere Frauen. Wir »versteckten« uns in unseren Käfigen. War das Ende nahe? Das Kreischen der Frauen und das mörderische Gebrüll der Dorfwachen füllte die Luft. ... Als sich die Dorfwachen beruhigt hatten, verließen sie den Raum. Dann erklang ein Ruf: »Holt die Suppe!« Die Suppe. Wer machte sich da Gedanken um Flüchtende, Massengräber und Prügeleien? Die Suppe! Wir strömten in den Flur, holten unser Essen – doch so sehr wir es auch versuchten, wir bekamen es nicht runter.

Anishoara begann von Neuem zu weinen. Wann würde das Schlimme passieren, während der Nacht? Morgen? Übermorgen?

Die meisten von uns entschieden sich, als sei es abgesprochen, sich zum Schlafengehen nicht auszuziehen. Warum? Ich weiß es nicht. Ich spielte sogar mit dem Gedanken, die Flasche Petroleum über den Käfig zu schütten und anzuzünden, sollten sie kommen.

Meine Gedanken sind bei den Flüchtenden. Es ist das erste Mal, dass Häftlinge aus dem Lager geflohen sind. Pepi hat ihren Mann ver-

---

[61] Anm. Mollie Brandl Bowens: Im Mai 1960 schrieb der Sohn des Herrn Stammler – Samuel – an die Daghanis in der Schweiz und erzählte, wie er und sein Bruder die anonymen Gräber der Juden besuchten, die in Michajlowka und Tarassiwka ermordet worden waren – also auch das ihrer Eltern. Samuel war sehr dankbar über Daghanis Tagebuch. Ohne die veröffentlichten Auszüge, die er als »heiliger als heilig« bezeichnete, hätten sie die »Totenfelder« niemals gefunden.

lassen, ebenso Sophie Semmel-Meyer, die Schwägerin von Frau Bertha Landmann und Rosa Tabak. Bernhard hat seinen Bruder Dr. Alter Locker zurückgelassen. Stände mir morgen das Tor zur Freiheit offen, ich würde keinen Schritt gehen ohne meine Anishoara. [...]

Donnerstag, 27. Mai 1943 Appell. Polizeimeister Emil Hartmann, Louis Glasbrenner und Hermann Franz Emil Lannois stehen vor uns. Lannois, bekannt unter dem Namen »Luneville«, hat uns gewarnt, dass die Wachposten den Befehl haben, ab sofort auf jeden zu schießen, der auf dem Weg zur Straße aus der Reihe tritt.

Die Zahl der Wachposten ist erhöht worden. Die Kolonne setzt sich in Bewegung. Polizeimeister Glasbrenner und Hartmann laufen hinterher. Sie gehen kein Risiko mehr ein. Wir schauen uns ein letztes Mal nach Pepis Mann um, der auf Befehl des Kommandanten Lannois zurückbleiben muss. Er steht an der Wand, sein Gesicht bebt vor Angst.[62]

Auf dem Weg zur Baustelle schlugen die Dorfwachen Kolea und Sukerka den Mann von Sophie – David Semmel – brutal zusammen; aber sobald wir angekommen waren, ließen sie uns in Ruhe und kümmerten sich noch nicht einmal darum, ob wir arbeiteten. Wir hatten auch eigene Aufpasser, die uns zur Arbeit antrieben – aber auf die sanfte Tour! »Wir müssen doch auch unsere Haut retten«, gestanden manche mit nervöser Stimme ein. Was für eine Art, seine Haut zu retten, dachte ich mir. [...]

Ein Häftling begann flüsternd zu erzählen, dass Nathan Segall und Heinz mit ihren Familien flüchten wollten, doch Edie Weiss hätte sie davon abgehalten, weil seine Eltern die Flucht nicht geschafft hätten. Er war der Verlobte von Livia und gehörte somit zu Segalls Familie.

---

[62] Mizzi Locker erzählte mir etwa dreißig Jahre später, als sie uns in der Schweiz besuchte, dass sie kurz nach der Flucht mit Bernhard und Pepi aus dem Dorf zurück nach Michajlowka wollte, um ihren Mann zu retten. Sie sei bis dicht an die Straßenbaustelle gekrochen, doch plötzlich von einer – ihr bekannten – Dorfwache entdeckt worden. Diese Erfahrung von Gefahr schien ihr genug gewesen: Sie kehrte ohne ihren Mann zur Gruppe der Flüchtenden zurück. Ihr Ehemann war sowieso nicht an der Baustelle gewesen, er wurde im Lager gefangen gehalten.

Zur Mittagszeit tauchten die Autos von Bergmann und Elsäßer an der Baustelle auf. Da wir Pause hatten, lagen die meisten von uns auf der Erde. Elsäßer ging zu Heinz, der in der Nähe von Anishoara und mir an einem Baum lehnte. Ich glaubte, das Wort »verurteilt« gehört zu haben, doch ich war mir nicht sicher. Heinz sah niedergeschlagen aus. Ich sagte nichts zu Anishoara, wozu auch?

Die Zeit verging, und bald würden sie die Arbeit abbrechen. Jeder von uns hatte hart genug gearbeitet, um jeden Gedanken über unsere Situation zu ersticken. Nur dieses eine Mal wünschten wir uns, dieser Tag möge nicht enden. Die Vorstellung, zurück hinter den Stacheldrahtverhau zu müssen, flößte uns Schrecken ein.

Ich hörte das ungleichmäßige Brummen eines Motors und schaute auf. SS? Das Auto kam näher. Dem Nummernschild zufolge müsste es Elsäßer sein. Tatsächlich. Er stieg mit Bergmann aus, und beide machten sich auf die Suche nach Heinz.

Die Neuigkeit erreichte uns sofort: »Die Hinrichtung ist verschoben.« Die Verkünder der Botschaft strahlten vor Freude, doch das »Verschoben! Verschoben!« erklang im Flüsterton. Es verstrichen einige Minuten, dann hörten wir den Befehl: »Kaputt!«

Schnell formierten wir uns zu Reihen, um durchgezählt zu werden. Nach Hause. Ich beobachtete Edie Weiss und Frau Zucker, deren Vorname mir nicht bekannt war. Sie sprachen sehr erregt miteinander.

Im Lager sahen wir Pepis Mann. Polizeimeister Lannois hatte gnadenlos auf ihn eingeschlagen und nur Segalls Einschreiten hatte ihm das Leben gerettet.

Nun verstand ich auch, warum die Frau von Haskel Zucker außer sich gewesen war. Ihr Mann, der als Whiskybrenner für die Deutschen gearbeitet hatte, war aus einem Bauernhaus geflohen. Angeblich hatte seine Frau auf der Straßenbaustelle von einem Passanten einen Zettel zugesteckt bekommen, auf dem Haskel Zucker sie darum bat, mit ihren beiden Töchter der Bäuerin in den Wald zu folgen. Unglücklicherweise sah die Dorfwache Fedya, wie Frau Zucker sich in Richtung Wald davonmachen wollte und befahl ihr, sofort ihren Arbeitsplatz wieder einzunehmen, oder er würde auf sie schießen. Sie hatte keine Wahl gehabt.

Während wir in der Schlange an der Küchenbaracke für unsere Suppe anstanden, warfen einige unter uns Frau Zucker böse Blicke zu. Die Flucht ihres Mannes könnte die Situation noch schwieriger für uns machen, vielleicht das Leben aller Häftlinge gefährden. Leider bewahrten nur wenige ihre Würde: Das waren die, die ihren Liebsten bis aufs Schafott folgen würden.

Nach dem Essen beriefen Segall und Heinz eine Versammlung in unserem Zimmer ein. Sie erzählten, dass Bergmann und Elsäßer sich für die Häftlinge im Lager stark gemacht hätten.[63]

Jetzt sollten alle ihre US-Dollar und Wertsachen abgeben, damit man sie den beiden Vermittlern überbringen könne. Mizzi Harth übergab ihre letzten achtzig Dollar.

Um die Frau von Haskel Zucker und seine beiden Töchter vor dem Tod zu bewahren, soll Segall den Kommandanten berichtet haben, dass Herr Zucker, der immer schon an Melancholie litt, sich erhängt habe. Wird die SS nach seinem Körper suchen?

Freitag, 28. Mai 1943 Vor dem Abmarsch erklärte Polizeimeister Glasbrenner, er werde fünf von uns auf der Stelle erschießen, wenn auch nur einer wage wegzulaufen.

Es war zu uns durchgedrungen, dass das SS-Hauptquartier in Kiew alle Exekutionen einstellte, selbst in Gaisin. Unser Leben war also bis Oktober verlängert worden. Dank Elsäßer und Bergmann? Hatten sie sich auch für die anderen Lager eingesetzt? Und wäre es nur für Michajlowka, so zeigte das schon: Sie hatten das letzte Wort. Oder nicht? Wo ist die Wahrheit? Was weiß ich wirklich?

Dienstag, 1. Juni 1943 OT-Stützpunktleiter Hermann Kaiser hat mir befohlen, ein Aquarell von seinem Zimmer zu malen. Ich hatte bereits vor Monaten heimlich eines gemalt. Das Neue würde ich morgen anfangen.

---

[63] Am 21. Januar 1973 schrieb mir Werner Bergmann: »Weder Elsäßer noch ich hatten die Möglichkeit, das Lager von Michajlowka zu retten, nicht mit Geld, Gold oder anderen Mitteln.« [Vgl. hier S. 247] Bergmann u. Elsäßer arbeiteten beide nach dem Krieg für die Firma Dohrmann. Beide machten Aussagen im Rahmen des Ermittlungsverfahrens gegen Friese u.a. wegen Mordes in Lübeck.

Als er mich im Zimmer allein ließ, drehte ich mich um und gewahrte auf dem Tisch unter einem Brettchen voll Brotscheiben eine Ausgabe der *Deutsch-Ukrainer Zeitung*. Das Brot verschlang ich mit den Augen, doch der Zeitung konnte ich nicht widerstehen, ich zog sie hervor. Es stand nichts Interessantes darin: Kämpfe, Kämpfe, Kämpfe ...

[...] Ich musste an vergangene Woche denken, an unsere Kameraden auf der Flucht und an Edie Weiss. Wären Segall und Heinz nicht auf seine Bitte eingegangen, seine Eltern nicht allein zurückzulassen, wären auch sie über alle Berge. Aber wäre es wirklich so einfach gewesen? Was erwartete die Flüchtenden hinter der ersten Hürde, dem Lagertor? Könnte man an eine beliebige Tür im Dorf klopfen, um Hilfe zu bekommen? Segalls Familie zählte sieben Mäuler und Weiss' drei – zusammen mit Annie und Heinz waren sie also ein Dutzend. Sie alle wären jetzt auf der Suche nach einem Unterschlupf. Und wir wären ohne Lagersprecher.

Ich frage mich, wann Segall die OT-Männer Bergmann und Elsäßer darum gebeten hat, das Lager zu retten.

Man berichtete, dass das Lager von Niemrow liquidiert worden sei. Der Stopp für die Hinrichtungen kam zu spät. Arme Häftlinge! Wir hatten Glück, für uns kam er rechtzeitig, doch ein Hinrichtungsstopp war noch keine Begnadigung.

Was ist aus Polizeimeister Willi Buder geworden? War er noch Kommandant des Lagers Niemirow, als es zerstört wurde? Die Frage wird wohl für immer ungeklärt bleiben. Als ich das letzte Mal mit ihm gesprochen hatte, hatte er angedeutet, er wolle nicht unser Kommandant sein, wenn der Tag X käme.

[...]

Freitag, 4. Juni 1943 Während der Pause bat die Dorfwache Yasha Wassilchuk den Häftling Max Guttmann darum, ihm einige Artikel aus der deutschsprachigen Zeitung *Der Angriff* zu übersetzen. Die Zeitung bekam Wassilchuk vermutlich von Karl Ullerich, damit er sich daraus Zigaretten mit seinem starken und groben Tabak namens Makorka drehe. »Nichts Ermutigendes«, sagte mir Guttmann voller

Enttäuschung. »Was für ein Pech, eine Zeitung in die Hände zu bekommen, in der nichts drinsteht.« [...]
Der Regen wurde zum Guss und machte das Graben in der glitschigen Tonerde unmöglich. Die Dorfwachen drehten durch. Kolea[64] war gar so wild geworden, dass er auf Susi, der Frau von Dr. Kiermayer, mit den Füßen herumtrampelte und ihr in den Bauch trat.

Sonnabend, 5. Juni 1943 Ich begann eine Unterhaltung mit einem Unteroffizier der Wehrmacht. Willi Martin arbeitete vor dem Krieg als Stadtbeamter in Köln. Seine Frau habe nie vergessen, wie freundlich die jüdische Familie zu ihr gewesen sei, bei der sie als Hausmädchen angestellt gewesen war. Seine Frau pflegte eine Brieffreundschaft mit der Familie, als sie längst aus Deutschland vertrieben und nach Südafrika ausgewandert waren. »Es gibt viele unter uns«, sagte er, »die gegen eine solche Behandlung sind, wie ihr sie gerade durchmacht, doch was können wir tun? Wir waren auch gegen das Pogrom nach dem Attentat auf Herrn von Rath 1938 in Paris.«

Wir wurden vom Polizeimeister Louis Glasbrenner unterbrochen. Er befahl mir, zurück an meine Arbeit zu gehen.

In der Nähe unserer Arbeitsgruppe hielt ein Pferdewagen: Eine Bäuerin nutzte die Abwesenheit des Unteroffiziers und die Sekunde, in der Glasbrenner uns den Rücken zuwandte, stieg vom Wagen, brach ein Brot in Stücke, verteilte es unter uns und war mit ihrem Gespann davon, bevor wir uns recht bedanken konnten – ich dankte ihr in meinen Gedanken.

Montag, 7. Juni 1943 Polizeimeister Louis Glasbrenner rief mir zu, Frieda[65] sei gefangen und erschossen worden. Ich glaubte ihm nicht, denn etwas in seiner Stimme verriet mir, dass er bluffte. [...]

---

[64] Im Frühjahr 1944 befreiten sowjetische Truppen die Region östlich des Bugs. Die ehemalige Dorfwache Kolea wurde in den ersten Reihen der Partisanen gesehen, die in Bershad (Transnistrien) eindrangen.

[65] Nach unserer Flucht im Herbst 1943 liefen wir in Bershad Frieda über den Weg. So lange sie noch im Dorf Michajlowka gewesen war, hatte sie sich in dem Haus gegenüber dem Lager versteckt. Von dort aus beobachtete sie, wie die Häftlinge zur Arbeit davonmarschierten; bis zum 7. August, als alle Insassen nach Tarassiwka überführt wurden.

Am Abend, nachdem die Petroleumlampe gelöscht worden war, brach Turi Landmann die Stille mit Schnaufen und Schnarchen. In Czernowitz war er einmal mein Englisch-Schüler gewesen. Er war damals achtzehn Jahre alt, liebenswert und voller Leben. Er schien eine viel versprechende Zukunft vor sich zu haben. Anishoara und ich gewannen ihn sehr lieb.

»Mutter, weißt du, dass wir heute vor einem Jahr deportiert wurden?«, fragte Turi. »Erinnerst du dich noch an jenen Donnerstag, als die Polizei von einem Haus zum anderen ging und die jüdischen Mieter fragte, ob sie die Miete bezahlt hätten? Ich habe dir und Vater gesagt, dass etwas Merkwürdiges in der Luft sei, als sie riefen, doch ihr beide wolltet nichts davon hören. Hätten wir uns versteckt ...«

Turis Eltern blieben stumm. Dafür meldete sich Frau Koch: »Als wir eine Woche später deportiert wurden, hielt man uns eine Woche lang im Maccabi-Stadion gefangen, bis jeder die Miete beglichen hatte.« Andere, die nicht schliefen, begannen in ihren Erinnerungen zu schwelgen und schönen Tagen nachzuträumen. Rosa Tabak erzählte wieder von der Nacht der Eroberung Czernowitz' durch die rumänischen Truppen, als sie plötzlich im Nachthemd vor einer Armeeschwadron stand. Nur weil die Soldaten keine Patronen mehr in den Gewehren hatten, wurde sie nicht auf der Stelle erschossen, sondern ins Hauptquartier gebracht – und dank eines Offiziers später freigelassen.

Die Luft ist inzwischen sehr stickig geworden. Husten, Rülpsen und das Säuseln des Windes. Eine stickig heiße Sommernacht mit verschlossenen Fenstern – unerträglich. In dem aufkommenden Lärm konnte ich die Stimme Herrn Eisingers ausmachen: »Natürlich wieder die von über mir! Als ob sie nicht die Leiter runterklettern und zur Latrine gehen könnten. Dabei können wir doch nicht lüften. Schämt euch!«

Die Betroffenen brachten kein Wort hervor. »Du benutzt also die Latrine«, wetterte Poldi Weiselberg gegen Herrn Eisinger. »Wie kam dann, wenn du so geschickt bist, deine Flasche Urin in mein Gesicht? Oder hast du das etwa vergessen. Sollte es noch mal passieren – nun gut, sei gewarnt!«

Dienstag, 8. Juni 1943 OT-Stützpunktleiter Hermann Kaiser gab mir den Auftrag, Straßenschilder zu malen. Er blieb an meiner Seite für den Fall, dass die SS käme. Außerdem hatte ich immer, wenn ich malte, eine Spitzhacke dabei. – Hoffentlich kann ich das wieder abstellen, wenn die Zeit im Arbeitslager vorüber ist. Für die Malerei erhielt ich keinen Pfennig, und obendrein lebte ich in ständiger Angst, von der SS ertappt zu werden.

Bald verwickelte ich einen Soldaten der Wehrmacht, der zwei ukrainische Holzfäller beaufsichtigte, in ein Gespräch. Er stammte aus Mettlach-Darre, wo er für eine Mosaikfabrik gearbeitet hatte. So kamen wir auf Mosaiken, Keramiken und Malerei zu sprechen. Gegen meine innere Stimme zog ich nach einigem Zögern meine Blechdose aus meiner Tasche und zeigte ihm meine Aquarelle und Bleistiftzeichnungen. Er schaute sie gründlich und mit viel Interesse an und sagte schließlich mit fester Stimme: »Du musst sie zerstören. Auf irgend eine Weise könnten sie über die Grenze gehen – jetzt oder nach dem Krieg – und als Propaganda gegen Deutschland verwendet werden.«[66]

Wie dumm von mir, ihm die Bilder gezeigt zu haben. Was, wenn er sie zerstört hätte? Schnell ließ ich sie wieder in der Blechbüchse verschwinden. Gott behüte Semmel, der mir die Büchse für meine Sammlung besorgt hatte. »Natürlich«, fuhr er nach einer Schweigeminute fort, »bist auch du ein Freimaurer, selbst wenn du es nicht weißt. Alle Juden sind Freimaurer, alle.« Seine Äußerungen waren mir fremd! Offenbar war der Herr von der Wehrmacht ein Opfer der bösartigen Propaganda Hitlers geworden. Ich konnte jedenfalls keine Verbindung zwischen dem Lager, den Freimaurern und mir herstellen. Warum hatte er meine Sammlung nicht zerstört? Was für ein Glück. Wie töricht und leichtsinnig ich doch sein konnte. Vielleicht fragte er sich, warum ich so gehandelt hatte. Dachte er, ich wolle sehen, wie die »Pro-

[66] Anm. Mollie Brandl Bowens: Arnold Daghani betrachtete seine Werke aus dem KZ weder als Propagandabilder noch als Werke des Horrors. Thi Lavi von der Holocaustgedenkstätte Yad Vashem in Jerusalem schrieb später: »Sein Pinsel hielt für spätere Generationen das plastisch fest, was das hieß: Leben im Schatten des Todes …« Der verstorbene Kunstkritiker Petru Comarnescu setzte sich dafür ein, dass Daghanis Bilder vom Leben in den Lagern veröffentlicht wurden.

paganda« gegen Deutschland auf ihn wirke? Was gäbe ich für seine Gedanken!

Armer Ludo! Als er noch lebte, wollte er meine Bilder einem Bauern anvertrauen. Doch so lange ich sie selbst schützen kann, werde ich mich von ihnen nicht trennen. Außerdem ist Ludo tot; und es bleibt fraglich, ob Lilli weiß, welchen Bauern Ludo im Kopf hatte.

Frau Landmann erzählte, wie ihr während der Waldarbeit mit vierzehn weiteren Häftlingen ein Bauer von einer Pferdekutsche herab anbot, ihr bei der Flucht zu helfen. Sie fühlte sich verpflichtet, seine Hilfe abzulehnen – dennoch bedauert sie es und tröstet sich damit, dass sie ihre Familie nicht allein hätte zurücklassen können, besonders Turi nicht, ihren neunzehn Jahre alten Sohn. [...]

Etwa 120 Häftlinge wurden in ein anderes Lager überführt.

Einen Tag nach dem Tod seiner Ehefrau musste Herr Roth ihr Kleid verkaufen. Anna Ungar war dagegen, doch was zählen Meinungen in solchen extremem Situationen. Frau Ungar schloss sich ihrem Mann auf dem Weg zur Hinrichtung an. Auch Frau Schärf saß auf dem Lkw, der zum Grab fuhr. Ihr Mann tröstete sie: »Nichts ist unmöglich bei Gott.« Den Kamm der Frau Schärf bekam Anishoara.[67]

Mittwoch, 9. Juni 1943 Partisanen sollen in der Nähe von Tarassiwka zwei OT-Männern die Uniformen vom Leibe gerissen haben. Die Bauern erzählten von einem blonden Partisanenführer, der, verkleidet mit einer deutschen Offiziersuniform, mal hier und mal dort hinter den Fronten auftauche.

Vor einigen Tagen kamen drei Bauern an unserer heimkehrenden Kolonne vorbei. Einer von ihnen mit rötlichem Teint fuhr lange in unsere Richtung. »Das ist er, oder?«, sagte der Häftling neben mir. »Ja, ich bin ganz sicher, das ist der Anführer der Partisanen«, fuhr er fort.

Polizeimeister Louis Glasbrenner erzählte mir, dass Frieda gefasst und erschossen worden sei. »Und als Nächstes ist Pepi dran.« Ich glaubte ihm kein Wort. Warum hörte er nicht auf, mir solche Nach-

[67] Meine Frau Anishoara gab 1959 in Jerusalem dem Sohn Zeev Shareff genau diesen Kamm.

richten aufzudrängen. War ich der Einzige, der diese »frohen Botschaften« erhielt?

Zumindest bestärkte es mich darin, mit Anishoara nie über eine Flucht nachzudenken. Sie wäre von Beginn an zum Scheitern verurteilt gewesen. Wir waren entkräftet, hatten weder Geld noch Bekannte im Dorf, die uns hätten verstecken können, und wir konnten, abgesehen von einigen wenigen Worten, kein Ukrainisch. Was die anderen betraf, so glaube ich, dass auch keiner von ihnen einen Ausbruch geplant hatte.

Dr. Alter Locker und die älteren Häftlinge haben Psalmen gelesen und gebetet, auf dass die Flucht der neun Häftlinge gelinge.

Donnerstag, 10. Juni 1943 Das Auto Werner Bergmanns fuhr vor dem Stacheldrahtzaun vor. Er stieg aus und fragte nach Segall. Nach einer kurzen Unterhaltung am Tor fuhr Bergmann in Richtung von Kaisers Quartier davon.

Ich habe Bergmann nie das Lager betreten sehen. Elsäßer war einmal in unserem Zimmer, ebenso Polizeimeister Buder und Kustin. Buder hatte mir während einer Sitzung für ein Porträt erzählt, dass »sie« – damit meinte er alle von der Organisation Todt – uns nicht zu nahe kommen dürften. Wegen unserer Flöhe waren wir Unberührbare. Doch was konnten wir dafür? Wir hatten weder Seife noch Puder oder Mittel, um uns von dem lästigen Ungeziefer zu befreien. Anishoara kochte Asche auf und erhielt auf diese Weise eine Art Lauge, die sie in die Tasse mit Wasser für die Morgenwäsche goss. Leider löst das Zeug nicht unser Problem: Wir konnten die Bettwäsche nicht wechseln und mein letztes Hemd hatte ich im Oktober gegen eine Hand voll Essen eingetauscht. […]

Zum ersten Mal sah ich OT-Ingenieur Werner Bergmann in Zivil. Bis dahin hatte mich seine Uniform verleitet zu glauben, wir seien eine Art Kriegsgefangene mit niederem Status. Als er so in Zivilkleidung am Tor stand, öffnete es mir die Augen: Wir waren Leibeigene einer deutschen Straßenbaufirma! Auch Heinz mit seinen Berechnungen im Notizheft gab sich bestimmt der Illusion hin, mit Bergmann auf gleicher Ebene zu stehen, da sie beide der Abteilung Straßen und Brücken angehörten. Für wen auch immer die Organisation Todt ihn hielt – für die SS und den SD war er wie alle Häftlinge: Freiwild ohne Rechte, verurteilt zur Sklavenarbeit.

»Glauben die Juden noch immer an ihre Erlösung?« Der Spruch hatte anscheinend die Runde in der Wehrmacht gemacht. Doch was hatte die mit uns zu tun? Ich dachte, nur die SS und der SD kümmerten sich um uns sowie ihre Verbündeten: die Polizei und die Organisation Todt. Über uns schwebte das Todesurteil, das nach viermonatiger Gnadenfrist vollstreckt werden sollte. [...]

Wenn der Befehl zum Stopp der Hinrichtungen vom Hauptquartier der Armee kam, war mir der Grund unverständlich. Hatten sich Bergmann und Elsäßer dort für uns eingesetzt? Ich frage mich, ob Bergmann je eine Erschießung gesehen hat. Jedenfalls weiß er nichts von dem, was sich letztes Jahr auf der Baustelle abgespielt hat und nichts von den Massenhinrichtungen im Wald. Er ist kein Vollstrecker, aber wir unterstehen ihm, besser: seiner Firma. Bergmann mag ein anständiger Mensch sein, aber wird er je sein Gewissen reinwaschen können, rein von dem Wissen, dass wir wie Sklaven behandelt und schließlich ermordet wurden. Ich kann mir nicht vorstellen, wie er reagieren würde, wenn man ihm mit diesen Vorwürfen entgegenträte. [...]

Meine Gedanken drifteten ab, zurück zu jenem Ostermontag, als Kaiser und Polizeimeister Hartmann Sklaven aussuchten: »Du, du und du ...!« Sie sollten mit dem Gesicht in die Erde gedrückt eine tödliche Kugel in den Nacken empfangen. Vielleicht gehörte es sich so für Kaiser, denn ein heimkehrender Familienvater sollte seinen Geliebten Geschenke mitbringen; auch wenn sie von todgeweihten Sklaven eines Vernichtungslagers stammten. Da konnte er nur hoffen, seine Frau würde nicht nach der Herkunft der Mitbringsel fragen. Wird sie je erfahren, dass er die Häftlinge durchsuchen ließ, bevor sie ins Grab hinabsteigen mussten?

Wie ich später rein zufällig erfuhr, war Kaiser vergeblich eingeschritten, als der humpelnde Scharf[68] herausgefischt wurde. Doch

[68] Hier habe ich mich geirrt. Aus Zwie Semmels (JP 77a) Zeugenaussage geht hervor: »Kaiser sah meinen Vater bei den Ausgesonderten«, worauf Segall fragte, was der Kesselflicker Semmel unter denen zu suchen habe, und befahl ihm, sich der Kolonne zur Baustelle anzuschließen.

selbst wenn Kaiser sich durchgesetzt hätte, wäre Scharf ganz bestimmt seiner gebrechlichen Frau gefolgt, die für den Tod bestimmt war.

Am 24. April 1915 begann die Endlösung für die Armenier. Wann wird wohl »Endlösung« aus dem Vokabular der Menschheit verbannt?

Freitag, 11. Juni 1943 Zwei Häftlinge – der Rechtsanwalt Cashdan und Dr. Hermann Seidner – sind heute nur mit ihren Unterhosen ins Lager zurückgekehrt. Sie waren zusammen mit elf anderen Häftlingen bei der Arbeit im Wald, als die Dorfwache Sherbina und seine Kollegen sie beschuldigten, eine Flucht zu planen. Sie mussten sofort ein Grab ausheben. Während eine Dorfwache im Wald verschwand, um die Kleidung der Opfer zu verscharren, kam Karl Ullerich vorbei. Er fragte die Dorfwache Sherbina, warum die beiden Häftlinge in Unterhosen herumständen und erhielt die lakonische Antwort: »Jude kaputt!« (Was hieß: »Wir werden sie erschießen.«) Daraufhin soll der OT-Mann einen Wutausbruch bekommen und nach der Wache getreten haben.

Einige Wachposten wie Yasha Wassilchuk werden ganz sanft zu uns, wann immer die Nachricht von einem Durchbruch der Sowjetarmee durch die deutschen Linien gemeldet wird. Umso härter greift Wassilchuk dann durch, wenn der Vormarsch gestoppt ist und er sich übertölpelt fühlt. Er ist wie die anderen ein gemeiner Feigling. Nur Wanka ist anders, er hat den Häftlingen noch nie eine Bosheit gesagt.

Sonnabend, 12. Juni 1943 Als ich mit Anishoara wieder in Kaisers kleinem Garten arbeitete, sahen wir, wie Bergmanns Auto vor dem Lager vorfuhr und Mizzi einstieg. Sicherlich nichts Schlimmes, doch was verbarg sich dahinter? Es sei sinnlos, darüber zu spekulieren, entschieden wir und wollten bis zu unserer Rückkehr ins Lager abwarten.

Bergmann hatte sie, auf der Suche nach einer vielseitigen Sekretärin und auf Heinz' Empfehlung, für drei Tage in seinem Büro angestellt. Die Häftlinge standen zusammen und tuschelten über Mizzis Glück, denn sie würde sicherlich gut zu essen bekommen. In ihren Stimmen schwang Neid mit.

Bergmann und Elsäßer sollen die Abberufung der Dorfwache

Sherbina befohlen haben. Ich muss gestehen, meine Gefühle ihnen und dem Ullerich gegenüber durchlaufen heißkalte Wechselbäder. Einen Tag foltert und erschießt Ullerich Häftlinge wie den Aisic, den anderen Tag rettet er Cashdan und Seidner vor der Dorfwache Sherbina.

Bergmann und Elsäßer sollen mit Geld überschüttet worden sein: für eine Gnadenfrist, die sie, den Angaben einiger Häftlinge zufolge, gar nicht erteilt hatten. Doch waren sie es, die Sherbina aus der Reihe der Dorfwachen verwiesen. […]

Dienstag, 15. Juni 1943 Karl Ullerich erzählte mir auf der Baustelle über seine Lebenspläne nach dem Krieg. Er habe bei sich in Remscheid so einigen Ärger am Hals und träume deshalb von einem Bauernhof in der »deutschen« Ukraine. Nur seine Frau stehe dem Plan im Weg: Bis heute habe er sie nicht von einer Umsiedlung überzeugen können.

Das einzige Hindernis? Und was ist mit seinen Erinnerungen an dieses Lager?

Donnerstag, 17. Juni 1943 Sherbina wurde von der SS wieder als Wache eingesetzt. Wenn Bergmann und Elsäßer nicht einmal eine Dorfwache von uns verbannen können – welchen Einfluss haben sie dann bei Entscheidungen über das gesamte Lager?

Mizzi ist immer noch nicht aus Gaisin zurück, obwohl sie vorgestern eintreffen sollte.

Die Läuse und Flöhe aus Ebners Käfig haben uns verrückt gemacht. Wir brachten unsere Sachen in einen anderen Käfig, in der Nähe von Frau Vogelhut. Andere Häftlinge wollten uns nicht in ihrer Nähe haben wegen unserer Parasiten. Herr Korner wurde mir gegenüber sehr aggressiv, doch Frau Vogelhut bestand darauf, dass wir in ihre Nähe kämen – trotz unserer Flöhe.

Während wir unseren neuen Käfig einrichteten, hörten wir, wie sich Herr Ebner und Frau Weisselberg über Mizzi unterhielten. Sie schlossen eine Wette darüber ab, ob sie zurückkehren würde. Herr Ebner reparierte seine Pfeife und murmelte vor sich hin. Die Häftlinge waren davon überzeugt, dass Bergmann und Elsäßer ihr bei der Flucht geholfen hätten.[69] Doch warum sollten sie das tun? [...] Am Abend kehrte Mizzi zurück. Sie hatte besser als erwartet gearbeitet, und so hatte man sie länger als geplant behalten. Man war höflich zu ihr gewesen, doch schien sie glücklich darüber, wieder zurück zu sein. Sie hatte gesehen, wie Bergmann von seinem Fenster aus den halb fertigen Mosaikadler wütenden Blicks musterte. Er würde Anishoara und mich in den kommenden Tagen nach Gaisin bestellen, damit wir das Kunstwerk zu Ende brächten. Das wäre schön! [...]

Ich konnte Bergmann nicht verstehen, wie er damit leben konnte, todgeweihte Juden unter sich arbeiten zu lassen. [...] Ebenso wenig verstand ich Menschen, die die Vernichtung der Juden als Tatsache hinnahmen, nur weil sie der Führer befohlen hatte. [...]

Heute, auf dem Weg zurück ins Lager, versuchte Edie Weiss etwas Schwung in die Kolonne zu bringen, indem er einige junge Häftlinge Marschlieder singen ließ. Eines davon lautete: »Siegreich wollen wir die Franzosen schlagen«, ein deutsches Marschlied aus dem Ersten Weltkrieg. Wir sangen es zur Melodie eines zionistischen Lieds. Die Welt ist verrückter als man denkt.

[...]

Sonnabend, 19. Juni 1943 Der frühere Leutnant der Sowjetarmee Jura ist mit seiner Frau, seiner Schwägerin Liuba und deren Vater von der Baustelle aus geflohen. Da er aus Teplik stammt, ist er mit der Region gut vertraut. Bis jetzt weiß keiner Genaues über ihre Flucht.

Elsäßer schaute am Nachmittag in unser Zimmer und sagte Anishoara und mir, wir sollten uns für Montag vorbereiten: wir würden nach Gaisin gehen, um den Adler zu beenden. Da nicht jeden Tag ein Lkw zwischen Gaisin und dem Lager verkehre, wolle er sich darum

[69] Elsäßer sagte in seinem Zeugenbericht (vgl. hier S. 230, Die Vernichtung des Lagers am 10. Dezember 1943): »Als ich näher kam, sah ich, wie der SD und die litauischen Gehilfen gerade die letzten Juden erschossen. Unter ihnen waren zwei Mädchen, die, als sie mich erblickten, mich um Hilfe anriefen, aber ich konnte nichts tun. Ich musste ansehen, wie sie sich ausziehen und mit Gesicht zum Boden ins Grab legen mussten und mit den anderen erschossen wurden.«

kümmern, dass wir in der Garage übernachten könnten. Die Unterkunft kennen wir schon von unserem letzten Aufenthalt, sie war sehr ärmlich, doch das machte nichts. [...]

Eine sowjetisch-jüdische Insassin erblickte Elsäßer und wandte sich flehend an ihn: »Bitte schicken Sie uns zurück ins Lager von Teplik.« Sie hatte gehört, dass die Straßenbaufirma »Ufer« ihre Häftlinge dorthin zurückgeschickt hatte. Elsäßer bezweifelte, dass seine Fürsprache bei der SS Erfolg haben würde, aber er wollte es versuchen. [...]

Sonntag, 20. Juni 1943 Während ich im Vorgarten Kaisers arbeitete, schritt pfeifend ein Soldat vorüber. Zuerst dachte ich, er gehöre der Wehrmacht an, doch der Kamm in seinem Haarschopf belehrte mich eines Besseren: ein Einheimischer, der für die Waffen-SS arbeitete.

Ich brauchte noch etwas Farbe für mein Aquarell und ging ins Lager. Als ich zurück zu Kaisers Haus wollte, ließ mich der Wachposten nicht durch das Lagertor. Befehl des neuen Kommandanten! So erfuhr ich von der Versetzung Polizeimeisters Lannois und dass Wachtmeister Louis Glasbrenner außerhalb des Lager war. Der Neue, sein Stellvertreter, kannte mich nicht. »Da herrschte ein neuer Pharao über Ägypten, der kannte Joseph nicht.« Wird der Neue uns morgen nach Gaisin lassen? Ich fragte mich auch, ob »Macht euch für Montag bereit!« nicht eine ganz andere Bedeutung habe. [...]

Gaisin

Montag, 21. Juni 1943 Anfangs wollte uns Glasbrenners Stellvertreter – Wachtmeister Ernst Schmidt – nicht gehen lassen, da er davon ausging, wir würden direkt nach Gaisin gehen, wozu ihm die Begleitwachen fehlten. Segall erklärte ihm daraufhin, dass uns Bergmanns Lkw in Tarassiwka erwarte, wohin täglich Häftlingstransporte fuhren. Dieses Mal standen nur wir sowie Rabinovici und Bernhard David auf der Transportliste der Dorfwache. Als wir das Tor passierten, drehten wir uns nicht um – vielleicht müssten wir es nie wieder erblicken. Als wir in Tarassiwka eintrafen, erfuhren wir, dass der Lkw nach Gaisin bereits abgefahren war; so mussten wir auf den nächsten warten.

Endlich ein Motorengeräusch. Ich sprang auf und sah, wie das Auto Bergmanns vor der Werkstatt zum Stehen kam. Bergmann erblickte mich und kam herüber. Er besorgte uns eine Bescheinigung aus der Werkstatt, die uns erlaubte, von Lkws nach Gaisin mitgenommen zu werden. Was für ein Gefühl, legal »trampen« zu dürfen.

Als wir sitzend hinter dem Lagerraum warteten, lief Erbsenthal mit einem Laib Brot vorüber. Er schenkte uns die Hälfte und lief mit einem frohen Lächeln davon. Ein paar Brocken gönnten wir uns gleich – den Rest packten wir in den Sack mit den anderen Brotstücken. Anishoara und ich schienen einer Bettlermentalität verfallen zu sein: Gelassen saßen wir in der Sonne und erwärmten uns bei dem Gedanken an das Brot, das neben uns im Sack baumelte.

Eine ukrainische Bäuerin lief mit ausgestreckten Armen auf uns zu. Es war Vera, die früher für die Litauer in Michajlowka gekocht hatte und die jetzt in Tarassiwka Köchin war. Vera zog mich in die Küche, wo sie mir Kaffee und Salz geben wollte.

Auf dem Weg zur Küche warf ich einen Blick in die Unterkünfte, die wir im März geputzt hatten. Ich erspähte Holzbretter entlang der Wände, auf denen die Bäuerinnen übernachteten. Wir dagegen verbrachten die Nächte auf krummen und spitzen Stöcken. Außerdem erhielten die Bäuerinnen zwei Mahlzeiten pro Tag und 20 Mark im Monat.[70]

---

[70] Vgl. Bd. 2 S. 343 des Ermittlungsverfahrens gegen Friese und andere wegen

Vera bedauerte, im Moment kein Essen zu haben, versprach uns aber etwas Fleisch, wenn wir auf unserer Rückkehr bei ihr vorbeikommen würden. Ich nahm Kaffee aus einer Schale und etwas Salz und brachte es Anishoara, die sich gerade mit Turi Landmann unterhielt. Er hatte zusammen mit Heinz den Auftrag, das Lager zu beobachten. Heinz wunderte sich, dass wir noch immer in Tarassiwka waren. Er riet uns, zusammen mit Rabinovici und Bernhard David am Nachmittag zurückzukehren und morgen einen neuen Versuch zu starten.

Anscheinend fuhr heute kein Lkw mehr nach Gaisin. Ich zeigte ihm unsere »Trampererlaubnis« und wiederholte Bergmanns Anweisung, jeden Lkw anzuhalten, um heute nach Gaisin zu kommen. Heinz warf einen Blick auf den Schrieb und gab ihn mir mit den Worten zurück, dass gar kein Stempel darauf sei. »Damit kannst du doch gar nichts anfangen. Aber das ist deine Sache.« Er schüttelte mit dem Kopf und lief gefolgt von Turi davon. [..]

Die Schrecken des Lagers können die Träume nicht zerstören, im Gegenteil. Wenn ich an Frau Jurmann denke, die von der Hochzeit ihrer Tochter Martha träumte und von einem Hochzeitslied, das die Wartenden singen würden: »Stellt euch in Fünferreihen auf!«

Wir standen am Tor und hofften auf einen Lkw. Rabinovici und Bernhard David waren schon wieder zurück in Michajlowka. Ich begann, mich um unser pünktliches Eintreffen zu sorgen. Angenommen Bergmann würde in Zorn ausbrechen und den Flügel des Adlers, der ihm missfiel, zerstören. Ein Lkw mit uniformierten Dorfwachen auf dem Weg nach Michajlowka näherte sich. Kolea rief mir etwas auf Ukrainisch zu, das ich nicht verstand. Er rannte zu mir und entdeckte den Sack neben mir. Seinem Gesichtsausdruck und der Heftigkeit seiner Worte nach schien er uns eines Fluchtversuchs zu verdächtigen. Ich versuchte ihm alles zu erklären, doch er hörte nicht zu. Eine weitere Dorfwache trat hinzu und winkte Anishoara herbei.

Fortsetzunge Fußnote 70

Mordes. Wie auch in anderen Fällen befahl der Leiter der DG IV, des Oberbauabschnitts Winnica, SS-Hauptsturmführer Christoffel, dass alle Bauern als gewöhnliche Arbeiter eingestellt würden.

Unsere Herzen schlugen kräftig gegen die Brust: Wenn sie unseren Sack durchsuchten, würden sie meine Aquarelle entdecken. Die Papprolle würden sie bestimmt für eine selbstgebaute Bombe halten, und die Entdeckung der Bilder wäre Provokation genug, uns auf der Stelle zu erschießen. Mit zitternder Hand streckte ich ihm die Genehmigung der Werkstatt entgegen. Er warf einen Blick darauf und murmelte: »Gaisin.« Er war noch immer nicht zufrieden. Würde ihm wie Heinz auffallen, dass der Stempel fehlte? Wie ein Wunder konnte ich ihn davon überzeugen, mit mir zum Leiter der Werkstatt zu gehen. Der erklärte ihm dann alles.

Kolea[71] warf uns eine Warnung an den Kopf: Bei unserer Rückkehr ins Lager könnten wir uns auf etwas gefasst machen. Dann brummte der Lkw davon. Eine vorbeilaufende Bäuerin flüsterte Anishoara zu: »Ihr könnt fliehen! Warum versucht ihr es nicht? Ihr seht nicht jüdisch aus.« Die Leute hier schienen jeglichen Sinn für die Lage verloren zu haben. Wer würde uns verstecken? Draußen wären wir mehr als verdächtig mit unserer Kleidung. Mit dem wenigen Geld von dem Verkauf einer Hose würden wir niemals durchkommen.

Die Ankunft eines Lkws erlöste uns von der Marter unserer Gedanken. Der Fahrer las die Genehmigung durch und nahm uns mit. Wir saßen direkt neben dem Fahrer und konnten später sehen, wie Elsäßer und Bergmann mit ihrem Wagen am Straßenrand standen; offenbar hatten sie einen Platten. Obwohl der Fahrer uns am Stützpunkt der Firma Dohrmann absetzen sollte, wollte er plötzlich nichts mehr davon hören. Sein Auftrag sei es, erwiderte er uns entschlossen, Holz zum Bahnhof zu bringen, nichts weiter. [...]

Wir schlenderten durch leere Straßen, vorbei an zerstörten Häusern. Niemand kam uns entgegen, den wir nach dem Weg hätten fragen können. Der Wachposten am Eingang einer Baracke stand regungslos wie eine Salzsäule. Hoffentlich würde er nicht nach Ausweisen fragen, denn wir besaßen keine.

Dieser Bergmann! Warum hatte er uns keine abgestempelte Ge-

---

[71] Ich frage mich, wie Kolea den Verdacht auf Kollaboration abschüttelte, als die Sowjets das Gebiet einnahmen. Oder drückten die Sowjets ein Auge zu, weil es sich um Arbeit in einem Vernichtungslager für Juden gehandelt hatte?

nehmigung ausgestellt? – Wollte er oder durfte er nicht? Und warum hatte er nur Mizzi mit in sein Auto gelassen? Vielleicht wollte er sich vor unseren Läusen schützen, aber auch Mizzi hatte welche.

Wie Schlafwandler fanden wir schließlich unser Mosaik. Ich musste Bergmann Recht geben: Der Adlerflügel vor dem Haus sah sehr ungesund aus, passte aber zum Bild der Stadt. Bevor wir uns an das Kunstwerk machten, erlaubte uns Elsäßer, die Garage zu säubern. In unserer Schlafstatt gab es ein Feldbett mit einer zerfallenden Strohmatratze, darüber gähnte ein Fenster ohne Scheiben, aber mit einem schönen Blick auf einen blühenden Garten. Aus dem Schweinestall neben uns drang Grunzen herein.

Nach einigen Stunden Arbeit am Adler kehrten wir im Dunkeln in unsere »Wohnung« zurück. Anishoara funktionierte eine Kiste zu einem Tisch um; eine andere Kiste wurde zur Bank. Wir hatten zwar weder Laken noch Bettzeug oder Kopfkissen, dafür aber ein Bett. Und wie komfortabel man darauf saß! »Unser erster Schritt auf dem Weg zurück ins normale Leben«, sagte ich zu meiner Frau. Dann sprachen wir über unsere Mithäftlinge aus Michajlowka – wie weit weg sie uns erschienen. [...]

Dienstag, 22. Juni 1943 Nach näherem Hinschauen entdeckte ich einen Fehler im Adler: Der Flügel war verglichen mit dem Kopf überdimensional groß.

»Warum hat Bergmann ihn nicht zerstört?«, fragte mich Anishoara auf Rumänisch während seiner Anwesenheit. Jetzt begannen wir mit der Demontage des Flügelmosaiks, und Bergmann kehrte zurück in sein Büro. Vor seiner Achtung der Kunst gegenüber zog ich den Hut, die Zerstörung von Kunstwerken galt ihm als Vandalismus. Er hätte uns auch nach Hause schicken können. Doch die Worte »Jetzt, da der Flügel weg ist, können Sie wieder zurück ins Lager. Ich habe meine Meinung geändert, ich möchte kein Mosaik vor dem Haus«, fielen nicht und so zog ich nochmals den Hut vor Bergmann.

Wir modifizierten unser Vorhaben und entschieden uns dafür, statt des Mosaiks einen von Backsteinen umfassten Adler aus Granitsteinen und Sand zu bauen, zwei Meter lang auf einer leichten Schräge, umgeben von Beeten.

Passanten liefen vorüber, ohne ein Wort an uns zu richten. Im Fenster über uns konnten wir sehen, wie hochrangige Offiziere der Luftwaffe und der Organisation Todt das Büro betraten. Kurz danach drang Stimmengewirr an unsere Ohren.

Während der Pause sahen wir zwei jungen deutschen Frauen beim Spielen mit Welpen und einer Wolfshündin zu. Es waren die beiden Sekretärinnen Fräulein Atti und Martha Grae, wie uns später Nina, die ukrainische Sekretärin, erzählte.[72] Ich erinnerte mich an Martha Grae von unserem letzten Aufenthalt im Mai. Wusste sie, was im Lager ablief?

Mittwoch, 23. Juni 1943 Werner Bergmann gab mir etwas Zeichenpapier, damit ich ein Aquarell von Atti Graes Zimmer anfertigte. Es solle ein Geschenk für sie werden, sagte er mir, während sie neben ihm am offenen Bürofenster stand. Spontan holte ich ein Aquarell von Kaisers Zimmer und eines vom Inneren einer Zwangsarbeitslager-Baracke heraus und zeigte es ihnen. Beide schauten das Letztere interessiert an: Sie hatten nie zuvor die Unterkunft der Häftlinge gesehen. Bergmann bemerkte: »Ich möchte keine Innenansichten. Wenn Sie zurück in Michajlowka sind, malen Sie mir bitte eine Winterlandschaft mit Dorfhäusern im Hintergrund, falls wir dann noch zusammen sein sollten.« Was für bedrohliche Worte, sollte ich mich jetzt fürchten oder freuen?

Auf dem Straßenbau kamen wir uns wie Gefangene mit Nummern vor, wie Sklaven, wie der letzte Abschaum – hier dagegen kam in mir das Gefühl auf, ein geachteter Künstler zu sein, und ich wartete darauf, gegrüßt zu werden. Vielleicht war mir die Arbeit am Adler in den Kopf gestiegen. Wie konnte ich vergessen, dass unser Wille, unsere Gefühle nicht zählten?

Bergmanns Bemerkung regte meine Gedanken an. Auf der einen

---

[72] Im März 1973 besuchte uns Frau Grae-Fischer im schweizerischen Jona – eine Begegnung, die wir damals im Lager nicht im geringsten geahnt hatten. Sie vertraute uns an: »Eines Tages erschienen drei furchterregende Typen zu einer Feier in Gaisin: Christoffel (dem wir den Spitznamen Bulldogge gaben), Friese, den alle als widerlich empfanden, und Maass, den wir für den Bösartigsten von allen hielten.

Seite wollte er ein Bild von Attis Zimmer, also eine Innenansicht, andererseits wünschte er sich nach dem Anblick der Barackeninterieurs nur noch Landschaftsbilder – also keine Aufnahmen vom Zwangsarbeitslager. Und dann diese Worte: »… sollten wir noch zusammen sein.« War das ein Euphemismus für »falls Sie nicht liquidiert sind«? Vielleicht quälte er sich mit einem Schuldkomplex herum. Hätte er seine Stelle hier ablehnen können? Jedenfalls hatte ich Bergmann und Elsäßer nichts vorzuwerfen, außer dass sie zu der kriminellen Organisation Todt gehörten.[73]

Anders stand es mit SS-Mann Walter Mintel und Herrn Maass sowie den Litauern: Das waren Monster.

Donnerstag, 24. Juni 1943 Vom Vorraum zur Küche konnte Anishoara hören, wie Fräulein Atti Grae eine Küchengehilfin beschimpfte, weil sie ein Stück Fleisch in die Suppe hatte fallen lassen. Im Gegensatz zum Schwein und dem Wolfshund mit seinen Welpen durften wir beide nur Suppe bekommen – ohne Fleisch. Was hätten wir anderes erwarten sollen, Fräulein Atti Grae liebte schließlich ihre Hunde.

Freitag, 25. Juni 1943 Am Morgen eilten Frauen mit großen Milchkannen und mit Brotlaiben in Richtung Markt an uns vorüber. Ich flehte sie an, uns etwas zu verkaufen, doch sie stellten sich taub. Ich hatte schon die Hoffnung aufgegeben, da näherte sich uns eine Frau und versprach hastig, jemanden mit Brot und Milch vorbeizuschicken.

Während ich im Zimmer von Atti Grae arbeitete, waren meine Augen auf das Porträt eines jungen Luftwaffenoffiziers geheftet[74], das ich in mein Aquarell miteinbeziehen wollte. […]

Als ich zur Schlafstatt kam, erzählte mir Anishoara, wie ein kleines

---

73 Vgl. hier S. 250 ff., Brief Josef Elsäßers an Daghani vom 21. Januar 1973 bezüglich der Lebenssituation im Lager jenseits des Bug. Herr Elsäßer war Mitglied der Organisation Todt, Angestellter der Firma Dohrmann und später Zeuge im Ermittlungsverfahren gegen Friese und andere wegen Mordes.

74 Auf dem Foto war Karl Fischer, der Verlobte Martha Graes. Nie hätte ich geglaubt, das Bild wiederzusehen, doch als Martha Fischer-Grae und ihr Mann Karl uns 1973 in der Schweiz besuchten, brachten sie uns das Foto als Andenken mit.

Mädchen ihr heimlich Brot und Milch gebracht habe und ohne Geld anzunehmen wieder verschwunden sei. Anishoara gab das Essen den Gehilfen in der Küche.

Sonnabend, 26. Juni 1943 Werner Bergmann scheint die Fäden der Firma Dohrmann hier in Gaisin in seinen Händen zu halten. Als ich ihn gestern um Sand bat, erwiderte er: »Mein Vorarbeiter wird das erledigen« und meinte damit Josef Elsäßer.

Am Nachmittag fragte mich Bergmann verärgert, warum ich die Arbeit für zwei Stunden niederlegt hätte. »Wir machen nur, was die Einheimischen im Küchengarten auch tun«, erwiderte ich. Das gehe uns nichts an, war seine Antwort, die Arbeiter auf der Baustelle hätten nur eine halbe Stunde Pause, »und das gilt auch für Sie: höchstens eine drei viertel Stunde.« Ich wollte ihn nicht verstehen. Von welchen Arbeitern sprach er? Lediglich die Ukrainer bekamen Löhne, anständiges Essen und eine menschliche Behandlung. Wir, die wir im Straßenbau schufteten, waren Sklaven – Sklaven, über die die Todesstrafe verhängt worden war.

Sonntag, 27. Juni 1943 Mit einer Reihe Büchern, die wir von Martha Grae geliehen hatten, verbrachten wir den Abend unseres Hochzeitstages. Es war lieb von Frau Grae, uns Übersetzungen norwegischer Bücher zu geben und uns mit Nazi-Literatur zu verschonen.

Ich setzte mich ans Fenster und begann mit einem Aquarell: Eine Bäuerin, die einen Korb mit Früchten und eine Gans trug und von der Sonne beleuchtet wurde. Anishoaras Augen fingen an zu glänzen. War es grausam von mir, solch eine heile Welt hervorzuzaubern? Vom Gewissen gequält, trug ich das Bild aus dem Zimmer und zeigte es Stasia, der Küchengehilfin.

Während Anishoara in einem norwegischen Buch las und in nordische Landschaften entschwand, hatte ich riesige Schwierigkeiten, auch nur eine Seite meines Buches zu lesen, so schlecht war meine Sehkraft geworden.

Montag, 28. Juni 1943 Als wir am Adler arbeiteten, fuhr das Auto des Abschnittskommandeurs langsam vorüber. Mit gebeugtem Rücken sahen wir, wie das Auto vor der nahen Rekrutierungsstelle hielt. Am Morgen hatten wir erfahren, dass sich alle jungen Ukrainer melden mussten, um als Freiwillige nach Deutschland geschickt zu werden.[75]

Die Frauen machten einen entspannten Eindruck und sie seufzten vor Erleichterung. Bald würden ihre Liebsten das Land verlassen, um für die Deutschen zu arbeiten.

Eine viertel Stunden später drehte das Auto und hielt erneut in unserer Nähe. Der Fahrer trug eine Uniform in braun – eine Uniformfarbe, die wir nicht kannten. Er streckte den Kopf aus dem Auto und fragte mich: »Sie sind doch aus Bukarest, oder?« Ich erblasste. Woher kannte er mich? Ich versuchte etwas Markantes in seinem Gesicht wieder zu erkennen. Irgendetwas kam mir darin bekannt vor ... »Josef!« Ich trat einen Schritt nach vorn und Anishoara, verstört durch mein plötzliches Erblassen, folgte mir. Ja, es war der Chauffeur meines älteren Bruders: Josef Josefowicz, ein Bukowina-Deutscher. Als mein Bruder vor Jahren sein Geschäft von Czernowitz nach Bukarest verlegt hatte, war er ihm dorthin gefolgt.

Während wir uns vor dem Abschnittskommandeur Becker[76] verbeugten, musterte uns Josef von oben bis unten, um sicher zu sein, dass wir es waren. Nein, hier hätte er uns nicht vermutet! Da er wusste, was in den Zwangsarbeitslagers jenseits des Bug passierte, machte er sich sogleich Sorgen um uns.

Josef war auf dem Weg nach Bukarest und Ploesti.[77] Er versprach uns, unsere Familie über unser Befinden zu informieren. Sein Blick heftete sich noch einmal an unsere nackten Füße und auf die Löcher

---

[75] Am 22. März 1966 sahen meine Frau und ich eine »Monte Carlo« Fernsehsendung über eine Ukrainerin, die im Alter von 15 Jahren zum Arbeiten nach Deutschland geschickt worden war. Ihr größter Wunsch war es, ihre Mutter wiederzufinden. Doch wegen der schlechten Kooperation der Sowjets mit den deutschen Behörden misslang es in ihrem wie in vielen anderen Fällen, Verwandte nach dem Krieg wieder zusammenzuführen.

[76] Martha Fischer-Grae bestätigte den Namen Becker, als sie uns 1973 in Jona (Schweiz) besuchte.

[77] Ploesti war ein petrolchemisches Zentrum, 60 Kilometer von Bukarest entfernt.

in meiner Bluse. Josef sprach uns Mut zu und versprach uns Kleider von zu Hause. Er wollte gegen Nachmittag zurück sein.

Josef kehrte zurück. Er brachte uns Notizpapier für einen Brief nach Hause sowie ein Päckchen Tabak und Streichhölzer. Wenn er am 15. und 20. Juli wieder hier wäre, würde er sehen, was er für uns tun könnte. Vielleicht könnte er uns im Auto des Abschnittskommandeurs über den Bug in das Dorf Braclaw fahren. Er sagte, er würde alles mit unserer Familie besprechen.

In der Dämmerung hatten wir eine zweite Überraschung: Rosa Tabak wurde von Herrn Bergmann und Fräulein Atti Grae aus dem Lager geholt. Sie war eine begabte Schneiderin, und Atti Grae wollte sie für sich arbeiten lassen.

Im nahen Lager war es ruhig, nur ein paar Kommandos drangen aus den Baracken. Die SS befahl einigen Häftlingen, die Gräber zuzuschütten, da Hunde die dünne Erdschicht weggescharrt hatten und die offenliegenden Leichen eine Gesundheitsgefahr bedeuteten. […]

Rosa war davon überzeugt, dass nicht nur die Hunde die Ruhe der Toten gestört hatten: Ein Mantel lag ausgegraben neben der Grabstelle. Dorfbewohner hatten sich über die Kleider der Erschossenen vom Ostermontag hergemacht, um versteckte Goldmünzen und Dollarscheine aufzuspüren.

Rosa würde nicht bei uns in der Garage schlafen, sie erhielt ein Einzelzimmer neben Fräulein Grae im Hauptgebäude. Natürlich verstand ich das: Sie musste beim Anprobieren in Reichweite sein, und außerdem durfte sie keinesfalls Läuse von uns ins Haus schleppen. Dennoch fühlten Anishoara und ich uns umso mehr als Ausgestoßene: neben dem Schweinestall, umgeben von einem stechenden Geruch.

Dienstag, 29. Juni 1943 Wir übergaben Josef den Brief an unsere Familie. Er war mit Pinsel geschrieben, da wir weder Füllfederhalter noch Tinte besaßen. Anishoara bat im Brief um eine Zahnbürste und Puder gegen Läuse. Obwohl Josef darauf bestanden hatte, dass wir ganz ehrlich schrieben, war ich dazu einfach nicht in der Lage gewesen: Ich glaubte nicht, mit Briefworten unser wahres Leben vermitteln zu können; hätte ich ihnen vom harschen Lagerleben berichten sollen, von den wenigen Monaten, die uns zum Arbeiten und wahrscheinlich auch zum Leben noch blieben?

Da Rosa Tabak sich den ganzen Tag im Zimmer von Fräulein Atti Grae aufhielt, musste ich das Aquarell für sie unterbrechen. So begann ich mit einem Bild von Elsäßers Zimmer. Während er sich anzog, begann er ein Gespräch über die Aussicht auf einen nahen Frieden. »Die Briten mit ihrem heruntergekommenen System«, sagte er, »können doch nur verlieren. Die benehmen sich wie die Schöpfer der Welt.«[78] Dann fuhr er zornig fort: »Die britischen Gentlemen. Erst nehmen sie ihr herzhaftes Dinner ein und dann machen sie sich auf, Deutschland zu brandschatzen und bringen Tod und Zerstörung. Stellen Sie sich vor«, fügte er hinzu, »eine Stadt mit 10 000 Einwohner ist neulich vollständig von der britischen Luftwaffe zerstört worden.«

Ich wusste nicht genau, ob er von mir eine Antwort erwartete. Was hätte ich auch sagen sollen. Vielleicht hätte ich gefragt, warum sich die Häftlinge hier mit dem Gesicht in den Dreck legen mussten und dann mit einem Nackenschuss getötet wurden. Die Ruinenstadt und die Stufen ins Grab waren nur zwei Glieder in der Kette eines ungeahnten Vernichtungswahns.

Montag, 5. Juli 1943 Anishoara und ich diskutierten über Josef. War er wirklich auf dem Weg nach Rumänien? Würde er rechtzeitig zurückkommen, solange wir noch hier waren?

Bergmann hatte sich über unser Arbeitstempo aufgeregt, wir sollten uns mit dem Adler beeilen. Angenommen, Josef würde es nicht bis zum 15. Juli schaffen, bis zu dem Tag, an dem das Mosaik fertig sein sollte – was dann? Unser Aufenthalt in Gaisin würde um keinen Tag verlängert werden – im Gegenteil, Bergmann würde allzu glücklich sein, wenn er uns los wäre.

---

[78] Vgl. hier S. 250 ff., Brief Elsäßers an uns vom 21. Januar 1973, in dem er schreibt: »Wir hätten diesen Krieg niemals gewinnen dürfen.« Dreißig Jahre später schien er seine Ansicht geändert zu haben.

Eine Flucht aus dem Lager schien unmöglich. Friedas Entkommen war eine Ausnahme gewesen: Sie hatte den Soldaten Stefan Bregulla auf ihrer Seite gehabt.

[…]

Mittwoch, 7. Juli 1943 Bergmann, der kein Französisch sprach, bat uns, mit zwei Vertretern der Organisation Todt zu sprechen. Sie waren Franzosen algerischer Herkunft und hatten sich in Paris in den Dienst der OT gestellt. Was für ein Triumph: Franzosen arbeiteten für Deutschland, für eine deutsche Fremdenlegion. Bergmann wollte, dass wir sie davon überzeugten, ihre Stelle bei Teeras zu kündigen und stattdessen für die Firma Dohrmann zu arbeiten; er brauchte geschickte Vorarbeiter.

Die Algerier beklagten sich darüber, seit der Besetzung Algeriens von ihren Familien abgeschnitten zu sein. Wir waren erstaunt. Algerien ist besetzt? [...]

Während wir ihnen zuredeten, zur Firma Dohrmann zu kommen, fragten wir sie über Teeras aus. Auch über die Ereignisse in Algerien und Marokko wollten wir alles wissen, doch da tauchte der OT-Mann Paul Lercis[79] auf, ein Deutscher aus Mühlhausen und Mitglied der Sicherungsgruppe der OT. Alle drei verschwanden im Haus, und es drangen nur noch Worte in Ukrainisch zu uns heraus, die an die Küchenkräfte gerichtet waren. […]

Dienstag, 8. Juli 1943 Josef Wippenbeck schaute sich den Adler an und sagte dann verächtlich zu mir: »Wozu arbeiten Sie noch daran? Sobald die Russen kommen, wird davon nichts mehr übrig sein.«

Aus dem Küchengarten kam der OT-Koch Ernst Sauer und sprach mit Wippenbeck über die Verwüstungen durch die britische Luftwaffe.

---

[79] Im Ermittlungsverfahren gegen Friese und andere wegen Mordes konnte die Existenz einer Sicherungsgruppe der Organisation Todt nicht nachgewiesen werden. Sie hatten sich verspätet. Wegen einer Hinrichtung, entschuldigten sie sich. Bei einem von ihnen entdeckte ich Blut am Ärmel und erschrak. Wie könne man an einer Erschießung teilnehmen, fragte ich und bekam die Antwort: »Ich habe mich vorher besoffen«, dann winkte er ab.

»Wo ist Gott, wenn Alte, Kranke und Kinder von den Briten dahingemetzelt werden?«, fragte Wippenbeck voller Empörung. Wir dachten im Stillen, ob den beiden bewusst war, dass sich die Häftlinge dieses Lagers genau dieselbe Frage stellten und dabei die SS, den SD, die Litauer und die Organisation Todt anklagten. Sauer fuhr fort: »Es wird keinen Frieden geben, bevor nicht diese verdammte Insel von der Karte ausradiert ist.« Für Anishoara und mich sollte nur eines ausradiert werden: der Hass.

Freitag, 9. Juli 1943 Man hat mir erlaubt, Anishoaras Schuhe zum Schuster zu tragen. Vielleicht könnte ein guter Handwerker noch etwas aus ihnen machen. Stasia aus der Küche kennt einen, zu dem sie uns führen wird.

Im Hof des Schusters angekommen, deutete Stasia auf ein sechsjähriges Mädchen. Wer war sie? Nein, ich kannte sie nicht, und so klärte mich Stasia auf: Sie war das Mädchen, das uns Milch und Brot gebracht hatte. »Mein Vater ist nicht da«, sagte sie zu Stasia. Doch ihre Mutti sei zu Hause. Stasia bedeutete mir, das Haus zu betreten und ging zurück zur Firma Dohrmann.

Die Mutter des Kindes erwies sich als sehr gutmütig. Ich erklärte ihr, dass wir in wenigen Tagen zurück ins Lager geschickt werden würden, und dass meine Frau dringend ein Paar Schuhe bräuchte. Sie nickte und antwortete: »Kommen Sie morgen Mittag wieder. Dann wird mein Mann zurück sein.«

Ich sagte ihr, ich würde es versuchen, war mir aber nicht klar darüber, ob Stasia zur Mittagszeit nicht in der Küche eingebunden sein würde. Allein wollte ich auf keinen Fall herkommen, Ernst Laube[80] hatte mich davor gewarnt: Würde ich ertappt, würde man mich auf der Stelle erschießen. Also ließ ich die Schuhe zurück, obwohl auch das riskant war.

---

[80] Ernsts Nachname war entweder Laube oder Sauer. Am 4. März 1973 erzählte mir Martha Grae-Fischer bei ihrem Besuch in Jona (Schweiz), dass OT-Mann Ernst Laube einst den Koch Herschel auf dem Weg zur Post begleitet hatte. Laube war unbewaffnet gewesen und als Maass das herausfand, brach er in einen Wutanfall aus. Wenn er noch einmal einen Deutschen ohne Gewehr als Begleiter eines Juden sehe, würde er den Juden erschießen.

Sonnabend, 10. Juli 1943 Gegen Mittag war ich wieder auf dem Weg zum Schuhmacher: allein, Stasia hatte keine Zeit. Sie – als Frau – hätte mich davor schützen können, erschossen zu werden. Mir war flau im Magen, aber ich wollte das Risiko eingehen. SS-Oberscharführer Maass hatte Herschel Semmel gewarnt, er würde jeden erschießen, den er ohne Begleitung auf der Straße fände.

Der Schuhmacher war beim Essen. Als sie mich sahen, lud mich seine Frau zum Mittag ein, doch so sehr ich mich auch anstrengte, ich bekam keinen Happen hinunter.

Dann gab er seiner Frau das Zeichen, das Mädchen und das Baby in den kleinen Raum nebenan zu bringen. »Warum schließen Sie sich nicht den Partisanen an?«, schoss es plötzlich aus seinem Munde hervor. Es war weniger die Frage, die mich erschütterte, als seine Sprache: Er sprach Jiddisch. War er Jude oder hatte er die Sprache nur so gelernt? Ich wurde vorsichtig – vielleicht war er ein Spitzel. Doch Stasia hatte mir gestern versichert, mich zu einem besonderen Schuhmacher zu bringen.

In gebrochenem Ukrainisch, gemischt mit deutschen und jiddischen Worten, begann ich über Josef zu erzählen, und mein Gastgeber hörte gespannt zu. Er äußerte seinen Zweifel darüber, ob Josef rechtzeitig komme, um uns zu retten. »Wartet nicht auf ihn«, meinte der Schuhmacher. Stattdessen wolle er uns helfen: uns in drei Tagen – Montag nacht – aus der Stadt schmuggeln, vorausgesetzt Anishoara sei einverstanden. Wir müssten einige Tage im Wald untertauchen, wo man uns die nötigen Papiere für die rumänisch besetzten Gebiete auf der anderen Seite des Bug aushändigen würde. Wenn sich die Lage beruhigt hätte, sollten wir uns auf den Weg nach Sobelewka aufmachen, wo fünf Juden lebten, die uns weiterhelfen würden.

Zum Abschied reichte mir die Frau des Schuhmachers noch ein Päckchen mit Hühnchenfleisch und Suppe für Anishoara. Auf dem Heimweg fiel mir ein Fehler auf: Ich hätte dem Schuhmacher nicht sagen sollen, dass wir uns nicht den Partisanen anschließen, sondern nach Hause, nach Rumänien wollten. Sein Verhalten hatte sich sofort geändert – würde er uns jetzt noch helfen wollen? Das konnte ich nur mit ganzer Kraft hoffen.

Sonntag, 11. Juli 1943 Ein kalter Regen zwang uns in die Betten; der Boden war überschwemmt, denn wir hatten nichts, um die scheibenlosen Fenster der Garage abzudecken.

Rosa Tabak betrat mit zwei dampfenden Teetassen, ein paar Kuchenbrocken und einer Decke unter dem Arm das Zimmer. »Na los, ein bisschen gute Laune«, sagte sie, während sie auf ihre Gaben zeigte. Wir hatten Rosa seit Freitag nicht gesehen. Insgeheim hatten wir gehofft, sie würde mit uns fliehen, doch als wir ihr von unserem Plan erzählten, lehnte sie ab. »Ich würde ja gerne mitkommen, aber was soll dann aus meiner Familie werden, aus Tuni?« Wir waren enttäuscht, doch verstanden wir ihren Wunsch und wechselten das Thema. [...]

Montag, 12. Juli 1943 Das Mosaik war noch nicht vollendet, ich konnte nicht fort. Die Flucht auf morgen verschieben? Nein, morgen war Dienstag, der 13.; also am Mittwoch. Würden wir das Werk unfertig hinterlassen, würde Bergmann vielleicht durchdrehen: Er könnte uns einfangen, das Mosaik beenden lassen und uns später der SS übergeben. Nein, das traute ich ihm nicht zu. Dennoch wollte ich mein Werk nicht unvollendet lassen, das widerstrebte dem Künstler in mir. Anishoara war der gleichen Auffassung. [...]

Bergmann hat sich in Eile auf den Weg nach Proskurow gemacht, einer Stadt am Bug in Podolien, Ukraine. Partisanen sollen einen Güterzug mit Ausrüstung für die Firma Dohrmann in die Luft gejagt haben.

Gegen mein besseres Wissen schaute ich beim Schuhmacher vorbei, um mit ihm unsere Flucht am kommenden Mittwoch zu besprechen. Als ich die Werkstatt betrat, erblickte ich einen zweiten Schuhmacher, der an einem Paar Schuhe arbeitete. Als mich mein Schuhmacher sah, sagte er beiläufig: »Sie wollen also die Bilder abholen. Kommen Sie herein!« Seine Frau arbeitete mit zwei Jungen. Wer waren sie?

Als ich wieder am Adler arbeitete, kam einer der Jungen die Straße entlang und flüsterte im Vorbeigehen: »Der Schuhmacher möchte wissen, ob Sie für ihn ein paar Goldmünzen hätten.« Erstaunt über die Anfrage erwiderte ich genauso leise, dass wir keine Goldmünzen besäßen. Als er fortging, war ich ganz perplex. Was wollte der Schuhmacher bloß von mir? [...] Da wir mittellos waren, stellte sich die Frage, ob er uns ohne Entlohnung weiterhelfen würde.

Als ich Elsäßer das Aquarell von seinem Zimmer gab, wollte er den Preis in Reichsmark wissen. Ich konnte ihm darauf nicht antworten, doch offenbar behandelte Elsäßer es wie einen Schatz.[81] [...]

Am Nachmittag überraschte uns Elsäßer in unserem Verschlag, er tauchte an der Tür auf und fragte: »Sind sie mit dem Essen zufrieden?« Anishoara kannte mich zu gut und zupfte an meinem Ärmel. Trotz ihrer Warnung konnte ich mich nicht zurückhalten und antwortete: »Meine Frau will nicht, dass ich mich beschwere, aber warum nicht? Das Essen ist so schlecht wie das Lager.« Elsäßer schien die Antwort peinlich zu berühren und sagte: »Ich bringe Ihnen etwas zu essen, aber kein Wort zu meinen Landsleuten.«

Er kam mit einem großen Stück Fleisch und einem halben Laib Brot zurück. Sobald Elsäßer gegangen war, schnitt Anishoara eine große Scheibe ab. Ich musste gestehen, dass meine harsche Kritik, die diese Wohltat hervorgerufen hatte, mir großen Genuss bereitete. [...]

Dienstag, 13. Juli 1943 Der Schuhmacher fuhr soeben mit einem der Jungen in einem Pferdewagen an uns vorbei. Und wenn er bis morgen nicht zurück ist? Es wäre tausend Mal besser gewesen, hätten wir gestern die Flucht ergriffen. Verdammte Zweifel!

Der Häftling Erbsenthal kam zusammen mit dem OT-Mann Bernhard Becker, dem Quartiermeister der Firma Dohrmann, mit einem Lkw an. Stolz führten wir sie durch unsere »Behausung«. Mir wäre beinahe herausgerutscht, dass wir bald nicht mehr hier schlafen würden, doch ich konnte meine Zunge rechtzeitig zügeln. Er könnte sowieso nicht mit uns kommen, da seine Frau im Lager Michajlowka war. Es stellte sich heraus, dass er morgen wiederkommen würde, und so bat ich ihn darum, unsere pelzgefütterten Mäntel aus dem Lager mitzubringen: Für einen Moment war ich schon in die Wälder vorgedrungen und dachte an die Kälte und meine angeschlagenen Lungen.

---

[81] Auf meinen Brief vom 10. Januar 1973, in dem ich ihn um eine Kopie des Aquarells bat, schrieb mir Elsäßer: »Eine Fotografie von dem Zimmer habe ich leider nicht mehr.« Warum nur sprach Elsäßer von einem Foto? Es war ein Aquarell.

Erbsenthal erzählte uns von Willi Kustin, der von Teplik her im Lager eingetroffen sei. Als Dolfi Breitner ihm von der Flucht Pepis und der anderen erzählte, brach er erst in Lachen aus, dann fragte er in ernstem Ton, warum Dolfi und einige andere nicht mit ihnen geflohen seien. Aber an seine Flucht hatte Dolfi nicht gedacht: Nie würde er seine Mutter zurücklassen, ebenso wenig seinen jüngeren Bruder und seinen Onkel Nathan Segall, seine Tante und seine beiden Kusinen Ruth und Livia.

Als sich Erbsenthal eine Zigarette drehte, überkam mich plötzlich ein Gefühl der Reue. Er hatte uns immer geholfen, und nun verschwieg ich ihm meinen Plan. Doch, wir müssten es ihm morgen sagen. [...]

Mittwoch, 14. Juli 1943 Wir beendeten den Adler und die Blumenbeete. Hier und da fehlte vielleicht ein letzter Handgriff, aber wir waren zufrieden.

Was war nur mit dem Schuhmacher? Als ich bei ihm vorbeischaute, schüttelte seine kleine Tochter nur mit dem Kopf. Er wurde zwischen dem 15. und 20. erwartet, also frühestens morgen. Hatten wir unser Glück verspielt? Das konnte doch nicht wahr sein!

Donnerstag, 15. Juli 1943 Bergmann ist im Zorn zurückgekehrt. Laut Rosa Tabak ist Atti Grae nach Shitomir gefahren, um einen Offizier der Luftwaffe zu treffen.

Zwei Stunden später kam Rosa Tabak aus dem Haus und sagte mir, ich solle für einen Lampenschirm, der für Fräulein Atti Grae bestimmt sei, Blumen auf ein Blatt Pergament malen. Bergmann wolle damit Atti überraschen. »Du musst dich beeilen – in einer halben Stunde soll ein Lkw aus Tarassiwka eintreffen, der dich zurück ins Lager bringen wird.« So ruhig sie sprach, so unruhig wurde es in mir. Eine halbe Stunde? Wo war bloß der Schuhmacher? Und wie könnten Anishoara und ich uns mitten am Tage in seine Werkstatt schleichen? Wird uns Bergmann noch einen Tag länger hier behalten? Vielleicht sollte ich ihn fragen. Doch Rosa Tabak hielt davon gar nichts: Ich soll davon Abstand nehmen; Bergmann habe Durchfall und sei deshalb schlechter Laune.

Ich beschloss: Nein, ich werde seiner schlechten Laune entgegentreten. Ungeachtet der Worte Rosas betrat ich – zum ersten Mal – das Büro Bergmanns. Ich hatte Lampenfieber und heftete meinen Blick auf ein Foto auf seinem Schreibtisch: sein fünf Jahre alter Sohn, wie mir Rosa gesagt hatte. Ich begann mit: »Da wir zurück müssen, würde ich gerne«, doch Bergmann unterbrach mich: »Machen Sie sich wieder an die Arbeit. Der Lampenschirm muss bis heute Abend fertig sein. Machen Sie das Beste aus dem Pergament.«

Als ich das Büro verließ, zitterte ich. Die Lage sah offensichtlich anders aus: Bis heute Abend war mehr als eine halbe Stunde. Mit einem Seufzer der Erleichterung erzählte ich Anishoara die Nachricht. Dann machte ich mich an die Arbeit.

Das Pergament hatte Rosa Tabak von Fräulein Grae bekommen, die den Wunsch geäußert haben sollte, dass ich es bemale. […]

Während meiner Arbeit rief Bergmann Anishoara heraus und befahl ihr, die etwa 30 Meter lange Straße vor dem Haus mit einer Walze zu glätten.

So sehr ich mich auch anstrengte, ich konnte mich nicht konzentrieren. Schließlich gab ich auf und ging in die Küche, um mich von dem Rosenthal-Porzellan auf dem Küchentisch Fräulein Graes inspirieren zu lassen. Ich übernahm Teile des Musters auf den Tassen, Tellern und Untertassen und ergänzte es mit eigenen Ideen.

Im Fenster erschien das Gesicht Anishoaras. Sie war außer sich und flüsterte mir zu, dass der Quartiermeister Bernard Becker vor zehn Minuten eingetroffen sei, um uns mit dem Lkw zurück nach Tarassiwka zu bringen. Wir bräuchten noch einen Tag, um die Arbeit fertig zu stellen, hatte sie ihm erzählt, und so sei er ohne uns weggefahren. Gott sei Dank!

Um vier Uhr habe ich das Mosaik vollendet. Kein Lkw wartet auf mich, dafür ist der Schuhmacher zurück. Während Anishoara den Boden mit einer Walze ebnet und Steine zermalmt, ist der Schuhmacher an ihr vorbeigelaufen und hat ihr ein Nicken zugeworfen – ein Nicken, das vermutlich hieß: heute Nacht!

Die Ankunft eines Pferdewagens ließ uns aufschrecken. Obenauf saßen Paula Segall und Livia Segall in Begleitung einer Dorfwache. – Was machen die denn hier? Wenn bloß dem Bergmann nicht in den Sinn kommt, uns mit dem Wagen zurück nach Michajlowka zu schicken. – Er war nicht in seinem Büro, wurde aber jederzeit von der Bauabschnittsleitung zurückerwartet. Ich warf den Frauen ein »Hallo!« entgegen und eilte ins Haus, um Rosa darum zu bitten, sie zurückzuschicken. Als sie ins Freie trat, war der Wagen bereits auf dem Rückweg; doch war die Gefahr nicht vorüber, noch konnten sie Bergmann begegnen und den Befehl erhalten, uns mitzunehmen. Die Frauen hielten mich jetzt für barsch, aber sie würden mich später bestimmt verstehen.

Rosa Tabak erzählte mir, dass die Frauen auf dem Weg zu einem polnischen Arzt seien. Ich hörte das erste Mal von ihm. Warum hatten sie ihn nicht schon früher zu Hilfe geholt, als die Epidemien wüteten? Oh, es gab so viele Dinge im Lager, die ich nicht verstand.

Anishoara räumte das Zimmer auf, wusch ab und ordnete das Geschirr neben der Decke und den Büchern von Martha Grae ordentlich auf der umgedrehten Holzkiste an, die wir zum Tisch umfunktioniert hatten. Ich schrieb einen Brief an Elsäßer, in dem ich ihn darum bat, keine SS auf die Suche nach uns zu schicken. Wir würden die seelischen und körperlichen Qualen im Lager nicht mehr aushalten –

der Gedanke an eine Rückkehr dorthin habe uns zur Flucht getrieben. Ich hätte kein Interesse daran, mich den Partisanen anzuschließen, wir würden versuchen, rumänischen Boden zu erreichen.

In das Buch Martha Graes, die deutsche Ausgabe von Nathaniel Hawthorns *Shawl*, steckte ich einen Zettel mit Worten des Dankes[82] und legte es auf die Bettdecke.

Rosa Tabak schien noch immer bei Martha Grae zu sein. Wir konnten uns nicht von Rosa verabschieden, es war schrecklich. Selbst wenn wir sie sähen, würden uns die Worte fehlen: »Pass auf dich auf«? Wenn nur die Pause der Hinrichtungen nicht mit einer vollständigen Vernichtung enden würde. Wir wollten sie nicht dem Tod überlassen – aber sterben wollten wir auch nicht. In meinen Gedanken würde ich für immer bei ihnen sein. Beruhigt konnten wir davon ausgehen, dass unsere Flucht kein Anlass für harte Strafen im Lager sein würde: Wir würden aus Elsäßers Haus fliehen. Jetzt warteten wir nur noch auf die Anweisungen des Schuhmachers, in dessen Hände wir uns begeben hatten.

Ich lehnte an einem Baum und drehte mir, nach Jahren der Abstinenz, eine Zigarette nach der anderen. Der Rauch verschwand im Dunkelgrau der Dämmerung. Bergmann und Elsäßer betraten, vertieft in eine Diskussion, ihr Wohnhaus. Jetzt standen wir ganz allein draußen vor unserer Garage, zum ersten Mal nach Einbruch der Dunkelheit. Was würden wohl die beiden OT-Männer machen, wenn sie uns erblickten?[83]

---

[82] Vgl. hier S. 250 ff., Martha Fischer-Graes Brief vom 20. Januar 1973: »Ich habe gewusst, dass Sie nicht ohne ein Wort gehen würden und habe Herrn Elsäßer gebeten, doch in Ihrem Stall (ist doch das richtige Wort für Ihre Unterkunft?) nachzusehen. Er fand dann das Buch für mich und seinen Brief.«
Von Elsäßer erhielt ich ebenfalls einen Brief am 22. Januar 1973; darin heißt es (vgl. hier S. 250 ff.): »Den schönen Brief, den Sie mir in Gaisin am Abend vor Ihrer Flucht geschrieben haben, besitze ich auch nicht mehr, und warum?« ... Er habe ihn vernichten müssen, damit er nach der Vernichtung des Lagers nicht in die Hände der SS falle und ihn belaste.

[83] Vgl. hier S. 250 ff., Josef Elsäßer schrieb am 21. Januar 1973: »Am Abend vorher habe ich zu Herrn Bergmann gesagt: ›Ich wundere mich nicht, wenn die beiden morgen früh verschwunden sind.‹ Gelacht hat Herr Bergmann, und ich auch.«

Der Mond erhellte die Nacht. Damit man uns nicht sehen konnte, verkrochen wir uns hinter einem Gebüsch und machten es uns auf einem Stein gemütlich. Von hier aus konnten wir die Leute hinter dem Fenster im Büro beobachten, sie standen vor dem Radio.

In den Hof schien das Licht aus Ernst Laubes Zimmer. Einige Zeit war verstrichen, und noch hatten wir kein Zeichen vom Schuhmacher. Jetzt bereute ich, dass wir am Montag kein Signal zur Erkennung ausgemacht hatten. Genau genommen hatten wir überhaupt nichts ausgemacht, nur, dass Montag Nacht ungeeignet sei. Wie unbedacht von uns. Ich musste an das Nicken des Schuhmachers denken, das Anishoara galt. – War es wirklich ein Zusage für heute Nacht gewesen oder einfach nur ein Gruß?

War da nicht Geflüster? Ich tippte Anishoara an und spähte durch das Gebüsch, doch die Straße war leer. Da war es wieder, zweifellos: flüsternde Stimmen. Wir konnten die kleine Tochter des Schuhmachers neben einem Baum auf der anderen Straßenseite ausmachen. Ihr Vater konnte also nicht mehr weit sein. Das Mädchen verschwand und wir warteten gespannt.

Das Licht im Zimmer von Herrn Laube erlosch. Dicht vor uns jenseits des Gebüschs liefen Leute vorüber und wir krochen tiefer in unser Versteck. Von dem Schuhmacher war keine Spur. Die Zeit wurde zur Ewigkeit. Würde er überhaupt noch kommen? Ohne ihn wäre die Flucht undenkbar, waren wir völlig hilflos, hätten wir zurück in die Garage gehen müssen und die Sache wäre gelaufen: Morgen würde uns der Lkw abholen und zurück ins Lager Michajlowka bringen.

Was für eine Feigheit, sagten wir uns und standen auf. Wir trugen den Übermantel in der Art der Dorfbewohner, zogen die Holzsandalen aus, damit ihr Geklopfe uns nicht verriete, und liefen am beleuchteten Büro vorbei. Von dort schlichen wir am Zaun des Küchengartens entlang, überquerten die Straße, passierten das erste, das zweite Haus – bis wir zur Wohnung des Schuhmachers kamen.

Wir betraten die Werkstatt und hofften, dass uns dabei keiner sehen würde. Im Dunkeln an einem Tisch erblickten wir den Schuhmacher. Er gab uns zu verstehen, dass er die Stunde abwarte, da die Straße von Menschen leergefegt sei. Doch was dann, wusste er selbst noch nicht. Seine beiden Pferde waren erschöpft von der Rückreise am

Morgen und der Weg zu dem Bauern, der uns weiterhelfen könnte, war extrem gefährlich.

Um Gottes Willen, dachte ich, hoffentlich schickt er uns jetzt nicht zurück zur Firma Dohrmann und verschiebt die Flucht auf morgen. Es gab keinen Aufschub, wir hielten die letzte Chance, dem Lager zu entrinnen, in unseren Händen.

Die Frau des Schuhmachers betrat den Raum und brach die unerträglich gewordene Stille. Sie sprach von einem Haus in der Nachbarschaft, doch konnte ich nur Bruchteile verstehen. Sollten wir uns dort verstecken? Abrasha nahm nach einiger Überlegung den Vorschlag an. Mit einem halben Laib Brot und den Glückwünschen der Frau, machten wir uns auf den Weg mit Abrasha. Drei betrunkene deutsche Soldaten kamen uns in der Mitte der Straße entgegen. Sie sangen ukrainische Volkslieder und waren zu betrunken und mit sich selbst beschäftigt, um uns Probleme zu bereiten.

Abrasha hielt plötzlich vor einem Busch, in dem sich ein Durchgang zu einem Platz verbarg. Jenseits dessen ragte ein zweistöckiges Haus in die vom Mond erleuchtete Nacht. »Versteckt euch im Busch«, sagte Abrasha und lief über den Platz. Nach einigen Minuten kehrte er von dem zweistöckigen Haus zurück. Wir sollten uns dort im zweiten Stock verstecken, so weit weg vom Treppenhaus, wie es nur ginge. Am nächsten Tag würde seine Tochter vor dem Haus spielen und uns gegebenenfalls vor Eindringlingen warnen. Am Abend würde er uns dann abholen und in ein anderes Versteck bringen – oder bereits in den Wald. Wir schüttelten herzlich Abrasha die Hand und er verschwand.

Das Treppenhaus war vom Mond beleuchtet und so stiegen wir, dicht an der Wand gedrängt, nach oben. Wenige Stufen vor der zweiten Etage stand eine verbeulte Zinnwanne mit Mörtel – was hatte das zu bedeuten?

Hinter den meisten Türen im langen Flur verbargen sich kleine Zimmer; nur hinter einer erstreckte sich ein weiterer Flur. Wir wussten nicht wohin und betraten eines der kleinen Zimmer. Nach einem kurzen Blick in ein weiteres kehrten wir zurück in das kleine Zimmer. Es war nicht schön, aber wir waren schließlich nicht hier, um eine Wohnung zu mieten. Es musste früher eine Küche gewesen sein: Der Platz des Herdes war deutlich an der Wand auszumachen. Obwohl die ehemalige Küche sehr dicht am Treppenhaus gelegen war, legten wir uns unter dem Fenster schlafen und deckten uns mit meinem Mantel zu.

Freitag, 16. Juli 1943 Sehr früh am Morgen erwachten wir aus einem schlechten und oft unterbrochenem Schlaf. Durch das Fenster drangen Stimmen herein. Waren es gewöhnliche Passanten? – Nein, sie entfernten sich nicht. Ich konnte ukrainische und deutsche Sprache ausmachen, nur Worte konnte ich nicht verstehen. Anishoara las das Gehörte von meinem angespannten Gesicht ab. Sie selbst konnte nur noch schwer hören: eine Folge des Lagerlebens.

Anscheinend war das Haus noch bewohnt, auch der zweite Stock, sonst wäre der Mörtel ... Plötzlich hörten wir Gehämmer und das Ratschen einer Säge unter uns. War das im Haus?[84] Wir erblassten. Nervös wie Anishoara war, ließ sie ein Kügelchen aus Brot, das sie geknetet hatte, aus dem Fenster fallen. Das Blut trommelte gegen meine Schläfen. Hatte man gesehen, woher es kam? Wo genau standen die Leute?

Minuten verstrichen. Die Stimmen kamen jetzt aus dem Erdgeschoss. Schneidige deutsche Befehle. Fußschritte, übertönt von Baulärm, waren im ersten Stock zu hören. Türen wurden aufgerissen und wieder zugeschlagen. Dann kamen die Schritte die Treppen zum zweiten Stock hinauf. Die Tür zum Korridor wurde geöffnet – hätten wir uns darin versteckt, wäre es jetzt aus gewesen. Wir schauten uns entgeistert an. Für einen Moment schloss ich die Augen. Anishoara atmete schnell. Wieder drangen die quälenden Fußschritte an unsere Ohren, wieder dieses Stimmengewirr, in dem wir kein Wort ausmachen konnten.

Jetzt wurde der Raum geöffnet, den wir als Erstes begutachtet hatten, dann der Raum neben uns. Ich lehnte meinen Kopf gegen die Tür

---

[84] Als uns Martha Fischer-Grae im März 1973 Fotos zeigte, sahen wir, dass zwei große Häuser in der Nähe des Schuhmacher-Hauses standen. Das Gebäude, in dem wir versteckt waren, hatte zwei Stockwerke, daneben stand ein einstöckiges. Hatte Abrashas Frau etwa das als unser Versteck im Sinn gehabt? Martha und ihre Schwester Atti fanden es völlig verlassen vor, als sie einmal einen Blick hineingeworfen hatten.

und warf Anishoara einen Blick zu. Beide waren wir zu Tode erstarrt: Sollte sich diese Tür auch noch öffnen, wären wir in Kürze tot – man würde uns auf den Verdacht hin, dass wir Partisanen seien, sofort erschießen. Wir hörten, wie sie den Raum neben uns verließen. Unsere Knie zitterten und gaben nach. Die Fußschritte kamen näher, an unsere Tür, die Augen waren auf den Türgriff fixiert, doch er blieb unbewegt. Das Zimmer neben uns wurde geöffnet.

Wieder erklangen schneidende Stimmen vom Flur, dann verklangen sie im Treppenhaus. Gott sei Dank! Offenbar benutzen sie unseren Raum nicht.

Auf Anishoaras Gesicht legte sich ein Lächeln. Ich nahm meinen Kopf von der Tür.

Noch war es zu früh, um unseren größten Wunsch zu erfüllen: das Haus, diese Falle, für immer zu verlassen. Ich horchte an der Tür und vernahm wieder Stimmen im ersten Stock, jetzt in unserem Flur und im Nebenraum. Die Folter begann von neuem, ich mied Anishoaras Augen. Fußschritte passierten wieder unsere Tür und verschwanden im Zimmer links von unserem.

Langsam öffnete ich die Tür. Noch einmal würden wir das nicht überstehen, lieber über die Leiter vor unserer Tür im Dachboden verschwinden. Vorsichtig kletterten wir hinauf, doch jede Sprosse knarrte verräterisch. In jeder Sekunde könnte sich die Tür öffnen, wir entdeckt werden, doch durch diese Hölle mussten wir hindurch.

Der Boden war ein Wald aus Schornsteinen und Balken. Als wir uns an das dämmrige Licht, das durch die Dachfenster drang, gewöhnt hatten, versteckten wir uns hinter einem Schornstein gegenüber der Leiter. Hoffnung kehrte wieder ein.

Anishoara war eingeschlafen. Am liebsten hätte ich mich auf die Eingangsluke zum Boden gestellt – doch niemand würde glauben, dass sie abgeschlossen sei. Wie unüberlegt von mir!

Wie viel Zeit war vergangen, seitdem uns dieses Versteck quälte? Wieder hörte ich ein Geräusch. Das Knarren der Stufen? Ich horchte gespannt in Richtung der Tür und hörte wieder nichts. Hatte sich mein Gehör getäuscht? Vorsichtig richtete ich mich auf, legte meinen Finger auf den Mund und lugte aus dem Dunkel hinter dem Schornstein hervor: Neben der Bodenluke, nur drei Meter von uns entfernt, stand ein Mann. Hatten sie die Zeitung gefunden, in der wir unser Brot eingewickelt hatten? Wahrscheinlich hatte uns die Blechtasse verraten.

Ich verschwendete keinen Gedanken mehr darüber – dazu fehlte uns jetzt die Zeit. Ich bedeutete Anishoara, mir auf Zehnspitzen an der Wand entlang zu folgen. Als wir die andere Ecke des Bodens erreichten, lagen etwa sechzig Meter zwischen uns und dem Mann. Anishoara zwängte sich zwischen die Wand und einen Schornstein; ich legte mich flach auf den Boden und beobachtete die Bewegungen des Mannes. Noch immer stand er neben der Bodenluke und sprach mit jemandem im zweiten Stock.

Was hatten die beiden vor? Es sah nicht danach aus, als seien sie auf unseren Spuren. Der Mann kletterte durch ein Fenster im Dach und begann den Schornstein zu fegen. Der zweite Mann war inzwischen auch auf dem Dach, doch konnten wir ihn nicht hören. Käme er durch das zweite Fenster im Dach zurück, würde er uns entdecken.

Vom zweiten Stock kam Pfeifen und Singen empor. Ein weiterer Arbeiter erschien mit Werkzeugen in der Bodenluke, verschwand durch das Dachfenster und machte sich an einem Schornstein zu schaffen. Wollte er alle überprüfen? Die Zeit verstrich und schließlich erblickte ich mit Freude, dass die Männer ihre Werkzeuge zusammenräumten und sich davonmachten – vermutlich zur Mittagspause.

Wir schlichen zu dem Dachfenster und schauten nach draußen. Jenseits des Platzes sahen wir das rotgeziegelte Dach vom Haus des Schuhmachers. Abrasha war ein jüdischer Name, doch weder er noch seine Frau sahen jüdisch aus. Da er eine Christin zur Frau hatte, hielten ihn die Deutschen vielleicht auch für einen Christen. Doch was half alles Spekulieren?

Im Gebüsch sah ich die Lücke, durch die wir die Nacht zuvor hindurchgeschlüpft waren. Unglaublich, das war erst gestern! An den Büschen vorbei marschierte jetzt eine Kolonne sowjetischer Gefangener in ihren blauen Uniformen. Jeden Mittag passierten sie das Gebäude der Firma Dohrmann. [...]

Das Hämmern und Sägen, Pfeifen und Singen begann erneut unter uns: Die Mittagspause war vorbei. Wir schlüpften zurück in unser Versteck, doch die Männer kamen nicht mehr auf den Boden. Wie sollten wir aus dieser Falle nur herauskommen? Zäh verstrich die Zeit.

Schließlich verschwand der Baulärm und hinterließ eine unheimliche Stille. Noch wagten wir uns nicht aus dem Haus. Im Boden wurde es allmählich dämmrig. Durch das Dachfenster beobachteten wir, wie Soldaten das gegenüberliegenden Haus betraten und verließen, es musste eine Soldatenunterkunft sein.

Erneut hörten wir Stimmen von unten – hatten die Arbeiter das Haus doch nicht verlassen? Auf Zehenspitzen schlich ich zur Bodenluke; von irgendwoher drang Licht in den Flur des zweiten Stocks. Ich konnte auch zwei Stimmen ausmachen, zwei Deutsche unterhielten sich. Dann hörte ich, wie Schuhe schlurften und Möbel verrutscht wurden: Sie waren dabei, sich hier einzurichten.

Etwa zehn Meter von der Leiter entfernt war eine zweite Luke im Fußboden, was mir in der Mittagspause aufgefallen war. Ich schlich dorthin, doch zu meiner Enttäuschung fehlte dort eine Leiter. Ich machte mich auf die Suche und entdeckte schließlich eine Luke mit Leiter. Aus der Öffnung drang kein Laut nach oben. Das Zimmer war vermutlich nicht mit der neu bezogenen Wohnung verbunden. Rasch kletterten wir die Leiter hinab. Das Knarren der Holzstufen machte mich nervös. Die Zimmertür zum Flur stand offen; wir schritten über die von einem schwachen Schimmer beleuchtete Schwelle, liefen das Treppenhaus hinunter bis ins Erdgeschoss, doch die Haustür war verschlossen.

Ohne Zögern eilten wir in den Seitenflur; hinter einer Tür erblickten wir ein Zimmer mit Stroh bedecktem Boden, einem Eimer mit Löschkalk und einer Menge Werkzeug, das verstreut um den Ofen lag. Durch das Fenster sah man die Straße und dahinter die Baracken der Soldaten.

Ein Soldat lief pfeifend dicht am Fenster vorüber – ein Blick von ihm zur Seite und wir wären verraten gewesen. Wir wichen in ein anderes Zimmer mit einem Fenster zur Gasse zurück. Dahinter kauerten wir uns, bis Wolken den Mond verdunkelten. Aus dem Garten neben dem Haus schallten Gesprächsfetzen in Deutsch herüber; würden die Leute uns beim Hinausklettern sehen?

Wir taten wie Liebende, die sich in dem einsamen Haus zurückgezogen hatten. Ich ergriff Anishoara an der Hüfte und hob sie auf den

Boden der Gasse. Dann taumelten wir wie Liebestrunkene die Strecke zurück, auf der wir die Nacht zuvor gekommen waren.

Im Hof des Schuhmachers trafen wir dessen Frau. Bei unserem Anblick riss sie die Augen weit auf: Sie hatten uns für verloren geglaubt. Heute Morgen war Abrasha am Haus vorbeigelaufen und hatte gesehen, dass darin renoviert wurde.

Die Bedrückung wich von ihrem Gesicht. Abrasha tauchte im Tor auf und bedeutete uns, über den Hintereingang in sein Haus zu gehen. Er war nicht nur über uns besorgt gewesen, er hatte auch befürchtet, dass wir ihn verraten würden. So war er doppelt erleichtert, uns zu sehen.

Leider war es wieder zu spät, um uns zu dem Bauern zu bringen. Ich war mir im Klaren darüber, was für eine Gefahr unsere Anwesenheit für ihn mit sich brachte. Wenn wir morgen beim Bauern Unterschlupf fänden, wäre Abrasha sicher sehr erleichtert.

Nach einiger Überlegung kam Abrasha auf die Idee, uns im Garten des Nachbarn unter einem Baum unterzubringen. Morgen früh würde er uns zum Bauern führen und am darauf folgenden Tag, einem Sonntag, nach Sobelewka, der Marktstadt, die er bei unserer ersten Begegnung erwähnt hatte.

Abrasha zwängte sich durch eine Lücke in der Hecke, wir folgten ihm. Nach wenigen Schritten hielt er neben einem Busch; hier sollten wir uns verstecken. Obwohl es kühl war, fiel Anishoara bald in einen tiefen Schlaf.

Sonnabend, 17. Juli 1943 Wir erwachten mit dem Schrei des Hahns. Das Tageslicht offenbarte uns, dass wir auf dem Grundstück des deutschen Gebietskommissars Becker genächtigt hatten. Gegenüber der Straße erblickten wir das Gebäude der Firma Dohrmann, wo vor zwei Nächten unsere Flucht begonnen hatte. […] Ich wünschte, dass Frau Grae unser Andenken gefunden habe.

Leute eilten die Straße entlang, manchmal ganz dicht am Zaun vorbei. Es wurde brenzlig, auch das Personal des Gebietskommissar hätte uns entdecken können, also sagte ich Anishoara, dass wir so schnell wir möglich den Garten verlassen sollten. Es war unnötig, die Nerven noch mehr zu strapazieren. Auf allen Vieren krochen wir zurück durch die Lücke in der Hecke in Abrashas Garten. Neben einem Apfelbaum fanden wir ein Kartoffelbeet, in dessen Grün wir verschwanden.

Allmählich erwachte das Leben im Nachbargarten: Die Frau rief die Hühner zur Fütterung, Schüsse, gefolgt von Lachanfällen, zerrissen die Stille – die Nachbarn übten offenbar schießen.

Abrasha pirschte sich an die Hecke. Vorsichtig gab ich ihm Zeichen aus dem Beet, doch er sah uns erst, als ich mich hinkniete. Er signalisierte uns, genau da zu bleiben, wo wir uns befanden. Rasch warf er noch einige Äpfel ins Kartoffelbeet und verschwand wieder.

Die Sonne strahlte kräftig und blendete uns, doch wir durften uns nicht rühren: Aus dem Garten nebenan drangen Stimmen zu uns herüber, und dicht neben uns schüttelten Kinder den Apfelbaum, so dass die herabfallenden Äpfel dumpf auf den Boden neben unseren Köpfen aufschlugen. Ein Kind kniete sich direkt neben uns und versetzte uns in Angst. Es war Abrashas kleine Tochter. Wir holten tief Luft, und just in diesem Moment richteten sich ihre Augen auf uns. Anishoara legte ihren Finger auf den Mund. Das Mädchen konnte sich unter Kontrolle halten – zwinkerte mit den Augen, stand auf und verschwand.

Später hörten wir andere Kinder im Garten spielen. Eine Henne verirrte sich in unsere Nähe und als sie uns erblickte, stob sie gackernd davon. Die gesamte Hühnerschar stimmte in das Gezeter ein und uns lief es kalt den Rücken hinunter. Wenn nur das Theater keine Blicke auf uns zöge.

Die Hühner beruhigten sich. Immer schlimmer brannte jetzt die Sonne auf unser Gesicht. Die Äpfel hätten unsern Durst stillen können, doch waren sie zu weit weg. Die Zeit verstrich kriechend. Ein Käfer kletterte eine Kartoffelpflanze hoch: Das erinnerte mich daran, wie vorsichtig wir mit den Insekten während der Arbeit auf dem Straßenbau umgingen: Jeder Schlag mit der Spitzhacke hätte eine Insektenwohnung zerstören können.

Was ging jetzt nur in unserem Lager vor? Vergeltung für unsere Flucht gab es bestimmt nicht, da wir vom Hauptquartier der Firma geflohen waren. Wie beiläufig die Worte waren, die man uns am Montag zuwarf, als wir das Tor des Zwangsarbeitslager auf dem Weg nach

Gaisin verließen: »Und von dort nach Hause, Kinder.« Frau Rudich hatte das – anders als wir – im Gefühl. Ihre weiche Stimme klingt mir noch immer in meinen Ohren. Dachte sie jetzt vielleicht, dass Bergmann und Elsäßer uns bei der Flucht geholfen hätten? Solche Gerüchte hatten die Runde unter den Häftlingen gemacht, als Mizzi geflohen war.

Merkwürdig, dass Mizzi froh war, als man sie zurück ins Lager gebracht hatte. Vielleicht war die Schlafstatt in der Garage zu widerlich. Es war auch merkwürdig, wie vielen glücklichen Umständen wir unsere Flucht verdankten: der Hilfe Abrashas an erster Stelle, davor Anishoaras abgelaufenen Schuhen, aber auch der Ungestalt des Adlerflügels und dem Lampenschirm aus Pergament.

Lange Zeit hatten wir eine Flucht für absurd gehalten, obwohl wir gute Gelegenheiten hatten, etwa, als wir ohne Bewachung für den Garten des Polizeimeisters Emil Hartmann farbige Steine im Steinschlag zusammentrugen. Aber es war mindestens genauso verrückt gewesen, dass wir das Tor des Zwangsarbeitslagers hinter uns selbst schlossen und freiwillig in den Stacheldrahtverhau zurückkehrten. […]

Die grünen Blätter vor meinen Augen verwandelten sich in ein Meer aus Gemälden, und plötzlich sah ich wieder diesen ziegenbärtigen Priester in seiner grünen Soutane vor mir, der aus dem Nichts kommend plötzlich neben uns in der Kiesgrube stand und Anishoara und mich fragte, ob wir grüne Bohnen kaufen wollten. Ich hätte ihn porträtieren sollen. Die Sinfonie in Grün vor meinen Augen wollte ich auch eines Tages auf Papier bringen, vorausgesetzt ich würde mich an sie erinnern. […] Selma dagegen waren meine Bilder zu zahm: Sie zeigten nicht genug Grausamkeiten. Mein Wunsch war es nur, das Lagerleben auf Papier zu bringen. Weiß Gott, ob mir das gelungen ist. Ich spürte, wie ich plötzlich die Papprolle mit den Bildern fest an mich presste.

Die Luft kühlte sich ab. Mit Einbruch der Dämmerung verklangen die Stimmen um uns herum. Abrasha erschien mit einer Schüssel saurer Milch und Brot für uns. Leider müssten wir auch die Nacht im Kartoffelfeld verbringen. Erst morgen sollte uns ein Nachbar für 60 Mark nach Sobelewka bringen.

Sogleich besprachen wir mit Abrasha unseren Plan. In Sobelewka würden wir die jüdischen Schneider aufsuchen – die fünf Überlebenden. Sie wohnten in einer Seitengasse des Marktes. Falls wir die Adresse nicht fänden, würden wir sie bei Herrn Stane erfragen, dem Schneider für Hosen.

Als wir ins Kartoffelbeet zurückkehrten, sahen wir, wie zerwühlt die Stelle war, wo wir den Tag verbracht hatten. Hoffentlich hatten wir die Ernte von Abrasha und seiner Frau nicht beschädigt; es würde uns beschämen.

Sonntag, 18. Juli 1943 Wir verlassen Gaisin. Gegen drei Uhr morgens sahen wir Abrasha aus dem Haus kommen. Ein junger Mann, der so tat, als sehe er uns nicht, war dabei, das Pferd des Schuhmachers zu striegeln.

Unser Schlaf war flach gewesen und oft unterbrochen worden. Der Mond hatte uns, die wir auf der kleinen Anhöhe im Garten lagen, verräterisch durch den spärlichen Blattbewuchs der Kartoffeln beleuchtet. Zum Glück war ein Liebespaar aus dem Dorf, das die Nacht unter dem Apfelbaum verbrachte, nicht auf die Idee gekommen, Äpfel im Kartoffelfeld zu sammeln.

Abrasha reichte mir eine Leinenhose, Lederstiefel und eine Mütze; seine Frau hatte Anishoara ein Kopftuch überlassen – so sahen wir wie ein Paar aus der Gegend aus. Bevor wir uns zum Nachbarn aufmachten, erklärte mir Abrasha ein letztes Mal den Weg zu den Schneidern. Da Markttag war, würden wir in der Menschenmenge nicht auffallen.

Im Hof des Nachbarn standen einige Männer herum. Abrasha näherte sich dem, der gerade das Pferd zügelte, und flüsterte ihm etwas ins Ohr. Der Mann schaute uns an und nickte. Nach einem festen Handschütteln entfernte sich Abrasha.

Einige Passagiere trafen noch ein, dann verließen wir den Hof in einer Pferdekutsche. Es musste gegen fünf Uhr sein. Als wir an Abrashas Haus vorbeifuhren, dankte ich ihm innerlich. Die Kutsche machte einen Schwenk nach rechts und plötzlich fuhren wir an dem Haus vorüber, das am Donnerstag und Freitag beinahe unsere Falle geworden wäre. Verstohlen warfen wir einen Blick auf das Fenster, das uns noch einmal gerettet hatte. Mein Herz raste.

Hätten wir damals gegen Abrashas Rat auf Josef gewartet, wären wir noch immer im Lager und hätten inzwischen einige Tracht Prügel von Kolea eingesteckt. [...] Mir schauderte es: Ob uns Josef je über den Bug nach Braclaw gefahren hätte?[85]

Nur wenige Schritte von den Soldatenunterkünften entfernt hielt die Kutsche. Eine Frau stieg auf und setzte sich zwischen die Frau des Kutschers und mich. Dabei streifte mich ihr Blick. Ja, wir waren uns schon einmal begegnet: in der Werkstatt des Schuhmachers und später vor dem Firmensitz. Erkannte sie mich? Sie wechselte ein paar Worte mit dem Kutscher und warf uns dann ein Lächeln zu.

Die Kutsche passierte ein bewachtes und mit Stacheldraht umzäuntes Haus – ein Judenlager? Es war zu früh, hinter dem Zaun war noch kein Leben zu sehen. Waren hier etwa die Antschels und Hammerlings?[86] Wir fuhren am Bahnhof vorbei, eine schmale Gasse entlang, neben uns lag die Hauptstraße, die aus Gaisin herausführte. In unserer Richtung krochen bereits einige Kutschen. Auf einem Wegweiser stand Winnica. Hoffentlich führte die Straße nicht durch Tarassiwka oder Michajlowka.

Wir ratterten durch Dörfer, holperten über Schienen und patschten in tiefe Pfützen. Der Wagen ächzte unter der schweren Last: Wir waren für eine lange Fahrt beladen. Wir schienen dem Ziel immer näher zu kommen: Vor und hinter uns ratterten Karren, auf denen Bäuerinnen, die auf dem Weg zum Markt waren, saßen. Immer öfter überholten wir Fußgänger, die Körbe mit Waren trugen.

---

85 Aus den Ermittlungsverfahren gegen Friese u.a. wegen Mordes ging hervor, dass es zwei Lager gab: Eines gehörte der Firma Dohrmann, das andere der Firma Jüssen. In einem Brief vom 12. Januar 1977 schreibt Paul Celans Onkel Mordechai Rones von einem dritten, unter rumänischer Herrschaft stehenden Lager. Am 25. März 1943 versuchten sechs Häftlinge aus dem Lager der Firma Horst & Jüssen zu fliehen: Frau Gottesmann, Witwe eines erschossenen Zahnarztes, das Ehepaar Ganser, die beiden Schwestern Rosenbach und Herr Goldschmidt. Sie wurden in Braclaw gefasst und auf Befehl Paul Reinigers, eines OT-Mannes und Vorstehers der Basaltwerke in Neschen, erschossen.

86 Nach den Ergebnissen des Ermittlungsverfahren gegen Friese u.a. wegen Mordes gab es keine Lager für Juden in Gaisin. Die Firma Dohrmann hatte dort vom Sommer 1942 bis zum Januar 1944 ihren Stützpunkt. Außerdem hatten sich dort einige Agenturen niedergelassen, die mit dem Straßenbau der DG IV verbunden waren.

Regen lag in der Luft. Land und Leute waren in ein tiefes Grau gehüllt, das nur hier und da durch das Weiß eines Kopftuchs gebrochen wurde.

Als wir ankamen, stiegen unsere Begleiter von der Kutsche und mischten sich unter das Marktvolk. Der Kutscher verlangte die 60 Mark Fahrtkosten und warnte uns noch im Flüsterton vor der SS und der örtlichen Polizei, die ein waches Auge auf Sobelewka werfe, besonders auf den Marktplatz. Wir stiegen von der Kutsche und setzten unsere Füße auf neuen Boden: Sobelewka.

Auf dem Hügel vor uns standen Unmengen von Karren. Links neben uns war ein Schweinemarkt. Ständig trafen neue Bauern zu Fuß oder mit ihrem Karren ein. Nach den ersten Schritten bemerkte ich, wie ungenau die Beschreibung Abrashas war: Vergeblich suchten wir nach der kleinen Gasse; einzig dass der Markt auf einem Hügel lag, traf auf die Beschreibung zu. Die Einheimischen wollten wir nicht fragen, da uns mein gebrochenes Ukrainisch verraten hätte.

Wir ließen das Spektakel und Getöse des Marktes hinter uns und machten uns auf die Suche nach einem alten Menschen, dem wir uns, so hoffte ich zumindest, am ehesten anvertrauen könnten. Schließlich fragten wir einen älteren Schuhmacher in seiner Werkstatt nach dem Weg. Obwohl uns seine Worte kaum weiterhalfen, da ich sie nicht verstand, dankten wir und verabschiedeten uns. Kaum waren wir auf der Straße, erkannten wir, wie dumm das gewesen war und gingen zurück in die Werkstatt. Der Mann wiederholte langsam seine Ausführungen, doch wieder rauschte alles an uns vorbei. Erst beim dritten Mal verstanden wir die Wegbeschreibung und fanden zu den Schneidern.

Sie wohnten in einem ehemaligen Gemeindehaus, einem heruntergekommenen Gebäude. Es gab weder eine Nähmaschine noch irgendetwas, das an eine Schneiderei erinnerte. Ein großer Tisch, eine Schlafstatt aus Brettern und zwei zerbrechliche Küchenhocker waren das einzige Mobiliar in den beiden ärmlichen Zimmern.

So kalt wie die Wohnung war auch die Begrüßung. Sie nahmen mir Übel, dass ich einen Nachbarn nach dem Weg zu ihnen gefragte hatte und klärten mich sogleich auf, in was für eine Gefahr sie das bringen könnte. Die Schneider verhielten sich uns gegenüber sehr kaltherzig.

Ich hoffte auf ihre Hilfe, wenn sie erst einmal erführen, dass wir Flüchtlinge aus einem Todeslager waren.

Irgendwie hatte ich vergessen, dass Anishoara und ich nur zwei Steinchen waren in einem riesigen Schutthaufen des Leidens. Was sollte sie unser Leben auch kümmern? Das Einzige was zählte, war Geld. Mein Herz setzte beinahe aus, als ich die Summe pro Kopf hörte: 500 Mark – so viel verlangte die Wache, um uns über den Fluss zu schleusen. Ich gestand, dass 36 Mark unser ganzes Hab und Gut waren, woraufhin der Schneider nur mit den Schultern zuckte. Sie könnten uns nicht im Haus behalten, erklärten sie: Das sei zu gefährlich; wollten uns aber einen verlässlichen Führer besorgen. Ich bot ihnen meinen Mantel an, der noch in einem annehmbaren Zustand war. »Mal sehen, was er wert ist«, war alles, was sie sagten.

Erstaunlich, wie kalt Menschen nach der Erfahrung des Lagers sein konnten. Als wäre nicht des Leids genug.

Plötzlich ging die Tür auf und uns liefen keine geringeren als Grisha und seine Frau aus Michajlowka entgegen. Auch sie waren sehr erstaunt darüber, uns hier zu sehen. Grishas Frau war im Dezember ins Zwangsarbeitslager Iwangorod verlegt worden und Grisha war ihr kurze Zeit darauf heimlich und ohne Erlaubnis dorthin gefolgt. Nach Sobelewka waren sie etwa vor einer Stunde gekommen. Da sie ukrainische Juden waren, hatten sie schnell ihren Weg von Teplik hierher gefunden.

Grisha erzählte mir, dass am letzten Tag des Pessachfestes (Ostermontag), am 26. April 1943, alle alten Häftlinge, Kranke und Babys hingerichtet worden seien. Die Eltern seien ihren Kindern freiwillig ins Grab gefolgt. Jessica Brüll hätte Glück gehabt: Sie sei vor der »Säuberung« verstorben. Bei der Hinrichtung am 8. Juni gehörte Rosa Kreindler-Weiss zu den Opfern. In den Schuhen, mit denen sie ins Grab hinabstieg, soll sie all ihre Edelsteine versteckt haben.

Auch im Lager von Krasnapolka gab es Hinrichtungen. Feuerstein, der Fahrer der Straßenbaufirma Kaspar Emmerich, sowie OT-Mann Ludwig Hacker und Polizeimeister Pechtel brachten die Opfer an ihr Grab.[87]

---

[87] Vgl. Ermittlungsverfahren gegen Friese und andere wegen Mordes, 3 J5 1428/

Von den fünf Hausbewohnern waren nur vier tatsächlich Schneider, der fünfte war Tischler. Sie waren die einzigen Überlebenden einer großen jüdischen Gemeinde, die hier bis zu ihrer Deportation im Dienste der Stadt und der Deutschen arbeiten mussten. Warum die fünf vom Schicksal ihrer Glaubensbrüder verschont blieben, erzählten sie uns nicht. Ihre Lage war schwer. Oft verbot man ihnen, das Haus zu verlassen. Gewöhnlich verließ nur der Sohn des Tischlers das Haus, um Lebensmittel für eine Woche einzukaufen.

Grisha bat den Jungen, der zwischen 18 und 19 Jahren alt sein musste, etwas Essen auf dem Markt zu besorgen. Da der Junge noch herumstand, überlegte ich, ob wir nicht auch etwas vom Markt bräuchten: Wir waren sehr hungrig, und uns blieb noch mein Übermantel zum Verkauf. [...]

Der Junge brachte uns zweihundert Gramm Konservenfleisch, etwas Brot und eine Flasche Milch – damit waren unsere 36 Mark aufgebraucht.

Nach zwei Stunden sollten Grisha und seine Frau das Haus verlassen. Alle warteten gespannt. Schließlich kam eine Bäuerin, die sie zum Flussufer führen und übersetzen würde. Glaubten wir den Worten der Schneider, gab es in der Umgebung von Sobelewka viele Bauern, die schmuggelten: Menschen von hier über den Bug, Lebensmittel auf ihrem Rückweg.

In Bershad am anderen Ufer gab es ein Ghetto, in dem das Leben noch pulsierte. Von anderer Stelle hatte ich jedoch gehört, dass auch hier die Organisation Todt ihre Finger im Spiel hatte: Sie sollte letzten Monat 1000 Juden aus dem Ghetto geholt und zu Zwangsarbeitern gemacht haben. [...]

Der Junge ging mit meinem Übermantel zum Markt und kehrte mit zweihundert Mark zurück. Schließlich willigten die Schneider ein und versprachen, uns für diese Summe einen Führer zu besorgen, den wir bezahlten sollten, sobald wir Bershad erreichten.

Fortsetzung Fußnote 87
65 sowie Bd. 20 S. 4594 ff., S. 476 ff. (Aus dem Ermittlungsverfahren gegen Friese und andere wegen Mordes geht hervor, dass Georg Feuerstein und Ludwig Hacker zur Zeit der Ermittlungen in Toronto, Kanada, wohnten.) Vgl. auch Augenzeugenbericht Klara Scheiners und Herbert Teitlers.

Ich versuchte, die Organisation Todt aus meinen Gedanken zu verdrängen – Organisation Tod, wenn man das »t« wegließ, herrschte also auch in Bershad. Ich hatte keine Zeit mehr, an sie zu denken: Unser Führer, ein feingliedriger, hoch gewachsener Mann Mitte vierzig mit blondem Haar und Vollbart stand in der Tür.

Petco, der einst Seemann war, forderte uns auf, ihm im Abstand von hundert Metern zu folgen und, falls wir von der Polizei angehalten würden, so zu tun, als ob wir ihn nicht kannten. Petco verließ das Haus. Die Schneider hielten uns für zwei Minuten zurück, dann öffneten sie uns die Haustür und wünschten uns viel Glück. Wir erblickten Petco in der Ferne und liefen ihm durch die Gassen der Stadt nach, später folgen wir ihm über einen Feldweg und schließlich entlang einer Hauptstraße.

Pferdewagen überholten uns auf ihrer Rückkehr vom Markt in Sobelewka. In vereinbartem Abstand schritt Petco mit zügigem Tempo voran. Eine Bäuerin sprach ihn an – dann liefen sie gemeinsam weiter. Anishoara musste ständig ihre eigenwilligen Schnürsenkel binden. Da ich Schritt hielt, um die beiden vor uns nicht aus den Augen zu verlieren, war sie einige Meter hinter mir – die Augen der vorbeifahrenden Bauern waren auf mich gerichtet.

Von einer Kutsche warf man mir eine Frage auf Jiddisch zu: »Wein geist tue?« Ich tat, als hätte ich nichts gehört. Unauffällig verlangsamte ich meinen Schritt, als wollte ich auf Anishoara warten. Der Bauer flüsterte seinem Mitfahrer etwas ins Ohr. Zu meinem Glück beschleunigte der Wagen.

Petco trennte sich von seiner Begleiterin und schlug einen kleinen Pfad nach links ein, der über die weiten Felder führte. Die Sonne brannte erbarmungslos auf unsere Häupter, bis uns schließlich der Schatten eines Waldes davon erlöste.

Nach einigen Stunden erreichten wir eine Lichtung, die mich unweigerlich an das Massengrab auf der Lichtung bei Michajlowka erinnerte. Innerlich rief ich die Namen der Verstorbenen auf und spürte ihre Augen auf mich gerichtet. »Reiß dich zusammen!«, sagte ich mir.

Petco saß am Rand der Lichtung. Müde und erschöpft ließen wir uns neben ihm auf der Erde nieder. Meine Nerven waren am Ende. Ich hörte Schüsse und Stimmen. Eine Patrouille? Ich war kurz vor dem Durchdrehen, doch versuchte ich, nach außen normal zu wirken: Anishoara sollte sich nicht beunruhigen. Die Stimmen kamen näher. Anishoara hatte sie auch gehört und schaute mich fragend an.

Fünf Männer in Zivil kamen aus dem Wald. Als sie Petco erblickten, grüßten sie ihn und setzten sich neben ihn, ohne uns auch nur eines Blickes zu würdigen. Hatten sie die Schüsse abgefeuert? Ich sah keine Waffe an ihnen.

Plötzlich überkam mich eine schüttelnde Kälte und ich zog meine Jacke an und Anishoara rückte in meinen Mantel gehüllt ganz dicht an mich heran. Auch sie war am Ende ihrer Kräfte. Es war unklug von mir gewesen, meinen Mantel vor den Augen der Fremden ausgezogen zu haben: Vielleicht hatten sie bemerkt, dass ich statt eines Hemdes eine Bluse trug und Verdacht geschöpft. Weder in Michajlowka noch in Gaisin trugen die einheimischen Männer Blusen. Und an Sonntagen rasierten sie sich. Selbst Abrasha hatte sich heute Morgen rasiert und seinen Schnauzbart ordentlich gestutzt – er hätte mich warnen sollen. Wie weit war es noch bis zum Fluss? Vom anderen Ufer wären es noch dreiundzwanzig Kilometer bis Bershad, vorausgesetzt wir liefen auf der Hauptstraße, was nicht ratsam war.

Petco erhob sich und machte sich zusammen mit seinen Bekannten auf den Weg; wir folgten in der ausgemachten Entfernung. Ganz bestimmt hatte er ihnen nichts über uns erzählt, umso vorsichtiger mussten wir jetzt sein.

Für den heißesten Teil des Tages besaßen wir vier Mohrrüben, die wir in einem Feld gefunden hatten – unseren Durst konnten wir damit allerdings nicht stillen.

Petco und seine Begleiter hielten an und setzten sich in ein Stoppelfeld. Wir taten das Gleiche. Erst jetzt bemerkten wir, wie sich die Landschaft verändert hatte: Wir befanden uns jetzt in einem Tal. Auf den Hängen der Hügel grasten Kühe; Kinder spielten und rannten herum. Während die Fremden auf eine Bauminsel zuliefen, erklomm Petco einen der Hügel und wartete dort auf uns. Kurz bevor wir ihn erreichten, schritt er uns entgegen und flüsterte uns zu, dass wir uns bis zur Dunkelheit in der Bauminsel verstecken sollten – er würde uns später wieder abholen. Ich bat ihn darum, uns etwas Milch mitzubringen.

Wir betraten den Hain. Unter den Bäumen hörten wir das Geschrei der Kinder und Geläut der Kuhglocken vom anderen Teil des Tales. Ein, zwei, drei Regentropfen fielen auf meinen Kopf, und schließlich entlud sich der Himmel: Es prasselte auf die Blätter, platschte zu uns herunter und lief über unser Gesicht und in Rinnsalen unseren Rücken hinab.

Anishoara hielt die Hände auf und sammelte das Wasser, um damit ihren Durst zu löschen. Ich nutzte die Gelegenheit und rasierte mich. Leider gab der Griff des Rasierers beim Säubern nach und fiel in den Schlamm. Da es bereits dunkel war, konnte ich ihn nicht mehr finden.

In meinen Gedanken wanderte ich ein Jahr zurück: Ich stand vor dem Stall, unsere Kolonne war im Begriff, sich aufzulösen. Mit meinem Dreitagebart sah ich heruntergekommener denn je aus. Der Schal um meinem Kopf setzte dem noch eins drauf, was den Litauer Aliosha Wisotzkas in Rage brachte. Unser Dolmetscher Arie Zuckermann warnte mich davor, dass er mich am Montag »fertig machen« wolle. Das war an einem Sonnabend. Zuckermann setzte dann alles daran, dass wir am folgenden Montag nicht auf den Straßenbau, sondern in die Kiesgrube geschickt wurden, damit mich Wisotzkas aus den Augen verlieren und vergessen würde.

Blitzartig war ich wieder in der Gegenwart – Wisotzkas war weit weg; Petco musste bald kommen. Es war seit Stunden dunkel, doch es gab kein Zeichen von ihm. Hatte er es sich wegen des schlechten Wetters anders überlegt? Wenn er nicht zurückkäme, wären wir verloren: Ohne Orientierung würden wir in die Arme irgendwelcher Grenzposten laufen.

Es hörte auf zu regnen, die Wolken rissen auf, und der Mond beschien unseren Hain. Wäre es noch dunkel genug, um den Fluss zu überqueren? Anishoara zupfte an meinen Ärmeln – wir hörten Schritte. Ein Schatten setzte sich gegen das Dunkel im Wald ab: Es war Petco. Über seiner Schulter trug er einen leeren Sack. Wir sollten unsere Schuhe ausziehen und sie zusammen mit unserem Brotbeutel darin verstauen. Bevor wir losmarschierten, tranken wir gierig eine Flasche Milch, die er mitgebracht hatte.

Unser Weg führte durch Felder und über Nebenstraßen. Auf dem steinigen Boden liefen wir unsere nackten Füße wund. Plötzlich stoppte Petco und zischte, wir sollten uns nicht bewegen. Etwas hatte ihn aufgeschreckt. War da ein Mann im Gebüsch? Petco ging allein vor und sah: dass es nur ein kleiner Baum war. Nichtsdestoweniger mussten wir auf der Hut sein. Am anderen Ende des Feldes sahen wir die Häuser der Grenzer.

Wir liefen dicht hintereinander, um von weitem wie eine Person zu wirken. An einer Kreuzung legte Petco die leere Milchflasche als Markierung für den Rückweg ins Gebüsch. Dann lag sie vor uns, die Grenze zur Freiheit: der Bug. Die Uhr zeigte Mitternacht.

Montag, 19. Juli 1943 Vorsichtig stiegen wir die Uferböschung hinab. Ich rutschte ab und erreichte als Erster das Flussufer. Um mich herum war es ganz still; von der anderen Seite des Flusses waren weder Bewegungen zu sehen noch drangen Geräusche herüber. Dennoch wollte Petco ganz sicher sein, dass wir nicht gesehen würden, und wartete, bis der Mond durch eine Wolke verdeckt wurde. Er lief das Ufer ab, hielt schließlich an, schaute sich um und begann sich auszuziehen. Wir folgten seinem Beispiel. Er hievte einen Sack auf seine Schulter und gab mir einen leeren für unsere Kleidung.

Eine dunkle Wolkenmasse schob sich vor den Mond und im Nu war alles in Schwarz getaucht. Petco stieg ins Wasser und tastete den Boden mit einem Stock ab. Wir folgten ihm auf den Fersen. Das Wasser stieg an uns immer höher; Anishoara reichte es schließlich bis an den Hals. Der Sack, den ich auf meinem Kopf trug, fiel seitlich ins Wasser. Anishoara atmete schnell und flüsterte mir zu: »Pass auf den Sack auf! Die Bilder werden nass.« Ich hatte ganz vergessen, dass sie nicht mehr sicher verstaut waren: Die Pappröhre hatte ich im Wald zurückgelassen.

Nur noch zwei Meter blieben uns bis zur anderen Seite des Ufers, aber Petco zögerte und schaute zu seiner Rechten. Wir wateten flussaufwärts und erreichten ein Stelle am Ufer, wo man leicht aus dem Fluss steigen konnte. Noch ein Schritt, dann waren wir auf der sicheren Seite des Bug. Absolute Stille. Anishoara küsste den Boden.

[...]

Wir zogen uns schnell wieder an und machten, dass wir das Reich der rumänischen Schutzmänner und Grenzsoldaten so schnell wie möglich verließen. Petco drängte uns, ihn nicht zu verraten, falls wir festgenommen würden. Er begann den Weitermarsch und wir hasteten auf dem Fußpfad hinterher. Dann und wann wagten wir einen Blick über unsere Schulter. Die Ansicht des mondbeschienenen Bug ließ uns noch schneller laufen: Der Fluss schien sich nicht zu entfernen.

Erneut wurden wir von Durst gequält. Zum Glück fanden wir eine mit Wasser gefüllte Tränke. Doch Petco war in Eile und spornte uns an: »Beeilt euch! Beeilt euch!« Wir erreichten einen Waldrand und schlugen die Straße ein, die neben dem Wald verlief. Anishoara lief ganz dicht neben mir. Die finstere Wand der Bäume flößte ihr Angst ein – endlos zog sie sich dahin. Zu guter Letzt erblickten wir Lichter in der Ferne und konnten die Umrisse einzelner Häuser ausmachen. Es muss gegen zwei Uhr gewesen sein. Petco gönnte uns eine Pause und erlaubte uns, uns für einige Minuten neben einen Heuhaufen hinzusetzen.

Kaum waren wir weitergelaufen, hielt Petco erneut, streckte sich unter einem großen Baum aus und schlief ein. Anishoara und ich fielen nur in kurze Nickerchen.

Der Tag brach an. Petco erwachte und fingerte aus seiner Hosentasche einen Stift und ein Stück Papier heraus. Ich sollte den Schneidern schreiben, dass wir sicher in Bershad angekommen seien.

Ich fragte, ob wir denn schon da seien und Petco erwiderte: »Nun, es sind nur noch vier Kilometer.« Aber er würde uns bei der nächsten Biegung verlassen, damit man ihn nicht in der Nähe Bershads mit uns sehe. Ich schrieb ihm die Bestätigung unserer Ankunft und übergab ihm die zweihundert Mark. Wir dankten ihm für seine Hilfe und verabschiedeten uns von ihm. Hoffentlich würden die Schneider den Zettel lesen können: Aus Gründen der Sicherheit schrieb ich die deutschen Worte mit kyrillischen Buchstaben.

Laut Petco hatten wir in der Nacht sechzig Kilometer zurückgelegt. Der verbleibende Weg führte durch Wälder und über Lichtungen. Obwohl ich übermüdet war, musterte ich immer wieder die farbigen Büsche: Die Vielfalt der Farbtöne zog mich in ihren Bann. Wie Gott sich einst auf der Sinai-Halbinsel hinter einem Busch dem Moses zeigte, so stellte ich mir vor, dass er jetzt hinter diesen Büschen erschiene.

Der Stiefel an meinem linken Fuß drückte schmerzhaft, doch wollte ich ihn nicht ausziehen, aus Angst, es würde Verdacht auf uns lenken, schließlich lief hier keiner barfuß herum. Anishoara war erschöpft, dennoch drängte sie und wollte schneller laufen.

Auf dem Hügel vor uns entdeckten wir eine Hütte, in deren Tür ein alter Mann stand. Hinter ihm saß Petco; als wir uns näherten, lief er davon. Der alte Mann gab uns zu trinken und Wasser zum Waschen. Auf seinen Rat hin verließen wir den Pfad: Polizisten liefen ihn einmal am Morgen und einmal am Abend ab.

Das Vieh wurde auf die Weide getrieben. Um das Dorf zu meiden, gingen wir jenseits der Wege am Feld entlang und hoben dann und wann Erbsen auf, die verstreut auf dem Boden lagen. Sie schmeckten süß. Das Feld endete, und als wir gerade an einem großen Bauernhof vorbeilaufen wollten, kam ein Mädchen aus dem Tor gelaufen. Es dauerte nicht lange, bis wir erfuhren, dass sie jüdisch war. Sie empfahl uns, einen Umweg einzuschlagen, da die Hauptstraße von Polizisten begangen wurde. Wir baten sie um etwas Wasser und just in dem Moment, als wir große Schlucke aus dem Eimer tranken, zischte das Mädchen warnend: »Bleibt ganz ruhig, ein Polizist ist in der Kurve erschienen. Er kommt genau auf uns zu. Rennt nicht weg, sondern lauft normal weiter hier nach rechts.«

Sie hob den Eimer auf, lief zurück durch das Tor und wir schlossen uns den Kuhjungen an, die gerade vorbeiliefen. Als die Polizisten außer Sichtweite waren, bogen wir rechts ab in ein Kohlrübenfeld und machten ein Nickerchen.

Als wir aufwachten, stand die Sonne bereits hoch am Himmel. Ich inspizierte die Lage, und dann gingen wir los, durch Weizen- und Roggenfelder. Als ich bemerkte, dass ich meinen Hut im Feld liegen gelassen hatte, waren wir zu weit, um umzukehren – ich musste ohne Sonnenschutz auskommen.

Neben der Hauptstraße sahen wir einen jungen Bauern, der Wasser aus einem Brunnen holte. Um den Blickkontakt mit den Polizisten zu vermeiden, die gerade in einer Kutsche vorbeifuhren, tat ich, als sei ich durstig und lehnte mich über den Brunnen. Erst als der Wagen nur noch ein Punkt auf der dünnen Straßenlinie war, wagten wir weiterzugehen. Eine Frau zeigte uns die Richtung ins Ghetto.

Bershad

Dienstag, 20. Juli 1943 Endlich waren wir am Ziel: Bershad. Die Straßen, gesäumt von Bäumen, lagen verlassen. Ohne Anishoara zu warnen, riss ich sie mit in einen Hinterhof, wo wir uns hinter einem Haufen Brennholz so klein wie möglich machten: Auf der Straße passierte eine Kutsche mit Polizisten.

Ein Junge bog um die Ecke, auf seinem Revers trug er einen Davidstern. Er starrte auf unsere Kleidung, verzögerte seinen Schritt und flüsterte uns zu, dass wir sofort die Straße verlassen sollten: Es sei viel zu gefährlich. Er riet uns, einen Weg über die Hinterhöfe zum Ghetto zu suchen, das direkt vor uns liege, hundert Meter entfernt.

Wir verschwanden im ersten Hinterhof, den wir erreichen konnten und fühlten die Blicke der jungen Bauern, die sich im Schatten ausruhten, auf uns geheftet. Wir fragten eine ältere, auf einem Stuhl sitzende Frau, ob wir den Hof überqueren dürften. Sie nickte zustimmend und rief uns zu, dem Lauf des Bachs zu folgen.

Durch einen Wald drang freudiges Kindergeschrei und Klatschen von Wasser an unsere Ohren. Noch konnten wir nichts sehen, und so schritten wir langsam auf dem schattigen Pfad zwischen den Bäumen und Büschen dem Tumult entgegen. Plötzlich blockierte ein Stacheldrahtzaun den Weg. Hinter einem Baum versteckt beobachtete ich das Leben jenseits des Drahtes: Da standen Leute mit ihren Eimern Schlange vor einem Brunnen; ein junger Mann schöpfte Wasser aus der Tiefe und schüttete es in die Eimer der Wartenden; ein Polizist hatte soeben Wasser empfangen und stand jetzt mit dem Rücken zu uns; im nahen Bach planschten Kinder, Frauen wuschen ihre Sprösslinge oder spülten Wäsche aus; alle trugen sie den Davidstern.

Ein älterer Mann löste den jungen am Brunnen ab. Während er das Wasser in einen Eimer goss, blickten seine Augen in meine Richtung und entdeckten mich. Unauffällig näherte er sich dem Baum, hinter dem ich stand, und flüsterte: »Der Polizist wird gleich verschwinden.« Dann könnten wir unauffällig durch den Zaun ins Ghetto schlüpfen.

Eine Stunde später kamen Haskel Zucker, Mizzi Locker, Ephraim Fruchtel und Yuri, um uns zu begrüßen. Doch stellten wir sie vor ein schier unlösbares Problem: Es war ihnen bei Todesstrafe verboten, Fremden Unterschlupf zu gewähren. Schließlich kam Herr Zucker mit der frohen Botschaft zurück, dass wir bei einer Frau Lackstein, einer Verwandten von Rosa Tabak, für zehn Mark pro Nacht unterkommen könnten. Mizzi befestigte heimlich den Davidstern an Anishoaras Bluse und an meinem Revers, dann entfernten wir uns vom Brunnen.

Mizzi und Anishoara liefen voraus, Herr Fruchtel und ich folgten in einigem Abstand, um keinen Verdacht zu erregen. Trotz dieser Vorkehrungen sagte Dr. Bachers Frau am nächsten Morgen zu Herrn Fruchtel, dass sie ihn in Begleitung von Flüchtlingen gesehen habe. War es wirklich so offensichtlich, dass wir Zwangsarbeiter der OT waren? Jetzt verstand ich auch die scharfen Blicke und die Frage auf Jiddisch, die uns ein Bauer gestellt hatte.

Im Ghetto von Bershad trafen wir alle geflohenen Häftlinge von Michajlowka wieder: Pepi und den Rechtsanwalt Herrn Zuckermann, Sophie Semmel-Meyer und den Anwalt Herrn Dolberg sowie Bernhard Locker, Yuris Familie, Grisha und dessen Frau. Einige von ihnen besuchten uns bei den Lacksteins, denen Sophie eine Art Miete zahlte.

Bernhard berichtete uns, dass die drei Polizisten unseres Wohngebiets bereits bestochen worden seien: Anfangs wollten sie zweihundert Mark Schweigegeld, dann handelte er die Summe um fünfzig Mark runter und gab ihnen in unserem Namen einen Vorschuss. [...]

Mittwoch, 19. August 1943 Fünf Kinder aus dem Lager jenseits des Bug trafen im Ghetto ein. Anishoara und ich wendeten uns sofort an die Kinderstation, wo die fünf untergebracht werden sollten. Unter ihnen war Bucki, der Sohn von Isaac und Anna Landmann.

Im Juni 1942 hatten wir zu einer Gruppe von Häftlingen gehört, die vom Steinbruch nach Ladyschino geschickt wurden. Tausend weitere Häftlinge wurden nach Czertwetenowka gebracht. Unter ihnen befanden sich auch Bucki und seine Eltern sowie Paul Celans Eltern Leo und Fritzi Antschel, Celans Onkel, seine Tante und sein Cousin Herr Rones. Am 18. August 1942 wurde die Familie Landmann nach Teplik deportiert, Paul Celans Eltern nach Michajlowka und Herr Rones zusammen mit seiner Frau und seiner Tochter nach Braclaw. Am 17. September 1942 wurde Herr Antschel zusammen mit dem Architekten Hammerling nach Gaisin gebracht. Am 20. September – einem Sonntag – kamen der Architekt Hammerling und Herr Antschel in Michajlowka vorbei, um ihre Frauen und ihren Besitz abzuholen. Dann deportierte man sie in eines der Lager jenseits des Bug, und seitdem hatten wir nichts mehr von ihnen gehört.[88]

Der OT-Abschnittsleiter Konrad Schweser hatte einer Bäuerin acht Kinder anvertraut, damit sie diese in Sicherheit brächte. Fünf von ihnen erreichten ihr Ziel: das Ghetto von Bershad. Was mit den drei anderen Kindern geschehen war, konnten die jungen Ankömmlinge nicht sagen. Ihre Eltern seien in das Lager von Krasnapolka deportiert worden. Eine Trennung für immer? Bucki sah äußerlich ungerührt aus, doch was sich wirklich in dem Jungen abspielte, blieb uns verborgen. Wird er eines Tages ein normales Leben führen können?

Auf unserem Rückweg von der Kinderstation überraschten uns ehemalige Häftlinge aus Michajlowka: Benedykt Semmel – der Kesselflicker – und der Friseur Sporn mit seiner Frau. Ihre Flucht verdankten sie einem Partisanenangriff am 6. August. Dabei wurde der Polizeimeister Louis Glasbrenner erstochen und eine Wache erhängt; die anderen ukrainischen Wachposten aus dem Dorf wurden entwaffnet und mussten sich ausziehen. Den Tumult machten sich Herschel Semmel, sein Vater sowie Henia Sporn und ihre Eltern zunutze und rannten durch das Lagertor davon. Herschel Semmel und Henia schlossen sich, gemeinsam mit der Dorfwache Wanka, den Partisanen im Wald an. [...]

Laut Frau Sporn[89] hatte die Firma Dohrmann einige Tage nach unserer Flucht ein großes Fass Marmelade organisiert. War es mein Ab-

[88] Am 12. Januar 1977 berichtete mir Herr Mordechai Rones erstmals Einzelheiten über das Lager der Firma Dohrmann in Braclaw. Ich konnte ihm von seinem Schwager erzählen, dem Architekten Leo und desssen Frau Fritzi Antschel. Ich bin davon überzeugt, dass sie in einem Lager jenseits des Bug ums Leben kamen.

[89] In dem Ghetto lebten etwa 9000 Juden, isoliert von der ländlichen Bevölkerung. Wir haben Frau Sporn nicht wiedergesehen. Dann und wann haben wir Herrn Semmel gesehen, aber nie Frau Sporn.

schiedsbrief, in dem ich das unerträgliche Lagerleben anprangerte, der sie dazu bewegt hatte? [...]

[...]

Sonnabend, 18. September 1943 Drei weitere Flüchtlinge sind eingetroffen: Berta Kielser, Rosa Schauer und Philippe Kellmer aus dem Lager von Tarassiwka. Ursprünglich waren sie Häftlinge in Michajlowka, bis zu jenem 7. August 1943, als das Zwangsarbeitslager wegen der Partisanenangriffe aufgelöst wurde. Die drei konnten entkommen, da sie außerhalb des Zwangsarbeitslagers in einiger Entfernung vom Dorf arbeiteten. Sie sahen aus wie wir damals: barfuß und in zerschlissener Kleidung, mit eingefallenen Wangen und eingesunkenen Augen.

Weder ein Deutscher noch ein Litauer oder Ukrainer traute sich mehr in den Wald: Die Partisanen hatten sich ihren Respekt erkämpft. Philippe erzählte uns von den Sicherheitsvorkehrungen in Tarassiwka: ein doppelter Stacheldrahtzaun bestückt mit Maschinengewehren und zusätzliche litauische Hilfsfreiwillige.

Zweihundert weitere Juden sollen von dieser Seite des Bug, von Tulcyn, ins Lager nach Tarassiwka verlegt worden sein.

Den armen Herrn Erbenthal habe es erwischt, sagte Philippe. Er wurde vom SS-Oberscharführer Bernhard Maass entdeckt, wie er dem Quartiermeister Bernhard Becker bei der Einteilung der Essensrationen half. Wenig später schlugen die Wachposten erbarmungslos auf ihn ein, dann wurde er erschossen. Seine Frau sei seit dem nicht mehr ansprechbar: Sie lebe ohne zu leben.

Dann sei wieder Ruhe ins Lager eingekehrt, fuhr Philippe fort. Das Todesurteil für alle, die totale Vernichtung, sei um zwei Monate verschoben worden. Die verbleibende Zeit kannte drei Herrscher über Tod und Leben: die Polizeimeister Adolf Laubach und Kurt Bolz sowie einen Herrn Schmidt, dessen Brutalität die aller seiner Vorgänger übersteigen soll. Was den Litauer Alioscha Wisotzkas betraf, so sollte er an der nördlichen Ostfront gefallen sein, wie eine Bäuerin zu berichten wusste, die mit ihm im Briefwechsel gestanden hatte.

Anscheinend hatte Josef, der ehemalige Fahrer meines Bruders, uns gesucht. Mizzi Harth war ihm am Bahnhof begegnet: Während sie mit anderen Häftlingen Steine vom Bahndamm für den Straßenbau sammelte, wandte sich ein Mann in brauner Uniform an sie. Er fragte sie nach dem Künstler und seiner Frau. Doch Josef erkannte schnell, dass er keine Chance hatte, uns zu treffen und uns bei der Flucht zu helfen: Wir arbeiteten jeden Tag an einem anderen, uns vorher nicht bekannten Ort.

Im Lager hatten Häftlinge nach unserem Wohlergehen gefragt, und der OT-Mann auf der Straße hatte erwidert, dass es uns gut gehe.

Philippe Kellmer meinte, es sei äußerst schwierig zu fliehen. Es gab einmal die Möglichkeit zur Flucht, doch die schien eine Falle zu sein, um sich der Häftlinge zu entledigen: Sie sollten durch das offene Tor den Deutschen auf offenem Feld in die Arme laufen. Segall hatte die Lage sofort durchschaut und die Häftlinge angefleht, nicht durch das Tor, das Partisanen geöffnet hatten, zu gehen.[90]

Als ich von dem offenen Tor hörte, musste ich sogleich wieder an Rosa Tabaks Prophezeiung vom Heiligen Abend denken: »Uniformierte werden kommen und die Tore weit auftun.« – Segall glaubte nicht daran: Er erteilte den Befehl, das Tor und den Stacheldrahtzaun zu bewachen.[91] Edie Weiss gehörte zu den Wachposten. Er trieb seine eigenen Leute, unter denen sich auch Hermann Seidner befand, von den Toren zurück.

Diese Geschichte war kaum zu glauben. Auch wenn eine Massenflucht mit fast an Sicherheit grenzender Wahrscheinlichkeit gescheitert wäre – einigen Häftlingen wäre die Flucht bestimmt geglückt. Und wäre eine Kugel im Genick nicht eine Erlösung gewesen? [...]

Die Dorfwache Wanka hatte sich in Henia, die Tochter von Herrn Sporn, verliebt und wollte sie mit Hilfe der Partisanen retten, aber

---

90 Als wir am 3. März 1973 Werner Bergmann in Freudenstadt besuchten, erzählte er uns, dass viele Häftlinge die Möglichkeit zur Flucht hatten, aber diese ungenutzt verstreichen ließen. Hatte Bergmann das offene Tor im Kopf?

91 Anm. Mollie Brandl Bowens: Nach endlosen Diskussionen mit Arnold Daghani und seiner Frau Anishoara, unter Berufung auf den Augenzeugenbericht Segalls und andere Quellen wurde uns klar: Segall erwartete kein Fünkchen Mitleid auf Seiten der Litauer, Ukrainer und der Dorfwachen. Er musste das offene Tor für eine Falle halten – und diese teuflische Entscheidung treffen.

Henia wollte ihre Eltern nicht allein zurücklassen.[92] Da Wanka gut mit Herschel Semmel auskam, wollte er auch ihm zur Flucht verhelfen, doch Herschel wollte unbedingt seinen Vater dabeihaben.

[...]

Dienstag, 16. November 1943 Jura kam zu uns mit einer sensationellen Nachricht: Nathan Segall solle kurz auf dieser Seite des Bug gewesen sein, sei aber jetzt wieder zurück im Lager Tarassiwka. Er sei zusammen mit Josef Elsäßer und dem Quartiermeister Bernhard Becker in Moghilew, der Hauptstadt Transnistriens gewesen. Sie ließen Segall im Ghetto von Moghilew zurück, während sie sich auf den Weg nach Czernowitz machten, um Essen und Kleidung für die Häftlinge in Tarassiwka zu besorgen. Sie kamen mit einem Laster voll mit Spenden der Czernowitzer Juden zurück, sammelten Segall in Moghilew auf und setzten wieder über den Bug. Segall hatte dem Lagersprecher des Ghettos noch mitgeteilt, dass sein Neffe Dolfi Breitner das jüngste Opfer im Lager gewesen sei. Er sei am Tag des jüdischen Neujahrsfest erschossen worden.[93] [...]

Freitag, 19. November 1943 Seit Mittwoch litt ich an Gelbsucht, zumindest war das die Diagnose des Arztes. In einer depressiven Phase zerriss ich ein Aquarell, das ein rotes Pferd, vor einen Wagen gespannt, zeigte.

Alle waren sich einig, dass das Pferd rot gewesen sei, doch bezüglich des Rückens gab es verschiedene Ansichten: Ich malte schließlich

---

[92] Nach dem Krieg kam Wanka in das sowjetisch-besetzte Czernowitz, um Henia zu heiraten, doch deren Eltern ließen es nicht zu. Als die Grenze nach Rumänien geöffnet wurde, zogen die Sporns nach Bukarest und emigrierten bald darauf nach Südamerika.

[93] Die Hinrichtung Dolfi Breitners wurde nicht durch die Staatsanwaltschaft aufgegriffen. Einzelheiten sind bis heute unbekannt geblieben. Ohne eine letzte Ehre durch Freunde und Bekannte liegt der Ermordete in der Erde Tarassiwkas. Nach seinem Tod schaffte es keiner mehr, das Lager zu verlassen: Ein eiserner Vorhang war gefallen. Alle Augenzeugen, die über den Tod Dolfi Breitners hätten berichten können, kamen jenseits dieses Vorhangs ums Leben.

einen Sack auf den Rücken und musste mir deshalb Vorwürfe anhören. Vielleicht hätte ich es ja doch ganz rot malen sollen. Jedenfalls tat es mir Leid, dass ich es zerrissen hatte. [...]

Mittwoch, 15. Dezember 1943 Als Anishoara auf dem Markt einkaufte, wurde sie plötzlich von einem bärtigen Mann umarmt – es war einer der Schneider von Sobelewka. Alle fünf hätten sie hier in Bershad Zuflucht gesucht, erzählte er.

Am Nachmittag wurden wir erneut überrascht: Ein anderer der fünf Schneider rief uns hinterher. Er war froh, uns zu sehen. Er entschuldigte sich für ihr grobes Auftreten von damals, aber es wäre nicht anders möglich gewesen: Sie hatten wirklich auf Nummer sicher gehen wollen, dass wir keinen Heller mehr besäßen – erst dann hätten sie sich für unsere Flucht einsetzen wollen.

Sonntag, 19. Dezember 1943 Schluchzend und mit Tränen in den Augen kam der Rechtsanwalt Arie Zuckermann zu uns: Das Lager von Tarassiwka sei am 10. Dezember liquidiert worden. Er hatte seinen Vater und seine beiden Schwestern verloren.

Dieses Mal hatte Rosa Tabak die richtige Vision gehabt: Uniformierte Männer kamen und öffneten die Lagertore – und führten die Häftlinge zum Massengrab!

Nathan Segall

Der Augenzeugenbericht

Am 21. Oktober 1943 diktierte Nathan Segall seinen Augenzeugenbericht Gerda Brüll. Er beschreibt darin das Leben der Häftlinge in den Zwangsarbeitslagern von Michajlowka, Tarassiwka und anderen Lagern jenseits des Bug. Er berichtete, wie Häftlinge grundlos und willkürlich während der Arbeit erschossen wurden, und erzählte von den Selektionen, den Auslesen zum Schafott, die die Nerven bis zum Zerreißen anspannten. Er schrieb von der Erniedrigung und der Misshandlung der Häftlinge, von der ständigen Angst zu sterben und von den mageren Essensrationen, die zum Überleben oft nicht reichten. Segall schilderte, wie Häftlinge mit der Hilfe der Ärzte schwere Krankheiten vertuschten, um der Euthanasie zu entkommen, denn Kranke waren nur ein Ballast für die deutsche Kriegsmaschine.

Nathan Segall begleitete die OT-Männer Josef Elsäßer und Bernhard Becker auf einer Reise. Sie setzten ihn im Ghetto von Moghilew ab und fuhren weiter nach Czernowitz, um Kleider und Essen für die Häftlinge zu besorgen. Nathan Segall wurde wenige Wochen nach dieser Reise mit all den anderen Häftlingen, zusammen mit seiner Frau und seiner Tochter erschossen: Die Vernichtung des Lagers von Tarassiwka erfolgte am 10. Dezember 1943.

Nathan Segalls Augenzeugenbericht erreichte später die freie Welt, kam nach Jerusalem in die Holocaustgedenkstätte Yad Vashem und in die Weiner Bibliothek in London. Er wurde zusammen mit Daghanis Lagertagebuch (den veröffentlichten Auszügen) zum Ausgangspunkt des »Ermittlungsverfahrens gegen Friese und andere wegen Mordes«.

Der Bericht[94]

In den frühen Morgenstunden des 18. Augusts 1942 umstellte die SS in Kooperation mit einigen Litauern das Lager von Ladyschino im Bezirk Tulczyn. Das Kommando hatten SS-Obersturmführer Christoffel und SS-Oberscharführer Maass.

Im Lager von Ladyschino lebten etwa vierhundert Juden, in Lagern der Umgebung lebten weitere dreihundert, doch konnte ich die Zahl nie überprüfen. Ich bin mir aber sicher, dass die anderen Lager einen ebenso elenden Lebensraum darstellten wie unseres.

Die jüdischen Leiter, von denen ich einer war, hatten keine Mittel, das Lager zu schützen. Ich war zum Vorsitzenden der jüdischen Gemeinde von Ladyschino gewählt, und Camillo Harth war von der Polizei zum Lagersprecher eingesetzt worden.

Ich wollte mit der Polizei nichts zu tun haben, und so ließ man mich auch im Dunkeln darüber, was am Morgen nach dem Überfall der SS geschehen würde. Ob man Herrn Harth darüber informiert hatte, wusste ich nicht.

Aus verschiedenen Gründen sollte ich mit meiner Familie, meiner Frau und meinen beiden Töchtern, und einigen anderen Juden in Ladyschino bleiben. Meine verwitwete Schwägerin war dagegen auf der Liste der Deportation. Da ich sie nicht ohne meinen Schutz lassen wollte, meldete ich mich freiwillig zur Deportation.

Die Menschen wurden zur Deportation willkürlich aus der Menge gezerrt: alte Männer und Frauen, Kranke und Kinder. Innerhalb einer halben Stunde mussten wir uns fertig machen. Während wir unsere Sachen zusammensuchten und auf die Lkws stiegen, prasselten Peitschenhiebe und Beschimpfungen auf uns nieder.

Am Ufer des Bug passierten wir den rumänischen Grenzposten. Die Rumänen verhielten sich verglichen mit den Deutschen relativ human. Die Dinge, die sie uns wegnahmen, waren eher Kleinigkeiten.

Frauen und Kinder wurden mit einer Fähre über den Bug gesetzt,

---

94 Original nicht auffindbar, Rückübersetzung aus dem Englischen.

die Männer mussten hinüberschwimmen. Nachdem wir ohne Verluste das andere Ufer erreicht hatten, wurden wir erneut auf Lkws verladen.

Deutsche Polizisten verlangten nach unserem deutschem Geld. Einige übergaben ihre Mark, andere hielten sie versteckt. Die Kolonne teilte sich und fuhr in die verschiedenen Lager: Michajlowka, Krasnapolka, Tarassiwka, Iwangorod, Gaisin und so weiter.

Wir kamen nach Michajlowka, wo wir vor einem 45 Meter langen Stall abgeladen wurden. Darin erblickten wir etwa vierhundert ukrainische Juden: verwahrlost, zerschlissen und abgemagert.

Ich wandte mich sogleich an den Lagerkommandanten, den deutschen Polizeiwachtmeister Kiesel, und bat ihn darum, uns nicht zu den verlausten und ausgehungerten Häftlingen zu stecken, da wir noch saubere und nicht verlauste Kleidung anhätten. Wir erhielten die Erlaubnis, die erste Nacht innerhalb des Stacheldrahtverhaus unter freiem Himmel zu schlafen.

Punkt sieben Uhr wurden wir geweckt, und jeder musste zur Arbeit an eine Straßenbaustelle. Ich wurde zum Sprecher des Lagers ernannt. In dieser Funktion hatte ich die Gelegenheit, mit den OT-Männern zu sprechen, unter deren Befehl die Zwangsarbeiter standen. Sie waren die Einzigen, die unseren Nöten Verständnis entgegenbrachten und teilweise sogar Gefühle zeigten. So erreichte ich, dass wir – die rumänischen Juden – getrennt von den ukrainischen Juden, in einem gesonderten Stall einquartiert wurden. Es war mir unmöglich erschienen, achthundert Menschen, die tagsüber harte Straßenarbeit verrichten mussten, in einem relativ kleinen Stall unterzubringen.

Bis die Pferde aus dem Stall geschafft wurden, mussten wir weitere vier Nächte im Freien übernachten. Dann mussten wir den Pferdemist heraustragen. Schließlich bezogen wir am 22. August 1942 den Pferdestall, der bis zum 6. November mein »zu Hause« sein sollte.

Die litauischen Wachposten hatten von der Polizei freie Verfügung über uns. So erschossen sie am ersten Tag 15 Zwangsarbeiter auf der Baustelle vor den Augen der anderen. Diese Litauer waren Analphabeten – bestimmt ehemalige Bauern. Sie waren so unmenschlich geworden, dass ihnen ein Menschenleben nichts mehr galt: Wenn ein Häftling beispielsweise seine Stiefel nicht abgeben wollte, wurde er erschossen; Häftlinge mit Goldzähnen wurden getötet und ein anderer jüdischer Häftling dazu gezwungen, die Goldzähne mit einer Spitzhacke aus deren Mund zu schlagen.

Die Angst beherrschte den Tag. Die schlimmste Angst versuchten die Häftlinge durch Geschenke an die brutalsten Litauer zu besänftigen – eine Reaktion auf die Drohung: »Wenn du das nicht herausrückst, bist du noch in dieser Stunde tot.«

Wer sich früh am Morgen zur Arbeit in der Kiesgrube aufmachte, sagte seiner Familie lebe wohl – es war nie sicher, ob man nachmittags zurückkehren würde. All das wurde von dem Polizeikommandanten toleriert, wenn nicht gar gefördert.

Die Erschossenen wurden noch auf der Baustelle ausgezogen, die Kleidung wurde mir übergeben. Ich sammelte sie an einem geheimen Ort, bis ein SS-Mann mit dem ranghöchsten Litauer erschien, um die Eroberung in Besitz zu nehmen. »Pass bloß auf!«, hörte ich dann immer, »wenn auch nur ein Wort davon im Lager die Runde macht, wird dein Leben kein Leben mehr sein.« Noch war ich zu sehr um mein Leben besorgt, noch hing ich an ihm, und so sagte ich zu niemandem etwas von dem, was sowieso alle schon wussten.

Zu Beginn meiner Zeit als Lagersprecher machte ich mir viele Sorgen um unsere ukrainischen Mitgefangenen. Ich ließ unter unseren Leuten dreihundert Hemden, mehrere hundert Hosen und andere Kleidungsstücke sammeln und verteilte sie unter den Ukrainern.

Ich war Sprecher für beide Ställe. Als ich ankam, gab es noch keine Leitung durch die Häftlinge selbst. Lediglich zwei junge Juden im Alter von 22 und 24 Jahren hatten als Polizisten oder Komplizen für die litauischen Wachposten gearbeitet. Die Kooperation der beiden Juden gehörten zu den schmerzlichsten Erfahrung unseres düsteren Lebens in den Lagern.

Mein Vorgesetzter war ein SS-Mann, der seinen Wohnsitz in Michajlowka hatte. Dieser Mann, mit dem niedrigsten SS-Dienstgrad, hatte die Macht über das gesamte Lager: Tod und Leben eines Häftlings unterlagen den Gelüsten seines Herzens.

Der 92-jährige Marco Seidner aus Czernowitz und der Schwiegervater von Haskel Zucker (dessen Namen mir entfallen ist) wurden erschossen. Ihnen folgten der dreißigjährige, in Botoshani geborene

Mathematiklehrer aus Czernowitz und der 32-jährige Kiermeier; angeblich hätten sie durchgedreht.

Am Morgen des zweiten Sonntags im Lager kam die SS und befahl uns, unseren gesamten Besitz herbeizuholen und im Hof auszubreiten. Jeder musste sich neben seinem Hab und Gut aufstellen. Dann musste ich die Edelmetalle, Edelsteine und Geldnoten nennen, die sofort der SS übergeben werden mussten. In Begleitung eines SS-Mannes lief ich die Reihen der Häftlinge ab und begutachtete die Waren.

Der Mehrheit der Häftlinge saß die Angst im Nacken, weshalb sie die geforderten Gegenstände freiwillig abgab; bei einer Minderheit musste die SS die Wertgegenstände selbst aus dem Haufen herausholen. Schließlich war alles eingesammelt und in einem großen Sack verschwunden. Doch der Raub war nicht vorbei: Ich musste herumgehen und die Koffer aufreißen, woraufhin die SS herumging und – wieder ohne Quittung – Schuhe, Fellmäntel, Kleidung, Stoffe, Seife und andere nützliche Gegenstände beschlagnahmte. Alles warfen sie in Säcke. Schließlich schrie man in die Runde, dass alle erschossen würden, die irgendetwas zurückgehalten hätten, lud die Säcke auf den Lkw und fuhr davon.

Den Sonntag darauf erschien erneut ein SS-Trupp und führte die Prozedur erneut durch; weitere Wertsachen und Kleidung wurden entwendet. Nach einem ruhigen Sonntag kam dann noch ein SS-Mann, doch dessen Beute war nur noch sehr klein: Die Häftlinge waren größtenteils mittellos geworden.

Wir standen unter dauernder Bewachung durch Polizisten und litauische Hilfswillige. Nach drei Wochen kam es zur ersten Massenerschießung. Eines Morgens vor dem Abmarsch zur Straßenbaustelle mussten sich die Häftlinge in Fünferreihen aufstellen, ukrainische und rumänische Juden getrennt. (Diese Trennung war das Ergebnis meiner Bemühungen, und sie kostete mich schlaflose Nächte.) Ich konnte mein Gewissen nicht beruhigen: Befreundete rumänische Juden wollte ich retten und musste dafür ukrainische Juden opfern, denn nur die Zahl der Auszuwählenden war mir vorgegeben. Diese Macht wurde mir zugestanden, weil ich mit dem verantwortlichen SS-Mann gut auskam: Er achtete mich, weil ich Reserveoffizier in der rumänischen Armee gewesen war und aus meiner Studienzeit in Deutschland noch perfekt deutsch sprach.

Bei der ersten Massenerschießung gab es 25 Opfer, bei der zweiten Vernichtungswelle kamen etwa 30 ums Leben und 24 bei der dritten. Bei der letzten Massenvernichtung starben 106 Juden, von denen die meisten Ukrainer waren, die wenigsten waren Rumänen, die ja unter meinem heimlichen Schutz standen. Ein bis drei Häftlinge kamen jeden Tag ums Leben.

Die ersten Fälle von Typhusfieber traten im September 1942 auf. Dank der jüdischen Ärzte, die selber Häftlinge waren, und unter Einsatz meines Lebens konnte die Krankheit vor der SS verheimlicht werden: Die Ärzte verschwiegen ihre Diagnose, und ich manipulierte die ärztlichen Schreiben mit dem Ergebnis, dass die SS glaubte, es handle sich um Durchfall. Weitere Massenerschießung konnten wir so verhindern. Obwohl bei den Beutezügen durch die SS alle Medikamente und jegliches medizinisches Gerät entwendet worden war, schafften es die Ärzte, die meisten der Patienten zu retten. Nur etwa fünfzehn bis zwanzig Prozent mussten an ihren Krankheiten sterben – es war wie ein Wunder.

Am 1. November fiel der erste Schnee. Da das Stalldach undicht war, waren alle Häftlinge am nächsten Morgen von einer Schneedecke begraben. Ich ging direkt zur Polizei und zur SS-Leitung und machte ihnen klar, dass wir unmöglich den Winter über im Stall bleiben konnten. Sie lenkten ein und versprachen mir, für die dreihundert rumänischen Juden ein Schulgebäude zur Verfügung zu stellen. Obwohl das Gebäude nur Platz für hundert Menschen bot, wurden wir dort alle am 6. November 1942 einquartiert. Die ukrainischen Juden mussten vorerst im Stall bleiben. Da im zweiten Schulgebäude nicht genug Platz für sie war, mussten 106 Häftlinge ihr Leben lassen. Angeblich wählte man nur arbeitsuntauglich Opfer aus, doch medizinische Atteste gab es keine. In Wahrheit suchten sich die litauischen Wachposten mit Hilfe der beiden jüdischen Komplizen willkürlich die Menschen aus, die erschossen werden sollten.

Ursprünglich sagte man mir, dass fünfzig Häftlinge erschossen würden. Die jüdischen Komplizen aber hielten hundertsechzig für angebrachter. Als ich von dieser großen Zahl erfuhr, war ich bereits im

Schulgebäude, um die Namen der Opfer zu dokumentieren. (Die Betroffenen wussten, dass ihr Ende nahe war.) Der Lagerkommandant blieb an meiner Seite stehen, doch als die Erschießung näher rückte, machte er sich aus dem Staub: Er hätte es nicht ertragen können. Da er mich schätzte, erlaubte er mir vor seinem Verschwinden, einige Häftlinge nach meinem Gutdünken von der Liste der Opfer zu streichen. Ich wollte diejenigen retten, die wegen ihrer intakten Kleidung die größten Chancen hatten, den Winter zu überleben. Die Auswahl fiel mir sehr schwer. Von allen Seiten kamen Flehrufe, ich möge diesen und jenen von der Liste streichen. Schließlich brach ich physisch zusammen. Von den hundert, die ich von der Liste genommen hatte, wurden fünfzig wieder aufgenommen, so dass letztlich 106 Opfer feststanden.

Im Winter, zwischen dem 6. November und dem 27. März, gab es keine Massenvernichtungen: Die zwölf Kilometer lange Straße zwischen dem Quartier der SS in Gaisin und dem Lager in Michajlowka war nicht passierbar.

Am 25. März 1943 besuchte uns zum ersten Mal der berüchtigte SS-Oberscharführer Maass. Er hatte tausende Juden auf dem Gewissen, und jeder überlebende Jude möge seinen Namen in dessen Herz schneiden. Ich besitze die vollständige Liste der Juden, die er in Michajlowka erschießen ließ sowie die Zahlen und Namen der Opfer in anderen Lagern. Auch kenne ich seinen Wohnort, doch möchte ich ihn zurzeit noch nicht kundtun. Er muss Schlachtermeister gewesen sein.

Maass erschien an jenem Märztag, die Häftlinge wollten gerade zur Baustelle losmarschieren. Er ließ sich jeden einzelnen der Häftlinge vorführen und verschwand dann wieder. Daraufhin erteilte mir der Lagerkommandant den Befehl, alle Kinder unter 14 Jahre, alle Schwachen und Kranken sowie Häftlinge über 50 Jahre und die Behinderten herauszusuchen.

Ich erklärte entgegen meinem besseren Wissen, dass wir weder solche alten noch irgendwie behinderten Häftlinge hätten. Ich wusste, dass ich hier mein Leben aufs Spiel setzte, aber es hatte seinen Wert längst verloren.

Unter dem Druck der Situation gab ich 21 Namen an. Als am Morgen des 27. März 1943 der Lagerkommandant erschien und 95 Häftlinge erschießen lassen wollte, konnte ich die Zahl auf 55 herunterdrücken.

Die Ermordung der jüdischen Häftlinge lief wie folgt ab: Zuerst heben die Häftlinge in der Umgebung des Lagers ein Massengrab aus. Die Opfer werden dorthin geführt, entkleidet und in das Loch geworfen. Schließlich erschießt man sie mit einem Gewehr.

Einzelopfer müssen ihr Grab selber ausheben. Dann werden sie erschossen und zugeschüttet oder bei lebendigem Leib begraben. Babys und Kinder bis zum Alter von 10 oder 12 Jahren wurden in den meisten Lagern sofort erschossen. In meinem Lager konnte ich bisher alle Kinder zwischen 9 und 12 Jahren retten – ob sie am folgenden Morgen noch leben würden, wusste ich nie.

Am 25. April 1943 erfuhr ich von dem Aufstand der Juden im Warschauer Ghetto, der mit Hilfe von Soldaten der Wehrmacht organisiert worden war. Der Aufstand wurde niedergeschlagen und auf Befehl von hoher Stelle mit einem Massaker vergolten, bei dem alle Juden im Osten »erledigt« werden sollten.

Am 26. April wurden in den Lagern von Michajlowka, Krasnapolka und Iwangorod Massengräber ausgehoben. Die Häftlinge wurden nicht zur Baustelle geschickt; im Lager erwarteten sie ihre letzte Stunde.

Alle Versuche seitens der OT, das Schlimmste zu vermeiden, scheiterten. Am 26. und 27. April 1943 erlebte ich die tragischsten Momente meines Lebens. Mütter gaben ihre Kinder auf und rannten davon, Kinder trennten sich von ihren Müttern. Die meisten wurden wieder eingefangen. Ich bot der SS eine für unsere ärmlichen Verhältnisse riesige Summe an, um die Katastrophe abzuwenden – doch vergeblich, nicht einen Menschen wollten sie verschonen. Nur durch göttliche Vorsehung und das energische Einschreiten eines OT-Mannes, dessen Namen ich an dieser Stelle noch nicht erwähnen möchte, konnte die Massenhinrichtung abgewandt werden. Die jüdische Lagerleitung von Michajlowka – und nur die von Michajlowka – tat ihr Möglichstes, um die Katastrophe zu verhindern.

Von diesem 27. April an gab es keine Massenhinrichtungen mehr, abgesehen von der Erschießung von 36 Häftlingen in Krasnapolka. Ob die Ursachen dafür in einer politischen Entscheidung lagen oder in einem Wandel innerhalb der SS-Leitung, wusste ich nicht zu beurteilen. (Nach wie vor wurden einzelne Häftlinge brutal zusammengeschlagen und erschossen.)

Zur Ernährung kann ich Folgendes berichten: Wir erhielten einmal alle zehn Tage unsere Essensrationen, so dass nach zwei bis drei Tagen alles verdorben war. Hätte man das Essen auf zehn Tage gleichmäßig verteilt, hätte man 215 Gramm Brot pro Tag und ein Schälchen Graupenbrei gehabt, 70 Gramm Erbsen, 260 Gramm Kartoffeln sowie 20 Gramm Fleisch, das kein einziges Mal annähernd genießbar war. Um körperlich nicht völlig abzubauen, setzte bald ein reger Tauschhandel mit den Dorfbewohnern ein: Kleidung gegen Essen. Das war ein Grund, warum kein einziger Häftling mehr warme Kleidung besaß und alle in einem heruntergekommenen und menschenunwürdigem Zustand lebten. Selbst in Süditalien hätte keiner von ihnen den Winter überleben können.

In meinem Lager in Tarassiwka gab es noch etwa 178 Juden aus Bukowina und 170 Juden aus der Ukraine. Meiner Schätzung nach gab es in der Gegend von Gaisin vielleicht noch 1500 Juden.

Heinz Rosengarten

Der letzte Brief

Am 14. September 1943 schrieb Heinz Rosengarten, ein Häftling des Zwangsarbeitslagers Tarassiwka, seinen letzten Brief an seine Mutter, Ernestine Rosengarten und seine Familie. Es war ein verzweifelter Hilferuf.

Im Herbst 1943 folgte der OT-Truppführer Josef Elsäßer dem Vorschlag Nathan Segalls und Heinz Rosengartens und reiste nach Czernowitz. Nathan Segall begleitete Elsäßer bis Moghilew, Bernhard Becker bis nach Czernowitz, wo Ernestine Rosengarten lebte. Ohne die Zustimmung Josef Elsäßers hätte die Mutter niemals den Brief zu sehen bekommen.

Der Brief gelangte schließlich nach Jerusalem in die Archive der Holocaustgedenkstätte Yad Vashem und wurde später eine der Grundlagen (neben Nathan Segalls Bericht und Daghanis Tagebuch) für das Ermittlungsverfahren der Staatsanwaltschaft in Lübeck.

Nathan Segall wurde am selben Tag wie Annie und Heinz Rosengarten mit dem kleinen Mucki im Zwangsarbeitslager Tarassiwka bei dessen Vernichtung am 10. Dezember 1943 erschossen.

Ihr Lieben,
meine Frau und ich erfreuen uns noch guter Gesundheit, jedoch lauert der Tod auf uns jeden Augenblick. Wir sind in bitterer Not und haben keine brauchbare Kleidung mehr. Sendet uns viel Geld und warme Kleidung für den Winter, für mich und meine Frau. Vorigen Winter war meine Frau schwer krank, und ich verkaufte alles für ihre Genesung und Rettung. Wir sind noch bei guter Gesundheit, jedoch kann der Tod jede Minute zugreifen. Gebt Euch Mühe; gebt ein Vermögen und wäre dies sogar von Fremden zu erbetteln, uns offiziell durch einen Kurier auf dem schnellsten Wege von dieser Seite des

Bug nach „Transnistrien« zu bringen. Wenn es Euch auf dem schnellstmöglichen Wege nicht gelingt, könnt Ihr jede Hoffnung aufgeben, uns noch einmal zu sehen. Die Farben, die ich benutze, Euch unsere Lage zu beschreiben, sind nicht düsterer als die Wirklichkeit selbst. Sogar Millionen müssten erbettelt werden, um uns von hier herauszubekommen.
Jeden Tag steht der Tod vor uns. Sollten wir gerettet werden, so seid versichert, das ich alles zurückerstatten werde. Meine Frau ist nicht hier. Ihr könnt ihre Handschrift auf beiliegendem Zettel an Poldi Fleminger sehen.
Wieder sei es gesagt, solltet Ihr uns »erwecken« wollen, dann müsst Ihr mehr tun, als nur das Allermöglichste.
Auf jeden Fall warten wir auf Geld, Socken, warme Wäsche, Hosen, Kleider, Handschuhe, Pelzmützen usf. Es geht selbstverständlich über unser Wissen, wie weit die Möglichkeiten und das sogar von Fremden eingesammelte Geld uns erhalten können.
Ich habe Vertrauen in meinen Vater und meine Mutter und in Willi und Andy.
Mein Glaube an Euch ist wie ein Bollwerk.

In Liebe,
Euer unglücklicher Heinz

Noch einmal: Lebensgefahr ist um uns und kann uns jeden Augenblick überraschen. Rettet uns auf offiziellem Wege um jeden Preis und jedes Risiko. Wir sind überzeugt, dass Ihr unseren letzten Hilferuf in der letzten Minute so auffassen werdet, wie unsere Lage es verlangt. Heinz.

Arnold Daghani
Liquidierung des Lagers Tarassiwka

Eine düstere Nachricht

Am Freitag, dem 17. Dezember 1943, schrieb der OT-Mann Werner Bergmann an seinen Vorgesetzten in der Firma Dohrmann folgenden Brief:

»Am 10. Dezember 1943 liquidierte der SD unsere Juden. Jegliche Versuche seitens der Bauleitung oder der SS, das Leben der Arbeitskräfte zu schützen, waren vergeblich. Seit diesem Tag stehen wir ohne Arbeiter da. Vorübergehend sollen wir fünfzig Kriegsgefangene aus dem Übergangslager der Region bekommen.«[95]

Das Ende ist gekommen

Schmerz und Trauer Daghanis über den Tod seiner Brüder im Zwangsarbeitslager kommen in der folgenden Kurzgeschichte zum Ausdruck, die kurz nach dem Krieg in Rumänien entstand und 1961 in England im Literaturmagazin Adam[96] *erschien. »Das Ende ist gekommen« ist die erschütternde Geschichte der Märtyrer von Michajlowka – der Mitgefangenen und Freunde Daghanis, die am 10. Dezember 1943 den Tod fanden.*

---

95 Anm. Mollie Brandl Bowens: Vgl. Ermittlungsverfahren gegen Friese und andere wegen Mordes, Bd. III S. 83, S. 401 ff.
96 Titel dieser Sondernummer: »The Grave is in the Cherry Orchard«.

Still wie der Tod ist die Nacht, verhüllt von einem feinen silbernen Nebelschleier. Im blassen Mondlicht erkennt man die Umrisse von Ställen und Stacheldraht. Am Tor ein Schatten – der Wächter. Seine Schritte knirschen im Schnee, zur Ecke des Tors und zurück, zur Ecke des Zauns und zurück. Der Litauer bleibt stehen, aus der Tasche seiner Uniform zieht er eine silberne Tabakschachtel mit einem Monogramm heraus. Es raschelt der Tabak und das Zigarettenpapier, sorgfältig rollt die Wache eine Zigarette, und klebt die beiden Seiten zusammen.

Scheinwerferlicht! Er schaut auf und lauscht gespannt in die Nacht. Jetzt hört er das Brummen eines Motors. An der Straßenbiegung erscheint ein Lkw. Dahinter ein weiterer. Aufmerksam verfolgen die Augen der Wache die Bewegung der Lkws. Neben dem Tor stoppen sie, Männer springen ab, und er erkennt Uniformen der Litauer und der Reichspolizei. Ohne ein Zeichen umstellt ein Teil des Kommandos das Lager, die anderen laufen schnell und leise durch das Tor. Noch immer herrscht Stille im Lager.

Tumult. Kommandogebrüll und Beschimpfungen stören die Nacht, und Menschen strömen aus dem Stall, angetrieben von Schlagstöcken und Gewehrkolben. Nachdenklich schüttelt die Wache mit dem Kopf und mustert noch einmal das Monogramm auf der silbernen Tabakdose. Was da geschieht, berührt ihn nicht – kalte Neugier beherrscht den Beobachter, der gelegentlich mit dem Fuß auf den Boden stampft, um die Durchblutung anzuregen. »Schnell! In Reih und Glied!«

Einige zieht es zurück in die Wärme des Stalls, andere in Richtung des Zauns, doch die Mündungen der Gewehre zwingen sie zurück in die Reihe. Männer rufen und suchen ihre Frauen und umgekehrt – Schreie des Entsetzens. »Markus! Fanny! Mizzy! Heinz! Anna!« Die Namen schwirren wie Geister durch die Luft. Die Menschen irren umher. Dennoch bringen die Soldaten Ordnung in die Herde, nach fünf Minuten stehen alle in einer Zweierreihe. Nur die wenigsten tragen warme Kleidung. Einige streifen das schmutzige Stroh von ihren Nachtkleidern.

Es gibt kein Geheimnis. Alle wissen, was passieren wird. Monat für Monat haben sie einander von der »Generalaktion« zugeflüstert, die eines Tages stattfinden würde. Doch es hat so viele Gerüchte gegeben: von Flucht und Befreiung, von der Niederlage der Unterdrücker, von diesem und jenem ... Was jetzt geschieht, ist kein Gerücht. Ergriffen geben sie einander die Hände. Sie sind keine Fremden mehr, nicht einmal mehr Individuen – sondern ein einziges, dem Tode nahes Wesen.

Gideon steht in der ersten Reihe und gibt Anna die Hand. Wortlos stehen sie da. Was gibt es auch zu sagen? Reden gehört zu einer anderen Welt, einer vergangenen Welt. Nur noch Gedanken leben, ja, Gedanken bleiben. Gideons Kopf ist voll von ihnen. Was Anna wohl über ihn jetzt denkt? Gibt sie ihm die Schuld daran, dass sie hier sein muss? Nein, das kann und darf nicht sein! Wie eine Bestätigung regt sich Annas Hand in der seinen.

Das Ende ist gekommen. So also sieht es aus: das Ende.

Plötzlich erschrickt Gideon, er steht an der Spitze des Zuges. Warum, er ist doch nicht der Größte? Bestimmt Zufall, der Unwille der anderen, den Platz vorne einzunehmen. Gideon muss schmunzeln. Es ist alles so abgrundtief böse. Selbst der Trost eines Märtyrertodes wird ihnen nicht gegönnt: Sie haben den Weg aus dem Leben nicht selbst gewählt, und für ihren Glauben interessiert sich außer ihnen niemand. Neben ihm steht Anna – und wer steht dahinter? Doch was spielt das schon für eine Rolle?

Der Marsch in den Tod hat begonnen. Vielleicht werden ihr Volk und andere Völker der Welt ihrer gedenken. Als Märtyrer? Ganz gewiss verdient Anna diese Bezeichnung: Sie hat sich wegen ihm zum Judentum bekehrt.

Er spielt mit dem Gedanken und verwirft ihn schließlich. Nur wenige Schritte hinter ihm laufen Otto Freyer und seine Familie. Was ist mit ihnen? Vor Jahren bekehrten sie sich zum Katholizismus, doch jetzt werden sie als Juden umgebracht. Sie sterben nicht als Märtyrer, sie sterben im Namen des Hasses derer, für die es keine Bedeutung hat, ob ... Moment. Gestern wurde auf Befehl des Lagerkommandanten der Hund erschossen, weil er Flöhe hatte. Vielleicht ist das der Schlüssel zum Geheimnis: Jeder Grund ist so gut wie ein anderer ... Gideon zittert vor Kälte und ist dankbar für einen Hieb in die Rippen von der Seite, der ihn aus der Folter seiner Gedanken reißt.

Fünfhundert Menschen marschieren durch das Tor aus dem Lager.

Ihre Schritte werden gedämpft durch den Schnee, nur Schluchzen ist zu hören. Wie Schulkinder auf einer Exkursion laufen sie Hand in Hand, vorbei an den grünen Lkws, vorbei an den leeren Fenstern, hinter denen die deutschen Angestellten der Organisation Todt schlafen. Keine Gesichter erscheinen, Schlaf scheint ihnen wichtiger als das Schicksal ihrer Zwangsarbeiter.

Die lange schwarze Schlange nähert sich dem Kirschgarten. Dort also soll alles enden. Besser als hinter den Latrinen, denkt Gideon. Ein Lächeln erhellt seine Züge, als ihm Frau Landmann einfällt, die einst tönte, ihr sei es egal, wo man sie begrabe, und sei es in der Latrine selbst. Dennoch hofft er, dass Frau Landmann diese Gleichgültigkeit verloren hat, dass sie froh darüber ist, in einem Kirschgarten begraben zu werden. Was gäbe er dafür, dies von ihr zu hören, was gäbe er dafür, Worte des Glücks von irgendjemandem zu hören.

Er spürt Annas Hände, sie fangen an zu zittern und er wirft Anna einen Blick zu. Gideons Herzschlag wird schneller, als er ihr blasses und starres Gesicht erblickt. Nur die Augen sind noch wie früher. Er schaut nicht mehr zur Seite.

»Halt!« Jetzt stehen sie am Rande ihres Grabes. Die frisch ausgehobene Erde liegt warm und braun auf dem weißen Schnee. Sogleich ertönt der Aufruf für die ersten drei, sich ins Grab zu legen. Noch immer Hand in Hand, steigen Anna und Gideon die Treppen hinab, die in die Erde am Rand des Lochs gegraben sind. Hinter sich hören sie ein Stolpern, Gideon dreht sich um und sieht Lifschütz, den polnischen Journalisten. Ungeschickter Bursche! Gideons Herz beginnt heftig gegen seine Brust zu klopfen, seine Hände zittern gegen die von Anna. Er zögert ... ein Schlag zwingt sie zum Weitergehen. Gideon läuft vorsichtig weiter, und legt sich auf den Boden des Grabes und hält die eiskalten Hände Annas, damit sie nicht so zittern. Jetzt liegen beide mit dem Gesicht zum Boden, Annas Fingernägel krallen sich in Gideons Handflächen, dass es schmerzt. Neben Anna liegt Lifschütz.

Noch immer spukt die Schuldfrage in Gideons Kopf umher, und er würde gern mit Anna darüber sprechen, doch dafür ist keine Zeit mehr. Schon hört er die Schritte der Nächsten, schon spürt er, wie sich ihre Körper vorsichtig auf die ihren legen und gemeinsam mit ihnen auf den Tod warten. Weit über ihnen die schwachen und fernen Stimmen der wartenden Häftlinge. Gideon schließt seine Augen. Er versucht nachzudenken. Doch sein Geist entflieht, in diesem Moment, aus seinem Körper.

El Malei Rachamim[97] – Gebet zum Gedenken an all diejenigen, die in den Lagern ihr Leben ließen

Gott der Barmherzige – der in den Himmelshöhen thront – gewähre der Seele der Verstorbenen die verdiente Ruhe in den Rängen der Heiligen und der Gerechten, umhüllt von Gottesflügeln, da ihre gesamte Familie und die Mitglieder unserer Gemeinde für ihre Seele beten. Im Garten Eden mögen sie Ruhe finden. Möge Gott der Barmherzige sie für alle Zeiten unter seinen Schutz stellen und ihre Seele in das Band des ewigen Lebens einschließen. Bei Gott mögen sie Geborgenheit finden und in Frieden ruhen.

Amen.

---

[97] Das Gebet sollte zu Yom Kippur von den Verwandten, Freunden und Geliebten der Verstorbenen gesprochen werden. Auch an deren Geburtstagen. Seit Arnold Daghani die Liste der Opfer zusammengestellt hatte, las er jährlich zu Yom Kippur – dem jüdischen Versöhnungsfest – die Namen derjenigen laut vor, die in den Konzentrationslagern jenseits des Bug ermordet worden sind und in anonymen Gräbern in der fremden Erde der Ukraine liegen. (Die Liste der Opfer befindet sich im Anhang, siehe S. 324 ff.)

Auf dem Heimweg

Mittwoch, 5. Januar 1944 Nachdem wir am 31. Dezember Bershad in Richtung Tiraspol verlassen hatten, lasen uns heute Polizisten auf der Straße auf und brachten uns zum Bahnhof. Dort waren wir in guter Gesellschaft: 21 Partisanen und dazu zwei jüdische Ehepaare, die eine Gefängnisstrafe in Tiraspol erwartete, weil sie ohne Erlaubnis das Ghetto von Bershad verlassen hatten. Sie trugen Handschellen, Ketten behinderten sie beim Laufen. [...]

Nach einigen Stunden des Wartens traf kriechend ein Zug ein, doch Platz für uns gab es nicht. Gegen zwei Uhr stiegen wir in einen Güterzug, den wir nach einer halben Stunde wieder verlassen mussten. »Aus den Waggons auf die offenen Eisenbahnwagen steigen«, lautete der Befehl. Während des anschließenden Fußmarsches peitschte uns der Wind ins Gesicht und um die Ohren. Als wir in Birsula, einem Verkehrsknotenpunkt, ankamen, waren wir fast taub.

Den Warteraum des Bahnhofs belegten Soldaten, so brachte man uns hinter einen Schalterraum. Aus dem Warteraum hörte ich, wie deutsche Soldaten ihren betrunkenen Kameraden aus Österreich zurechtwiesen, weil er völlig betrunken war. Er stammelte nur: »Wartet nur, bis Franz Josef wiederkommt.«

Gegen Morgen des nächsten Tagen bestiegen wir den nächsten Zug. Da wir nicht in Sonderhaft waren und keine Handschellen trugen, setzte man uns in einen Waggon zusammen mit deutschen Soldaten. Ein Unteroffizier sprach uns an: »Alles, was jetzt im Theater des Krieges gespielt wird, ist Strategie«, sagte er. »Nächsten Herbst werden wir die Welt mit einer Superwaffe erschüttern.« Er lachte von ganzem Herzen.

In Razdelnaja, dem Umsteigebahnhof für Odessa und Tiraspol, stiegen wir in einen Zug mit der Aufschrift Golta-Bukarest. Er fuhr in Richtung Tiraspol.

Montag, 10. Januar 1944 Eine Frau, die aus dem Zwangsarbeitslager Talalajewka geflohen war, hatte auf weiß Gott was für Wegen zu uns nach Tiraspol gefunden; sie bestätigte den Rückzug der deutschen Armee und erzählte uns von einem Gespräch zweier OT-Männer, das sie am 13. Dezember im Zwangsarbeitslager Talalajewka mitgehört hatte: Am 10. Dezember sei in den frühen Morgenstunden das Lager von Tarassiwka liquidiert worden. Unter den Opfern seien der Lagersprecher, dessen Frau und Tochter gewesen. Seine andere Tochter sei mit ihrem Verlobten anschließend erschossen worden. Zu den letzten Opfern hätten Heinz Rosengarten mit einem Kind auf den Armen gehört: Wahrscheinlich war es der kleine Mucki.

Freitag, 18. Februar 1944 Nach Berichten der Bauern dauerte die Hinrichtung sechs Stunden. Sie begann gegen fünf Uhr morgens. Zwei mit Kalk zugeschüttete Gräber in der Obstplantage neben dem Lager zeugten vom düsteren Ende.

Sonnabend, 26. Februar 1944 In einem Gespräch mit Herrn Fischmann, der beruflich Rechtsanwalt und jetzt Sprecher des Ghettos von Tulczyn war, erfuhr ich, dass Nathan Segall und Heinz Rosengarten am 4. Dezember 1943 hier im Ghetto gewesen waren. Sie waren in Begleitung von Josef Elsäßer und Bernhard Becker gekommen, um Brot, Erbsen und Kleidung für das Zwangsarbeitslager Tarassiwka zu holen. Nur wenige Tage später kamen die Bauern ins Ghetto und erzählten von der Vernichtung Tarassiwkas – es war das erste der vielen Lager jenseits des Bug, die beim Rückzug der deutschen Armee dem Erdboden gleichgemacht wurden.

Angeblich hätten Nathan Segall und Heinz Rosengarten einen Freibrief für sich und dreißig weitere Häftlinge herausschlagen können: Sie hatten die Erlaubnis erhalten, auf die andere Seite des Bug zurückzukehren. »Zu allem Unglück«, fügte Herr Fichmann hinzu, »traf die Genehmigung zu spät ein.«

Meine Gedanken lassen mir keinen Frieden mehr; ständig stellt sich mir die Frage: Was wäre, wenn ...?

... wenn wir nicht nach Gaisin geschickt worden wären, um das Adlermosaik zu legen.

... wenn wir nicht Anishoaras Schuhe zum Schuster gebracht hätten.

... wenn der Schuster uns seine Hilfe nicht angeboten hätte.

... wenn Anishoara aus Angst vor der Flucht »Nein!« gesagt hätte.

... wenn ich den Auftrag nicht bekommen hätte, einen Lampenschirm zu dekorieren.

... wenn man mich gezwungen hätte, den Lampenschirm innerhalb einer halben Stunde fertig zu stellen, wie ursprünglich vorgesehen.

... wenn ich nicht so lange vor der Bürotür Werner Bergmanns gezögert hätte.

... wenn wir nicht den Schuster so sehr bedrängt hätten, der von seinem Hilfeangebot zurücktreten wollte.

... wenn uns der OT-Quartiermeister Bernhard Becker ins Zwangsarbeitslager zurückgebracht hätte.

... wenn die Schornsteinarbeiter in dem zweistöckigen Wohnhaus die Tür zu dem Zimmer geöffnet hätten, in dem wir uns versteckt hielten.

Die Bilder, bedrückend still wie Geister, verfolgen mich Tag und Nacht, vergeblich versuche ich von dem Alptraum zu erwachen.

*****

Dienstag, 17. Juli 1945 (Bukarest, Rumänien) Arie Zuckermann lief uns über den Weg. Sogleich erzählte er uns von seiner erschreckenden Entdeckung: Als die sowjetischen Truppen in Bershad einmarschierten, entdeckte er in den Reihen der Partisanen Kolea, den brutalen Wachposten aus dem Zwangsarbeitslager Michajlowka.

Arie hatte von den sowjetischen Behörden eine Sondergenehmigung erhalten, die Vernichtung der Zwangsarbeitslagers zu untersuchen. Zurück in Tarassiwka erblickte er die beiden mit Kalk bedeckten Massengräber, die in der Kirschplantage in der Nähe der Scheunen angelegt worden waren. Die Bauern berichteten von Gewehrfeuer, das an jenem Tag gegen fünf Uhr morgens begann und erst nach sechs Stunden beendet war.

Was für ein schreckliches Ende, mögen ihre Seelen in Frieden ruhen.

Sonntag, 12. August 1945 Ich bat unseren Nachbarn, Herrn Tarnawski, einen Brief an unseren Schuster Abrasha auf Russisch zu verfassen. Wir versprachen ihm ein Paket mit Nahrungsmitteln und Kleidung und baten ihn darum, ein kleines Denkmal für die Häftlinge im Kirschgarten zu errichten. Ich erwähnte auch, dass ich beabsichtige, mein Tagebuch aus dem Lager zu veröffentlichen und dass ich es ihm, seiner Frau und seiner kleinen Tochter widmen würde. Er solle uns schreiben, ob die Opfer bereits exhumiert worden seien und uns auf dem neusten Stand der Dinge halten.

Da ich weder seine Adresse, noch seinen Nachnamen wusste, schrieb ich Folgendes auf den Briefumschlag:

An Schuster Abrasha
der eine Frau und zwei Kinder hat,
wohnhaft in der Straße,
wo einst der deutsche Gebietskommissar wohnte.
Gaisin
Ukrainische Sozialistische Sowjetrepublik

Donnerstag, 23. Mai 1946 Als die Antwort eintraf, war Arie Zuckermann bei uns, so dass er den Brief sogleich übersetzen konnte. Er war am 8. März geschrieben worden und der Poststempel enthielt die Angabe: »Kiew – Bureau d'Echange Etrangère, den 5. Mai.« Der Poststempel von Bukarest stammte vom 21. Mai. Der Brief war also in beiden Ländern zensiert worden.

Arie Zuckermann machte sich an die Übersetzung:

»Lieber unbekannter Arnold Daghani,
wahrscheinlich möchten Sie wissen, wer Ihnen diesen Brief schreibt.
Nun, es handelt sich dabei um einen großen Zufall. Der Brief lag lange in der Post von Gaisin – unzustellbar. Eines Tages kam ich dorthin, und ein Bekannter von mir gab ihn mir, da keiner von uns vermutete, dass sich hinter »Schuster« eine Berufsbezeichnung verbarg. Mein Name ist Saposchnik (Schuster), und der Brief war mit ›Schuster‹ adressiert.
Als ich zu Hause den Brief las, wurde mir schnell dessen Bedeutung bewusst, und ich beschloss, das Schicksal der Menschen aufzuspüren, die Ihnen so am Herzen liegen und Ihnen dann zu antworten.
Mit tiefstem Bedauern muss ich Ihnen die Nachricht überbringen, dass

Abrasha, der jüdische Schuster, seine christliche Frau und deren beide Kinder von den deutschen Barbaren umgebracht worden sind. Abrasha war während der deutschen Besetzung vor Ort geblieben, hatte sich später den Partisanen angeschlossen und im Widerstand in vieler Hinsicht geholfen, doch schließlich wurde er mit seiner Familie getötet. Die Lager Tarassiwka und Michajlowka konnten eines Tages von den Partisanen befreit werden, doch nur wenige konnten sich retten, die meisten gingen zugrunde.[98]
Was die Massengräber betrifft, von denen Sie sprachen, wurde bisher nichts unternommen. Das ist alles, was ich darüber weiß.
Entschuldigen Sie bitte die verspätete Antwort. Ihr Brief lag lange in der Post von Gaisin herum.
Sehr geehrter Herr Daghani, ich würde sehr gerne Ihr Tagebuch lesen. Bitte erfüllen Sie mir den Wunsch, und schreiben Sie mir den Titel Ihres Buches, das ich mit großem Interesse lesen werde.[99]
Ich heiße Jenia Ewgenia Efimowna und wurde in Gaisin geboren. Vor dem Krieg wurde ich evakuiert. Mein Mann, der auch Abrasha hieß und den Familiennamen Schuster trug, ist im Lager gestorben. Ich habe zwei Kinder.

Meine Adresse lautet:
UdSSR
Bezirk Winnica
Tupic, 4-a, Comulnaja
Haus Nr. 1
Saposchnik

[98] Auf diese Weise wurde eine Legende in die Welt gesetzt! Tarassiwka ist niemals durch Partisanen befreit worden und die Öffnung der Tore in Michajlowka konnte man nicht Befreiung nennen! Ich wollte mich mit Frau Saposchnik, einer liebenswerten Frau, treffen, doch blieben alle Versuche erfolglos.

[99] Anm. Mollie Brandl Bowens: Bei dem angesprochenen Buch handelt es sich um die veröffentlichten Auszüge aus Daghanis Lagertagebuch, nicht um das vollständige Tagebuch, wie es hier vorliegt.

AUF DER SUCHE NACH GERECHTIGKEIT

Mollie Brandl Bowen, Felix Rieper

Ein Leben ohne Rast

Die Daghanis waren dem Zwangsarbeitslager jenseits des Bug entkommen und trafen im Januar 1944 in Tiraspol ein. Auch die Bilder hatten die Flucht überstanden – erst in der Papprolle, später hatten sie sie in Anishoaras Mantel aus Schaffell eingenäht. Daghani gab sie sicherheitshalber einem Lkw-Fahrer, doch bestätigte seine Familie aus Bukarest erst im März 1944 deren sicheres Eintreffen. Nach der Rückkehr nach Bukarest hatte Daghani das ungute Gefühl, eine Durchsuchung stünde bevor – und tatsächlich kam die Polizei, doch konnten sie weder Bilder noch Dokumente bei Daghani und seiner Frau finden, die auf das Leben im Zwangsarbeitslager hinwiesen.

Noch immer verfolgten Daghani die Bilder von den Erschießungen seiner Kameraden, dachte er an die Vernichtung der Konzentrationslager Michajlowka und Tarassiwka. Immer wieder drängte sich ihm die Frage auf: Was wäre mit ihnen geschehen, wenn sie den Auftrag für das Mosaik des Adlers nicht bekommen hätten. Die Tatsache, dass gerade sie überlebt hatten, bereitete ihm große Schwierigkeiten, wenn nicht gar Schuldgefühle. Er wollte sich von seinen Erinnerungen lösen, sie einer Öffentlichkeit vorstellen. Daher begann er seine Notizen und Erinnerungen als Tagebuch in englischer Sprache umzuarbeiten.

Ende August 1944 kehrte langsam der Frieden nach Bukarest ein. Das prodeutsche Regime unter Marschall Antonescu wurde abgesetzt und eine Woche später herrschte die Rote Armee in der Stadt. In den folgenden Monaten übersetzte Daghani sein Tagebuch ins Rumänische. Im Schatten von Auschwitz wurde sein Manuskript in Rumänien und England jedoch abgelehnt. »Zu wenig Verbrechen« soll ein Lektor gesagt haben. Fest entschlossen, die Welt darüber aufzuklä-

Arnold Daghani und sein Hund Dakie, Bukarest 1958. »Wir hatten gehofft, Dakie mit uns nehmen zu können, und schon eine Fahrkarte bis Athen für ihn gelöst. Doch das Büro für Außenhandelsbeziehungen verbot uns in letzter Minute seine ›Ausfuhr‹.«

ren, was sich jenseits des Bug zugetragen hatte, gelang es ihm dennoch 1947 sein Tagebuch *Groapa este in livada de visini* (*Das Grab ist im Kirschgarten*) zu veröffentlichen. In der En-zyklopädia Judaica heißt es da- zu: »Es war einer der beeindru-ckendsten Zeugenberichte seiner Art.«[100]

Im Jahr 1947 wandte sich der Dichter Paul Celan, dessen Eltern in einem Zwangsarbeitslager jenseits des Bug gestor- ben waren, an die Daghanis. Er wollte mit ihnen aus Bukarest nach Wien fliehen, doch hin-derten Geldnöte die Daghanis daran, diesen Weg in die Freiheit einzuschlagen. Arnold Da-ghanis Eltern waren bereits tot, viele seiner Verwandten dem Nahrungsmittelmangel zum Opfer gefallen und nur seine Geschwister hatten die Nöte bisher überlebt.
Das Leben in Rumänien unter dem neuen kommunistischen, von Daghani als diktatorisch empfundenen Regime, war für ihn schwer zu ertragen. So stellte er 1948 einen Ausreiseantrag. Solange es irgend möglich gewesen war, hatte Daghani sich geweigert, Mitglied der Akademie der Künste zu werden. 1957 zwang man ihn jedoch zur Mitgliedschaft. Er lehnte auch Ausstellungen seiner Werke ab – abgesehen von: einer heimlichen Ausstellung 1958 im Palast des Patriarchen. Unter künstlerischem Aspekt waren die fünfziger Jahre aber sehr fruchtbar: »Ich hatte einen Namen, genügend Arbeitsmaterial und aus dem Ärger mit dem Regime entsprangen die besten Ideen«, urteilte er später. Ein befreundeter ausländischer Diplomat erklärte sich bereit, Kunstwerke im Diplomatenkoffer über die Grenze zu schmuggeln.

Im Dezember 1958 wurden die Daghanis informiert, dass sie einen Reisepass erhalten würden und binnen fünf Tagen das Land zu verlassen hätten. Die verbleibenden Bilder musste Daghani zurücklassen, womit sie für immer verloren waren. Sein Originaltagebuch vernichtete er. Keine Notizen oder Manuskripte durften über die Grenze. Am 29. Dezember 1958 verließen Arnold und Anishoara Daghani Bukarest für immer. Ihr erster Anlaufpunkt war die Grenze nach Jugoslawien, von dort reisten sie nach Athen und schließlich trafen sie als Staatenlose ohne Geld in Israel ein.

---

[100] Vgl. Enzyklopädia Judaica Bd. 14, S. 424.

Das alte, geschichtsträchtige Land steckte in den Kinderschuhen des neuen jüdischen Staates – Israel zählte gerade zehn Jahre. Die Daghanis merkten schnell, dass dieses Land bereits von staatenlosen Familien überfüllt war. Viele von ihnen waren wie sie Überlebende der Konzentrationslager in Europa. Und wie sie, waren sie vom Holocaust gebrandmarkt und litten in den meisten Fällen bis an ihr Lebensende an den seelischen Wunden.

Ein neues Zuhause in Israel, Arnold Daghani um 1960

Dank finanzieller Unterstützung durch Verwandte, konnte Daghani sein spartanisches Künstlerdasein fortführen und begann arabisches und jüdisches Leben in Israel zu zeichnen. Vom Januar bis März 1960 wurden fünfzig Zeichnungen und Gemälde Daghanis über das Leben in den Zwangsarbeitslagern und Ghettos in der französischen Botschaft in Tel Aviv ausgestellt – und stießen sofort auf breite Anerkennung.[101] Thi Lavi schrieb für die *Yad Vashem Art Review*: »Der Künstler drückt in diesen Bildern die Ausmaße der menschlichen Tragödie aus – sein Pinsel hielt für Generationen plastisch fest, was es bedeutete, unter dem Schatten des Todes zu leben. Darin besteht der immense dokumentarische Wert der Bilder: ihre Plastizität steht der Starrheit fotografischer Abbildungen entgegen. Das Pathos des Künstlers verleiht den Bildern eine dritte Dimension, die Dimension des Leids, dessen Ursprung in der Barbarei der Verfolger liegt ...«

Fünfzig Werke, die Daghani nach Israel schmuggeln konnte, gehören heute der Holocaustgedenkstätte Yad Vashem in Jerusalem; einige weitere gehören zur Kollektion »Daghani« in London.[102]

Doch Daghani blieb in Israel ein Außenseiter, da er sich intensiv der Vergangenheit und Erinnerung des Holocausts widmete, während Israel sich in seiner Gründungsphase vorwiegend an der Zukunft orientierte. Daghanis Enttäuschung über das Land führte im Februar 1960 zu einem Nervenzusammenbruch. Im September verließen die Daghanis Israel und ließen sich nach kurzem Aufenthalt in Mailand und Rom im schweizerischen Jona nieder. Eine Freundin, Lotte Stiefel, die von Daghanis Schicksal und seiner Kunst sehr angetan war, nahm sich ihrer an und ließ sie bei sich wohnen.

Daghanis Tagebuch wurde in der Zwischenzeit von Dr. Siegfried Rosenzweig, einem Bukowinaer Juden, der selbst ein Arbeitslager überlebt hatte, ins Deutsche übersetzt. Obwohl Daghani mit der Übersetzung nicht zufrieden war, erschien *Lasst mich leben* 1960 im Ver-

---

[101] Vgl. *Review on Holocaust* vom 26.2.1960.

[102] Anmerkung Riepers: Einige Originale aus dem Lager befinden sich in dem umfangreichen Nachlass im Daghani-Archiv des »Centre for German-Jewish Studies« der Universität von Sussex in Brighton, England. Vgl. hier Bildnachweis, S. 342 f.

lag Weg und Ziel in Tel Aviv. Von dem Vorwort, das die Deutschen pauschal verurteilte, distanzierte sich Daghani ausdrücklich. Doch das Tagebuch erzielte eine enorme Wirkung: Im Mai 1960 gelangte das Werk in die Hände der deutschen Justiz und löste die juristische Verfolgung der Verbrechen aus.

Arnold Daghani

Ein Tagebuch löst ein Ermittlungsverfahren aus

Der Gerechtigkeit sollst du folgen

16. Mai 1960 – Brief des leitenden Staatsanwalts Schule an Dr. Siegfried Rosenzweig An diesem Tag schrieb der leitende Staatsanwalt E. Schule bezüglich meines KZ-Tagebuchs folgenden Brief an Herrn Rosenzweig in München[103]:

ZENTRALE STELLE DER LANDESJUSTIZVERWALTUNG
Ludwigsburg, Schorndorferstraße 28 4 AR-Z 86/60
16. Mai 1960

Betreff: Arnold Daghani »Lasst mich leben«

Sehr geehrter Dr. Rosenzweig,
ich bestätige hiermit den Eingang des Tagebuchs »Lasst mich leben« von Arnold Daghani. Diese Aufzeichnungen erhielt ich ebenfalls vom Oberstaatsanwalt Dr. Bauer aus Frankfurt/Main am 8. Mai 1960. Ich habe die Unterlagen sofort durchgesehen und die Namen herausgeschrieben und die Ermittlungen eingeleitet. Der erste Schritt zur Aufklärung dieser Massenvernichtung ist somit getan. Ich bin Ihnen sehr dankbar darüber, dass Sie mir beschrieben haben, auf welchem Wege meine Dienststelle Kontakt zu dem Autor der Aufzeichnungen aufnehmen kann. So umfassend sein Werk auch sein mag – eine genaue Untersuchung in Form einer Anhörung kann es nicht ersetzen. Ich wäre Ihnen sehr dankbar, wenn Sie mir die Adresse des Autors und dessen Frau

[103] Original nicht auffindbar, Rückübersetzung aus dem Englischen

mitteilen könnten. So weit es Ihre Zeit erlaubt, stehe ich Ihnen gerne für eine Diskussion bezüglich dieses Falls zur Verfügung.
Mit freundlichen Grüßen
E. Schule, Oberstaatsanwalt

War das der erste Schritt zu der von mir so sehr gesuchten Gerechtigkeit gegenüber denen, die Verbrechen begangen hatten, und sollte damit der Wunsch nach Rache gänzlich versiegen?

20. Oktober 1961 – Brief des Prälaten Hermann Maas[104] Heute erreichte mich ein Ausschnitt einer israelisch-deutschen Zeitschrift, die zweimal im Monat erscheint. Es handelte sich um einen Brief, den der Heidelberger Prälat Dr. Hermann Maas an den Herausgeber der Zeitschrift geschrieben hatte:

PRÄLAT DR. HERMANN MAAS, Heidelberg, Beethovenstraße 64

15. Mai 1960
Ich danke Ihnen von ganzem Herzen für das Buch Arnold Daghanis. Es fällt mir sehr schwer zu beschreiben, wie sehr mich dieses kleine, aber schwere Buch bewegt hat. Dieses beunruhigende Tagebuch ist ein historisches Dokument über die schrecklichste Abkehr von Gott und die furchtbarsten, zum Himmel schreienden Sünden, über das schrecklichste Vergehen am Volke Gottes, Israel, dem Augapfel Gottes. Mein Herz irrte durch die leeren Straßen, durch die finstersten Nächte auf der verzweifelten Suche nach den geliebten jüdischen Brüdern und Schwestern, Tränen standen mir in den Augen. Aber dieses Buch ist ein Ruf in die Ferne – ein Anruf an die Deutschen, deren Tyrannen und Untertanen solche Schandtaten begingen; ein Anruf an die Unschuldigen, die nie tief genug in die jüdische Seele geblickt haben, die nie das jüdische Leben zu schätzen gelernt haben und die jetzt eine heilige Pflicht gegenüber diesem, von Gott geliebten, jüdischen Volk spüren.
Möge dieses bewegende Tagebuch eines jüdischen Mitbürgers wie das

---

[104] Original nicht auffindbar, Rückübersetzung aus dem Englischen

ewige Licht – das Ner Tamid – die Kerzen vor dem Altar entzündet, die Herzen vieler Menschen entfachen.
In aufrichtigem Dank verbleibe ich mit freundlichen Grüßen an Sie und Ihren Autor
Ihr Dr. Hermann Maas

Im Frühjahr 1961 besuchten die Daghanis Anishoaras Schwester Carola Grindea in England. Die Grindeas stellten Daghani der Londoner Kunstwelt vor, worauf ihm angeboten wurde, sich an Ausstellungen zu beteiligen. Die Daghanis waren von England begeistert und wollten am liebsten sofort bleiben, doch erhielten sie keine Aufenthaltsgenehmigung. Der Grund war banal, doch für die Daghanis tragisch: Sie konnten keinen festen Wohnsitz vorweisen. Nahezu zeitgleich sollte im Oktober 1961 ihr Touristenvisum für die Schweiz auslaufen. »Welches Land will uns nehmen?«, schrieb Daghani in sein Tagebuch.
Die Lösung kam von unerwarteter Seite: Arnold Daghani erhielt eine Einladung der Graf-Michael-Károlyi-Stiftung, für sechs Monate nach Vence in Südfrankreich zu kommen, um dort zu arbeiten, und auf dem Stiftungsgelände zu wohnen. Im März 1962 siedelten die Daghanis nach Vence über. Dort entwarf Arnold Daghani unter anderem die Kirchenfenster für die anglikanische Kapelle St. Hugh und fertigte das Album »Pierrot Lunaire« an – ein Zusammenspiel von Bildern und kalligraphischen Tagebuchnotizen.
Für die etablierte Kunstwelt, zu der auch Chagall gehörte, empfand Daghani nur Abscheu. Durch diese Aversion verbaute er sich selbst den Kontakt mit anderen Künstlern. So blieb er weitgehend isoliert – verfolgt von seinen Erinnerungen. Auf einen Streit mit einem Galeristen erlitt Daghani einen weiteren Nervenzusammenbruch.
Inzwischen waren die Ermittlungsverfahren in Deutschland in vollem Gange, und so holte die Vergangenheit Daghani auf unerwartete Weise ein und bot ihm die Möglichkeit, sie aufzuarbeiten – wie es in einem Vers der Thora beschworen wird: »Der Gerechtigkeit sollst du folgen, auf dass du leben wirst.«[105] Rache war zu keinem Zeitpunkt seine Motivation gewesen.

---

105 Fünftes Buch Moses, 16, Vers 20.

5. April 1965 – Brief des Staatsanwalts Joachim Ich erhielt einen Brief des Staatsanwalts des Lübecker Landgerichts, vom 31. März 1965:

DIETER JOACHIM · STAATSANWALT

Sehr geehrter Herr Daghani,
Ich leite im Staatsanwaltsbüro Lübeck das Ermittlungsverfahren (2PJs 1629/64) gegen Christoffel und andere wegen der Verbrechen an der Durchgangstraße IV (DG IV). Da Ihr Buch Ausgangspunkt für die Ermittlungen war, müssen Sie, als Autor, dazu vernommen werden.
Da ein persönliches Gespräch, das ich führen soll, notwendig sein wird, möchte ich, als Erster Staatsanwalt des Staatsanwaltsbüros Lübeck, Sie darum bitten, nach Lübeck zu kommen. Da Sie weit entfernt wohnen, bin ich bereit, Sie in einem deutschen Landgericht zu verhören, das nahe der französischen Grenze liegt. Ein Verhör auf französischem Boden ist aufgrund eines deutsch-französischen Abkommens leider unmöglich.
Ich könnte höchstens ein Verhör durch einen Konsul in der deutschen Botschaft oder dem deutschen Generalkonsulat beantragen. Ganz sicher aber muss ich bei dem Verhör anwesend sein, da ich alle Details des Falles kenne. Die Fahrtkosten werden Ihnen selbstverständlich erstattet.
Falls Sie sich dazu entschließen sollten, in einem deutschen Landgericht verhört zu werden, könnten Sie mir bitte mitteilen, in welchem französischen Departement Vence liegt, damit ich das nächstgelegene Landgericht auswählen kann?
Darf ich Sie darum bitten, mir so bald wie möglich zu antworten und mir einen Termin vorzuschlagen. Ich möchte Sie darauf hinweisen, dass der Monat April 1965 für eine Terminfindung sehr ungeeignet ist.
Mit freundlichen Grüßen
Joachim

Anishoara und ich diskutierten über den Inhalt des Briefs. Wir kamen gemeinsam zu dem Ergebnis, dass es nur konsequent wäre, wenn wir durch einen Gerichtsprozess der deutschen Öffentlichkeit bekannt machen würden, was an der »DG IV« passiert war.

Ich bezweifelte stark, dass mein Erscheinen vor Gericht helfen könnte: Ich hatte bereits alle Fakten, die mir bekannt waren, in mein

Tagebuch geschrieben. Da draußen in den Vernichtungslagern ließ uns das Zeichen SS erschaudern – wenn ein SS-Mann eintraf, machte sich keiner mehr Gedanken über die Farbe seiner Uniform oder die Art des Schulterstückchens. Wir waren nicht Mitglieder eines Untersuchungsausschusses, sondern Zwangsarbeiter – nur aus deren Perspektive und mit deren Augen und Ohren kann ich die Dinge beschreiben. Außerdem befürchtete ich, dass meine Nerven versagen würden, falls ich jeden dieser Momente – wenn auch nur in Gedanken – noch einmal durchleben müsste.

11. Juni 1965 (Lübeck) – Verhör Die Stunde der Wahrheit war gekommen. Der ermittelnde Staatsanwalt Dieter Joachim ließ mich wissen, dass die Staatsanwaltschaft nur durch mein Tagebuch auf die Verbrechen in der Südwestukraine aufmerksam gemacht worden war. »Ehrlich gesagt«, fügte er hinzu, »überrollte uns das wie eine Lawine.«

Inzwischen schien er das Chaos der Lawine beseitigt zu haben: Hunderte von Namen waren auf Karteikarten geordnet, an der Wand befand sich eine Landkarte des Teils der Erde, der zwanzig Jahre zuvor unsere Hölle gewesen war. Jetzt konnte ich die Zwangsarbeitslager geographisch einordnen: Michajlowka, Krasnapolka, Iwangorod und die anderen, nur Tarassiwka konnte ich nicht entdecken. Der Staatsanwalt meinte, dass es sich dabei vielleicht um eine größere Kolchose handle. Als ich all das sah, lief es mir kalt über den Rücken, und ich war froh, dass Anishoara nicht nach Lübeck gekommen war.

Den Fragen des Staatsanwalts nach Uniformen, Farben und Schulterstücken entnahm ich, dass ihm die Angabe »Polizist« bei weitem nicht genügte. Nur mit den zusätzlichen Angaben hätte er die Polizeimeister den Einheiten zuordnen können, denen sie angehörten.

Obwohl ich dem Polizeimeister Willi Buder gegenübergesessen hatte, als ich sein Porträt malte, konnte ich mich nicht mehr an seine Augenfarbe erinnern.

Der Staatsanwalt hatte bis zu meinem Besuch zehn bis zum Deckel gefüllte Aktenordner mit Fakten gesammelt. Aus den Gesprächen mit ihm lernte ich viel Neues: Etwa dass sich »unsere« Straße, die ich lediglich für eine Verbindung zwischen Gaisin und Uman gehalten hatte, in Wirklichkeit über 1300 Kilometer durch Europa zog. Oder dass August Dohrmann inzwischen verstorben war und ebenso der OT-Mann Karl Ullerich. Der Lkw-Fahrer Ernst Joseph Hennes hieß in Wirklichkeit Wippenbeck.[106] Aus der Karteikarte Werner Bergmanns erfuhr ich, dass er inzwischen Gastwirt war. Hatte er die Nase voll, als Ingenieur im Straßenbau zu arbeiten? Martha wurde in der Kartei als Frau Paula Fischer geführt, doch eigenartigerweise konnte ich ihre Schwester Atti nirgends verzeichnet finden.

Auch Willi Kustin fehlte – die Person blieb für den Staatsanwalt ein Geheimnis: Kustin war weder auf der Personalliste der Firma Dohrmann noch der Polizei oder einer anderen Einheit ausfindig zu machen.

Stefan Bregulla lebte jetzt in Polen (Koszecin pow., Lubliniec woj, Katowicki, ul Koscinski 2).

Im Gericht übergab Staatsanwalt Joachim dem Gerichtspräsidenten die Dokumente und sagte dazu: »Die Ereignisse an der DG IV, von denen Daghani in seinem Buch berichtet, wurden alle von deutschen Zeugen bestätigt.«[107] Der Staatsanwalt zeigte mir ein Dokument, das von über zweihundert Juden unterschrieben worden war. Wippenbeck wurde darin als Verantwortlicher für die Erschießung von Herrn Erbsenthal geführt und nicht Maass. Ob Wippenbeck selbst geschossen oder den Befehl dazu gegeben hatte, blieb offen. Es stand fest, dass er Herrn Erbsenthal beseitigen wollte, weil er ihn nicht ausstehen konnte.

Meine Vernehmung dauerte zweieinhalb Tage und meine Aussagen füllten 24 Seiten. Morgens arbeitete ich mit dem Staatsanwalt und einem Gutachter, der Fragen stellte, die in meinen Augen nichts mit dem Prozess zu tun hatten. Ich hielt ihn für unerfahren, doch klärte er mich auf: »Im Gerichtsprozess sollte man jeglichem Einwand der Verteidigung zuvorkommen.«

Genau das gelang nicht, trotz der Wahrhaftigkeit der Zeugen.

---

[106] 1974 besuchte uns der Staatsanwalt Joachim in der Schweiz, dabei erzählte er uns, dass Wippenbeck bei einem Verkehrsunfall ums Leben gekommen sei.
[107] Vgl. hier S. 225ff.

Die Verteidigung setzte alles daran, um eine Sühne der Verbrechen zu verhindern. Sie benutzen alle nur denkbaren Mittel und psychologischen Tricks, um die Zeugen zu verunsichern und schließlich Zweifel an den Akten des Ermittlungsverfahrens aufkommen zu lassen.

Auf die Frage, was am 20. August 1942 geschehen sei, antwortete ich: »Als wir uns auf dem Rückweg von der Baustelle den Ställen näherten, sahen wir, wie eine ältere Frau auf einer Bahre zum Tor hinausgetragen wurde.« An dieser Stelle wurde ich daran erinnert, dass ich im Tagebuch von einer Leiter – nicht aber von einer Bahre – geschrieben hatte. Ich sah keinen Sinn in dem Einspruch. Später sollte ich mich an die Farbe der Schneeschuhe erinnern.

Bei der Vernehmung zu den Ereignissen vom 26. April 1943 sagte ich, dass jemand einen Stock auf den Jungen geworfen habe, während er bei Herrn Kaiser um Gnade gefleht habe. Da kam die nächste Zurechtweisung: In meinem Tagebuch hieße es, dass Kaiser selbst den Stock geworfen habe. »Ja, das ist richtig«, erwiderte ich, »es war der OT-Mann Hermann Kaiser.« Doch der Gutachter zweifelte daran: Wie könne es möglich sein, einen Stock auf jemanden zu werfen, der direkt vor einem stehe, fragte er. Ich erklärte also, dass der Junge in einigem Abstand vor Kaiser gestanden hätte und wurde prompt danach gefragt, wie weit ich selbst von der Szene entfernt gewesen sei. »Zwischen acht und zehn Meter«, erwiderte ich. Wie breit die Straße gewesen sei? Die Kleinkariertheit ging mir auf die Nerven. Was hatte all das mit dem Fall zu tun? In Gedanken ging ich zurück zu jenem Tag und dachte an die fünfzig Opfer, die zur Erschießung »selektiert« worden waren. Warum ließ man im Gericht kein Wort darüber verlauten, dass Befehle erteilt worden waren, um ein Massengrab auszuheben. Ich bezweifelte, dass auch nur einer unter den Männern im Gericht verstand, was »Selektion« für uns bedeutete, dass keiner diese Todesangst beim morgendlichen Appell kannte.

Die zum Tode bestimmten Häftlinge wurden abseits vom Lager von Milizen erschossen, die kurz vor der Hinrichtung auf Lkws eingetroffen waren. Ich hatte sie vorher nie gesehen und kannte folglich weder ihre Namen noch ihre Herkunft.

Die Frage, ob ich Herrn Bergmann, Herrn Elsäßer, Herrn Schneider oder Herrn Kühne persönlich etwas vorzuwerfen hätte, verneinte ich. Dennoch hatte sich die Firma August Dohrmann und die anderen Straßenbaufirmen unmoralisch und nicht ethisch verhalten, als sie die Zwangsarbeiter für sich arbeiten ließen und bei deren Vernichtung nicht stärker eingriffen.

Nach meiner Vernehmung riefen mich der Staatsanwalt Joachim und seine Frau in meinem Hotelzimmer an, um mir Lebe wohl zu sagen. Sie drückten ihre Hoffnung aus, dass wir uns einmal wiedersehen und dass wir bis dahin in Briefkontakt bleiben würden. Wir hatten uns von der ersten Minute an verstanden.

Am 7. April 1967 erschien ein Einspalter in der Zeitung *The Jewish Chronicle:*

> »Lübecker Staatsanwälte ermitteln gegen 39 Männer, die im Jahr 1942 in Erschießungen verwickelt sein sollen, bei denen 25.000 Juden ihr Leben ließen. Die Zwangsarbeiter reparierten die Straße von Lemberg (heute Lwow in der Ukraine) nach Stalino (seit 1961 Donezk). Insgesamt gab es dort 84 Massenerschießungen.
>
> Nach Angaben des Sprechers des Staatsanwaltsbüros handelte es sich bei dem Hauptverantwortlichen um einen SS-Offizier namens Christoffel, der inzwischen verstorben sei. Gegen den rangniedrigeren Oskar Friese aus Meldorf in Schleswig-Holstein werde ein Gerichtsverfahren in Itzehoe angestrebt, so der Sprecher.
>
> Das Ermittlungsverfahren sei aufgenommen worden, nachdem eine englische Fassung des Buchs *Lasst mich leben* von Arnold Daghani, einem rumänischen Künstler, erschienen war. Etwa 1500 Leute sollen in Westdeutschland verhört worden sein und etwa einhundert jüdische Überlebende in Israel ...«

Weitere Berichte konnte ich im *Jewish Chronicle* nicht finden.

Über einige Angeklagte erhielt ich wichtige Hintergrundinformationen: Walter Mintel, Maass, Wippenbeck, Kaiser, Friese, Broghammer, Fach, Mayer, Klenk, Stahlberger, Wolter. Gegen den SS-Mann Schroeder schien kein Ermittlungsverfahren zu laufen. Als er damals nach Braclaw gekommen war, um Juden zu erschießen, war die Vernichtung des Zwangsarbeitslagers bereits vorbei, – war er enttäuscht gewesen?

Die Staatsanwaltschaft in Hildesheim hatte folgende Mitglieder des Einsatzstabs Gieseke angeklagt: Fritz Anhold, Bruno Bauer, Walter

Bauer, Arnold Beeskow, Michael Beuschel, Albert Fakler, Adolf Forster, Hans Kreppel, Bruno Krooss, Hans Lange, Bruno Melchert, Rainer Moldenhauer, Erich Raake, Fritz Richter, Robert Schmucking, Franu Steudel.

Angeklagte der Organisation Todt waren Josef Elsäßer und Paul Lerois.

Ich war verwundert darüber, dass Josef Elsäßers Name auf der Liste der Angeklagten stand – er war als Zeuge geladen worden. Was hatte den Staatsanwalt dazu gebracht, seine Anklage gegen Elsäßer zurückzunehmen?

Der Landgerichtsrat Herr Röhse beklagte den Umstand, dass die Angeklagten vor verschiedene Landgerichte gestellt wurden und dass die jeweiligen Staatsanwälte keinen Zugang zu den vollständigen Akten hätten, sondern nur zu denen, die direkt mit dem Angeklagten in Zusammenhang stünden. Hätte man allen Staatsanwälten Einsicht in die gesamte Dokumentation gewährt, die in Lübeck zusammengestellt worden war, wäre zum Beispiel nie der geringste Zweifel aufgekommen, dass sich hinter dem Wort »Selektion« das Todesurteil für die Ausgesonderten verbarg.

12. Januar 1970 – Brief des Oberstaatsanwalts Artzt

DR. HEINZ ARTZT · OBERSTAATSANWALT
Ludwigsburg, den 12.1.70

Sehr geehrter Herr Daghani !
Seit unserem letzten Briefwechsel sind schon wieder über drei Jahre vergangen, und ich halte Ihren freundlichen Brief vom 1.9.66 in der Hand und zweifle, ob ich es überhaupt wagen kann und darf, mich nach so langer Zeit wieder bei Ihnen zu melden und dann noch mit einer Frage. Den Mut dazu schöpfe ich aus dem freundlichen und herzlichen Ton Ihres Schreibens und dem Umstand, dass ich Sie auch gern persönlich kennen lernen möchte. Sie schrieben damals, dass ich Sie besuchen dürfte, wenn mich einmal mein Urlaub in Ihre Gegend führte. Genau dieser Fall soll nun zu Ostern eintreten, [...] Es ließe sich hierbei sicher

einrichten, dass wir Sie an einem Nachmittag zu einem Besuchs- und Plauderstündchen besuchen könnten, wenn Ihnen dies angenehm wäre. [...] Jedenfalls möchte ich nicht an Vence vorbeifahren, ohne den Versuch gemacht zu haben, dass wir uns begegnen könnten, nachdem es nun offenbar inzwischen leider nicht möglich war, dass Sie uns noch einmal in Ludwigsburg aufsuchen konnten.
Ich hoffe sehr, dass Sie meinen Brief bei bester Gesundheit antrifft und möchte auch nicht versäumen, Ihnen zum neuen Jahr – wenn auch verspätet – noch alles Glück, Erfolg und Gesundheit zu wünschen.
Mit freundlichen Grüßen
Ihr sehr ergebener H. Artzt

18. Juni 1970 – Brief des Oberstaatsanwalts Artzt

ZENTRALE STELLE · LANDESJUSTIZVERWALTUNGEN
Oberstaatsanwalt Dr. Artzt
Ludwigsburg, den 18.6.1970

Sehr geehrter Herr Daghani!
Für Ihren Brief vom 18.4.1970 darf ich Ihnen herzlichst danken.
Ich beantworte ihn erst jetzt, weil ich den Besuch von Kollege Joachim erst noch abwarten wollte, der mich vorgestern hier in Ludwigsburg besuchte. Ich ließ mich bei dieser Gelegenheit von ihm über den Stand des Verfahrens unterrichten. Das Ermittlungsverfahren bei der Staatsanwaltschaft ist abgeschlossen. Herr Joachim hat gegen Friese und Wippenbeck Antrag auf Voruntersuchung gestellt. Gegen weitere Mittäter musste er leider aus Gründen der Zuständigkeit und gemäß einer Entscheidung des Bundesgerichtshofes die Verfahren abtrennen und an andere Staatsanwaltschaften wie z.B. Lüneburg (Maass, Kaiser), Bremen (Fach), Stuttgart (Klenk, Stahlberger), Ellwangen (Maier), Berlin (Broghammer, Wolter) abgeben. Die schriftlichen Verfügungen werden in diesen Tagen hinausgehen. Nach der Sachlage ist anzunehmen, dass es gegen diese Beschuldigten auch zu einem Verfahren kommen wird.
Da diese Mitteilung noch zwischen uns intern ist, wären wir Ihnen dankbar, wenn Sie diese noch nicht für Ihr revidiertes Buch auswerten

würden, da noch mit einem längeren Gang der Verfahren zu rechnen ist und Ihr Buch möglicherweise eher erscheinen könnte als die Verfahren abgeschlossen sind …

Mit freundlichen Grüßen

Ihr sehr ergebener H. Artzt

1970 erhielt Daghani auch einen Brief aus der Schweiz. Die Gemeinde Jona bot den Daghanis ein ständiges Wohnrecht an. Von der Künstlerwelt Südfrankreichs abgestoßen, packten die Daghanis ihre Koffer und verließen Frankreich. Erneut brachen sie alle Bindungen hinter sich ab, denn viele Freunde blieben in Vence zurück. In dem verschlafenen Jona erwartete sie eine künstlerische Wüste. Forderte Vence Daghani zur Auseinandersetzung mit der etablierten Kunstwelt heraus, blieb seine Kunst in Jona gänzlich ohne Resonanz. Dadurch verlor der Künstler an Selbstvertrauen und seine Produktivität versiegte. Die Briefe aus Deutschland führten ihn zurück in die Vergangenheit. Daghani begann nun, sein Tagebuch durch die Erkenntnisse und Informationen aus den Ermittlungsverfahren zu erweitern. Sein Ziel war ein »überarbeitetes und erweitertes Tagebuch«. Der Kontakt mit deutschen Staatsanwälten sollte dabei eine zentrale Rolle spielen.

Arnold und Nanino Daghani. »In London im Dezember 1970 aufgenommen.«

29. September 1971 – Brief des Oberstaatsanwalts Joachim

DIETER JOACHIM · OBERSTAATSANWALT
Lübeck, den 29.9.1971

Lieber Herr Daghani,
sehr geehrte gnädige Frau,
[…]
Ich freue mich sehr, dass es Ihnen nach wie vor gut geht und Sie in der Schweiz offenbar ein schönes Zuhause gefunden haben. Leider haben es bisher meine Dienstgeschäfte und auch meine große Familie nicht erlaubt, den so oft geplanten Besuch bei Ihnen wahr zu machen. Meine Frau und ich planen, Ostern 1972 zu Freunden an den Bodensee zu fahren. Ich könnte mir vorstellen, dass das eine Möglichkeit ist, das oft gewünschte Wiedersehen zwischen uns wahr werden zu lassen. Drücken Sie die Daumen, dass es klappt. […]
Wie geht es Ihnen und Ihrer lieben Frau? Sind Sie noch künstlerisch tätig? Ich würde mir gerne einmal wieder Ihre Bilder ansehen. Ich könnte mir vorstellen, dass Sie in der Schweiz genug Eindrücke finden, um diese künstlerisch umzusetzen.
Mit meinen Verfahren gegen nationalsozialistische Gewaltverbrecher bin ich nunmehr fast am Ende. Wenn Sie Interesse haben, wäre ich gerne bereit, Ihnen meine Abschlussverfügung im Verfahren DG IV zu übersenden.
Ich hoffe, bald wieder von Ihnen zu hören und verbleibe mit freundlichen Grüßen
Ihr Dieter Joachim

10. November 1971 – Brief des Ersten Staatsanwalts Joachim[108]

DIETER JOACHIM · ERSTER STAATSANWALT
Lübeck, den 10. November 1971

Sehr geehrter Herr Daghani!
Ich bedanke mich für Ihr Schreiben vom 1. November 1971 und möchte meiner Zusage, Ihnen die Abschlussverfügung im Verfahren DG IV zu übersenden, heute nachkommen. Ich hoffe, dass Sie, der Sie das Ermittlungsverfahren durch Ihre Veröffentlichungen in Gang gebracht haben, diese Abschlussverfügung mit Interesse lesen werden. […]
Ich verbleibe mit freundlichen Grüßen
Ihr Dieter Joachim

27. März 1972 – Brief des Landgerichtsrats Röhses

LANDGERICHT HAMBURG
2 Hamburg 36, Untersuchungsrichter 4

Einschreiben, 27.3.1972

Sehr geehrter Herr Daghani!
Wegen einer längeren Dienstreise komme ich leider erst heute dazu, Ihnen Ihr mir überlassenes Buch mit Dank zurückzusenden. Gleichzeitig darf ich mich noch einmal recht herzlich bei Ihnen und Ihrer Frau für die überaus freundliche Aufnahme und die uns überlassene Bildreihe bedanken.
Mit freundlichen Grüßen
Röhse, Landgerichtsrat

---

[108] Original nicht auffindbar, Rückübersetzung aus dem Englischen

Aussagen der deutschen Zeugen

Vorbemerkungen Mollie Brandl Bowens Die Vernichtung des Lagers Tarassiwka wurde in dreizehn Zeugenaussagen von ehemaligen Angehörigen der Organisation Todt und der Firma August Dohrmann sowie vom Kommandanten des Lagers bestätigt. Jede Aussage offenbarte neue Details der Verbrechen.

Das Lager von Tarassiwka existierte von allen Lagern entlang der Straße DG IV am längsten. Anfang Dezember 1943 erhielt Adolf Laubach vom inzwischen verstorbenen SS-Hauptsturmführer Burger den Befehl, mit Hilfe der jüdischen Zwangsarbeiter in der Nähe des Lagers Bunker und Gräben zur Verteidigung der Region anzulegen. Laubach befolgte den Befehl und errichtete einen Bunker, der acht mal vier Meter maß und hoch genug war, um darin stehen zu können.

Wenig später erfuhr Laubach, dass die Juden verlegt werden würden. Er riet den Juden, die er über die bevorstehende Verlegung informierte, sich nicht krank zu melden: Er wusste von seinem Einsatz in Letyczew, dass kranke Häftlinge erschossen wurden. Außerdem legte er ihnen nahe zu fliehen. Von einem anderen Lager hatte er gehört, dass vielen Juden die Flucht geglückt sei.

Alle Zeugenaussagen, stimmten ausnahmslos darin überein, dass die Aushebungen für ein Massengrab bestimmt waren.

Elsäßer erhielt einen Brief von der SS-Bauleitung, den er dem Angeklagten Laubach weitergeben sollte. Am Abend des 9. Dezembers öffnete der Augenzeuge Josef Elsäßer diesen Brief und las darin, dass die Erschießung der jüdischen Zwangsarbeiter – ursprünglich für den 10. Dezember vorgesehen – doch nicht stattfinden sollte. Elsäßer steckte die Nachricht in einen neuen Umschlag und überreichte ihn Laubach.

Entgegen der Entwarnung im Brief wurde am frühen Morgen des 10. Dezembers das Lager von litauischen Milizen umstellt. Auf Befehl Burgers ließ der Angeklagte Laubach alle Juden in Reih und Glied antreten. Plötzlich tauchten Soldaten in ihm unbekannten Uniformen auf und übernahmen die Befehlsgewalt. Sie ließen die Juden zum Bunker laufen, der noch nicht fertig gestellt war, um sie dort zu erschießen.

In den Gesprächen mit Arnold Daghani spürte ich häufig seine Enttäuschung über die Ermittlungen, die oft ohne Ergebnis blieben. Die Angeklagten erhielten Briefe der Art, wie ihn der Angeklagte Adolf Laubach im Mai 1970 vom Staatsanwaltsbüro erhielt:

»Betreff: Ihr Verhör vom 2. Februar 1968 wegen des Verdachts ihrer Beteiligung an der Selektion und Tötung von jüdischen Zwangsarbeitern im Lager von Letyczew im Herbst 1942 und im Lager von Tarassiwka am 10. Dezember 1943. Ich habe das Verfahren gegen Sie eingestellt.« (Bd. 20, S. 4625)

Auf den folgenden Seiten stehen die Zeugenaussagen der Deutschen – es wird offensichtlich, dass sie alle wussten, was geschehen war, doch niemand schien die Personen zu kennen, die den Befehl zur Vernichtung erteilt hatten. Wie der Autor oft geringschätzig bemerkte, erwiesen sich praktischerweise immer diejenigen als verantwortlich, die bereits gestorben waren.

Wie der Staatsanwalt erwähnt hatte, stützten die Aussagen der deutschen Augenzeugen den Inhalt von Daghanis Tagebuch. An dieser Stelle sollen deshalb die Deutschen selbst zu Wort kommen, sollen ihre – bisher unveröffentlichten – Zeugenaussagen aus dem Ermittlungsverfahren gegen Friese und andere wegen Mordes für sich selbst sprechen.

Die Augenzeugen, die damals in Tarassiwka arbeiteten, machten folgende Aussagen[109]*:*

Bernhard Becker[110] »Am 10. Dezember 1943, dieses Datum werde ich nie vergessen, wurde das Lager Tarassiwka liquidiert. In der Nacht zum 10. Dezember wurden wir in unserer Unterkunft durch Schüsse geweckt. Es ist möglich, dass Fritz Mühl mit seinem Karabiner nach draußen ging um nachzusehen. Wir vermuteten einen Partisanenüberfall. Wir mussten jedoch erfahren, dass ein Jude in der Nähe der Latrine erschossen worden war. Es können auch mehrere gewesen sein. Etwa gegen 5.30 Uhr morgens kamen litauische Hilfswillige, die das Lager umstellten. Es waren Angehörige fremder Einheiten. Außerdem kamen mit einem Pkw zwei SD-Angehörige. In der Nähe des Judenlagers waren zwei Gruben. Wer diese Gruben ausgehoben hat, weiß ich nicht. Von unserem Stützpunkt aus konnte man eine Grube sehen.

Mit Hilfe der Miliz ließ der Kommandant die Juden antreten. Die Juden mussten dann in Viererreihen zu der Grube gehen und sich dort entkleiden. Geld und Wertgegenstände mussten sie dem SD-Angehörigen vor die Füße werfen. Hierbei handelte es sich um einen Offizier. Vielfach haben die Juden das Geld zerrissen.

Die Juden mussten dann in die Grube steigen und sich hinlegen. Sie wurden dann erschossen. Die Nächsten mussten sich dann auf die bereits Erschossenen legen. Nachdem die Erschießungsaktion in vollem Gange war, wollte Fritz Mühl dazwischengehen. Wir haben ihn versucht zu beruhigen. Wir haben ihn überredet, mit uns die Unterkunft zu verlassen und wegzugehen. Wir haben dann ziemlich mit Gewalt Fritz Mühl in den nahen Wald bei Tarassiwka geschafft. Außer mir war noch Gustav Merle dabei. Wer sonst noch dabei war, weiß ich nicht mehr. Um die Mittagszeit sind wir wieder zurückge-

[109] Sämtliche Aussagen sind deutsche Originaltexte. Sie finden sich in der Abschlussverfügung des »Ermittlungsverfahrens gegen Friese und andere wegen Mordes«, Daghani bezieht sich entweder auf diese Verfügung oder übernimmt daraus Verweise auf die vollständigen Gerichtsakten wie in den folgenden Fußnoten angegeben.

[110] Ermittlungsverfahren ..., vgl. Bd. 8 S. 1985

kommen. Die Aktion war beendet. Fritz Mühl ist an die Grube gegangen. Ich habe gehört, dass einige Schüsse fielen. Fritz Mühl hat mir später erzählt, dass einige in der Grube noch gelebt haben und er ihnen den Gnadenschuss gegeben habe, um ihre Leiden abzukürzen.

Die Gruben waren etwa 2 Tage noch auf und sind dann von den Einwohnern von Tarassiwka zugeschüttet worden.«

Werner Bergmann[111] »Im Herbst 1943 wurden die Juden aus dem Lager Michajlowka in das Lager Tarassiwka verlegt, so dass sich dort zu der Zeit wohl 400 bis 450 Juden befunden haben dürften. Im Dezember 1943 wurden diese Juden von einem SD-Kommando in der Nähe des Lagers erschossen. Ich erfuhr davon von Elsäßer, der mich eines Morgens aufgeregt in meinem Büro in Gaisin aufsuchte. Wir fuhren sofort mit einem Wagen nach Tarassiwka, jedoch war die Tötungsaktion dort bereits abgeschlossen. Das SD-Kommando rückte gerade von Tarassiwka ab. Ihm gehörten einige SD-Angehörige sowie einige litauische Hilfswillige an. Befehligt wurde das Kommando von einem SD-Offizier, der mir nicht bekannt war und dessen Namen ich auch nicht erfahren habe. Von meinen Leuten erfuhr ich dann, dass das SD-Kommando schon frühmorgens angerückt war, das Judenlager umstellt hatte und die Juden dann gruppenweise in zwei großen Gruppen hinter dem Lager erschoss, nachdem sie diesen jeweils befohlen hatten, sich vollkommen zu entkleiden.

Wer diese Aktion angeordnet hatte, entzieht sich meiner Kenntnis. Meines Erachtens dürfte aber der SS-Hauptsturmführer Christoffel mit dieser Aktion zu tun haben. Allgemein war seinerzeit bekannt, dass das Gebiet vor den näher rückenden russischen Truppen aufgegeben werden musste. Wir befürchteten, dass man die in Tarassiwka befindlichen Juden vorher umbringen würde. Am Tage vor der Tötungsaktion erzählte mir Elsäßer, er habe von Christoffel erfahren, dass keine Aktion gegen die Juden stattfinden würde. Da aber bereits am nächsten Morgen die Tötungsaktion in Tarassiwka durchgeführt wurde, nehme ich an, dass Christoffel ein Täuschungsmanöver durchgeführt hat. Offenbar sollten die Juden in Sicherheit gewiegt

[111] Ermittlungsverfahren ..., vgl. Bd. 2 S. 307

werden, damit die Tötungsaktion planmäßig durchgeführt werden konnte. Ob Christoffel, Friese und Maass bei der Tötungsaktion in Tarassiwka zugegen gewesen sind, entzieht sich meiner Kenntnis. Ich habe sie jedenfalls bei meinem Eintreffen in Tarassiwka nicht gesehen.«

Josef Elsäßer[112] »Bis Ende 1943 fanden in Michajlowka und Tarassiwka meines Wissens keine Aktionen gegen die Juden statt. Ende des Jahres 1943 wurde das Lager Michajlowka auf Anordnung der OT-Abschnittsbauleitung aufgelöst, und die Juden kamen in das Lager Tarassiwka. Kurz darauf wurden sämtliche Juden aus dem Lager Tarassiwka von SD-Angehörigen und litauischen Hilfswilligen direkt hinter dem Lager erschossen und in zwei Massengräber verscharrt.

Am Tage zuvor hatte mir der SS-Hauptsturmführer Christoffel in Gaisin einen Brief übergeben und mich gebeten, denselben dem Polizeimeister Laubach in Tarassiwka zu übergeben. Auf dem Briefumschlag war mit Maschinenschrift die Anschrift des Laubach geschrieben. Der Brief war verschlossen. Da ich vermutete, dass eine Aktion gegen die Juden stattfinden sollte und annahm, dass in dem Brief etwas über eine derartige Aktion stehen könnte, beschloss ich, den Brief zu öffnen. In meinem Quartier öffnete ich denselben unter Wasserdampf, jedoch verletzte ich beim Öffnen den Briefumschlag. In dem Umschlag war ein Zettel enthalten, auf dem lediglich geschrieben stand: Die Aktion findet nicht statt. Eine Unterschrift war darunter nicht vorhanden. Ich nahm dann einen gleichen Briefumschlag und schrieb mit einer Schreibmaschine wieder die Anschrift des Polizeimeisters Laubach darauf. In Tarassiwka übergab ich dann Laubach den Brief. Mühl und den anderen Leuten der Firma Dohrmann, die in Tarassiwka lagen, gab ich dann zu verstehen, dass keine Judenaktion zu erwarten sei. Ich wusste, dass diese dann die Juden in Kenntnis setzen würden. Umso erstaunter war ich, dass ich am nächsten Morgen, als ich nach Tarassiwka kam, sehen musste, dass bereits die meisten Juden aus dem Lager erschossen worden waren und die Leichen in zwei Massengräbern lagen. Als ich hinzukam, waren SD-An-

[112] Ermittlungsverfahren …, vgl. Bd. 2 S. 294 f.

gehörige und litauische Hilfswillige dabei, die letzten Juden zu erschießen.

Darunter befanden sich zwei junge Mädchen, die mir zuriefen, dass ich ihnen helfen sollte, jedoch konnte ich nichts unternehmen. Ich sah dann noch, wie diese Mädchen mit den letzten Juden erschossen wurden. Sie mussten sich völlig entkleiden und dann mit dem Gesicht nach unten auf die bereits in dem Massengrab befindlichen Leichen legen. Dann wurden sie von einem SD-Angehörigen mit einer Maschinenpistole in den Hinterkopf geschossen. Schätzungsweise wurden an diesem Tag in Tarassiwka 425 Juden (Männer und Frauen) getötet. Auch ein kleiner Junge von ca. 2 Jahren soll an diesem Tage getötet worden sein.[113]

Wer die Durchführenden dieser Aktion waren, weiß ich nicht. Ich habe lediglich an dem Tage den Namen Fröhlich aufgefangen. Bei diesem muss es sich um einen SD-Führer gehandelt haben.

Ob Christoffel diese Aktion angeordnet hat, entzieht sich meiner Kenntnis. Auf Grund des Briefes, den er mir am Vortage übergeben hatte, muss ich aber annehmen, dass er mit der Aktion zu tun hatte. Den Brief hatte mir Christoffel abends gegen 17.00 Uhr übergeben. Gegen 19.30 Uhr händigte ich den Brief dann Laubach aus. Die Exekution der Juden fand am nächsten Morgen gegen 5.00 Uhr statt. Wenn mir auf Grund der Sachlage gesagt wird, dass Christoffel mir wohl absichtlich den Brief in die Hände gegeben hat mit dem Gedanken, dass ich von dem Inhalt Kenntnis nehmen und die Juden in Sicherheit wiegen würde, um sicher zu gehen, dass bei der Tötungsaktion am nächsten Morgen alle Juden vorhanden seien, so erkläre ich, dass das wohl möglich ist, ich jedoch über die Angelegenheit keine nähere Auskunft geben kann. Wenn Christoffel diese Absicht gehabt hat, so hatte ich jedenfalls keine Kenntnis davon.«

Elsäßer ergänzte seine Aussage wie folgt: »Die Liquidierung des Lagers Tarassiwka erfolgte am 10. Dezember 1943. Aufgrund des Briefes, den ich, wie in meiner Vernehmung vom 12.9.62 angegeben, gelesen hatte, glaubte ich, dass keine Judenaktion bevorstand. Als ich

---

[113] Der kleine Mucki wurde an jenem Tag erschossen.

in den frühen Vormittagsstunden zur Baustelle kam, musste ich sehen, dass keine Juden arbeiteten. Ich ahnte sofort Schlimmes. Als ich den Motor abstellte, konnte ich auf der Kreuzung zwischen Tarassiwka und Czeczelewka Schüsse hören. Bei meinem Eintreffen in Tarassiwka stand nur noch die letzte Gruppe von Juden (etwa 20 bis 25 Personen) da. Der Rest lag bereits erschossen in den Gruben. Die obere Grube habe ich nicht gesehen, sondern nur die untere. Die Gruben waren gefüllt mit toten Juden. Die Grube, die ich gesehen habe, bewegte sich noch. Es war ein scheußlicher Anblick. Unsere Leute sollten die Gruben zuschütten. Ich weiß, dass sie sich geweigert haben.

Ich weiß nur, dass einer der SD-Leute mit dem Namen Fröhlich angeredet wurde. Maass, Friese und Christoffel habe ich bei dieser Aktion nicht gesehen.«

Hermann Hildebrand[114] »Die letzte Tötungsaktion in Tarassiwka fand am 10.12.1943 statt. An diesem Tage wurden von SD-Angehörigen sämtliche Juden, die sich noch in dem Lager Tarassiwka befanden, getötet. Es handelte sich schätzungsweise um ca. 500 jüdische Männer und Frauen. In den frühen Morgenstunden des 10.12.1943 wurde überraschend das Judenlager von SD-Angehörigen in schwarzen Uniformen umstellt.

Einige Stunden später, etwa gegen 8.00 Uhr, trafen dann mit zwei Personenkraftwagen 8 SD-Angehörige in feldgrauen Uniformen ein, welche Maschinenpistolen, mehrere Magazine und Munition mit sich führten. Die Betreffenden waren, wie ich sehen konnte, stark angetrunken. Nach dem Eintreffen dieser SD-Angehörigen wurden sämtliche Juden aus dem Lager in einer großen Kolonne zu zwei großen Gruben geführt, wo sie sich entkleiden mussten. Dann mussten sie gruppenweise in die Gruben steigen und sich niederlegen, wo sie anschließend von vier der zuletzt eingetroffenen SD-Angehörigen mit den Maschinenpistolen erschossen wurden. Die anderen vier SD-Angehörigen luden immer die Magazine nach. Von dem Fenster meines Quartiers aus habe ich den Beginn der Tötung mit angesehen. Nach ca. 2 Stunden waren alle Juden auf die beschriebene Art und

---

[114] Ermittlungsverfahren ..., vgl. Bd. 2 S. 435.

Weise getötet. Auf Befragen erkläre ich, keine Kenntnis darüber zu haben, wer diese Tötungsaktion angeordnet hat, wer dem Tötungskommando angehört hat und woher das Tötungskommando kam.«

Hermann Kaiser[115] »Im Dezember 1943 vermuteten wir auf Grund dessen, dass Laubach von Juden in der Nähe des Lagers mehrere tiefe Gruben ausheben ließ, dass die Juden aus dem Lager Tarassiwka getötet werden sollten. Laubach hatte vorher versucht, uns Bauleute für das Ausheben der Gruben einzuspannen, jedoch lehnten wir ab, da wir bei der Angelegenheit ein ungutes Gefühl hatten.

Einige Tage später, nachdem die Gruben ausgehoben worden waren, traf eines Morgens, kurz bevor wir mit den Juden zur Arbeit abrücken wollten, in Tarassiwka mit Kraftwagen ein SD-Kommando ein. Es handelte sich um zwei SD-Angehörige in feldgrauen SD-Uniformen und etwa 20 litauische Hilfspolizisten. Auch war noch ein Zivilist dabei, der wohl der Kommandoführer gewesen ist. Von den Litauern wurde das Judenlager umstellt. Dann trieben sie die Juden aus dem Lager zusammen und führten sie zu den erwähnten Gruben. Dort mussten die Juden sich entkleiden und wurden dann gruppenweise von den beiden SD-Leuten erschossen. Ich bin bei der Exekution nicht zugegen gewesen, jedoch habe ich aus weiterer Entfernung die Schussfolgen der Maschinenpistolen, die von den beiden SD-Leuten mitgeführt wurden, gehört. An diesem Morgen sind sämtliche Juden, die sich noch in dem Lager Tarassiwka befanden, getötet worden. Es verlautete damals, dass es sich um 350 Juden gehandelt haben soll. Nach der Exekution wurden von den Litauern die Kleidungsstücke der Juden auf einen Lkw geladen und abtransportiert. Nachdem das Kommando abgerückt war, haben wir uns die Grube, die am nächsten lag, angesehen und festgestellt, dass sie mit Leichen gefüllt war. Wer die Grube dann zugeworfen hat, vermag ich nicht mehr zu sagen.

Um wen es sich bei den beiden SD-Leuten und dem Kommandoführer gehandelt hat, entzieht sich meiner Kenntnis.

---

[115] Ermittlungsverfahren …, vgl. Bd. 2 S. 338 f.

Wer diese Tötungsaktion veranlasst hat, habe ich nicht erfahren, jedoch bin ich der Auffassung, dass der Befehl zu der Aktion nur von dem SS-Hauptsturmführer Christoffel gekommen sein kann, dem das Judenlager in Tarassiwka unterstanden hat.«

Karl Kühne[116] »Diese Aktion kam für uns völlig überraschend. So weit mir bekannt war, hatte Elsäßer eine schriftliche Bestätigung in Form eines Zettels oder Briefes, aus dem sich ergab, dass diese Juden mit zum Arbeitseinsatz nach Deutschland sollten. Es handelte sich bei diesen Juden ausschließlich um arbeitsfähige Juden.

Während die früheren Erschießungsaktionen von Leuten durchgeführt wurden, die in unserer Umgebung stationiert waren, hatte ich den Eindruck, dass es sich bei diesem Erschießungskommando, bestehend aus einem SS-Führer, zwei SS-Leuten und Litauern, um Fremde handelte. Nach den Erzählungen der Kameraden haben nur die beiden SS-Leute geschossen, während die Litauer offenbar zur Bewachung herangezogen worden waren. Auch der SS-Offizier soll nicht geschossen haben. Elsäßer und ich haben dann im Anschluss an die Aktion den SS-Offizier von Tarassiwka mit unserem Wagen nach Gaisin gefahren.

Bei diesem SS-Führer handelte es sich um einen recht jungen Mann, den ich etwa auf 25 Jahre schätze. Er war so etwas wie ein Leutnant.«

Gustav Merle[117] »Im Dezember 1943 wurden eines Tages sämtliche Juden aus dem Lager Tarassiwka liquidiert.

Dass eine Aktion gegen die Juden geplant war, vermuteten wir daher, dass Laubach etwa 4-5 Tage vor der Aktion an Mühl, Bernhard Becker und mich das Ansinnen stellte, mit Arbeitskräften einige hundert Meter vom Judenlager entfernt mehrere Gruben auszuheben, in welchen angeblich Pferde beerdigt werden sollten, die in Gaisin im Pferdelazarett verendet waren. Da uns die Sache nicht geheuer vorkam, lehnten wir ab. Am nächsten Tage kam er abermals zu uns und

---

[116] Ermittlungsverfahren ..., vgl. Bd. 11 S. 2463.
[117] Ermittlungsverfahren ..., vgl. Bd. 11 S. 2463.

forderte uns auf, nach einer Skizze, die er bei sich hatte, etwa 500 Meter vor dem Waldrand bei Tarassiwka Stellungen für eine spätere Verteidigung auszuheben. Auch dieses lehnten wir ab, da wir vermuteten, dass der Stellungsbau nur ein Vorwand war und die Gruben in Wirklichkeit Massengräber für die Juden werden sollten. Daraufhin hat Laubach dann persönlich mit Juden, die er aus dem Lager holte, einige Gruben ausgehoben. Am Tage vor der Aktion war Elsäßer noch nach Tarassiwka gekommen und hatte mitgeteilt, dass keine Aktion gegen die Juden stattfände. Dadurch waren die Juden, die bereits ebenfalls eine Aktion vermuteten, beruhigt. In der folgenden Nacht wurden Mühl, Becker und ich in unserem Quartier in der Nähe des Judenlagers durch Gewehrschüsse aufgeweckt. Mühl ging daraufhin zum Lager und stellte fest, dass ein Jude, der zur Latrine außerhalb des Lagers gehen wollte, von einem litauischen Posten erschossen worden war. Weiter stellte er fest, dass das Judenlager verstärkt bewacht wurde. Daraufhin war uns klar, dass nun die Aktion stattfinden würde. Im Morgengrauen trafen mehrere Lkw mit Angehörigen des litauischen Polizeibataillons aus Gaisin in Tarassiwka ein. Weiter trafen mit einem Pkw zwei SD-Leute ein, die in Begleitung eines Zivilisten waren. Der gesamte Stützpunkt wurde umstellt. Dann wurden die Juden aus dem Lager geführt, nachdem Laubach ihnen den Befehl zum Antreten gegeben hatte. Nun wurden sie in Richtung der Gruben geführt, die Laubach vorher hatte ausheben lassen.

Dort wurden sämtliche Juden von den beiden SD-Leuten mit Maschinenpistolen erschossen. Ich war bei der Exekution nicht zugegen, jedoch wurde mir hinterher erzählt, dass die Juden sich jeweils entkleiden mussten und sich anschließend in die Grube legen mussten, wo sie erschossen wurden. Auf diese Weise sind an dem betreffenden Tage ca. 320 Juden getötet worden.«

Zur Person des Kommandoführers sagte Merle in einer weiteren Vernehmung aus:[118] »Wenn mir vorgehalten wird, dass Elsäßer in seiner Vernehmung gesagt hat, dass einer der SD-Leute mit dem Namen Fröhlich angeredet wurde, so erkläre ich, dass er nicht einer von denen gewesen ist, die mit Maschinenpistolen die Juden erschossen haben. Vielmehr hatte ich den Eindruck, als habe es sich um einen höheren, verantwortlichen SS-Angehörigen gehandelt.«

Wilhelm Pflug[119] »Wie ich bereits erwähnt habe, wurden im September 1943 sämtliche Juden des Lagers Tarassiwka liquidiert. Eines Morgens war das Judenlager von litauischen Hilfspolizisten umstellt. Die Juden wurden zusammengetrieben und in zwei großen Gruppen zu zwei Gruben in der Nähe des Lagers geführt. Bei der einen Grube handelte es sich um eine Kartoffelmiete. Die andere Grube war einige Tage vorher von den Juden unter Aufsicht der Litauer ausgehoben worden. Angeblich sollte sie als Bunker hergerichtet werden.«

Der Zeuge Pflug ergänzte seine Aussage dahingehend:[120] »Ich entsinne mich heute noch an eine große Erschießungsaktion, bei der ein ganzes Judenlager liquidiert wurde. Eines Morgens, wir wollten die Juden wie gewöhnlich zur Arbeit abholen, fanden wir das Judenlager umstellt. Die Juden durften nicht aus dem Lager. Im Lager waren zwei große Gruben ausgehoben worden. Wir selbst mussten in unser Quartier zurück, konnten jedoch vom Fenster aus die Ereignisse verfolgen. Ich sah, wie mit einem Pkw zwei SS-Leute kamen. Die Juden wurden zusammengetrieben und mussten sich in der Nähe der Gruben entkleiden. Sie wurden gezwungen, einzeln in die Gruben hineinzusteigen, wo sie dann von den zwei SS-Leuten mit Maschinenpistolen erschossen wurden. Wenn eine Lage voll war, mussten die Nächsten in die Gruben steigen und wurden dann erschossen. Das ging so fort, bis die Gruben gefüllt waren und kein Jude mehr am Leben geblieben ist. Die Juden sind alle aufrecht in den Tod gegangen. Von

---

[118] Ermittlungsverfahren ..., vgl. Bd. 8 Bl. 1975-1976.
[119] Ermittlungsverfahren ..., vgl. Bd. 2 S. 345 f.
[120] Ermittlungsverfahren ..., vgl. Bd. 8 Bl. 1966-1967.

Widerstand habe ich nichts bemerkt. Die ganze Aktion hat etwa zweieinhalb Stunden gedauert. Die beiden Gräber blieben etwa einen Tag noch offen. Die ganzen Gräber bewegten sich noch, da viele noch nicht tot waren. Es war ein grauenhafter Anblick. Etwa einen Tag später wurden die beiden Gruben von ukrainischen Zivilisten zugeschüttet.

Wenn ich nach dem Zeitpunkt dieser Vernichtungsaktion gefragt werde, so war sie kurz vor dem Rückzug, also Ende 1943. Wenn mir vorgehalten wird, dass nach den Aussagen von Hermann Hildebrand, Hermann Kaiser, Werner Bergmann, Josef Elsäßer diese Aktion die Tötung des Lagers Tarassiwka betraf, so ist das richtig.«

Hermann Schneider[121] »In Tarassiwka ist mir die Liquidierung des Lagers in Erinnerung. Etwa im Dezember 1943 durften wir eines morgens nicht aus unserer Unterkunft. Litauische Miliz bewachte das Lager und hinderte uns am Verlassen unseres Hauses. Schon vorher waren in der Nähe des Lagers Gruben ausgehoben worden. Wir ahnten daher, dass irgendetwas bevorstand. Ich selbst habe aus dem Fenster nicht der Erschießungsaktion zugeschaut. Es mögen etwa 400 Juden erschossen worden sein. Sie mussten sich vor der Erschießung ausziehen. Die Erschießung selbst ist von SD-Leuten durchgeführt worden. Sie haben die Juden mit Maschinenpistolen erschossen. Ich erinnere mich deutlich an zwei SD-Angehörige, die sich nach der Aktion gestritten haben, wer von ihnen besser geschossen hätte. Ich habe mir später auch die offenen Gräber angesehen. Ich habe noch vereinzeltes Stöhnen gehört, auch bewegten sich die Leiber noch in den Gräbern. Später sind die Gruben von Einheimischen zugeschüttet worden. Ich kann nicht sagen, wie die SD-Angehörigen geheißen haben. Ich hatte sie vorher noch nie gesehen. Ich nehme an, dass sie aus Gaisin kamen.«

Friedrich Mühl[122] »Es war in Tarassiwka im Dezember 1943. Nachts begann es in der Nähe des Lagers zu schießen. Ich glaubte, es seien

---

[121] Ermittlungsverfahren ..., vgl. Bd. 11 S. 2656 f.
[122] Ermittlungsverfahren ..., vgl. Bd. 1 S. 112 f.

Partisanen, die hin und wieder kamen und schossen. Als ich mein Zimmer verlassen wollte, wurde ich vom litauischen Bewachungspersonal aufgehalten und mit dem Gewehr zurückgedrängt.

Ich sah von meinem Fenster aus, wie die etwa 400 Juden im Baumhof antreten mussten. Es waren Frauen, Kinder und Männer. Sie wurden in Richtung eines Massengrabes geführt, das als Luftwaffenstellung getarnt ausgehoben worden war. Es waren auch Leute der Luftwaffe dort gewesen und hatten gemessen. Die Juden aber meinten, dass sei unser Grab. Sie waren oft über alles unterrichtet. die Gruben war sieben mal drei mal drei Meter groß.

Mit soldatischer Genauigkeit sind die Juden in das Grab eingestiegen, haben sich Kopf an Kopf hingelegt und sind in aller Ruhe von zwei SD-Leuten, die eigends dazu gekommen waren, erschossen worden. Die beiden SD-Leute standen am Rand des Grabes erhöht und gaben ihre Anweisungen und schossen jeder mit einer Maschinenpistole. Als die erste Schicht belegt war, mussten die Folgenden über die Leichen steigen und wieder mit genauem Abstand sich hinlegen. Vorher hatten sich die Menschen nackt ausziehen müssen. Ich entsinne mich, dass zuletzt der Jude »Rosengarten« mit seinem etwa zweijährigen Sohn an meinem Fenster vorbeikam[123], von wo ich alles beobachtete. Ich kannte viele Juden mit Namen. Der Junge winkte mir zu und freute sich, dass er mitmarschieren konnte und rief zu mir »Onkel Fritz!« Das Grab reichte aber nur für etwa 200 Menschen und als die Grube bis an den Rand gefüllt war, wurden die noch 200 Überlebenden zu einer Kartoffelmiete gebracht und dort teils erschlagen und erschossen. Ich habe am späten Abend die Stelle ansehen können und habe Röcheln und Stöhnen gehört.

Ich habe die beiden SD-Leute selbst gesehen und auch litauische Miliz hat mitgeholfen diese Menschen zu treiben und zu töten. Die SD-Leute würde ich nicht wiedererkennen. Namen sind damals nicht genannt worden.

---

[123] Anm. Mollie Brandl Bowens: Nach Angaben Arnold Daghanis hatten Heinz und Annie Rosengarten keine Kinder. Das Kind, mit dem Heinz von dem Zeugen Friedrich Mühl gesehen wurde, muss der kleine Mucki Enzenberg gewesen sein. Daghani und Anishoara sprachen immer sehr herzlich von dem Jungen. Für den Kleinen war Mühl immer »Onkel Fritz«.

Ich weiß, dass einer rechts und einer links stand und in das Massengrab schoss. Es waren noch zwei Polizeibeamte anwesend. Einer davon hieß »Laubach« und ist aus Mannheim-Walldorf. Er war Kommandant und ein Schmierlappes. Er könnte heute etwa 60 Jahre alt sein.

Er hat auch mir gedroht und wollte mich der SS melden. Laubach hat nach dem Erschießen das Judenlager geplündert. Den anderen Polizisten kannte ich nicht. Ob Laubach Juden erschossen hat, weiß ich nicht. Der Bauführer Elsäßer kam gerade an den Ort der Erschießung, als man im Lager noch zwei Judenmädchen versteckt gefunden hatte. Die Mädchen hielten sich umarmt und sind so erschossen worden.«

Andries Meinderts Geurts[124] »Im Sommer 1944 habe ich es in Tarassiwka erlebt, während meine Mitarbeiter und ich nicht das von uns bewohnte Haus verlassen durften, dass eines Tages eine ganze Menge SS-Männer in Kraftwagen ankamen. Sie haben damals 430 jüdische, aus Rumänien stammende Männer und Frauen erschossen, während sie bei zuvor von ihnen selbst auf Befehl der SS gegrabenen Löchern standen. Ein einziges Mädchen hatte zu flüchten versucht, indem sie sich in einer Baracke in der Erde vergrub. Ein paar Tage später wurde sie jedoch entdeckt und ist dann wie ein wildes Tier gehetzt und erschossen worden, und zwar von jenen Freiwilligen-Polizisten aus Litauen.«

Arnoldus Peter Peters[125] »Eines Tages ging das Gerücht herum, dass die Russen kämen. Soweit ich mich erinnern kann, war das im Herbst 1943. Eines Morgens früh um ca. 6.00 Uhr kamen einige Frachtautos, mit SS-Leuten besetzt, unter der Führung eines Hauptmannes. Wie ich bereits sagte, waren wir, die Arbeiter von Dohrmann, in Tarassiwka im Hause des Verwalters der Kolchose untergebracht. Der Hauptmann kam ins Haus und befahl uns, im Hause zu bleiben und uns nicht an den Fenstern zu zeigen. Wenn einer von uns es wagen sollte

---

29 Ermittlungsverfahren …, vgl. Bd. 19 S. 4547.
30 Ermittlungsverfahren …, vgl. Bd. 18 S. 4229 f.

herauszusehen, würde auf uns geschossen werden. Das ist nachher tatsächlich auch geschehen.

Hiernach haben die SS-Leute alle in den nahen Scheunen untergebrachten jüdischen Gefangenen herausgeholt und weggebracht, wie sich später zeigte, in einen Baumgarten einige hundert Meter von dem Haus, in dem wir waren, entfernt. Dort waren zwei oder mehr große Gruben. Diese waren schätzungsweise acht mal acht Meter und drei Meter tief. Die Juden hatten sie im Auftrag der Deutschen selbst vorher ausheben müssen; wie es hieß, sollten sie als Beobachtungsposten dienen. Dort und an einer dem Hause näheren Stelle sind damals schätzungsweise 250 bis 400 Juden, Männer, Frauen und Kinder, erschossen worden. Obwohl ich keine Schüsse gehört habe, weiß ich, dass alle die Juden erschossen worden sind. Ich kann dieses sagen, weil ich später selbst die erschossenen Opfer habe liegen sehen. Nachdem die SS wieder weg war, bin ich mit anderen herausgegangen. Ich haben da persönlich in einer Rübengrube eine Anzahl erschossener Juden liegen sehen. Dass sie tatsächlich erschossen waren, weiß ich sicher, weil sie alle eine Verletzung im Genick oder im Hinterkopf vorzeigten. Wie viele in der Rübengrube lagen, weiß ich nicht, weil sie alle übereinander lagen. Dass es tatsächlich die gefangenen Juden waren, die vorher in den Scheunen der Kolchose gelegen hatten, weiß ich bestimmt. Mehrere der Opfer erkannte ich am Gesicht wieder. Obenauf lag ein 21-jähriges jüdisches Mädchen, das ich persönlich sehr gut gekannt hatte. Ich bin ziemlich oft mit diesem Mädchen zusammen gewesen. Sie hieß Rosa, und sie kam aus einem Ort, einige Kilometer entfernt. Ich bin des Öfteren mit ihr in ihrer elterlichen Wohnung gewesen. Nachdem ich dieses gesehen habe, habe ich mir nichts weiter angesehen. Ich habe persönlich dann auch nicht die Leichen in den so genannten Beobachtungsposten angesehen. Von Kollegen habe ich aber gehört, dass auch diese voll waren!

Von allen Juden, die vorher in der Kolchose gewesen sind, habe ich nach dem keine mehr gesehen.«

Der Angeklagte Laubach[126] »Mit mir ging nach Tarassiwka der Kurt Bolz aus Nauen, der Bankangestellter war und jetzt zwischen 60 und 65 Jahre alt sein muss. Als ich in Tarassiwka ankam, traf ich dort den Kameraden Landgraf und einen weiteren, mir namentlich nicht mehr bekannten Polizisten, der mir erklärten, dass ich ein Judenlager mit 235 Insassen zu übernehmen hatte. Ich war darüber entsetzt. Bereits zu einem nicht mehr bekannten Zeitpunkt – ich glaube, es war am Tage der Übergabe – hatte mir der Landgraf noch gesagt, dass ich für die Vollzähligkeit der Insassen der Lagers verantwortlich wäre und dass bei Flucht für einen flüchtenden Juden zehn andere erschossen werden. Diese Erschießung würde erfolgen, wenn ich die Flucht melden würde, und zwar nicht von dem Kommandanten, sondern von einem unbekannten Kommando. Zu melden hatte ich diese Flucht der SS-Dienststelle in Gaisin, dessen Chef der Hauptsturmführer Burger oder Borga war. Dieser hat während meines Dienstes in Tarassiwka mehrere Male mich aufgesucht. Eines Tages erklärte mir Burger, dass die Juden verlegt werden. Er befahl mir gleichzeitig, dass vor der Verlegung der Juden zur Verteidigung eine Stellung um das Gebiet von Tarassiwka zu bauen wäre, und zwar sollten dort Unterstände und Bunker für die zurückgehenden deutschen Truppen errichtet werden. Ich hatte Erfahrungen im Bunkerbau aus Krementschug und habe mich mit der OT in Verbindung gesetzt. Ich habe ihr klargemacht, dass auf dem Gebiet von Tarassiwka Bunker und Unterstände zu errichten wären und habe ihnen eine Skizze gezeichnet. Die Maße des Bunkers waren etwa acht Meter lang, 4-5 Meter breit und hatten Stehhöhe. Ich habe ihnen erklärt, wie die Holzdecke anzubringen sei, und es wurde dann von der OT mit zwei jüdischen Arbeitstrupps Holz geschlagen. Ein dritter Trupp von etwa 20 Mann hat den ersten Bunker begonnen auszuheben. Da ich für den Bunkerbau verantwortlich war, habe ich auch gezeigt, wo dieser erste Bunker errichtet werden sollte. Er war etwa 150 Meter von der Lagerunterkunft der Juden entfernt auf freiem Feld. Die Litauer haben die Juden beim Ausheben der Grube bewacht, und ich habe selbstverständlich als verantwortli-

[126] Ermittlungsverfahren ..., vgl. Bd. 20 S. 4628 – 4630.

cher Mann nachgesehen, ob die richtigen Maße eingehalten wurden. Die Arbeiten mussten dann wegen Hereinbrechens der Dunkelheit eingestellt werden, so dass ein Abdecken dieser Grube mit Holz an diesem Abend nicht mehr durchgeführt werden konnte. Am gleichen Tage, als mit dem Bunkerbau begonnen worden war, erfuhr ich von Burger, dass die Juden am nächsten Tag verlegt werden sollten. Ich habe dann den Juden von der Verlegung Mitteilung gemacht und habe ihnen gesagt, dass sich keiner krank melden solle, weil ich aus Letyczew wusste, dass kranke Juden auf jeden Fall erschossen worden wären. Am nächsten Morgen traf Burger im Lager ein, und ich ließ die Juden befehlsmäßig antreten. Bolz war dabei. Als die Juden angetreten waren, erschienen plötzlich und für mich völlig überraschend zwei mir fremde Uniformierte. Der eine trug eine graue und der andere eine schwarze SS-Uniform. Ich war noch mit den Juden beschäftigt, als es plötzlich hieß: ›Links um!‹, und die gesamte Kolonne marschierte in Richtung des noch nicht fertiggestellten Bunkers. In dem Moment wurde mir klar, dass es sich hier nicht um eine Verlegung handelte, sondern dass die Juden hier erschossen werden sollten. Bei dem Antreten hatten sie zunächst ihr Gepäck nicht dabei. Ich hatte mir dabei aber nichts gedacht. Kurze Zeit später begann dann das Schießen mit Maschinenpistolen. Ich habe auf dem Hofe des Lagers gestanden und habe, da ein Gebäude dazwischen war, die Aktion nicht weiter beobachten können. Ich wäre nicht in der Lage gewesen, dort hinzugehen und zuzuschauen. Die Juden wurden bewacht von den Litauern und auch abgeführt von den Litauern.

In der Nacht vorher hatten die Juden auf mein Anraten hin einen Ausbruchsversuch unternommen. Dabei ist ein jüdischer Arzt von einem Litauer erschossen worden. Ich habe diesen Rat den Juden gegeben, weil ich gehört hatte, dass in einem Nachbarlager die Juden einen recht erfolgreichen Ausbruch unternommen hatten. Dieser Rat, dass die Juden ausbrechen sollten, hat nichts damit zu tun, dass ich von einer bevorstehenden Aktion Kenntnis gehabt hätte. Ich hatte bereits in Gaisin erfahren von anderen Kameraden, dass Aktionen gegen die Juden nicht mehr durchgeführt werden sollten.

Am Tage, als die Juden abtransportiert wurden, hat sich ein Mädchen an mich geklammert und mir gesagt, sie wäre keine Jüdin. Daraufhin habe ich sie genommen und rumgedreht und weggeschickt. Diesem Mädchen ist die Flucht gelungen.

Wenn mir die Aussage des Josef Elsäßer der Hauptakten vorgehalten wird, wonach ich einen Brief aus Gaisin erhalten haben soll, aus dem sich die Aufschiebung der Judenaktion ergeben hätte, so erkläre ich, dass ich mich an einen derartigen Brief nicht erinnere und ich darüber hinaus die Angelegenheit auch für ausgeschlossen halte. Ich kann nur wiederholen, dass ich bis zum letzten Augenblick nicht an eine Liquidierung des Lagers geglaubt habe. Ich bin noch etwa drei Tage in Tarassiwka gewesen und bin nicht in die Nähe der Erschießungsstätte gekommen. Wer zugeschüttet hat und ob zugeschüttet worden ist, entzieht sich meiner Kenntnis.«

Folgerungen aus den Zeugenaussagen

Der Einlassung des Beschuldigten Laubach, er hätte von der bevorstehenden Aktion gegen die jüdischen Zwangsarbeiter nichts gewusst, lässt sich nicht widerlegen. Fast alle Zeugen bekunden übereinstimmend, dass ihnen von dem Beschuldigten Laubach mitgeteilt worden war, die auszuhebenden Gruben sollten als Bunker dienen. Obwohl die Mitglieder der Organisation Todt – vertraut mit der Art der SS – dies nicht glaubten, kann nicht darauf geschlossen werden, dass der Angeklagte Laubach von dem späteren Verwendungszweck der Aushebungen gewusst hat.

Aus der Zeugenaussage Josef Elsäßers, dass er aus dem Brief an Laubach, den er heimlich öffnete, erfuhr, eine bereits geplante Maßnahme gegen die Juden würde nicht stattfinden, lässt sich nicht eindeutig schließen, dass es sich bei der »Maßnahme« um die Erschießung der Zwangsarbeiter handelte.

Der Angeklagte Laubach behauptet, nichts von solch einem Brief oder einem Befehl zu wissen. Die Aussagen des Zeugen Elsäßer erscheinen sehr zweifelhaft. Es ist erwiesen, dass Elsäßer nicht mit dem Angeklagten Christoffel diskutiert haben kann, da Christoffel zu der Zeit nicht mehr in Gaisin eingesetzt war. Genauso wenig waren die Angeklagten Friese und Maass im Dezember 1943 in der Abschnittsbauleitung in Gaisin stationiert. Hier täuschen sich die Zeugen. Es ist äußerst fraglich, ob ein SS-Führer einen solchen Befehl in die Hände eines OT-Manns gegeben hätte, mit dem Auftrag, ihn weiterzuleiten.

Selbst wenn die Aussagen des Zeugen Elsäßer bezüglich des Briefs der Wahrheit entsprechen, bedeutet das nicht, dass Laubach wusste, dass es sich bei den Aushebungen um Massengräber handelte. Nach Elsäßers Aussagen habe Laubach nur von einer Deportation gewusst.

Ebenso wenig ist die Tatsache, dass Laubach die Juden zur Flucht ermutigte, kein Beweis dafür, dass Laubach von der bevorstehenden Erschießung wusste. Da es eine erfolgreiche Flucht im Lager von Talalajewka gegeben hatte, kann es den Angeklagten Laubach dazu bewegt haben, den Juden zum Weglaufen zu raten, da eine Flucht während und nach der Deportation ihm schwieriger erschienen sei.[127]

Die Aussage Laubachs, er habe von anderen Polizeioffizieren erfahren, dass es keine Maßnahmen gegen die Juden geben würde, kann nicht widerlegt werden. Sie wird gestützt von einem Brief Werner Bergmanns, vom 17. Dezember 1943, aus dem hervorgeht, dass die SS – der Laubach unterstand – die Juden als Zwangsarbeiter behalten wollte. Es lässt sich daher nicht ausschließen, dass der BdS und der Kommandeur der Sicherheitspolizei (KdS) für die Vernichtung der Juden verantwortlich sind.

Abgesehen vom Zeugen Mühl, ist keiner der Zeugen in der Lage, die Aussagen Laubachs zu widerlegen. Nur Mühl sagte aus, er habe Laubach zusammen mit anderen Polizisten am Ort der Erschießung gesehen. Er kann aber nicht sagen, welche Rolle Laubach bei der Hinrichtung gespielt hat. Es folgt aber eindeutig aus den Zeugenaussagen, dass Laubach selber geschossen hat. Laubach könnte also zu den Wachposten gehört haben. Doch selbst das kann nicht mit Sicherheit gesagt werden, da nach Aussagen aller Zeugen, ein größeres Kommando von Polizisten und Litauern die Erschießung durchführten. Es ist zumindest zweifelhaft, ob Laubach und der zweite Polizeiof-

[127] Die erfolgreiche Flucht aus dem Lager Talalajewka fand am 16. Dezember statt – nachdem die Insassen am 13. Dezember von der Vernichtung des KZs Tarassiwka (10. Dezember 1943) erfahren hatten. Das Motiv für Laubach ist demnach hinfällig.

fizier durch den Kommandoführer als Wachposten eingesetzt wurden.

Über die Motive der Anwesenheit des Laubach an der Exekutionsstätte ergibt die Aussage gleichfalls nichts. Die Möglichkeit, dass Laubach sich nur aus rein persönlichen Motiven, die mit dem Willen, einen Tatbeitrag zu leisten, in keinem Zusammenhang standen, sich dort aufgehalten hat, lässt sich nicht ausschließen. Wenn Laubach auch durch die von Mühl bekundete Anwesenheit am Erschießungsort zwar stark belastet wird, so reichen die vorhandenen Verdachtsmomente jedoch gleichwohl nicht aus, gegen Laubach weiter einzuschreiten. Das Verfahren gegen den Beschuldigten Laubach ist deshalb mangels letzter Beweise einzustellen.

Der Beschuldigte Karl Burger ist verstorben.

Angehörige des Erschießungskommandos sind nicht bekannt. Anhaltspunkte für eine Fahndung liegen nicht vor. Das Verfahren ist deshalb auch in so weit einzustellen.

Nach dem Kommandoführer mit dem angeblichen Namen »Fröhlich« wird gefahndet.

In einer Sendung erhält Arnold Daghani vom Ersten Staatsanwalt, Dieter Joachim, die Abschlussverfügung im Verfahren DG IV.

Anmerkung Mollie Brandl Bowens Trotz dieser unbefriedigenden Ergebnisse der Ermittlungsverfahren entstand aber doch etwas Besonderes und Versöhnliches: Im Laufe der Ermittlungen war die Freundschaft zwischen Daghani und den Staatsanwälten Dieter Joachim und Dr. Heinz Artzt gewachsen, die über alle Niederlagen erhaben war.

Darüber hinaus freundete sich Daghani mit Werner Bergmann, Josef Elsäßer, den OT-Männern von einst sowie mit der Sekretärin Martha Fischer an. Eine bewegende Geschichte, die in den folgenden Briefen festgehalten ist. Sie zeugen von einer Versöhnung, die für beide Seiten – die jüdische und die deutsche – Licht in das von Hass und Argwohn erfüllte Dunkel brachte.

Briefe nach Jona, Schweiz

»Wenn Gott mit deinem Tun einverstanden ist, dann macht er sogar deine Feinde bereit, mit dir Frieden zu schließen.«

SPRICHWÖRTER 16, VERS 7

Arnold Daghani: Montag, 22. Januar 1973 Heute Nachmittag brachte der Postbote drei Briefe – die Antworten auf meine Briefe nach Deutschland an Werner Bergmann aus Freudenstadt im Schwarzwald, Martha Grae-Fischer aus Mainz und Josef Elsäßer aus Remscheid. Es kam mir seltsam vor, dass alle drei Briefe am selben Tag eintrafen.

Eine Frage kam mir in den Sinn: Was war es, das mein Leben 29 Jahre lang auf die Zeit in den Vernichtungslagern fixierte – welche Kraft oder Besessenheit? Sehe ich mich als Historiker, als Zeitzeuge, dessen Tagebuch ein Beitrag zur Aufklärung der Geschehnisse an der Straße DG IV in den Jahren 1942 und 1943 ist?

Bücher über Konzentrationslager gibt es wie Sand am Meer, aber nach meinem Wissen keines über die Lager in der Südwestukraine. Zumindest gibt es auf der Karte der Zwangsarbeitslager in der »Weiner-Bibliothek« in London eine Grauzone: die Region jenseits des Bug, in der Südwestukraine.

Anishoara brach in Tränen aus, als sie den Brief von Werner Bergmann las.

Brief Werner Bergmanns

WERNER BERGMANN
D 7290 Freudenstadt, Bahnhofstraße 60

1.1.1973
Sehr geehrter Herr Daghani!
Ihren freundlichen Brief vom 10.1.1973 habe ich erhalten, meinen besten Dank. Als ich Anfang Dezember 1972 von der Staatsanwaltschaft Dortmund eine Anfrage erhielt, ob man Ihnen meine Anschrift mitteilen dürfe, sagte mir Ihr Name trotz intensiven Überlegens nichts. Jetzt, wo ich Ihr Bild in Händen halte, entsinne ich mich wohl an Sie. Bei dieser Gelegenheit darf ich Sie noch nachträglich zu Ihrer damaligen, gelungenen Flucht beglückwünschen. Leider haben eine solche Gelegenheit, die doch viele Ihrer Leidensgenossen damals hatten, nur vereinzelte genutzt. Nur eine zufällige Entdeckung hätte eine Flucht gefährdet bzw. beendet, da ich diese nicht weitergemeldet habe. Leider konnten Herr Elsäßer und auch ich nichts zur Rettung des Lagers Michajlowka tun, mussten uns sehr zurückhalten, weil wir bei der SS nicht gut gelitten waren.
Bei unserem Rückzug kamen wir durch Braclaw und sahen, dass das dortige Lager, das uns auch einmal unterstand, noch nicht liquidiert war. Das konnte jedoch nur noch eine Frage von kurzer Zeit sein. Von unserer ersten Raststelle – der Ortsname ist mir entfallen – fuhr ich mit einem Ford 1 1/2 Tonner Lkw unter Mitnahme von unserem Schachtmeister Mühl zurück nach Braclaw in der Nacht, haben dort, da keine Wachtposten sichtbar waren, das Lager geöffnet und ihren Insassen die Freiheit gegeben, die sie hoffentlich alle gesund in ihre alte Heimat gebracht hat. Die Alten und Gehbehinderten haben wir auf unseren offenen Lkw verfrachtet und bis zu unserem Quartier mitgenommen, wo wir sie in die Obhut eines dort befindlichen unbewachten Ghettos gaben. Von den befreiten Insassen des Lagers Braclaw habe ich leider nichts mehr gehört, ihr weiteres Ergehen hätte mich doch sehr interessiert. Vielleicht haben Sie Herr Daghani einmal von diesen Ihren Landsleuten gehört?
Doch nun zu Ihren Fragen:
1) Ich kann mich nicht mehr mit Bestimmtheit erinnern, wer Ihnen die

Werner Bergmann, Ingenieur der Straßenbaufirma August Dohrmann. Sein Auftrag, Arnold Daghani solle ein Mosaik in Gaisin legen, schaffte die Voraussetzung für die Flucht der Daghanis.

Anregung für einen Lampenschirm gab. Wenn Sie aber sagen, dass ich Sie mit Ihrer Gattin nicht ins Lager zurückbringen ließ, sondern Ihnen bis zum Abend Zeit gab, so muss das ja stimmen. Da eine Rückverlegung ins Lager am Abend nicht mehr erfolgte, freut es mich heute noch, wenn ich dadurch half, Ihre Gattin und Sie vor einem schrecklichen Los indirekt zu bewahren.

2) Wie ich schon erwähnte, gab es weder für Herrn Elsäßer noch für mich eine Möglichkeit, für die Rettung des Lagers Michajlowka zu intervenieren, auch nicht mit Geld, Gold oder sonstigen Werten.

Hiervon erfuhr ich erstmalig letztes Jahr von Herrn Elsäßer anlässlich seines Besuches bei mir. Er wurde in dieser Angelegenheit während eines Verhörs danach gefragt.

3) Die Behauptung Herrn Segalls, er und seine Familie seien von Erschießung geschützt, stimmt auf keinen Fall und ist aus der Luft gegriffen. Das unselige Ende des Lagers Michajlowka beweist dies.

Sehr geehrter Herr Daghani, ich hoffe, dass ich Ihnen mit meinen Angaben bei der Wahrheitsfindung behilflich sein konnte und Sie das Kapitel »vor 28 Jahren« in Ihrer Selbstbiographie abschließen können.

Zum Schluss bitte ich Sie bei der ersten Gelegenheit, die Sie nach Deutschland und in den Schwarzwald führt, bei mir eine Kaffeestunde zu verbringen. Ich lade Sie mit Ihrer Gattin hierzu herzlich ein.

Mir freundlichen Grüßen an Ihre Gattin und Sie

Werner Bergmann

Brief Martha Grae-Fischers

Mainz, den 20. Jan. 1973

Sehr geehrter Herr Daghani! Sie wissen gar nicht, wie sehr ich mich freue, endlich zu wissen, dass auch Ihre Gattin die Flucht überstanden hat und noch bei Ihnen ist!

Dass Sie in Südfrankreich leben, weiß ich seit ungefähr 5 bis 6 Jahren. Zu dieser Zeit kam ein junger Staatsanwalt von Lübeck nach Mainz, um mich zu den Vorgängen in der Ukraine zu vernehmen. Da ich aber die Lager nie gesehen habe und nur alles von Frau Tabak (so hieß doch die Schneiderin?) wusste, konnte ich ihm nicht viel berichten. Der Staatsanwalt fragte mich, ob ich einen Kunstmaler Daghani kennen würde. Woher sollte ich ihn kennen? Nun wusste ich wenigstens, dass Sie die Flucht überstanden hatten. Mehr konnte ich allerdings von ihm nicht erfahren. Mein ältester Sohn und seine damalige Braut haben dann versucht, in Südfrankreich mehr von Ihnen zu erfahren, leider vergeblich.

Nun zu Ihrem Brief.

Für das Bild danke ich Ihnen sehr. Ihre Gattin habe ich (vielleicht nur Einbildung) sogar wiedererkannt. Sie hatte ich etwas anders in Erinnerung. Ja, wirklich in Erinnerung, denn ich habe meiner Familie (3 Kinder) sehr oft von Ihnen und auch den Vorgängen in der Ukraine erzählt. Ihre Flucht haben wir damals alle verstanden, nur hatten wir tagelang große Angst vor diesem schrecklichen SS-Mann, dass er seine Drohung, die Lagerzählung, wirklich wahrmachen würde.

Wir hatten allerdings nicht viel Hoffnung, dass Sie die Flucht überleben würden, zumal noch Frau Tabak sagte, dass Sie beide kein Wort Russisch sprechen würden.

Ob Frau Tabak damals gleich ins Lager zurück musste, weiß ich nicht mehr, kann auch niemanden fragen, da ich keinerlei Verbindung zu den damaligen Leuten habe. Sie wissen doch sicher, dass Atti 1945 nach der Geburt ihrer Tochter gestorben ist? Sie war genau 10 Monate mit Herrn Bergmann verheiratet. Auch mit Herrn Bergmann habe ich seit 25 Jahren keinen Kontakt mehr.

Ich habe gewusst, dass Sie nicht ohne ein Wort gehen würden!, und habe Herr Elsäßer gebeten, doch in Ihrem Stall (ist doch das richtige Wort für

Ihre Unterkunft?) nachzusehen. Er fand dann das Buch für mich und seinen Brief. Leider habe ich das Buch heute nicht mehr, es ist mit allen meinen Sachen in Deutschland verloren gegangen. Auch das Bild, das Sie damals von unserem Zimmer gemalt haben.
Ich habe damals immer bedauert, dass ich mich nicht mit Ihrer Gattin unterhalten konnte. Aber leider sprach sie kein Deutsch und ich war und bin zu dumm für Fremdsprachen! Deshalb ist es mir auch schwer gefallen, Ihren Tagebuchauszug richtig zu übersetzen. Meine Kinder konnten mir aber helfen. Ist Ihr Tagebuch auch ins Deutsche übersetzt worden?
Ach, ich muss so viel von Ihnen wissen! Mein Mann hat mir versprochen, bald mit mir in die Schweiz zu fahren. Ich habe das Jona schon eifrig auf der Karte gesucht, finde aber nur ein Jonen, nicht weit vom Zürcher See entfernt.
Ich habe damals doch so wenig für Sie getan. Manchmal schäme ich mich heute noch, vor lauter Angst, so feige gewesen zu sein. Wir konnten nicht einmal Frau Tabak retten, denn das Lager wurde vernichtet, als wir Hochzeitsurlaub hatten. Frau Tabak war bis zu unserer Abreise, am 20. November 43 bei uns. Sie war bis zu ihrem Tod also nur noch 3 Wochen im Lager.
Warum haben Sie Südfrankreich verlassen? Glaubten Sie, in der Schweiz eher eine Heimat zu finden? Haben Sie nie daran gedacht, diese Heimat in Israel zu finden? Wie Frau Tabak mir erzählte, haben Sie mehrere Brüder. Leben diese noch in Rumänien?
Mein ältester Sohn und seine Frau interessieren sich sehr für Ihre Chronik und für das Tagebuch. Hätten Sie etwas dagegen, wenn die beiden Sie einmal in der Schweiz besuchen würden? Beide sprechen gut englisch und ausreichend französisch.
Bitte übersehen Sie die vielen Tippfehler! Ich schreibe nicht mehr sehr oft mit der Maschine.
Herzliche Grüße
Ihre M. Fischer

Brief Josef Elsäßers

Remscheid, 21.1.1973
Sehr geehrter Herr Daghani!
Sehr geehrte Frau Daghani!
Freue mich, dass ich von Ihnen ein persönliches Lebenszeichen höre. Entschuldigen Sie bitte die späte Antwort, denn bevor ich Ihnen diesen Brief schreibe, habe ich noch einmal Ihr Buch »Lasst mich leben« durchgelesen.
Nun gleich zu Ihrer Bitte!
Die Auffassung verschiedener Stellen am Morgen nach Ihrer Flucht. Am Abend vorher habe ich zu Herrn Bergmann gesagt, »Ich wundere mich nicht, wenn die beiden morgen früh verschwunden sind.« Gelacht hat Herr Bergmann, und ich auch. Herr Bergmann und ich haben keinem Menschen davon erzählt, denn wenn die SS davon erfahren hätte, dann wäre ich nicht mehr zu retten – wegen Fluchtbegünstigung und Sabotage. Nach einigen Tagen habe ich dann mit Herrn Segall darüber gesprochen, er hat mir erklärt, dass er Euren Mut bewundere. Herrn Segall, Herrn Rosengarten und Frau Pepi habe ich schon die Flucht nahe gelegt, davon hat Pepi alleine die Flucht gewagt. Rosengarten meinte, er hätte für das Lager eine große Verantwortung, und als ich Segall im rumänischen Tulcin gesagt habe, er könne dort bleiben, erklärte er mir, ohne seine Frau und seine Kinder sei es für ihn unmöglich.
Ich habe ja absichtlich kein Schloss an der Garagentüre abgeschlossen, und somit wäre es für die SS ein Leichtes gewesen, mir für Eure Flucht die Schuld zuzuschieben.
Genug davon, es ist ja erfreulich, dass Eure Strapazen und Entbehrungen mit dem Lohn der Freiheit die Erfüllung gefunden haben. Eine Photographie von dem Zimmer habe ich leider nicht mehr. Den schönen Brief, den Sie mir in Gaisin am Abend vor Ihrer Flucht geschrieben haben, besitze ich auch nicht mehr, und warum? Als das Lager in Tarassiwka liquidiert war, habe ich Angst gehabt, die SS würde bei Herrn Rosengarten Photographien finden, wo ich mit dessen Eltern in Czernowitz auf dem Bilde bin. Wenn dann bei mir eine Untersuchung stattgefunden hätte, und Ihr Brief in deren Hände gefallen wäre, dann könnte ich mich nicht mehr verteidigen, deshalb habe ich den Brief vernichtet.

Nun zu etwas anderem.
In Ihrem Buch »Lasst mich leben« stehen Zeilen, die, wenn Ihnen die Informationen von anderen Leuten zugekommen sind, nicht immer den Tatsachen entsprechen.
Erstens auf Seite 8.
Tatsache I ist, die Firma August Dohrmann ist nicht freiwillig nach Russland gegangen, sondern verpflichtet worden.
Tatsache II ist, dass die Firma über die Zuteilung von Arbeitskräften überhaupt keinen Einfluss hatte, denn wir sollten mit Kriegsgefangenen Straßen bauen, die wir auch in Waraniza gehabt haben. Wenn Sie, Herr Daghani, dabei gewesen wären, als man uns informierte, wir müssen mit Frauen, kranken Männern und sogar Kindern Straßen bauen. Ich habe mit Herrn Bergmann eine schwere Auseinandersetzung gehabt, aber leider ohne Erfolg. Ich wollte wieder zur Weihnacht zurück. Sie meinten noch, Pferde waren der Firma mehr am Herzen gelegen als Menschen, stimmt nicht.
Tatsache III. Die Firma August Dohrmann hat in Russland nie ein Pferd ihr eigen genannt.
Noch eins zur Fahrt nach Czernowitz.
Herrn Segall und Heinz Rosengarten, Fredy und Pepi kamen an den Eingang zum Lager Michajlowka und sagten zu mir wortgetreu: Nach einer schlaflosen Nacht hätten sie eine große Bitte an mich. Ich möchte doch sehen, ob die Möglichkeit besteht, nach Czernowitz zu fahren und für die Menschen Winterkleidung und alles zu besorgen, was notwendig ist. Ich bat mir einen Moment Bedenkzeit und sagte: Der Gedanke ist gut.
Ich ging zu Herrn Bergmann, er schickte mich zu Herrn Stracke, dann musste ich noch zu den SS-Leuten. Herr Stracke gab mit dann eine Bescheinigung, mit dieser Bescheinigung musste ich aber erst nach Odessa zum deutsch-rumänischen Verbindungsoffizier, dass er mir die Einfahrt nach Rumänien erlaubt. Er sagte, ich sollte über Tiraspol fahren, aber ich verhandelte mit ihm, so dass ich in Moghilew über den Dnjester fahren konnte, da waren die Straßen besser. Herr Segall, der Chauffeur und ich fuhren dann nach Czernowitz. In Moghilew hat mir dann die rumänische Wehrmacht Herrn Segall abgenommen, er musste so lange, bis ich wieder von Czernowitz zurückkam, im Ghetto bleiben.

Von da aus fuhren wir zurück nach Tarassiwka. Sie erkennen nun, dass das leichter gesagt ist, als getan. Ich wehre mich aber entschieden dagegen, dass ich und Herr Bergmann Schmuck und Dollar verlangt haben: Nie habe ich für etwas eine Forderung gestellt. Solche Einstellung liegt in meinem ganzen Leben nicht drin.
Noch eins sei gesagt: Allen unseren Kolonnenführern habe ich immer wieder gesagt: nicht schlagen, nicht schikanieren und vor allen Dingen nicht umlegen. Wir hatten nur die Aufgabe, mit Euch zu arbeiten.
Was im Lager nach Feierabend alles passierte, das war Sache der Polizei. Ich kannte die Litauer und die kannten mich, sie wussten, dass ich sie nicht leiden konnte und wenn gar der SD kam, und Sie schreiben, dass der oder der OT-Mann den SD behilflich war. Die Frage ist: Was sollten Herr Mühl in Tarassiwka, Herr Kaiser in Michajlowka und Peter Müller machen, wenn diese Dämonen von Menschen in den Lagern wüteten: »Nichts«. Als ich die ersten Erschießungen in Waraniza erlebt habe, habe ich zu Herrn Schweser von Krasnapolka wörtlich gesagt: Wir dürfen den Krieg unter keinen Umständen gewinnen, er schaute mich besorgt an und sagte, das dürfe ich nicht weitersagen. Einige Zeit später, als bei ihm dasselbe passierte, hat er mir Recht gegeben.
Lieber Herr Daghani! Beschönigen will ich mit diesem Brief nichts, bloß Tatsachen feststellen wollen. Könnten wir einmal irgendwo zusammenkommen, dann könnte man manches klarstellen.
Seien Sie und Ihre liebe Frau recht herzlich gegrüßt
von Josef Elsäßer.

Donnerstag, 1. Februar 1973 – Brief Martha Fischers Ein weiterer Brief von Frau Martha Fischer ist heute eingetroffen:

Mainz, 30.1.1973
Sehr geehrter Herr Daghani,
heute am Mittag erhielt ich Ihren »großen Brief«, und nun um 5 Uhr habe ich schon alles gelesen und muss Ihnen gleich antworten. Wenn man nicht wüsste, welches Leid sich hinter dieser Zeit verbirgt, könnte man Ihr Tagebuch wie einen spannenden Roman lesen.
Ich muss aber alles noch einmal in Ruhe lesen. Meine Tochter (16 Jahre,

Unterprimarschule) hat sich über das Verhalten von Atti aufgeregt. Und ich muss gestehen, dass ich nichts davon wusste, dass Atti Ihnen kein Fleisch gegönnt hat und dieses lieber Jutta (so hieß unser Schäferhund) zukommen ließ. Ich will Atti auch nicht besser hinstellen, als sie war, sie hat auch mir das Leben oft schwer gemacht. Nur aus meiner Erinnerung heraus muss ich Ihnen sagen, dass Atti es war, die Sie damals nach Gaisin geholt hat. Und zwar hatte uns Frau Tabak von Ihnen erzählt, dass man Sie und Ihre Frau auf der Hochzeitsreise in Czernowitz gefasst und ins Lager transportiert habe. Ihre Frau würde oft nachts weinen, sie habe Hunger und würde frieren. Atti hat daraufhin Herrn Bergmann gebeten, Sie nach Gaisin zu holen. So hab ich es bisher in meiner Erinnerung gehabt. Warum Atti dann so hässlich war, weiß ich nicht, aber sie war oft unberechenbar in ihrem Tun.
Ich weiß auch nicht mehr, dass Sie Bücher von mir geliehen bekommen haben. An einem Sonntag (Werner Bergmann und Atti waren fortgefahren) haben Frau Tabak und ich Waffeln gebacken und Ihnen davon gebracht, hatten wir in den Tassen Tee? Oder doch Kakao? Die Wolldecke ist mir auch entfallen.
Stasia war doch das Mädchen mit den braunen Haaren, und Nadja die kleine Blonde, die Namen der anderen weiß ich nicht mehr. Sie erwähnen in Ihrem Tagebuch schon den Namen Daghani. Haben Sie sich schon damals so genannt? Ich kenne Sie, oder besser gesagt, kannte Sie unter dem Namen Korn[128]. Frau Tabak schenkte mir einmal vier Taschentücher, angeblich Taschentücher von »Korn«. Ich weiß von ihr auch, dass ihr Mann von den Russen nach Sibirien verschleppt wurde.
Können Sie sich an ein junges Ehepaar im Lager erinnern, das Rosenzweig oder Rosenkranz hieß? Sie war die Tochter eines Professor Schwarz aus Rumänien. Mit diesem Ehepaar hatte sich Atti angefreundet. Und diese beiden sollen auch als Erste zur Erschießung gegangen sein, den kleinen Mucki zwischen sich. So wurde es uns erzählt.
Und heute jährt es sich zum 40. Male, dass der ganze Jammer in Europa begann! Die Nazis kamen an die Macht …
Herzliche Grüße Ihre M. Fischer

---

[128] Anm. Riepers: Arnold Daghani legte nach dem Krieg den deutschen Namen Korn ab und nannte sich Daghani – Daghan ist das hebräische Wort für Korn.

Mittwoch, 6. Februar 1973 Heute trafen zwei Briefe ein: einer von Herrn Elsäßer, vom 4. Februar und einer von Martha Fischer, vom 5. Februar.

Brief Josef Elsäßers

Remscheid, 4.2.73
Sehr geehrte Familie Daghani!
Den Brief vom 24.1.73 habe ich dankend erhalten. Ich freue mich, dass es Ihnen gut geht und hoffe, dass Ihr auch noch gesund seid. Über die Einladung nach Jona kann man noch reden, denn ich bin im Schwarzwald gewesen, in Bräunlingen bei Donaueschingen. Von da aus ist es nicht mehr weit, bis in die Gegend von Zürich. Das Wiedersehen würde bestimmt interessant werden, wir würden uns allerhand zu sagen haben. Wenn ich diesen Sommer nach Hause fahre, dann werde ich Sie früh genug benachrichtigen.
Über die Photographie habe ich mich sehr gefreut. Ihr seid noch ein schönes Paar, wenn man daran denken muss, was alles hinter Ihnen liegt. Bleiben Sie weiterhin gesund und in diesem Sinn grüßt Sie und Ihre Frau herzlich
Ihr Josef Elsäßer!
Hoffentlich auch ein Wiedersehen!

Brief Martha Fischers

Mainz, 5.2.73
Sehr geehrter Herr Daghani,
inzwischen bin ich auf Seite 35 Ihres Tagebuchs. Ich muss nun eine Pause machen, um mich mit dem Gelesenen auseinanderzusetzen. Leider muss ich feststellen, dass in meinen Erinnerungen doch manches »schief« hängt! Die meisten Namen der OT-Leute, z.B. Ullerich, Wittenbeck [gemeint ist Wippenbeck] oder Kühne, sagen mir nichts. An den Becker erinnere ich mich, er kam aus Radevormwald. War dort (ich glaube es) Kantinenwirt. Er hat doch mehrere Wochen mit Fleckfieber im Lazarett von Uman gelegen? Der einzige OT-Mann, an den ich mich ganz sicher

erinnere, ist Fritz Mühl. Bruder Dohrmann (seinen Vornamen weiß ich auch nicht mehr)[129] war, mit Verlaub gesagt, ein blöder Mensch, dem man immer irgendwelche Weibergeschichten nachsagte. Dass er und Bergmann Abzeichen eines Sturmführers trugen, ist mir neu.
Ich habe gleich in meinen verbliebenen alten Fotos gesucht und auch ein Dia mit W. Bergmann in Uniform gefunden. Habe dabei ebenfalls ein Dia mit unseren 5 ukrainischen Mädchen (Nina war unsere Dolmetscherin, Nadja, Dunja, Walja und Stasia) gefunden. Wir bringen sie mit. Zwei Bilder von Atti und mir lege ich bei.
Erkennen Sie mich darauf wieder?
(Ihr Eintrag vom 15. Sept. 1942, es war die Zeit, in der Atti und ich in Gaisin eintrafen). Sie erwähnen SS-Unterscharführer Friese. An ihn erinnere ich mich auch. Er war von dem »Dreigespann Christoffel, Maass und Friese« der Harmloseste oder treffender gesagt, der am wenigsten Schreckliche. Er stammte aus Danzig.
Auf Seite 35 erwähnen Sie Moghilew. In Moghilew war doch auch ein Ghetto? Als wir Gaisin im Januar 44 verlassen mussten, haben wir mit dem Lkw die erste Station in Braclaw gemacht. Hier lebte noch ein Teil der früheren Juden von Dohrmanns, unter anderen die Schneiderfamilie Fischer aus Czernowitz mit der ungefähr 14-jährigen Tochter Dita. Diese fragte, ob wir sie und noch ein paar Freunde mitnehmen würden bis nach Moghilew. W. Bergmann sagte, dass sie bei Dunkelheit kommen sollten. Wie viele dann auf unseren beladenen Lastwagen kletterten, weiß ich nicht. Auf jeden Fall bekamen wir im Ghetto Benzin, damit wir weiterfahren konnten.
Auf Seite 28 erwähnen Sie den Maass, es war doch ein kleiner dicker Kerl und nur Oberscharführer. Der Obersturmführer war der Christoffel (er hatte so dick aufgeworfene Lippen und hatte Ähnlichkeit mit einer Bulldogge).
So viel heute zu Ihrem Tagebuch.
Ich habe seit 25 Jahren keine Verbindung mehr mit W. Bergmann, habe ihn aber vor ungefähr 18 Jahren noch einmal besucht, um Dorothee, Attis Tochter, zu sehen. Angeblich war sie um 3 Uhr nachmittags noch

[129] Anm. Daghanis: Sein Vorname war Walter.

nicht aus der Schule zurück. Später haben wir erfahren, dass die 2. Mutter sie so geschlagen hatte, dass man sie uns nicht zeigen konnte. Dorti (so nennen wir sie) ist bis zum 6. Lebensjahr auf unserem Hof in Waltrop im Kreis Recklinghausen aufgewachsen, war dann 4 oder 5 Jahre bei ihrem Vater und seiner dritten Frau in Dortmund und ist dann wieder nach Waltrop gekommen. Sie lebt heute mit Mann und Tochter in Unna in Westfalen.
Mein Mann und ich freuen uns auf unser baldiges Wiedersehen.
Sehr herzlich
Ihre M. Fischer

P.S. Der Gebietskommissar hieß Becker,der Ortskommandant Major Heinrich

Montag, 21. Februar 1973 – Brief Martha Fischers Ein zweiter Brief von Martha Fischer kam an:

MARTHA FISCHER

Mainz, 19.2.73
Sehr geehrte(r) Frau und Herr Daghani,
ich weiß, dass dieser Brief zu lange auf sich warten ließ, aber es war keine böse Absicht! [...]
Also, durchs Telefongespräch (es war direkt schön, Ihre Stimmen zu hören!) wissen Sie, dass wir schon am 3. März zu Ihnen kommen. Unsere Tochter hat an dem Samstag noch 3 Stunden Schule und wir können gegen 12 Uhr mittags hier wegfahren. Bis Basel brauchen wir bei glatter Fahrt 3 bis 3 1/2 Stunden und ich schätze, dass wir gegen 18 Uhr bei Ihnen sein können. Der Samstag und Montag gehört dann ganz Ihnen. Am Dienstagmorgen wollen wir unserer Tochter noch Zürich zeigen und abends haben wir noch eine Einladung in Mainz.
Ich bitte Sie sehr, machen Sie sich unseretwegen keine Umstände. In der Freude, Sie in Kürze zu sehen, grüße ich Sie heute sehr herzlich
Ihre M. Fischer

Anmerkung Mollie Brandl Bowens So kam es zum ersten Treffen zwischen den Daghanis und Martha Fischer – zum ersten Treffen nach dieser schrecklichen Zeit in der Südwestukraine, als Arnold Daghani und seine Frau Anishoara in täglicher Todesangst lebten. Wenig Zeit verging nach diesem Besuch, bis der nächste Brief von Martha Fischer im Briefkasten der Daghanis lag.

7. März 1973 – Brief Martha Fischers

Mainz, 7. März 1973
Liebe Anna, lieber Arnold,
bevor die Geburtstagsgäste kommen, ein paar Zeilen für Euch.
Wir waren schon kurz nach 4 Uhr gestern wieder daheim. Wir sind immer noch ganz benommen von der Vielfalt der Bilder, die wir bei Euch gesehen haben und wir danken Euch sehr, dass wir 3 so interessante und herzliche Tage bei Euch verbringen durften und vor allen Dingen vielen, vielen Dank für Eure Gastfreundschaft. Nun hoffen wir, dass Euer Gegenbesuch im Mai klappen wird.
Ich habe eine starke Erkältung heimgebracht, und ich hoffe sehr, dass ich Euch nicht angesteckt habe. Nochmals herzlichen Dank und viele liebe Grüße.

Euer Karl & Eure Martha

Dem Dank kann ich mich nur anschließen. Es war sehr schön. Die Marschverpflegung hat bestens geschmeckt (zu Hause als Kaffee). Heute in der Schule war naturgemäß alles müde und benommen, also auch ein schwerer Tag. Et mes meilleurs veux à tout le monde et à Gamin (excusez mes fautes) Bea

Mittwoch, 15. März 1973 – Brief Martha Fischers Anishoara war überglücklich, als heute wieder ein Brief von Martha aus Mainz eintraf.

Mainz, 14.3.73
Meine Lieben,
nun muss ich mich schon für 2 Briefe bedanken, was ich hiermit tue! Meine Erkältung geht ganz langsam wieder zurück. Ich habe sie schon mit in die Schweiz gebracht, deswegen auch meine Befürchtung, dass ich Sie angesteckt habe. Hoffentlich nicht?
Der 7. März ist eigentlich recht ruhig verlaufen, wir hatten nicht so viel Gäste wie sonst. Bea hat sich sehr früh in ihr Zimmer zurückgezogen. Als ich sie fragte warum, meinte sie: Nachdem wir ein ganzes Wochenende mit intelligenten Menschen verbracht haben, kann ich das hier nicht mehr anhören! Ich musste ihr zustimmen und habe mich gefreut, dass sie ein wenig kritischer wird. Ab 21 Uhr waren wir dann mit Uli und Heidi allein. Bis 1 Uhr nachts haben wir dann von Ihnen erzählt! Und Heidi behauptet, dass sie nun Sie, Arnold, genau kennen würde!
Warum schreiben Sie nicht mal an den Deutschlandfunk, um Näheres zu erfahren?
Als wir damals nach Hause kamen, arbeitete auf unserem Hof eine Polin, die Katja Tabak hieß. Sie hatte aber keine Verwandten in Rumänien ...
Was haben die Rumänen mit Ihrem Tod gemeint? Haben Sie es deshalb geschrieben, weil Sie Rumänien verlassen haben?
War Ihr Leidensweg nach Gaisin also immer noch nicht zu Ende. Umso mehr müssen wir Sie beide bewundern, dass Sie so ohne jeden Hass auf Ihre Peiniger sind. Wir haben Sie auch von Ihrer heiteren Seite kennen gelernt, und ich glaube, Anna lacht sehr gerne? Auf jeden Fall hoffen und wünschen wir, dass das Buch des Lebens auch noch schöne Seiten für Sie geschrieben hat, vor allen Dingen, dass auch der »Maler Daghani« zu seinem Recht kommt.
Herzlichst
Ihre Martha F.

Grüße auch von mir. Natürlich auch an Gamin. [Daghanis Hund]
In Eile Bea

14. Mai 1973 – Brief Werner Bergmanns

WERNER BERGMANN
D 7290 Freudenstadt, Bahnhofstraße 60

14.5.1973
Sehr geehrte Frau und Herr Daghani! Vielen Dank für Ihren freundlichen Brief vom 10. Mai. Dass Sie uns nun am 25.5. besuchen wollen, freut mich sehr, bin aber der Meinung, Sie sollten nicht nur »Guten Tag« sagen und gleich weiterreisen, ohne Freudenstadt auch nur kurz gesehen zu haben. Deshalb mein Vorschlag:
Wir laden Sie herzlich ein schon am Donnerstag, den 24. Mai, mit dem gleichen Zuge, 10.56 Uhr hier eintreffend, zu kommen. Ihre Weiterreise nach Mainz können Sie dann wie vorgesehen Freitag um 15.52 Uhr antreten. So haben wir Gelegenheit zur ausgiebigen Unterhaltung und wie können Ihnen etwas von Freudenstadt zeigen.
Bitte geben Sie mir Ihre zustimmende Antwort, eine Ablehnung wird nicht angenommen.
Herzlich grüßen Sie
Ihr Werner Bergmann und Frau

Donnerstag, 24. Mai 1973 – Zu Besuch bei Werner Bergmann Am Bahnhof von Freudenstadt, einem Luftkurort im Schwarzwald, liefen uns Werner Bergmann und seine Frau entgegen. Ich muss gestehen, wäre er mir – mit seinen 67 Jahren – auf der Straße begegnet, ich wäre an ihm vorübergegangen, ohne ihn zu erkennen. Mit einem Lächeln überreichte er Anishoara einen Blumenstrauß. Dann nahm er unseren Koffer, winkte meinen Protest ab, nahm Anishoara an seine Seite und führte uns zu einem Hotel in der Nähe, in dem er für uns ein Zimmer gemietet hatte. Ich folgte, in meinen Händen mein großes Kunstalbum »What a nice world« und neben mir unser Hund Gamin. Die Bergmanns wohnten in einem Häuserblock gegenüber dem Hotel.

Freitag, 25. Mai 1973 Werner Bergmann hat sich rührend um uns gekümmert, obwohl er seit einiger Zeit mit einer Krankheit zu kämpfen hat.

Beim ersten Essen kamen wir wohl oder übel auf die Vergangenheit zu sprechen. Werner Bergmann hatte die Kurzform meines Tagebuchs »Lasst mich leben« gelesen. Er sagte, er habe es von Josef Elsäßer bekommen, der es wiederum von der Firma Dohrmann erhalten hatte. Wie war das Buch nur nach Deutschland und schließlich in die Hände der Firma gekommen?

Es war von dem inzwischen verstorbenen Dr. Siegfried Rosenzweig in Tel Aviv veröffentlicht worden – in einer nicht besonders gut geratenen deutschen Übersetzung.

Herr Bergmann sagte mir, dass er es als sehr bedauerlich empfinde, nicht auch Tagebuch geführt zu haben – seine Erinnerungen verblassten immer mehr.

Um 3 Uhr 50 brachten uns die Bergmanns zum Bahnhof. Herr Bergmann bestand darauf, unsere Koffer zu tragen. Keiner von uns konnte seine Ergriffenheit verbergen, als wir uns verabschiedeten. Wir sahen sie winken, bis der Zug um eine Kurve bog und wir sie aus den Augen verloren.

Anishoara und ich haben uns mit der Vergangenheit versöhnt. Keiner von uns hätte im Traum daran gedacht, dass wir einmal Werner Bergmann verabschieden und uns dabei fühlen würden, als verließen wir einen Bruder.

Werner Bergmann war schon immer ein lieber Mensch gewesen. Meine Gedanken wanderten zurück in die Vergangenheit zu unseren dunkelsten Zeiten, zurück nach Michajlowka und zu meinen Mitgefangenen, denen die Flucht verwehrt geblieben war und die heute in Massengräbern und an Straßenrändern verscharrt lagen.

Nach einem unfreiwilligen Aufenthalt in Worms fuhr der Zug schließlich mit einer Stunde Verspätung in Mainz ein. Dort, auf dem Bahnhof, empfingen uns Karl und Martha Fischer.

Montag, 28. Mai 1973 – Zu Besuch bei Martha Fischer Jede Minute unseres Aufenthalts war ein Genuss gewesen. Jetzt waren wir wieder im Zug.

30. Mai 1973 – Postkarte Werner Bergmanns

29.5.1973
Liebe Frau u. Herr Daghani,
wir bedanken uns herzlich für Ihren Gruß aus Mannheim und hoffen, dass Sie dort ein schönes Wochenende verlebt haben. Inzwischen sind Sie und Gamin hoffentlich wohlbehalten daheim angekommen. An unser Wiedersehen nach 30 Jahren muss ich noch oft denken und über Ihren Besuch haben wir uns sehr gefreut.
Herzlichst Ihr Werner und Polly Bergmann.

Freitag, 7. Dezember 1973 Wieder Neuigkeiten von den Bergmanns. Bis heute haben wir etwa neun Briefe und dicht beschriebene Postkarten von ihnen bekommen.

Montag, 19. August 1974 Gegen Abend habe ich eine riesige Überraschung erlebt: Am Telefon war Josef Elsäßer – er wollte uns am Donnerstag einen Besuch abstatten. Er würde mit Begleitung kommen, wer es sei, wollte er nicht verraten.

Seine Frau war es nicht, sie war 79 und konnte nicht mehr verreisen. Elsäßer war gerade in Süddeutschland und er wollte morgen gegen 9 Uhr Richtung Rappertsville losfahren.

Meine Frau und ich brennen darauf ihn zu sehen. Wie der Besuch wird, steht in den Sternen: Elsäßer will über die Vergangenheit reden, was Anishoara überhaupt nicht recht ist.

Nach meinen Aufzeichnungen sahen wir Josef Elsäßer zum ersten Mal am 7. September 1942, fast auf den Tag genau vor 32 Jahren, auf der Straßenbaustelle der berüchtigten DG IV. […]

Dienstag, 20. August 1974 Anishoara und ich waren nicht sehr angetan von der Vorstellung, dass Josef Elsäßer einmal mehr taktlos in der Vergangenheit herumstochern würde, wie bereits in seinem zehnseitigen Brief vom Januar 1973. Doch einige Fragen wollte ich ihm unbedingt stellen – nur muss ich mich etwas zurückhalten, schließlich ist er unser Gast.

Ich war mir sicher, er würde beim Anblick unserer Wohnung in Staunen geraten: Sie glich eher einer Bildergalerie. Elsäßer gestand, dass er das Aquarell nicht mehr habe, das ich ihm im Juli 1943 gemalt hatte. Als ich es ihm damals überreichte, verlangte er eine Wertschätzung von mir, doch ich konnte keinen Preis nennen.

Donnerstag, 22. August 1974 Habe ich ihn wirklich wiedererkannt? Nein. Wäre er nicht, mit einem Strauß roter Rosen, direkt auf unsere Wohnung zugegangen – ich hätte unseren Herrn Elsäßer nicht erkannt. Das einzig Markante, an das ich mich erinnerte, gab es nicht mehr: Er trug keinen Schnauzbart. Zudem konnte er sich nicht daran erinnern, je einen getragen zu haben, was mich verwirrte.

Kaum hatte er mit seinem Begleiter Platz genommen, tauchte er in die Vergangenheit ein. Die Straßenbaufirmen seien nicht freiwillig nach Russland gegangen: Sie seien dazu gezwungen worden, erklärte er mir. Darauf erwiderte ich, dass es verschiedene Zwangsverpflichtungen gebe: ohne und – was einem Vertrag gleichkomme – mit Unterschrift.

Elsäßer war in der Frühphase des Krieges in Lemberg verwundet worden und hatte sich nach seiner Heilung dagegen gesträubt, in den Osten zurückzugehen – wenngleich dieses Mal als Angehöriger der Firma Dohrmann in die Südwestukraine.

Elsäßer sagte mir, dass Herman Kaiser vor etwa anderthalb Jahren an Herzbeschwerden verstorben sei.

Ich erfuhr auch, dass der Koch der Firma Dohrmann in Gaisin nicht Ernst Laube hieß, sondern Ernst Sauer. Elsäßer schätzte ihn nicht besonders. Er sei ein Mitglied der NSDAP gewesen und das schreckliche Essen hätten wir ihm zu verdanken.

Elsäßer wollte wissen, wer Mintel sei und ob er wirklich Deutscher gewesen sei. Die einzigen Deutschen, die er in Michajlowka gekannt

Daghanis Wohnung in Jona/Schweiz – eine »Bildergalerie«

hatte, seien, abgesehen von Herrn Kaiser und den Angehörigen der OT, Herr Glasbrenner und Herr Hartmann gewesen. Auch der Name Willi Kustin schien ihm nichts zu sagen.

Über Elsäßers Reise nach Czernowitz hätte ich fälschlich geschrieben, dass Bernhard Becker, der für die Versorgung vom Zwangsarbeitslager Tarassiwka verantwortlich war, mitgekommen sei. Nachdem er Segall im Ghetto von Moghilew abgeliefert hatte, habe sich Elsäßer – wie er richtig stellen wollte – allein auf den Weg nach Czernowitz gemacht. Dort habe er den Ingenieur Jaegendorf getroffen.

Elsäßer hatte in Czernowitz im Haus von Professor Benno Schwarz und dessen Frau übernachtet – bei den Eltern von Annie Rosengarten. Er hielt sie in besonderer Erinnerung.

Komisch, dachte ich plötzlich wieder, wie wir hier zusammen saßen und über die Vergangenheit sprachen. Alles wegen meines Buches. Elsäßer war über die Firma Dohrmann daran gekommen, er wiederum hatte diese veröffentlichten Auszüge meines Tagebuchs zum Lesen an Hermann Kaiser weitergegeben.

In Elsäßers Augen war Herr Friese nicht ganz so unmenschlich wie Christoffel oder Maass, die für ihn die Verkörperung des Bösen waren. Ich zeigte Elsäßer ein Porträt von Maass, das ich aus dem Gedächtnis gemalt hatte und wollte wissen, ob es die Züge des Monsters abbildete. »Ja«, war seine Antwort.

Ich zeigte ihm vier Aktenordner, die mir das Staatsanwaltsbüro Lübeck geschickt hatte. Sein Blick verfinsterte sich, als ich ihm erklärte, worum es sich dabei handelte. Ich verlas die Beschriftung der Ordner: »Ermittlungsverfahren gegen Friese und andere wegen Mordes – 3 Js 1428(65 StA Itzehoe)«, legte die Akten zur Seite und beobachtete seine angespannten Gesichtszüge.

Herr Bergmann sei damals Haupttruppführer und nicht Sturmtruppführer gewesen, sagte Elsäßer, um zurück auf mein Buch zu kommen. Die Ankunft unserer Häftlingskolonne in Michajlowka sei für die Firma Dohrmann eine Überraschung gewesen: Sie waren nicht eingeweiht. Als Erstes stellte sich ihm die Frage nach unserer Unterbringung, denn der einzig noch frei Raum, ein Dachboden, hätte unter der Last so vieler Menschen nachgegeben. Der andere Stall der Kolchose habe nicht zur Verfügung gestanden, da der Lagerleiter von Michajlowka dagegen gewesen sei. Schließlich habe Elsäßer nachgeben und uns Neulinge zusammen mit den anderen Häftlingen in einen Stall pferchen müssen. [...]

Elsäßer erzählte mir, dass Werner Bergmann an Leukämie leide. Er tat mir Leid. Ich zeigte Elsäßer die letzten Ansichtskarten, die wir von ihm im Juni erhalten hatten. In all seinen Briefen hat er kein Wort darüber verloren, er machte sich immer nur Sorgen über die Gesundheit seiner Frau Polly.

Ich fragte Herrn Elsäßer, wie die Firma Dohrmann zu einem Exemplar meines Tagebuchs gekommen sei – ein Rätsel, für das ich keine Erklärung gefunden hatte. Die gleiche Frage hatte ich bereits Herrn Bergmann gestellt, als wir ihn in Freudenstadt besuchten – ohne Antwort.

Die anregende Unterhaltung flaute auch nach dem Essen nicht ab. Ich war so froh darüber, dass Herr Elsäßer und Herr Bergmann uns einmal im wirklichen Leben sehen konnten: als Menschen und nicht als entmenschlichte Sklaven: in Hunger, voll Ungeziefer und vor Angst zitternd. Ich empfand diese Begegnungen als Rehabilitation.

Regelmäßig kehrte Elsäßer zur schrecklichen Zeit im Lager zurück: Er verstünde, wenn wir beide Hass und Verachtung in uns trügen. Wir entgegneten: »Weder das eine, noch das andere.«

Als Elsäßer über seine Erinnerungen sprach, sah man ihm den Schauder an, den er dabei empfand. Dennoch war ich zutiefst verwundert, als er erzählte, seine OT-Uniform hänge noch bei ihm zu Hause in seinem Kleiderschrank. Das hätte ich nicht von ihm gedacht, doch verbarg ich meine Gefühle diesbezüglich. Die Organisation Todt wurde zwar bei den Nürnberger Prozessen für unschuldig erklärt, dennoch klebte Blut an ihr, dennoch war sie Teil des Hitlerregimes, das Deutschland in eine Schuld gestürzt hatte, die nicht wieder gutzumachen war. Wohl aber konnte ich die ehemaligen Zwangsarbeiter verstehen, die ihre gestreiften KZ-Klüfte aufbewahrten.

Wieder sprang Herr Elsäßer zurück in die Vergangenheit und sagte in allem Ernst zu Anishoara: »Sie können die schreckliche Zeit dort wohl nicht vergessen.«

Die Elsäßers hatten vier Enkel von ihrer einzigen Tochter, L. Autry, die mit einem Atomphysiker verheiratet war.

Der Begleiter Elsäßers hieß Friedrich Mayer. Er hatte mit zwölf Jahren sein linkes Bein und zwei Finger von seiner rechten Hand verloren, damals im Krieg, im Jahr 1944. Heute besaß er einen Schreibwarenladen und einen Spielzeugladen in der Geburtsstadt Elsäßers.

Als wir uns verabschiedeten, fragte uns Elsäßer noch, ob wir ein Foto von ihm haben wollten und wir antworteten: »Natürlich.« Er stand in der Tür und konnte nicht aufhören zu sagen: »Passen Sie auf sich auf.« Wie er, so waren auch wir gerührt und konnten unsere Gefühle kaum verbergen – mache deine Feinde zu Freunden! Gegen fünf Uhr Nachmittag gingen sie fort.

Dienstag, 27. August 1974 – Postkarte Josef Elsäßers Eine Ansichtskarte mit dem Poststempel vom 23. August von Herrn Elsäßer kam an:

Ihr Lieben,
wir kamen sicher zurück nach Hause. Ich möchte Ihnen vielmals für den

warmen und herzlichen Empfang und die tiefen Gespräche bedanken. Sie haben mich in eine mir unbekannt Welt eingeführt. Nochmals vielen Dank an Sie und Ihre Frau
Ihr Josef Elsäßer

31. August 1974 – Brief Josef Elsäßers

Bräunlingen, 31.8.74
Sehr geehrte Frau und Herr Daghani!
Am 3.9.74 ist meine schöne Zeit in meiner Heimat beendet, und ich fahre dann wieder ins Rheinland nach Remscheid. Bedanke mich noch einmal recht herzlich für die schöne und gute Aufnahme und Ihre vornehme Bewirtung, ebenfalls für den (truanalischen) herzlichen Abschied. Meine Frau hat mir schon geschrieben, dass sie Post von Ihnen erhalten hat, besten Dank. Wenn ich nach Remscheid komme, werde ich dann von dort aus berichten.

Sehr geehrter Herr Daghani!
Gerade lese ich einen Brief von Ihnen vom 10.1.73, wo Sie wissen wollen, wie ich den zuständigen Stellen Ihre Flucht erklärte. Das war so: Am Abend vor Ihrer Flucht habe ich schon Herrn Bergmann gesagt, ich glaube nicht, dass Ihr noch da seid am anderen Morgen. Als nun für mich feststand, dass Ihr geflüchtet seid, hat Herr Bergmann zu mir gesagt: Und was nun? Ich erklärte ihm, dass wir zwei vor allen Dingen zu schweigen haben. Sollte jemand fragen, dann sollte Herr Bergmann den Betroffenen zu mir schicken und ihnen sagen, ich wüsste Bescheid. Wenn jemand zu mir gekommen wäre, dann hätte ich demselben erklärt, dass ihr schon am Abend nicht mehr da gewesen seid. Gefragt hat keiner von den zuständigen Stellen, nur Herr Segall hat zu mir gesagt: Er hätte nicht geglaubt, dass Sie und Ihre Frau die Courage gehabt hätten zu flüchten. Das zu dieser Sache. Ich bitte nun Sie um Entschuldigung, dass ich nach Erhalt von diesem Brief nicht gleich geantwortet habe. Ich habe den Brief damals scheinbar nicht richtig gelesen oder bin beim Lesen abgelenkt worden. Es ist leider passiert. Hoffentlich ist mein Fehler wieder gutzumachen.

Das wäre Alles!
Wünsche Ihnen und Ihrer lieben Frau alles Gute, vor allen Dingen Gesundheit, so dass wir uns vielleicht noch einmal wiedersehen können.
Viele herzliche Grüße
Ihr Josef Elsäßer.

19. März 1975 – Mitteilung des Bundesarchivs

BUNDESARCHIV · KOBLENZ

Herrn Arnold Daghani!
Auf Ihr Schreiben vom 6.3.1975 teile ich Ihnen mit, dass sich unter den im Bundesarchiv vorhandenen Registraturresten der ehem. Organisation Todt nur wenige Unterlagen der OT-Einsatzgruppe Russlandsüd (vornehmlich Akten des gegen Ende 1943 nach Italien verlegten OT-Einsatzes »Seefalke«) befinden. Dieses Schriftgut enthält keine Hinweise auf Zwangsarbeits- und Vernichtungslager. Akten der im Raume Winniza-Uman eingesetzten OT-Einheiten sind hier nicht überliefert. Sofern das einschlägige Aktengut die Kriegsereignisse überdauert haben sollte, dürfte mit seiner Verwahrung in russischer Hand zu rechnen sein. Ich empfehle Ihnen, eine Anfrage an den Internationalen Suchdienst, 3548 Arolsen/Waldeck, zu richten, der eine Sammlung von Angaben und Unterlagen über die während des zweiten Weltkrieges in Deutschland und in den deutsch-besetzten Gebieten existierenden Arbeitslager verschiedener Art besitzt und auch entsprechende Dokumentationen zusammengestellt und veröffentlicht hat. Die Publikationen des Internationalen Suchdienstes, z. B. »Catalogue of Camps and Prisons in Germany and German Occupied Territories, 1939-1945«, July 1949, sowie »Vorl. Verzeichnis der Haftstätten unter dem Reichsführer SS in Deutschland und deutsch-besetzten Gebieten, 1933-1945«, Februar 1969, dürften vermutlich in jeder größeren Bibliothek vorhanden sein.
Mit freundlichen Grüßen
Im Auftrag
Singer

14. März 1976 – Brief des Landgerichtsrats Röhse

HANS-JOACHIM RÖHSE · LANDGERICHTSRAT
Hamburg 66, Diekbarg 13b

14. März 1976
Sehr geehrter Herr Daghani,
zunächst muss ich um Ihr Verständnis dafür bitten, dass ich Ihren Brief erst heute beantworte; aber offenbar ist Ihr Schreiben zunächst dadurch fehlgeleitet worden, dass es bei unseren Gerichten einen Untersuchungsrichter mehr gibt, und ich nach meiner Beförderung zum Vorsitzenden Richter einen ganz anderen Aufgabenbereich übernommen habe, und dann ging Ihr Brief bei meiner Kammer ein, als ich gerade einen längeren Urlaub angetreten hatte.
Leider muss ich Ihnen jetzt auch noch die Mitteilung machen, dass das Verfahren gegen Walter Mintel einen Abschluss gefunden hat, den auch ich mehr als unbefriedigend finde und für den Sie wohl nur schwer Verständnis aufzubringen vermögen. Frau Dr. Sarembe und ich haben nach unserem damaligen Aufenthalt bei Ihnen noch eine ganze Reihe anderer Zeugen vernommen. Als alle erreichbaren Beweismittel erschöpft waren – von Arthur Kiesel haben wir übrigens nichts mehr in Erfahrung bringen können – habe ich die Voruntersuchung geschlossen. Frau Dr. Sarembe ist dann nach sorgfältiger Prüfung des Beweisergebnisses zu der Auffassung gekommen, dass die vorliegenden Tatsachen zu einer Überführung nicht ausreichen würden; sie hat deshalb das Verfahren gegen Walter Mintel ohne Anklageerhebung einstellen müssen.
Ich bedauere sehr, Ihnen keine andere Antwort geben zu können. Ich wünsche Ihnen, dass Sie sich in der Schweiz nach wie vor wohlfühlen – ich selbst habe im vergangenen Winter drei sehr schöne Wochen in Saas Fee verbracht – und bleibe mit herzlichen Grüßen an Sie und Ihre Frau
Ihr
Hans-Joachim Röhse

27. Juni 1976 – Brief Werner Bergmanns

WERNER BERGMANN · Freudenstadt

7.6.1976
Liebe Frau und Herr Daghani!
Nachdem ich heute wieder einmal das Bett verlassen habe, will ich die Gelegenheit nutzen, Ihnen recht herzlich für Ihre lieben Ostergrüße zu danken. Sehr spät kommt unser Dank, aber als Ihr Brief uns erreichte, lag ich bereits zu Bett mit einem Schlaganfall und starken Kreuzschmerzen. Viele Wochen lag ich bewegungslos, und erst jetzt, nach 10 Wochen, mache ich wieder Gehversuche. Meine Frau, die ja selbst Hilfe brauchte und auch kräftemäßig nicht die Stärkste ist, hatte mit mir und hat immer noch viel Arbeit mit meiner Pflege. Nun liege ich schon fast ein Vierteljahr, und es ist noch kein Ende abzusehen. Diese Woche wurde ich geröntgt, und dabei wurde festgestellt, dass ich eine beidseitige Hüftgelenkarthrose und einen Lendenwirbelschaden habe. Eine klinische Behandlung wird dadurch erforderlich, habe aber erst zum 20. Juli eine Zusage in einer Spezialklinik in Wildbad, wohin ich meine Frau mitnehme. Wir erhoffen uns von dort Hilfe, dass ich wieder zum Laufen komme. Wir wollten im Mai eine kleine Reise unternehmen, aber sie blieb durch meine Krankheit nur ein Wunsch. --
Auch Sie, liebe Familie Daghani, blieben leider nicht von Krankheit verschont, wir hoffen und wünschen jedoch, dass Sie sich inzwischen von der Grippe erholt haben. Auch unser Wunsch ist es, Sie recht bald einmal wiederzusehen. Mit diesem Wunsche und den besten Wünschen für Ihr beider Wohlergehen
grüßen Sie ganz herzlich Ihre Polly und Werner Bergmann.

7. April 1977 – Nachricht vom Tode Werner Bergmanns Heute traf der Trauerbrief über den Tod Werner Bergmanns ein. Seine Witwe Polly benachrichtigte uns, dass Werner Bergmann am 25. März 1977, im Alter von 71 Jahren verstorben sei. Die Nachricht traf uns wie ein Schlag. Es war für mich, als hätte ich einen Bruder verloren. 26 Briefe und Postkarten hatten wir von ihm und seiner Frau bekommen.

Briefe nach Brighton, England

In Hove/England finden die Daghanis ein neues Zuhause. Arnold in seinem Esszimmer in der Wohnung am Palmeira Square

Mit Hilfe der Grindeas erhielten die Daghanis die Aufenthaltsgenehmigung für England. Als Daghani am 17. November 1977 in der südenglischen Hafenstadt Newhaven eintraf, soll er in seiner typisch humorigen Art zu den Beamten der Einwanderungsbehörde gesagt haben: *»We have come to see a new haven.«* In der Tat war England für die Daghanis – nach Jahrzehnten der Ruhelosigkeit – ein neuer Hafen. In Hove, einer Stadt neben dem Seebad Brighton mit einer großen jüdischen Gemeinde, zogen sie in das Haus der Grindeas am Palmeira Square unweit von der Strandpromenade. Es dauerte nicht lange, da war die Etage der Daghanis eine Kunstgalerie und das Haus am Palmeira Square wurde zu einem Anzugspunkt für Kunstinteressierte.

Ende der siebziger Jahre zeigten sich bei Arnold Daghani die ersten Zeichen einer unheilbaren Krankheit: Parkinson. Auch bei seinen Freunden in Deutschland hatte die Zeit Spuren des Alterns hinterlassen.

24. Mai 1978 – Brief Josef Elsäßers

Remscheid, den 24.5.78
Ihr Lieben!
Den Brief vom 13. Mai habe ich dankend erhalten, lese daraus Ereignisse, die mich, und da komme ich gleich zum Tode von Herrn Bergmann, tief bewegen. Ich danke Ihnen sehr für die Nachricht, denn ich wusste von gar nichts, nur hatte ich ein wenig Angst, dass etwas schief gelaufen sein muss, denn wenn Herr Bergmann noch gelebt hätte, dann hätte er auf meine Karte geantwortet. Als ich Herrn Bergmann damals in Freudenstadt besuchte, war er ein sehr kranker Mann. Nun hat er seinen Frieden.
Zweites Ereignis: Dass Sie nach England gegangen sind, eine bessere Atmosphäre gefunden haben, freut mich. Die Schweiz ist nämlich nicht das ideale Land für Ausländer, wo Milch und Honig fließt, da wird jeder gewogen, wenn Sie mehrfacher Millionär gewesen wären, dann würde Ihre Angelegenheit anders behandelt worden sein. Meine Heimat Baden war und ist ein Nachbarland: Wir kennen die Schweizer. Wie die Bestimmungen für die Einbürgerung in der Bundesrepublik lauten, kann ich keine Auskunft geben.
Von den Mädchen in unserem Büro in Gaisin kenne ich nur Martha und Atti Grae. Eine Paula Grae kenne ich nicht.
[…] Freue mich, dass Ihr noch einigermaßen gesund seid, und wünsche Ihnen und Ihrer Frau das Allerbeste und grüße Sie herzlich
Josef und Ida Elsäßer

Mein Geburtstag ist am 24. Juni

Juli 1979 – Trauerbrief der Tochter Josef Elsäßers

Heute ereilte uns die Nachricht vom Tode Josef Elsäßers. Er starb am 31. Mai 1979 im Alter von 81 Jahren. Als Erinnerung an ihn blieben uns 30 Briefe und Postkarten und dazu Weihnachts- und Ostergrüße.

Lieber Herr Daghani und Frau,
unser Vater hat in der letzten Maiwoche einen Schlaganfall erlitten, war rechtsseitig gelähmt und hatte auch keine Sprache mehr. Er ist mit einem Notarztwagen ins Krankenhaus gekommen. Die ersten 2 Tage hat er mich noch erkannt; aber dann war er nur noch an Schläuche angeschlossen und hat uns nicht mehr wahrgenommen. Es war eine schlimme Zeit. Als er dann am 31.5. gestorben ist, war es für ihn und uns eine Erlösung. Wir vermissen ihn sehr. Auch im Namen meiner Mutter viele Grüße an Sie.
L. Autry

Anmerkung Mollie Brandl Bowens Daghani und seine Frau Anishoara erzählten mir immer wieder, wie sehr es sie bewegte, dass Polly – die Witwe Werner Bergmanns – und die Tochter Elsäßers Lore Autry, den Kontakt mit ihnen aufrecht erhielten und mit ihnen über Bergmann und Elsäßer sprechen wollten. Frau Fischer schrieb weiterhin den Daghanis.
1979 schrieb Daghani an den Geschäftsführer der Firma August Dohrmann in Remscheid, Dr. Walter Spelsberg. Diesem Brief legte Daghani die veröffentlichten Auszüge seines Tagebuchs bei:

29. November 1979 – Brief Daghanis an den Geschäftsführer der Firma Dohrmann

AN DIE DOHRMAN KG · REMSCHEID

29. November 1979
Betrifft: Buch »Lasst mich leben«

Anfang dieser Woche rief mich einer Ihrer Herren an, und es stellte sich im Gespräch heraus, dass das Buch sich nicht mehr in Ihrem Besitze befindet. (Herr Josef Elsäßer hatte seine Tochter an einen Wissenschaftler in Brüssel verheiratet und erwähnte niemals einen Sohn). Da während des Telefongesprächs der Wunsch geäußert wurde, in den Besitz dieses Buches zu gelangen, ich jedoch nur ein Exemplar desselben habe, ließ ich das Buch ablichten und sende Ihnen diese Ablichtung anbei. In den

letzten Jahren und heute noch arbeite ich an einer ausführlichen Ausgabe (in Englisch) – ich bedauere die miserable Übersetzung aus dem Engl. –, da mich die Geschehnisse als Historiker für 1942/1943 interessieren.
Nur als Historiker!
Ich sende Ihnen anbei in Ablichtung:
Brief seitens Frau Graé-Fischers aus Mainz +
illustrierte Karte von Herrn Josef Elsäßer +
illustrierte Karte von Herrn Werner Bergmann, der im damaligen Konsortium die Firma Schütte vertrat.
Außerdem erlaube ich mir, Ihnen in der Anlage etwas Persönliches über mich einzusenden.
Meine Frau (Anna) und ich standen jahrelang, bis zu ihrem Ableben, mit Herrn Elsäßer und Herrn Bergmann in Verbindung. Mit Frau Fischer sind wir im laufenden schriftlichen Verkehr.
Mit vorzüglicher Hochachtung
Arnold und Anna Daghani

20. Dezember 1979 – Brief des Geschäftsführers der Firma Dohrmann

AUGUST DOHRMANN KG · BAUUNTERNEHMUNG
Geschäftsleitung

20.12.1979
Sehr geehrter Herr Daghani,
zu meinem großen Bedauern ist es mir erst heute möglich, auf Ihr Schreiben zu antworten. Für die Übersendung der Ablichtung Ihres Tagebuches bedanke ich mich herzlich. Ich werde in den Weihnachtstagen endlich Ruhe haben, es zu lesen.
Von den ehemaligen Mitarbeitern unserer Firma, die Ihnen begegnet sind, lebt nur noch Herr Karl Kühne. Ich selbst bin seit 1958 in unserem Unternehmen tätig und habe seit dem Tode meines Schwiegervaters, Herrn Paul Dohrmann, die Geschäftsführung in Händen.
Aus Gesprächen mit Herrn Elsäßer, der vor wenigen Monaten verstorben ist, weiß ich um die erschütternden, unmenschlichen Geschehnisse

während des Einsatzes unserer Firma in der Ukraine. Diese Geschehnisse sind für uns Deutsche zutiefst beschämend.
Dass Sie mir Gelegenheit geben, in Ihr persönliches Erleben Einblick zu bekommen, empfinde ich als eine verzeihende und mich persönlich tief berührende Geste. Die wenigen Seiten, die ich bis jetzt lesen konnte, haben mir deutlich gemacht, dass Ihr Anliegen, sich von der deutschen Übersetzung distanziert zu wissen, berechtigt ist.[130] Ihrer sprachlichen Meisterschaft wird diese Übersetzung nicht gerecht.
Ich würde mich sehr freuen, von Ihnen noch einmal zu hören und bin mit den besten Wünschen für Sie und Ihre Gattin.
Dr. Walter Spelsberg

19. Mai 1980 – Brief der Landesjustizanstalt Ludwigsburg (Ergebnisse der Verfahren)

ZENTRALE STELLE LUDWIGSBURG
der Landesjustizverwaltung, Schorndorferstraße 28
II – 110 AR 160/80

19. Mai 1980
Sehr geehrter Herr Daghani,
auf Ihr Schreiben vom 26. April 1980 kann ich Ihnen Folgendes mitteilen: Dabei gehe ich davon aus, dass Sie im Besitz der Einstellungsverfügung der Staatsanwaltschaft Lübeck vom 26. Mai 1970 – 2 AR 711/65 – sind, mit der das Hauptverfahren wegen NS-Verbrechen an der Durchgangsstraße IV (DG IV-Verfahren 3 Js 1428/65 StA Itzehoe) abgeschlossen wurde.
Die weiteren, aus dem Hauptverfahren ausgetrennten Tötungsverbrechen an der DG IV betreffenden Verfahren hatten folgende Ergebnisse:
Antrag der StA Lübeck vom 26. Mai 1970 an das Landgericht Itzehoe

[130] Anm. Riepers: Spelsberg bezieht sich auf die Übersetzung der Tagebuchauszüge, die 1960 in Israel veröffentlicht wurden.

auf Führung der Voruntersuchung gegen Oskar Albert Johann Friese und Hans Emil Wippenbeck.
Das Landgericht Itzehoe hat mir Beschluss vom 31. August 1970 die Eröffnung der Voruntersuchung gegen Friese wegen Eintritt der Verjährung gegen Wippenbeck wegen Unzuständigkeit des Landgerichts Itzehoe abgelehnt.
Das Verfahren gegen Wippenbeck hat die Zentralstelle bei der Staatsanwaltschaft Dortmund unter 45 Js 23/70 übernommen. Die Voruntersuchung ist vor dem Landgericht Essen – VU1/71 – eröffnet worden. Durch den Tod des Beschuldigten am 11. April 1972 hat sich das Verfahren erledigt.
Im Übrigen behandelt die StA Lübeck auf Blatt 621-639, 733-736 ihrer abschließenden Verfügung vom 26. Mai 1970, gegen welche Beschuldigte zuständigkeitshalber das Verfahren an eine andere Staatsanwaltschaft abzugeben war. Auch diese Verfahren sind von den jeweiligen Staatsanwaltschaften eingestellt, oder die Beschuldigten wurden nach gerichtlicher Voruntersuchung außer Verfolgung gesetzt.
Es handelt sich um folgende Verfahren:
An die Staatsanwaltschaft Berlin (3 P (K) AR 34/70) wurde das Verfahren gegen Albert Wolter und Felix Broghammer abgegeben.
Nach dem Tode von Wolter hat die Staatsanwaltschaft Berlin das Verfahren gegen Broghammer an die Staatsanwaltschaft Konstanz abgegeben, die es am 10. März 1972 eingestellt hat (2 Js 80/71).
Die Staatsanwaltschaft Bremen hat das Verfahren gegen Otto Fach unter 29 Js 120/70 übernommen. Gegen ihn wurde vor dem Landgericht Bremen die gerichtliche Voruntersuchung geführt. Durch Beschluss des Landgerichts Bremen vom 13. März 1972 ist er auf Antrag der Staatsanwaltschaft außer Verfolgung gesetzt worden.
Bernhard Maass und Hermann Kaiser waren Beschuldigte in dem Verfahren der Staatsanwaltschaft Lüneburg – 2a Js 489/70 –. Nachdem das Verfahren gegen Maass aufgrund seiner dauernden Verhandlungsunfähigkeit eingestellt war, wurde das Verfahren gegen Kaiser an die Staatsanwaltschaft Düsseldorf abgegeben und dort mit Verfügung – 8 Js 164/71 – vom 29. April 1971 eingestellt.
Die Staatsanwaltschaft Hamburg hat unter 147 Js 20/70 das Verfahren gegen Walter Mintel und Arthur Kiesel übernommen. Mintel wurde

durch Beschluss des Landgerichts Hamburg vom 3. April 1973 nach der gerichtlichen Voruntersuchung auf Antrag der Staatsanwaltschaft außer Verfolgung gesetzt. Die genauen Personalien von Arthur Kiesel konnten nicht festgestellt werden. Sein Aufenthalt war daher nicht zu ermitteln.
Unter 86 Js 526-527/70 hat die Staatsanwaltschaft Stuttgart das Verfahren gegen Karl Klenk und Joseph Stahlberger übernommen. Gegen Stahlberger wurde es mit Verfügung vom 23. Oktober 1970 wegen dauernder Verhandlungsunfähigkeit eingestellt. Klenk wurde durch Beschluss des Landgerichts Stuttgart vom 18. März 1971 nach gerichtlicher Voruntersuchung außer Verfolgung gesetzt.
Das an die Staatsanwaltschaft Ellwangen abgegebene Verfahren gegen Alfons Mayer wurde zuständigkeitshalber an die Staatsanwaltschaft Stuttgart weitergeleitet und am 20. Januar 1971 eingestellt (84 Js 528/70).
Die übersandten 4 Ablichtungen gebe ich Ihnen beiliegend wunschgemäß zurück.
Mit freundlichen Grüßen
Winter
Oberstaatsanwalt

Beil.: 4 Ablichtungen

Am 8. September 1980 erschien im *Stern* ein Artikel über die junge Poetin Selma Meerbaum-Eisinger, die im Arbeitslager Michajlowka verstarb. Die Sternreporter folgten den Spuren, die die Ermittlungsverfahren hinterlassen hatten und trafen in Hamburg auf den von Daghani identifizierten SS-Unterscharführer Walter Mintel. Dieser behauptete, niemals in der Ukraine gewesen zu sein. Daghani erfuhr von diesem Artikel. In zwei Briefen äußerte er seine Entrüstung über die Lüge seines ehemaligen Peinigers.

29. September 1980 – Postkarte Daghanis an Walter Mintel

Sehr geehrter Dr. Mintel,
In einem Artikel des *Sterns*[131] vom 8. September 1980 konnte ich den Satz lesen: »Als Angeklagter erklärte er, niemals in Michajlowka gewesen zu sein!«
Darf ich Ihrem Gedächtnis mit meinem Tagebuch nachhelfen?
Am 18. August 1942 hörte ich Ihren Namen zum ersten Mal im Arbeits- und Vernichtungslager Michajlowka, wo Sie als Adjutant des Polizeimeis-ters Arthur Kiesel eingesetzt waren.
25. August 1942 … Gerade in diesem Moment ereilte uns das Unglück, Walter Mintel zu begegnen, der auf einem Rad daherkam.
5. September 1942 … Sie hatten zwei Stunden gearbeitet, als Zelinskas gesehen wurde, wie er erregt mit SS-Unterscharführer Walter Mintel diskutierte.
6. September 1942 … In viereinhalb Jahren – aber wohl nur, wenn es SS-Unterscharführer Walter Mintel, Zelinskas und dergleichen nicht gäbe.
12. September 1942 Gestern Nacht waren Rechtsanwalt Marian Dolberg, Bernhard Locker und andere durch das Grölen des besoffenen SS-Unterscharführers Walter Mintel und Zelinskas erwacht.
14. September 1942 Gleich dreimal erwähne ich Sie an jenem Tag: Der Weckruf … Polizeimeister Arthur Kiesel und SS-Unterscharführer Walter Mintel sind erschienen.
Mintel zögert mit dem Befehl zum Abmarsch.
... Ich sehe ihn zu Mintel und Kiesel hinübergehen. Doch vergeblich warten wir auf das Signal zum Abmarsch.
16. September 1942 Nachdem Walter Mintel die Liste verlesen hatte und wir uns auf dem Rückmarsch befanden, flehten ihn Frau Korn und ihre Tochter an, sie nicht zu verlegen.
21. September 1942 In der Regel inspizieren uns Polizeimeister Arthur Kiesel und SS-Unterscharführer Walter Mintel.
22. September 1942 Nichts Ernstes, die neunjährige Hannerl hat einen Alptraum gehabt. Sie hat geträumt, SS-Unterscharführer Walter Mintel

[131] Vgl. »Stern« vom 8.9.1980, S. 167 ff.

befehle ihr, sich zusammen mit ihrem Bruder Poldi in ein Grab zu legen, um dort erschossen zu werden.
2. Oktober 1942 SS-Unterscharführer Walter Mintel hat eine lange Diskussion mit Nathan Segall geführt. Mintel verlangt eine hohe Summe an Besänftigungsgeld, damit er die Kranken in Ruhe lasse.
7. Oktober 1942 Dr. Arnold Goldenberg hat schwer zu bluten angefangen. Auf Befehl SS-Unterscharführer Walter Mintels, wurde er von einer Wache erschossen.
11. Oktober 1942 Walter Mintel hat erneut Besänftigungsgeld gefordert, damit er die Kranken in Ruhe lasse.
12. Oktober 1942 Walter Mintel ist auf dem Weg nach Berlin.
4. November 1942 SS-Unterscharführer Walter Mintel ist aus Berlin zurückgekehrt.
10. November 1942 Walter Mintel hat den Umzug in das Schulgebäude befohlen. Das betrifft nur einige aus unserem Stall; die anderen Ställe bleiben bewohnt, bis man andere Unterkünfte finden wird.
12. November 1942 SS-Unterscharführer Walter Mintel scheint die Lösung für den Platzmangel gefunden zu haben: Er hat den Befehl erteilt, alle zu erschießen, die krank und abgezehrt aussahen, 107 Leute.
Arnold Daghani

29. September 1980 – Brief Daghanis an Mollie Brandl Bowen

Liebe Mollie,
kannst Du bitte bei uns vorbeischauen, ich bin äußerst empört und wütend. Es geht um Folgendes: Walter Mintel leugnet, jemals in Michajlowka gewesen zu sein. Ich möchte, dass Du meinen Brief an ihn anschaust.
Jetzt zu unserem Telefonat bezüglich unseres Vertrags. Du sagtest, Du seiest verwirrt wegen des »wunden Punktes« – damit meine ich die Unterlagen über meinen »Privatkrieg« – wie Du es einst formuliert hast – mit Yad Vashem bezüglich meiner Ausstellungsbilder dort. Ich gab Dir diese Unterlagen, weil Anna und ich wissen, dass Du sie vor fremden Zugriff schützen wirst. Ich weiß, dass Du die anderen Dokumente und Bilder den Verlegern zeigen musst.

Nun zur Überarbeitung des Manuskripts – tu was Du für richtig hältst, was das Format angeht. Von diesen technischen Dingen verstehe ich nichts. Es tut mir sehr Leid, meine liebe Mollie, dass dieses Buch Dir so viel Ärger bereitet und die Sache mit Segall so viele Probleme, aber die Zeit in Michajlowka verfolgt mich in meinen Träumen und selbst tagsüber plagen mich die Erinnerungen daran.
Ich bin nun sehr zornig wegen Walter Mintel. Nicht das ich Rache wollte, aber nun kommen doch alle ungeschoren davon. Bitte, Mollie, hilf mir, mein Lebenswerk zu vollenden. Es geht mir nicht um Rache, sondern – und das verstehst Du – um »Gerechtigkeit – denn dem Pfad der Gerechtigkeit sollst du folgen«. Anna und ich sind davon überzeugt, dass auch Du Gerechtigkeit willst – für uns und all diejenigen, die ihr Leben im Arbeitslager ließen. Du hast Neo-Nazismus vor nicht langer Zeit am eigenen Leib erfahren,[132] und die Gefahr ist längst nicht vorüber. Mehr und mehr wundern Anna und ich mich über die Rolle von Josef Elsäßer. Vielleicht stimmt ja was du gesagt hast, dass die Deutschen die Beweismittel unter den Teppich gekehrt haben. Bitte lass uns nicht im Stich, auch wenn wir uns vorerst nicht sehen können, aber nur Dir trauen wir zu, die schrecklichen Ereignisse jenseits des Bug an die Öffentlichkeit zu bringen.
Mir und Anna geht es gesundheitlich nicht gut. Du musst mir versprechen weiterzumachen, wenn sich unsere Lage verschlimmert, denn wer sonst sollte sich für mein Buch einsetzen, das mich so viele Jahre meines Lebens beschäftigt hat.
Ich weiß, dass Du sehr beschäftigt bist, aber bitte komm und wirf einen Blick auf den Brief an Mintel. Wir müssen all die aufspüren, die noch am Leben sind, wie Du selbst sagst.
Ich hoffe der »wunde Punkt« ist nun geklärt. Damit meine ich wie gesagt die Briefe aus Yad Vashem und meine Aufzeichnungen von den Besuchen dort.
Seiten, Seiten, Seiten, Mollie – lass die Mühe nicht vergebens sein. Ich baue auf Dich, wir bauen auf Dich. Ich lebe noch immer mit diesen Bilder in meinem Kopf, ich brauche Deine Hilfe.

Herzliche Grüße
Arnold Daghani

Anmerkung Mollie Brandl Bowens Als Arnold Daghani am 29. September 1980 seinen Brief an den früheren Unterscharführer Walter Mintel schickte, war er sehr verärgert über den Verlauf der Dinge: »Während der ganzen Verhandlungen – von den sechziger bis in die späten siebziger Jahre – hat Mintel jegliche Aussage verweigert.«
Das trieb Daghani an den Rand des Wahnsinns. Rache war niemals sein Motiv gewesen – aber Gerechtigkeit, und die stärkte seinen Willen, seine Tagebuch zu vollenden. In den achtziger Jahren arbeitete Arnold Daghani an dem Manuskript, obwohl in seinem Körper der Kampf gegen die Parkinson'sche Krankheit tobte. Daghani schrieb unermüdlich weiter, bis zu seinem Tod am 6. April 1985.
Den Tod seiner Frau Anishoara im August 1984 hatte er nicht verkraftet, aber sein Wille, als Aufklärer der Geschichte zu wirken, war ungebrochen: Er wollte die Welt wissen lassen, was in den Lagern jenseits des Bug passiert war.
Ende der siebziger Jahre bat mich Arnold Daghani um Hilfe für sein Buch. Bis 1985 saßen wir regelmäßig zusammen, Arnold und Anishoara machten mich mit ihren Mitgefangenen in Michajlowka vertraut, brachten mir ihre Ängste näher, berichteten von der Brutalität der litauischen, ukrainischen und deutschen Wachposten, erzählten von der Rolle deutscher Straßenbauunternehmen und schließlich schilderten sie mir ihre Flucht.
Daghani war auf der Suche nach Gerechtigkeit, doch wurde eines immer deutlicher: das zehn Jahre andauernde Ermittlungsverfahren in Lübeck würde nicht dazu führen. Das Gegenteil trat ein: die Täter wurden reingewaschen; die Anklagen gegen die Verbrecher – Ex-Nazis und deren Vollstrecker – wurden zurückgezogen. Eine Farce für Daghani und ein Grund zu neuer Furcht angesichts des aufstehenden Neo-Faschismus in Europa.

[132] Anm. Riepers: Mollie Brandl Bowen wurde als Reporterin in Brighton von Neo-Nazis angegriffen und so verletzt, dass sie im Krankenhaus behandelt werden musste.

Zum Verfahren

Am 10. November 1971 erhielt Arnold Daghani vom Ersten Staatsanwalt Dieter Joachim die Abschlussverfügung (d.A.) des Ermittlungsverfahrens gegen Friese u.a. wegen Mordes. Auszüge aus diesen Akten wollte Daghani in sein überarbeitetes Tagebuch aufnehmen. Sie dienen dem Hintergrundverständnis und ermöglichen eine Einschätzung der juristischen Aufarbeitung der NS-Zeit in den siebziger Jahren. Diese Abschlussverfügung, geführt unter Kennziffer: 3 Js 1428/65 Staatsanwaltschaft Itzehoe, 2 AR 711/65 Staatsanwaltschaft Lübeck, befindet sich beim Institut für Antisemitismusforschung, Berlin. Daghani bezieht sich in seinen Anmerkungen direkt auf diese Abschlussverfügung oder übernimmt Verweise auf die vollständigen Gerichtsakten.

Ausgangspunkt des Ermittlungsverfahrens waren

das von Arnold Daghani verfasste Buch mit dem deutschen Titel *Das Grab ist im Kirschgarten*,

die eidesstattliche Versicherung überlebender jüdischer Zwangsarbeiter vom 17. Mai 1955, (vgl. Bd.1 Bl 31-36 d.A.)

die Klage des Julius Kronenfeld gegen die Baufirma Horst & Jüssen vor dem Arbeitsgericht in Neuwied am Rhein vom 18. Dezember 1957, (vgl. Bd.1 Bl 40-70 d.A.)

die eidesstattliche Versicherung überlebender jüdischer Zwangsarbeiter vom 28. März 1960, (vgl. Bd.1 Bl 73-74 d.A.)

die eidessattliche Versicherung überlebender Zwangsarbeiter vom 3. April 1960, (vgl. Bd.1 Bl 75-78 d.A.)

die Anzeige überlebender jüdischer Zwangsarbeiter vom 23. März 1960 (vgl. Bd.1 Bl 79 d.A.) und

die Anzeige des Abraham Hellenberg vom 31. März 1960 (vgl. Bd.1 Bl 80-81, 166 d.A.)

Aussagen der Angeklagten

1) Christoffel[133] »Am Tage des Erntedankfests 1942 fand eine Feier statt, an der mehrere Gebietskommissare und Christoffel teilnahmen. Grund der Veranstaltung war die Auflösung der Kolchosen. Gegen Ende des Festes befahl Christoffel dem Lagerkommandanten die Erschießung von 10 Juden, weil tags zuvor ein jüdisches Brautpaar geflohen war. Nach der Aussage des Zeugen Becker sagte Christoffel: ›Ich verlange bis morgen früh Vollzugsmeldung darüber, dass 10 Juden verschwunden sind!‹
... Der Beschuldigte Christoffel ist verstorben.«

2) Josef Stracke[134] Der Bauabschnittsleiter war Josef Stracke von der Organisation Todt. Gemäß Bd. 1 S. 299 (5594) befahl Stracke die Errichtung des Zwangsarbeitslagers in Braclaw in der Kuciubinskistraße. Laut Daghani habe Stracke in seiner schriftlichen Stellungnahme seine Unschuld beteuert. Nach Daghanis Tagebuch war Arthur Kiesel der Lagerkommandant von Michajlowka und SS-Unterscharführer Walter Mintel sein Adjutant.

4) Theodor Gröver[135] Ferner äußert sich der ehemalige SS-Unterscharführer Theodor Gröver zu diesem Vorfall wie folgt:

»Ich hatte mit den Juden in Uman nichts zu tun. Es haben nur einige wenige auf unserer Dienststelle gearbeitet. Einer dieser ›Hausjuden‹ war ein Tischler. Er war sehr tüchtig und hatte zu mir einen guten Kontakt. Eines Tages bat er mich, seine Frau aus einem Lager in der Nähe von Uman herausholen zu dürfen. Da er ein guter Arbeiter war, wollte ich ihn zufrieden stellen und gab ihm eine Bescheinigung, wonach er freies Geleit zu dem Lager bekam und aus der sich ergab, dass er berechtigt war, seine Frau aus dem Lager herauszuholen. Er ging daraufhin zu dem Lager, an dessen Namen ich mich nicht erinnern

---

[133] Alle Aussagen und Berichte sind in der Abschlussverfügung des Ermittlungsverfahrens gegen Friese und andere wegen Mordes auffindbar. Vgl. hier Bd. 2 S. 369 d.A. – »Erschießung von 10 Juden am Erntedankfest 1942«.

[134] Ermittlungsverfahren ..., vgl. Bd. 1 S. 299 (5594).

[135] Ermittlungsverfahren ..., vgl. Bd. 3 S. 425 (5720).

kann. Ich glaube, bereits am nächsten Tag erzählten mir unsere Juden, dass der von mir Beurlaubte in dem Lager erschossen worden sei. Ich konnte das nicht glauben, da eine Bescheinigung des SD für alle verbindlich war. Ich bin dann in das Lager gefahren und habe mich von der Wahrheit selbst überzeugt. Ich habe dann versucht, den verantwortlichen SS-Führer zu sprechen, was mir nicht gelang. Ich habe dann einen Litauer, wahrscheinlich den Vorgesetzten der anderen Litauer, auf das kaum zu verstehende Handeln in sehr energischer Form hingewiesen. Ich habe anschließend die wenigen Habseligkeiten des Juden genommen und seinen Angehörigen ausgehändigt. Ich habe im Lager noch erfahren, dass man den Juden gar nicht erst zu seiner Frau gelassen hatte.«

Theodor Gröver wurde 1963 zusammen mit anderen wegen Beihilfe zum Mord an zweitausend Menschen von einem Wuppertaler Gericht zu fünfeinhalb Jahren Haft verurteilt.

5) Walter Mintel, Arthur Kiesel Walter Mintel hatte sich geweigert, vor Gericht auszusagen, und da Wisotzkas schon verstorben war, blieb unklar, ob Mintel schuldig gewesen war. Das Ermittlungsverfahren der Staatsanwaltschaft gegen Kiesel blieb erfolglos – weder dessen Wohnort, noch dessen Einheit waren aufzufinden.

6) Bernhard Maass Bernhard Maass sagt in seiner Zeugenaussage: »Ich wusste, dass in den Baracken verelendete Menschen lebten, doch kam ich nie dicht genug heran, um mich davon zu überzeugen.«

Als man ihm vorwarf, er habe zusammen mit anderen jene Verelendeten mehr als einmal ausgeplündert, protestierte er entrüstet: »Es wäre schäbig von mir gewesen, diese armen Menschen zu berauben.«

7) Kiesel, Wisotzkas[136] »... Es lässt sich auf Grund der Zeugenaussage auch nicht feststellen, ob die Erschießung im Beisein von Kiesel und Mintel erfolgte oder erst später. Ungeklärt ist auch, ob Kiesel oder Mintel an Wisotzkas den Erschießungsbefehl gerichtet haben

[136] Ermittlungsverfahren ..., vgl. Bd. 3, S. 432 (5727), »Erschießung von zwei jüdischen Krankenschwestern am 21. September 1942«.

oder ob Wisotzkas später von sich aus die Erschießung durchgeführt hat.

Wisotzkas ist verstorben.

Das Verfahren gegen die Beschuldigten Kiesel und Mintel ist bei diesem Ermittlungsergebnis mangels Beweises einzustellen.«

8) Scherer, Lannois, Herschel Den Ermittlungen der Lübecker Staatsanwaltschaft zufolge war sein Name Hermann Franz Emil Lannois. Wie er zu dem Namen Luneville gekommen war, beschäftigte Daghani.

Zwei Zeugen – die beiden deutschen Angestellen der Firma Kaiser Heinrich Scherer und Heinrich Herscher – erwähnen ihn als den Polizisten »Lannowitsch«. Lannois äußerte sich wie folgt dazu: »Dass die beiden Zeugen mich mit ›Lannowitsch‹ benennen, widerlegt nicht meine Identität. Diese Verwirrungen hängen mit meinem französischen Namen zusammen.«

Lannois war Mitglied der NSDAP. Vor seiner Versetzung ins Lager von Michajlowka, war er Polizeimeister in Kiblicz. Die Anklage wurde mangels Beweisen aufgehoben.«

9) Bernhard Maass[137] Der Angeklagte Bernhard Maass sagte: »Hiermit erkläre ich, dass ich niemals einen Juden geschlagen habe.«

10) Hoeller, Mühl u.a.[138] Die Zeugen Peter Hoeller und Friedrich Mühl von der Firma Dohrmann/Schütte wussten vom Hören-Sagen, dass der Angeklagte Kaiser an einer Selektion teilgenommen habe. Nach Angabe von Peter Hoeller habe ihm das Kaiser persönlich gesagt.

Der Angeklagte Hermann Kaiser[139] erklärte vor seiner Anklage als Zeuge: »Aus bestimmten Gründen ging ich an jenem Morgen nicht auf die Baustelle, sondern blieb zurück in Michajlowka. Aus meinem Büro hörte ich plötzlich Geschrei aus Richtung des Judenlagers. Ich

[137] Ermittlungsverfahren ..., vgl. Bd. 6, S. 1312 f.
[138] Ermittlungsverfahren ..., vgl. Bd. 2, S. 416, Bd. 8 S. 1981.
[139] Ermittlungsverfahren ..., vgl. Bd. 2, S. 337.

lief hinaus auf die Straße und sah, wie die Juden, die im Lager eingesetzt waren, von der SS und litauischen Hilfspolizisten herumgescheucht wurden. Schließlich mussten die etwa vierzig bis fünfzig Männer, Frauen und Kinder auf die Lkws steigen und wurden weggefahren. Ich wusste nicht, wo man sie hinschaffte, doch sickerte später durch, dass sie erschossen worden seien. Auf wessen Befehl das geschah und wer geschossen hat, liegt nicht in meiner Kenntnis. Ich vermute, dass die Maßnahme von SS-Hauptsturmführer Christoffel ausging, da der Straßenbau der DG IV, Abschnitt Gaisin, unter seiner Kontrolle war. Daher muss Christoffel schuld am Tod der Juden gewesen sein, auch wenn er nicht persönlich vor Ort in Michajlowka erschienen war. Bei der Liquidierung, der ich beiwohnte, war er ebenfalls nicht anwesend. Ich kannte die SS-Männer nicht, die aktiv an der Erschießung beteiligt waren.«

Während späterer Verhöre als Zeuge erklärte Kaiser[140]: »Die Anschuldigungen der Juden, ich hätte am 26. April 1943 an einer Selektion teilgenommen, der fünfundfünfzig Menschen zum Opfer fielen, kann ich wie folgt entkräften: Der Lagersprecher der Juden, Heinz Rosengarten, bat mich des Öfteren, Kinder, Alte und Kranke nicht zum Arbeiten auf die Baustelle zu schicken. Daraufhin nahm ich Kontakt mit Hartmann und Glasbrenner auf, um von ihnen eine Genehmigung für den Ausschluss der Kinder und Arbeitsuntauglichen von der Straßenbauarbeit einzuholen. Nur so kann ich mir erklären, dass eine spätere Selektion mit mir in Verbindung gebracht wurde. Ich wusste nicht, dass diese Menschen später erschossen werden würden. Dass ich nicht dahinter kam, heißt nicht, dass ich es beabsichtigte.«

Einwand des Staatsanwalts: »Es hätten Ihnen doch auffallen müssen, dass – auf Weisung des SS-Oberscharführers Maass aus dem Stab von Gaisin – etwas Besonderes im Anmarsch war, wie es die jüdischen Zeugen berichten.«

Kaisers Reaktion: »Ich kann mich an diese Person nicht mehr erinnern. Jedoch möchte ich Daghanis Aufzeichnungen nicht in Frage stellen, nachdem ich einen Jungen ins Lager zurückgeschickt haben

[140] Ermittlungsverfahren …, vgl. Bd. 11 S. 2477.

soll. Diese Handlung ist im Licht der Anweisung zu verstehen, dass alle Kranken im Lager bleiben sollten. Ich konnte deshalb keine Ausnahme bei dem jungen Mann machen.«

Einwand des Staatsanwalts: »Diese Aussagen weichen beträchtlich von denen ab, die Sie am 4. Oktober 1962 gemacht haben.«

Kaisers Antwort: »Ich kann nicht ausschließen, dass ich mich zur Tatzeit im Lager befand. Ich kann mich nicht mehr genau erinnern.«

Kaisers Zeugenaussagen vom 4. Oktober 1962 und vom 4. Januar 1965 wurden ihm noch einmal vorgelesen.[141] Daraufhin erklärte – der inzwischen Angeklagte – Kaiser: »Diese Aussagen entsprechen der Wahrheit.«

Später las man Kaiser die Aussagen auf den Seiten 1620, 1981, 4118, 4211; 654, 658, 741,745 JP der Zeugenakte vor, laut der Kaiser an der Selektion der arbeitsuntauglichen Juden beteiligt gewesen sein soll. Der Angeklagte erklärte: »Ich habe mich nie an Maßnahmen dieser oder jener Art aktiv beteiligt. Dass die arbeitsunfähigen Juden im Lager blieben, hat seine Ursache darin, dass ich bei Glasbrenner eine Genehmigung erhielt, die Betroffenen von der Straßenbauarbeit freizustellen. Ich wiederhole, dass ich nicht im Lager war, als die SS eintraf und dass ich nicht von dem Vorhaben der SS wusste. Ich habe mich immer für das Wohl der Juden eingesetzt, und ich verstehe nicht, wie man mir ein Vergehen vorwerfen kann, hinter dem eine gute Absicht meinerseits stand.

Im Zeugenbericht Zwie Herschel Semmels heißt es:[142] »Kaiser bemerkte, dass mein Vater im Lager bleiben wollte und fragte Segall: ›Was tut der Spengler Benedykt unter diesen Menschen!‹ Kaiser gab ihm den Befehl, sich den Arbeitenden anzuschließen. Als meine Mutter das sah, verließ auch sie die Gruppe derer, die im Lager bleiben sollten. Während deren Namen noch einmal laut vorgelesen wurden, unterbrach Kaiser und befahl meiner Mutter, die Kolonne zu verlassen. Meine Schwester Cylla flehte Kaiser an, er möge meine Mutter zur Arbeit zu lassen. Daraufhin befahl Kaiser auch meiner Schwester, im Lager zu bleiben.

---

[141] Ermittlungsverfahren …, vgl. Bd. 21 S. 4920 f.
[142] Ermittlungsverfahren …, vgl. JP 77a, 77b.

Als ich vom Straßenbau zurückkehrte, erfuhr ich, dass alle, die im Lager geblieben waren, im Wald von Michajlowka erschossen worden waren.«

Während das Ermittlungsverfahrens wurde die Zeugenaussage des Angeklagten Kaisers durch zahlreiche Zeugenberichte widerlegt: Danach war Kaiser zur Tatzeit im Lager und beteiligte sich aktiv an der Selektion. Bei dieser Gelegenheit schickte er – um nur ein Beispiel zu nennen – einen jungen Mann, der Zahnschmerzen hatte, zurück in die Gruppe, die im Lager bleiben sollte. Der Angeklagte Kaiser, der seit 1942 an der DG IV eingesetzt war, wusste, was arbeitsuntauglichen Häftlingen geschah, folglich musste er um das Schicksal wissen, das den »selektierten« Juden bevorstand.

11) Phillippe Kellmer[143] »Als wir von der Arbeit zurückkamen, erzählte mir meine Mutter, das die ›Selektierten‹ zuerst einige Arbeiten im Lager verrichten mussten. Später ließ man alle Zurückgebliebenen zu einer weiteren Selektion antreten – dabei blieben acht oder zehn Häftlinge übrig, die im Lager ihrer Arbeit nachgehen sollten. Unter ihnen war meine Mutter. Mein Vater und mit ihm fünfzig weitere Häftlinge wurden aus dem Lager geführt und erschossen.«

12) Stefan Bregulla[144] Nachforschungen zur Erschießung von drei jüdischen Mädchen am 26. April 1943

Eine Grundlage des Ermittlungsverfahrens sind die Aufzeichnungen aus dem Tagebuch des Arnold Daghani sowie die Aussagen von Dolberg, Mizzi Locker, Dr. Bernhard Locker, Semmel, Zuckermann und Fruchtel.

Keiner der Zeugen ist ein Augenzeuge. Sie haben alle Informationen mündlich von denen erhalten, die im Lager zurückgeblieben waren. Überlebende Augenzeugen konnten nicht gefunden werden.

Der in Polen lebende Angeklagte Stefan Bregulla wurde nicht vernommen. Das Ermittlungsverfahren wird mangels Beweisen eingestellt.

---

[143] Ermittlungsverfahren, vgl. Bd. 18 S. 4118.

[144] Ermittlungsverfahren, vgl. Bd. 1 S. 18, Bd. 7 S. 1621 f., Bd. 18 S. 4217, JP 84-85, 22, 741, 77b, 99, 745, 658.

Ergebnisse des Ermittlungsverfahrens

Anmerkung Mollie Brandl Bowens Daghani und die anderen Überlebenden der Konzentrationslager jenseits des Bug waren über den Ausgang der Prozesse enttäuscht: Über Jahre waren Zeugen und Angeklagte befragt worden, ihre Aussage füllten unzählige Aktenordner, doch all das schien vergeblich gewesen zu sein. Besonders zornig machte es Daghani, dass der frühere SS-Unterscharführer Walter Mintel die Aussage verweigerte. Obwohl der Name Walter Mintel während der Verhöre immer wieder im Zusammenhang mit Verbrechen erwähnt wurde, blieben die Ermittlungen bezüglich dieses Mannes ergebnislos, wie der folgende Abschnitt belegt.

Ergebnisse des Staatsanwaltsbüros bezüglich Walter Mintel[145]

Folgende Zeugen haben eine Aussage gemacht: Daghani (dessen Tagebuch), Marian und Pepi Dolberg, Ephraim Fruchtel, Dr. Bernhard und Mizzi Locker, Dr. med. Zaharia Siperstein und Sophie Meyer

Der Angeklagte Walter Mintel verweigert die Aussage. Es gibt keine Augenzeugen, die belegen können, dass Walter Mintel den Befehl zur Erschießung Dr. Goldenbergs gegeben hat oder dass er die Tötung selbst vorgenommen hat. Die Zeugen Daghani, Marian und Pepi Dolberg, Ephraim Fruchtel und Dr. Bernhard Locker sagen aus, dass Mintel entweder den Schießbefehl gegeben oder selbst geschossen habe; genauere Angaben zur Tat können sie nicht machen. Alle Zeugen sagen aus, dass sie die Information vom Hören-Sagen erhalten haben. Die Zeugen Mizzi Locker und Sophie Meyer bestätigen die Ermordung Dr. Goldenbergs, ohne die Täter zu kennen. Auch sie erfuhren davon nur vom Hören-Sagen. Diese Aussagen reichen nicht aus, um Mintel für dieses Verbrechen für schuldig zu befinden. Obwohl es starke Verdachtsmomente gibt, die für die Schuld Mintels sprechen, kann nicht ausgeschlossen werden, dass litauische Wach-

[145] Ermittlungsverfahren, vgl. Bd. 1 S. 10, Bd. 7 S. 1626 f., Bd. 18 S. 4216.

posten Dr. Goldenberg ohne Befehl erschossen haben. Diese Version wird durch die Aussagen des Zeugen Dr. Zaharia Siperstein gestützt. Das Ermittlungsverfahren gegen Mintel wird mangels Beweisen eingestellt.

Ergebnisse des Staatsanwaltsbüros bezüglich Kiesel und Mintel[146]

Gegenstand: Beteiligung des Angeklagten Kiesel und Mintel an der Selektion und der Deportation von 107 Menschen

Folgende Zeugen haben eine Aussage gemacht: Ephraim Fruchtel, Dr. Bernhard Locker, Mizzi Locker, Arie Zuckermann und Zwie (Herschel) Semmel.

Ihre Aussagen wurden durch folgende Zeugen bekräftigt: Marian Dolberg, Pepi Dolberg, Dr. Zaharia Siperstein und Sophie Meyer.

Aus den Aussagen Zwie (Herschel) Semmels geht eindeutig hervor, dass Juden erschossen worden sind. Er sagte Folgendes aus:

»Während der Straßenbauarbeit, zu der die Lagerinsassen gezwungen worden sind, wurden im Herbst 1942 über hundert ukrainisch-jüdische Häftlinge abgeführt und erschossen. Von der Erschießung erfuhr ich noch am selben Tag durch meinen Vater. Er war, zusammen mit dem Uhrmacher, damit beauftragt worden, das Grab zuzuschütten. Dabei hätte auch er leicht sein Leben verloren, da er bereits sehr alt war. Nur die Tatsache, dass er ein der SS nützlicher Handwerker war, rettete ihm das Leben. Ich weiß nicht mehr, wer geschossen hat. Ich erinnere mich nur daran, dass eine deutsche Sondereinheit an der Erschießung beteiligt war.« Beide Angeklagten wurden von den Augenzeugen beschuldigt, an der Selektion und der Deportation der jüdischen Zwangsarbeiter beteiligt gewesen zu sein. Da Kiesel und Mintel während ihres gesamten Aufenthalts in Michajlowka immer wieder an Selektionen beteiligt waren, muss ihnen das Schicksal der ausgesonderten Juden bekannt gewesen sein. Ob die Angeklagten an

---

146 Ermittlungsverfahren, vgl. Bd. 18 S. 4208, 4214.

Erschießungen teilgenommen haben, kann nicht mit Sicherheit festgestellt werden. Da es sich um eine groß angelegte Maßnahme handelte, kann nicht ausgeschlossen werden, dass zu dessen Umsetzung ein Sonderkommando herangezogen worden ist. Diese Vermutung ergab sich aus der Aussage des Zeugen Zwie (Herschel) Semmel: »Ich weiß nicht mehr, wer die Erschießungen ausgeführt hat. Ich erinnere mich nur an deutsche Sonderkommandos, die davor eingetroffen waren.« Der Wohnort des Angeklagten Kiesel ist unbekannt. Der Angeklagte Mintel verweigert die Aussage.

Biographische Hintergründe einiger Angeklagter[147]

Weitere Informationen aus den Gerichtsakten sollen einen Einblick in das Leben der Männer, die mutmaßlich an der Misshandlung, Ermordung und Massenvernichtung von Juden und anderen Häftlingen beteiligt waren, geben.

Felix Broghammer[148] Der Beschuldigte Felix Broghammer ist als Sohn des Fabrikarbeiters Felix Broghammer und dessen Ehefrau Maria geb. Flaig am 26. August 1913 in Aichhalden/Kreis Rottweil geboren. Nach seiner Schulentlassung arbeitete er von 1927 bis 1929 in der Hamburg-Amerikanischen Uhrenfabrik in Schramberg. Ab 1. April 1929 erlernte er das Steinhauerhandwerk. Diese Lehre schloss er mit der Gesellenprüfung ab. Am 7. April 1934 wurde er Soldat und diente bis zum 4. November 1935. Nach seiner Entlassung arbeitete er bis zum 1. April 1936 in der Junghans-Uhrenfabrik in Schramberg, um am 1. April 1936 erneut Soldat zu werden. Als Unteroffizier der Reserve wurde er am 30. September 1937 entlassen. Am 16. November 1937 ging der Beschuldigte zur Polizei. Vom 15. Juli 1938 bis März 1940 tat er in Singen/Hohentwiel Dienst. Am 2. Mai 1940 wurde er zum Kommando der Schutzpolizei in Colmar und von dort im Mai 1941 zur Schutzpolizei Straßburg versetzt.

---

[147] Ermittlungsverfahren ..., vgl. Abschnitt XVII der Abschlussverfügung.
[148] Ermittlungsverfahren ..., vgl. Bd. 21 S.4860, Bd. 24 S.5647.

Im März 1942 kam Broghammer zur Polizeisicherungsabteilung an der DG IV. Er gehörte der 1. Kompanie an. Am 7. März 1944 wurde er bei den Kämpfen um Katrynburg verwundet und kam in das Lazarett Reichenbar bei Görlitz. Gegen Kriegsende nahm er an den Kämpfen bei Guben und Berlin teil und geriet in sowjetische Gefangenschaft, aus der er am 8. August 1947 entlassen wurde. Am 10. August 1949 wurde Broghammer als Wachtmeister der Schutzpolizei in Singen wieder eingestellt. Mitte 1950 kam er zur Kriminalaußenstelle Singen. Im Jahre 1950 wurde der Beschuldigte Hauptwachtmeister, dann Meister und 1957 Kriminalobermeister. Mit Wirkung vom 1. Januar 1965 wurde er Kriminalhauptmeister. Der Beschuldigte ist verheiratet mit Emilie geb. Schach. Er hat vier Kinder.

Er gehörte der 1/122. SS-Standarte an, war SS-Unterscharführer und hatte die SS-Nummer 385 992.

Im Jahre 1933 bewarb sich der Beschuldigte um Aufnahme in die NSDAP. Er erhielt zunächst die Mitgliedsnummer 3 146 564. Diese Aufname erlangte keine Rechtskraft, da die Mitgliedskarte ihm nicht ausgehändigt worden war. Daraufhin stellte er am 6. November 1940 einen neuen Antrag auf Aufnahme in die NSDAP, dem entsprochen wurde. Das Eintrittsdatum lautete nunmehr: 1. April 1941. Seine Parteinummer war 8 380 214.

Vom 16. März 1933 bis zum 30. März 1934 gehörte der Beschuldigte der SA an. Der Beschuldigte erhielt am 1. September 1943 das Kriegsverdienstkreuz II. Klasse mit Schwertern und am 28. März 1944 das Verwundetenabzeichen in Schwarz.

Er ist nicht vorbestraft.

Der Beschuldigte Broghammer ist hinreichend verdächtigt, zusammen mit dem Beschuldigten Wolter an der Vernichtung des Lagers Nz.-Kropiwna als Angehöriger der Bewachungsmannschaft teilgenommen zu haben.

Er könnte dadurch den Tatbestand des Mordes (§ 211 StGB) bzw. der Beihilfe zum Mord erfüllt haben (§§ 211, 49 StGB).

Eine Zuständigkeit des Landgerichts Itzehoe ist nicht gegeben. Das Verfahren ist daher zusammen mit dem gegen Wolter gerichteten Verfahrensteil gemäß §§ 3, 13 StPO an die Staatsanwaltschaft bei dem Landgericht in Berlin abzugeben.

Hermann Kaiser[149] Der Beschuldigte Hermann Kaiser wurde am 12. Mai 1905 in Solingen-Wald als Sohn des Karl Kaiser und dessen Ehefrau Ida geb. Born geboren. Er besuchte die Volksschule in Remscheid und wurde Ende des Ersten Weltkrieges aus der achten Klasse entlassen.

Da sein Vater im Jahre 1916 an der Westfront in Frankreich gefallen war, brach der Beschuldigte die angefangene Schlosserlehre ab, um frühzeitig Geld zu verdienen, damit er seine Mutter unterstützen konnte. Er ging ins Baugewerbe und trat im Jahre 1926 in die Firma August Dohrmann, Remscheid, ein. 1938 wurde er Baggerführer und war als Angehöriger der Organisation Todt von Mai 1942 bis 1944 im Straßenbau in Südrussland als Vorarbeiter tätig. Ab 1944 war er wieder im Reichsgebeit auf verschiedenen Baustellen der Firma Dohrmann eingesetzt. Bereits im Jahre 1945 trat er nach kurzer Internierungszeit wieder bei der Firma Dohrmann ein und arbeitete dort bis zum Jahre 1962. Er ist jetzt Rentner.

Der Beschuldigte ist verheiratet mit Toni geb. Theis. Er hat eine erwachsene Tochter.

Er gehörte nicht der NSDAP an.

Er ist nicht vorbestraft.

Der Beschuldigte Kaiser ist hinreichend verdächtig, zusammen mit dem Beschuldigten Maass am 26. April 1943 im Lager Michajlowka an der Selektion jüdischer Zwangsarbeiter beteiligt gewesen zu sein.

Er könnte dadurch den Tatbestand des Mordes (§ 211 StGB) bzw. der Beihilfe zum Mord (§§ 211, 49 StGB) erfüllt haben.

Eine Zuständigkeit des Landgerichts Itzehoe ist nicht gegeben. Das Verfahren ist daher zusammen mit dem gegen Maass gerichteten Verfahrensteil gemäß §§ 3, 13 StPO an die Staatsanwaltschaft bei dem Landgericht in Lüneburg abzugeben.

Karl Klenk[150] Der Beschuldigte Karl Klenk wurde am 3. Januar 1905 in Stuttgart-Möhringen geboren. Sein Vater war der Hilfsarbeiter Karl

---

[149] Ermittlungsverfahren ..., vgl. Bd. 25 S. 5739.

[150] Ermittlungsverfahren ..., vgl. Dokumente: 5 S. 1035 ff.; 14 S. 3358; 24 S. 5523, 5531, 5534 und 25 S. 5801, 5805.

Klenk, der mit Katharine Eisele verheiratet war. Der Beschuldigte ist das letzte von zwölf Kindern, von denen nur drei am Leben geblieben sind.

In Stuttgart-Möhringen besuchte er die Volksschule und erlernte anschließend das Bauschlosserhandwerk. Am 16. März 1923 trat er, nachdem er noch ein halbes Jahr als Bauschlossergeselle gearbeitet hatte, in den Polizeidienst ein. Er war bei der Polizeischulabteilung Ellwangen stationiert. Von dort aus kam er zur Bereitschaftspolizei nach Heilbronn und anschließend zum Kraftfahrzeugpark der Schutzpolizei in Stuttgart. Ferner tat er bis 1939 in Stuttgart Revierdienst. Er nahm am Einmarsch in Österreich und in das Sudetenland teil. Am 24. Juli 1939 wurde er zur Feldgendarmerie eingezogen und machte den Polenfeldzug mit. Im Februar 1940 kam er nach Stuttgart zur Entlassung und tat wieder Revierdienst. Ende 1941 wurde er zum Kraftfahrzeugpark der Polizei in Stuttgart versetzt.

Im März 1942 erfolgte seine Kommandierung zur Polizeisicherungsabteilung an der DG IV. Er gehörte der 1. Kompanie als Meister der Schutzpolizei an. Nachdem er beim Polizeischützenregiment 37 an den Kämpfen bei Dubno und Zuman teilgenommen hatte, kam er in den Einsatz bei Brods, wo er verwundet wurde. Im Juni/Juli 1944 nahm er seinen Dienst bei der Polizeidirektion in Stuttgart wieder auf. Dort war er bis zu seiner Pensionierung im Dienst.

Der Beschuldigte ist Polizeimeister a.D. Er ist seit dem 29. April 1929 mit Emma Ziegler verheiratet und hat drei Kinder.

Der Beschuldigte gehörte der NSDAP nicht an, er beantragte jedoch im Jahre 1942 die Aufnahme in die SS.

Er ist nicht vorbestraft.

Von den jüdischen Zwangsarbeitern, die mit dem Beschuldigten Klenk als Lagerkommandant von Teplik zu tun hatten, war er gefürchtet. Er soll mit einer Peitsche versehen das Lager betreten und zum Ausdruck gebracht haben, dass ihm Blut lieber als Geld wäre. Einer der jüdischen Zeugen bezeichnet ihn als grausamen Henker.

Der Zeuge Schiller erklärt, dass der Beschuldigte Klenk bei Übernahme des Lagers Teplik sofort Neuerungen zum Nachteil der Juden eingeführt und ihm selbst Vorhalte darüber gemacht habe, wie lasch das Lager geführt worden sei.

Der Beschuldigte Klenk ist hinreichend verdächtig, im Sommer 1942 an der Erschießung von 7 bis 10 Juden in Lityn aktiv beteiligt gewesen zu sein, im Kriegsgefangenenlager Gniwan die Erschießung eines Kriegsgefangenen angeordnet sowie an der Erschießung von 40 bis 50 Juden im Herbst 1942 in Gniwan als Angehöriger der Bewachungsmannschaft teilgenommen zu haben. Er ist ferner hinreichend verdächtig, im Zwangsarbeitslager Teplik zunächst ein und dann drei jüdische Kinder erschossen zu haben.

Er könnte sich des Mordes (§ 211 StGB) bzw. der Beihilfe zum Mord schuldig gemacht haben (§§ 211, 49 StGB).

Eine Zuständigkeit des Landgerichts in Itzehoe ist nicht gegeben. Das Verfahren ist daher an die Staatsanwaltschaft bei dem Landgericht in Stuttgart gemäß § 7 StPO anzugeben.

Bernhard Emil Arthur Maass[151] Der Beschuldigte Bernhard Emil Arthur Maass ist am 3. September 1891 in Wiesenthal, Kreis Schlawe/Pommern als Sohn des Eduard Maass und dessen Ehefrau Wilhelmine geb. Bartels geboren. Nach dem Besuch der Volksschule begann er 1906 mit der Schneiderlehre, die er 1909 beendete. Vom 1. Oktober 1909 bis 25. September 1911 diente er beim Infanterieregiment 129 in Graudenz und später bei der Bezirkskommandantur in Schlawe. Dann ging er nach Berlin, wo er zunächst in der Konfektion arbeitete und dann die Textilschule, die Zuschneiderakademie und einen Buchhaltungskursus besuchte. 1913 arbeitete er erstmalig als Zuschneider und Verkäufer in Woldenberg/Neumark, um dann bald darauf nach Danzig überzusiedeln.

Am 1. August 1914 wurde er zur Infanterie eingezogen und kam 1916 zu dem 1. Leibhusarenregiment. Er nahm bis Frühjahr 1918 an den Kämpfen in Russland teil und ab Frühjahr 1918 bis zum Waffenstillstand in Frankreich. Im März 1919 ging er nach Danzig zurück.

Nachdem er zunächst in einer jüdischen Firma gearbeitet hatte, machte er sich 1924 selbständig. 1932 oder 1933 schloss er sein Ge-

---

[151] Ermittlungsverfahren …, vgl. Dokumente: 6 S. 1305 ff.; 3 S. 478; 7 S. 1722; 14 S. 3298, 3327; 18 S. 4116, 4214; 1 S. 178; 9 S. 2064, 2069; 7 S. 1618, 1619; 2 S. 307; 14 S. 3289, 3291; 25 S. 5739; 26 S. 5909.

schäft und trat als Angestellter in eine Textilfirma ein, der er bis zum 5. März 1942 angehörte.

Am 2. März 1942 wurde er zur Waffen-SS eingezogen. Er kam zur SS-Bauabschnittsleitung Gaisin an der DG IV. Er war etwa bis April 1943 dort tätig. Anschließend kam er zum Ausbildungs- und Einsatzbataillon 35, Stabskompanie Kiew. Nach weiteren Einsätzen in Russland im Rahmen von Sicherungsaufgaben verlegte ihn die Einheit im März 1944 nach Konitz. Von dort gelangte er Mitte Februar 1945 nach Dänemark.

Nach dem Kriege blieb der Beschuldigte in der Bundesrepublik Deutschland, wo er sich in Soltau niederließ. Er ist jetzt Rentner. Er ist in zweiter Ehe verheiratet mit Maria geb. Ducke. Er hat keine Kinder.

Der Beschuldigte ist seit dem 26. Mai 1933 Mitglied der SS in Danzig gewesen. Am 15. Januar 1934 wurde er SS-Unterscharführer, am 30. Juli 1935 SS-Scharführer und am 15. September 1936 SS-Oberscharführer. Seine SS-Nummer war 218 900.

In die NDSAP ist der Beschuldigte am 1. Mai 1936 eingetreten mit der Mitgliedsnummer 3 711 833.

Er ist Inhaber des Eisernen Kreuzes II. Klasse des Ersten Weltkrieges und des Frontkämpferabzeichens 1914.

Er ist nicht vorbestraft.

Bei den jüdischen Zwangsarbeitern im Lager Michajlowka, das zu seinem Zuständigkeitsbereich gehörte, war Maass gefürchtet. Er galt als Grobian und unbeherrscht. Die jüdischen Zeugen sagen von ihm, dass er bei seinem Auftauchen Todesurteile mitgebracht habe. Diese Beurteilung des Maass beruht darauf, dass er immer vor den Selektionen im Lager erschien, was für die jüdischen Zwangsarbeiter als »Alarmzeichen« galt.

Bezeichnend für den Beschuldigten Maass ist ferner, dass er gedroht hat, die Frauen und Kinder erschießen zu lassen, wenn die Juden nicht ihre Wertsachen abliefern würden. Er hat diese Wertsachen zusammen mit dem Beschuldigten Friese eingesammelt.

Er hat auch die Juden geschlagen. So verabreichte er dem verstorbenen Zeugen Nathan Segal [Segall] Stockschläge und verabreichte dem Zeugen Dr. Zacharia Siperstein 25 Stockschläge, als er ihn auf der Straße traf. Nach der Bekundung des Zeugen Heinrich Scherer stach er einem Juden mit einem Bleistift in die Wange.

Der Beschuldigte Maass ist hinreichend verdächtig, am 26. April 1943 im Zwangsarbeitslager Michajlowka an der Selektion von 55 arbeitsunfähigen jüdischen Zwangsarbeitern als verantwortlicher SS-Bauabschnittsführer beteiligt gewesen zu sein, und zwar im Zusammenwirken mit Kaiser.

Er könnte dadurch den Tatbestand des Mordes (§ 211 StGB) bzw. der Beihilfe zum Mord (§§ 211, 49 StGB) erfüllt haben.

Eine Zuständigkeit des Landgerichts in Itzehoe ist nicht gegeben. Das Verfahren ist daher an die Staatsanwaltschaft bei dem Landgericht in Lüneburg gemäß § 7 StPO abzugeben.

Walter Mintel[152] Der Beschuldigte Walter Mintel wurde am 24. Juli 1906 in Wonneberg/Danzig als Sohn des Gottlieb Mintel und dessen Ehefrau Anna geb. Zieblinski geboren. Er ist gelernter Kraftfahrer. Seit dem 30. Juli 1927 ist er mit Paula geb. Engler verheiratet. Nach seinen eigenen Angaben hat er fünf Kinder. Ausweislich der Stammkarte der SS hat er acht Kinder gehabt.

Der Beschuldigte bewarb sich am 28. Juni 1933 in Danzig um die Aufnahme in die SS. Am 20. März 1934 wurde er SS-Mann, am 20. April 1935 SS-Sturmmann, am 20. April 1938 SS-Rottenführer und am 15. Juli 1941 SS-Unterscharführer. Seine SS-Nummer war 140 882. In die NSDAP trat er am 1. März 1935 ein. Seine Mitgliedsnummer war 3 711 921. Im Frühjahr 1942 wurde der Beschuldigte zur Waffen-SS nach Berlin-Lichterfelde eingezogen. Er kam an die DG IV zur SS-Bauabschnittsleitung Gaisin. Ende des Jahres 1942 kam er zum 35. SS-Panzergrenadiereinsatz- und Ausbildungsbataillon nach Konitz, wo er bis Anfang 1945 stationiert war. Von dort aus verlegte ihn die Einheit nach Dänemark.

Im Mai 1945 geriet der Beschuldigte in englische Gefangenschaft. Er wurde sofort als Kraftfahrer von den Engländern übernommen.

---

[152] Ermittlungsverfahren ..., vgl. Dokumente: 20 S. 4689; 10 S. 2410 f.; 7 S. 1615; 18 S. 4213, 4118; 25 S. 5707, 5709, 5716, 5718, 5721, 5732.

Bei der englischen Besatzungsmacht arbeitete er sechs Jahre als Kraftfahrer.

Der Beschuldigte ist jetzt in Hamburg als Vorarbeiter tätig.

Mintel ist Inhaber des Kriegsverdienstkreuzes II. Klasse mit Schwertern.

Der Beschuldigte wird von den Insassen des Zwangsarbeitslagers Michajlowka, dessen zeitweiliger Kommandant er zusammen mit dem Beschuldigten Kiesel war, als »Würgeengel« des Lagers bezeichnet. Einige Zeugen sagen, dass er über Tod und Leben der Lagerinsassen herrschte und oft mit Revolver und Peitsche im Lager erschien. Er nutzte die Notlage der jüdischen Zwangsarbeiter aus, indem er, angeblich um die Kinder und Kranken vor der Erschießung zu retten, von den Juden Gold und Wertsachen verlangte. Bereits bei der Ankunft drohte er den Juden mit dem Galgen, falls sie sich nicht den Anordnungen der Lagerleitung fügen würden. Er drohte mit Erschießung, falls der von ihm befohlene Bau einer Lagerlatrine nicht rechtzeitig beendet werden würde.

Der Beschuldigte Walter Mintel ist hinreichend verdächtig, am 18. oder 19. August 1942 in Michajlowka einen alten Juden und am 20. August 1942 in Michajlowka den jüdischen Professor Heimer sowie den Juden Kiermeier erschossen zu haben.

Er ist ferner hinreichend verdächtig, die Erschießung einer achtzehnjährigen Jüdin am 5. September 1942 in Michajlowka angeordnet und an der Erschießung eines ukrainischen Juden am 11. September 1942 in Michajlowka beteiligt gewesen zu sein.

Ferner ist er hinreichend verdächtig, am 14. September 1942 an der Erschießung von 25 Juden und im November/Dezember 1942 an der Selektion von 107 Juden im Lager Michajlowka beteiligt gewesen zu sein.

Er könnte dadurch den Tatbestand des Mordes (§ 211 StGB) bzw. der Beihilfe zum Mord (§§ 211, 49 StGB) erfüllt haben.

Eine Zuständigkeit des Landgerichts in Itzehoe ist nicht gegeben. Das Verfahren ist daher gemäß § 7 StPo an die Staatsanwaltschaft bei dem Landgericht in Hamburg abzugeben.

Hans Emil Wippenbeck[153] Der Beschuldigte Hans Emil Wippenbeck wurde am 1.8.1906 als Sohn des inzwischen verstorbenen Emil Wippenbeck und dessen Frau Maria geb. Schurmann geboren. Nach der Grundschule begann er eine Lehre als Schlosser. Nach bestandener Gesellenprüfung absolvierte Wippenbeck ein Praktikum in einer Weberei und anschließend in einer Ziegelbrennerei. Dann wurde er Fahrer einer Walze und arbeitcte im Straßenbau.

Im April 1942 kam er als Angestellter der Firma Georg Schütte, die in einem Konsortium mit der Firma Dohrmann aus Remscheid war, in die Ukraine. Dort arbeitete er auf diversen Baustellen. 1943 ging er zur Wehrmacht.

Nach dem Krieg arbeitete er weiter im Straßenbau. Er ist heute Fahrer eines Baggers.

Er ist mit Margarethe geb. Schilke verheiratet und hat zwei Kinder. Er war nicht Mitglied der NSDAP. Nach eigenen Angaben ist Wippenbeck vorbestraft. Die Angabe kann nicht durch Akten bestätigt werden.

Den jüdischen Zwangsarbeitern gegenüber verhielt er sich niederträchtig. Er leitete Informationen über die Zwangsarbeiter an den inzwischen verstorbenen SS-Hauptsturmführer Franz Christoffel weiter.

Er wird verdächtigt, in Braclaw einen Juden erschossen zu haben, an der Deportation von zum Tode selektierten jüdischen Zwangsarbeitern beteiligt gewesen zu sein und jüdische Zwangsarbeiter vom Arbeitsort zum Ort der Hinrichtung abgeführt zu haben.

Oskar Friese[154] Der Beschuldigte Oskar Friese wurde am 9. Februar 1896 als Sohn des Maschinisten Emil Friese und dessen Ehefrau geb. Sitterle geboren. Nach der Grundschule absolvierte er eine kaufmännische Lehre. Am 1. August 1915 wurde er zum Militär eingezogen. Nach dem Krieg diente er zwei weitere Jahre in der Verwaltung des XVII. Armeekorps. Danach arbeitete Friese als Kaufmann für ver-

---

[153] Ermittlungsverfahren ..., vgl. Bd. 24 S. 5610, 5837.

[154] Ermittlungsverfahren ..., vgl. Dokumente: 3 S. 633 f., 637; 6 S. 1298; 8 S. 1968; 3 S. 629, 631, 639.

schiedene Firmen. Als der Zweite Weltkrieg ausbrach, war der Angeklagte Abteilungsleiter der Firma Eduard Dirksen & Co. in Danzig.

Der Angeklagte wurde am 1. November 1932 Mitglied der NSDAP; seine Mitgliedsnummer war 1 392 043. Am 15. März 1933 trat er der SS in Danzig bei, Mitgliedsnummer: 66 262.

Im März 1942 wurde er zur Waffen-SS einberufen und als SS-Unterscharführer in die Bauabschnittsleitung nach Gaisin an die Fernstraße DG IV versetzt. Dort arbeitete er bis Februar/März 1943. Er erlebte die Kapitulation in Linz (Österreich). Am 15. Juni 1945 wurde er aus der US-amerikanischen Gefangenschaft entlassen, da er sich als Angehöriger der Wehrmacht auswies. Im Mai 1946 wurde er wegen seiner Zugehörigkeit zur Waffen-SS festgenommen und am 29. August 1946 wieder freigelassen. […]

Er ließ sich schließlich in Frestedt als Leiter einer Bankfiliale nieder. Er ist mit Ellen geb. Grabowski verheiratet und hat drei Kinder. Er ist nicht vorbestraft.

Anmerkung Mollie Brandl Bowens Je länger sich das Ermittlungsverfahren durch die sechziger und siebziger Jahre hinzog, desto deutlicher wurde: Daghanis Wunsch nach Gerechtigkeit würde man nicht nachkommen. Obwohl die deutschen Angeklagten und Zeugen alle Verbrechen – von den Einzelerschießungen bis zur Vernichtung der Lager – bestätigten, schien keiner zu wissen, wer die Befehle dazu gegeben hatte. Daghani hielt ihnen vor, an kollektiver Amnesie zu leiden. An alles schienen sie sich zu erinnern: an die kleinsten Begebenheiten und Brutalitäten, nur nicht an die Namen der Befehlsgeber.

Am 14. August 1968, einem Mittwoch, erhielt Daghani einen Brief von der Frau des Staatsanwalts Dieter Joachim. Dorle Joachim schrieb darin: »… Mein Mann braucht dringend Urlaub. Das Ermittlungsverfahren ist nun fast abgeschlossen, die letzten Verhöre legten die letzten Nerven blank. Herr Presse (der Assessor) ist Rechtsanwalt geworden, so dass mein Mann bei den Ermittlungen ganz auf sich gestellt ist … Wie gerne würden wir euch besuchen …«

Während dieser Zeit bekamen die Daghanis nicht nur Besuch von den Joachims, sondern auch vom Oberstaatsanwalt Dr. Heinz Artzt und dessen Frau

Johanna[155]. Die Daghanis genossen diese Besuche, und jeder Brief war eine Bereicherung. Fotos von ihren Begegnungen sind heute, zusammen mit Kunstwerken Daghanis, in London ausgestellt.
Daghani musste sich eingestehen, dass das Ermittlungsverfahren nicht nur frustrierend war, weil es ohne Konsequenzen blieb, sondern auch verletztend, weil alte Wunden wieder aufgerissen wurden, vergangenes Leid von Neuem durchlebt werden musste. Einer der härtesten Schläge während des Ermittlungsverfahrens war für Daghani der folgende Beschluss: »Mitglieder der Sicherheitspolizei, von der Staatsanwaltschaft als Mittäter angeklagt, werden freigesprochen: Sie haben nur ihre Befehle ausgeführt.«
Im Gerichtsbericht, Band 4 des Ermittlungsverfahren, heißt es auf Seite 657:

> **Die rechtliche Würdigung** »Die Massentötungen von jüdischen Zwangsarbeitern in den Lagern der DG IV waren Teil eines Vernichtungsplanes, den Hitler und einige seiner nächsten Vertrauten, insbesondere Himmler und der damalige Chef der Sicherheitspolizei Heydrich, im Zusammenhang mit den Vorbereitungen zum Feldzug gegen die Sowjetunion gefasst hatten. Zur Durchführung dieses Planes waren zunächst die Einsatzgruppen und Einsatzkommandos aufgestellt worden, deren Aufgaben später, etwa ab Mai 1942, von den Dienststellen der Kommandeure der Sicherheitspolizei und des SD übernommen wurden. Hitler, Himmler und Heydrich sind mithin auch hinsichtlich der Judenerschießungen in den jüdischen Zwangsarbeitslagern der DG IV als die Haupttäter anzusehen.
> Die Haupttäter haben den Tatbestand des Mordes (§ 211 StGB) in der ab 15. September 1941 geltenden Fassung erfüllt. Die Taten sind in den Jahren 1942 und 1943 begangen worden. Sie haben aus Rassenhass gehandelt. Dieser Beweggrund ist nach allgemeiner sittlicher Auffassung verachtenswert und steht auf so tiefer Stufe, dass er als besonders verwerflich und daher als niedrig i. S. des § 211 StGB eingestuft wird.
> Grausam tötet, wer seinen Opfern aus gefühlsloser, unbarmherziger Gesinnung besondere Qualen zufügt. Dazu gehören auch seelische Qualen der Opfer. Solche erlitten die Zwangsarbeiter an der DG IV, wenn sie in

[155] Vgl. hier S. 219 f., Brief Artzts an Daghani vom 12. Januar 1970

der Gewissheit ihres kurz bevorstehenden Todes in unmittelbarer Nähe der Exekutionsstätte warten mussten und dabei das Krachen von Pistolenschüssen und Maschinengewehrgarben und das Schreien ihrer Leidensgenossen hörten, in mehreren Fällen den Verlauf der blutigen Hinrichtungen mit eigenen Augen verfolgten oder gar zusehen mussten, wie Mütter mit ihren kleinen Kindern niedergemetzelt wurden. Die in dieser Art der Exekution für die noch Wartenden liegende Grausamkeit erfuhr zum Teil noch eine Steigerung, wenn die Opfer vor ihre Henker vollkommen nackt zu treten hatten und so, jeder menschlichen Würde beraubt, in den Tod getrieben wurden. Es steht außer Zweifel, dass die Haupttäter auch diese, zusätzliche Qualen bereitenden Umstände als möglich verkannt und billigend in Kauf genommen haben. Denn bei dem Umfang der ersonnenen Tötungen waren solche Begleitumstände in der Regel unvermeidbar. Dass Hitler und die anderen Haupttäter einen derartigen Ablauf der Vernichtungshandlungen billigten, offenbart ihre gefühllose, unbarmherzige Gesinnung, soweit diese nicht ohnehin schon Bestandteil ihres Rassenhasses war. Es kann schließlich auch nicht zweifelhaft sein, dass die Haupttäter sich der Rechtswidrigkeit ihres Handelns bewusst waren…«

Für Daghani war das nichts Neues: Hitler sei schuld an allem – an den größten Verbrechen, die je an Juden begangen wurden. Daghani war dabei gewesen, manche Opfer hatte er gekannt, einige davon waren seine Freunde gewesen. Er war mit ihnen eingepfercht in einem Viehstall, er arbeitete mit ihnen bis zum Umfallen und erwartete mit ihnen jeden Tag den Tod durch die Willkür ihrer Unterdrücker oder die »Selektion«, die im Massengrab endete.

Für Daghani waren die Vollstrecker keinen Deut besser als ihre Befehlsgeber. Morden oder Befehlen – für Daghani waren beides Verbrechen. Natürlich sah Daghani, dass es auch Menschen gab, die nicht so eifrig dabei waren, als es darum ging, andere Menschen ins Massengrab zu bringen. Trotzdem waren sie für Daghani ein Teil des Hitlerregimes – ein, wenn auch kleines, aber dennoch nützliches Zahnrad in der nationalsozialistischen Vernichtungsmaschinerie. Hätten die Straßenbaufirmen sich geweigert, so glaubte Daghani, wäre die Kriegsmaschine nicht so reibungslos gelaufen.

Die Angeklagten des Einsatzstabes der Organisation Todt waren frei und konnten über ihre Vergangenheit nachdenken: Fritz Anhold, Bruno Bauer,

Walter Bauer, Arnold Beeskow, Michael Beuschel, Albert Fakler, Adolf Forster, Hans Kreppel, Bruno Krooss, Hans Lange, Bruno Melchert, Rainer Moldenhauer, Erich Raake, Fritz Richter, Robert Schmucking, Franz Sterudal und Paul Lerois. Andere Angeklagte kamen davon, weil man ihnen ihre Verbrechen nicht nachweisen konnte: Walter Mintel, Bernhard Maass, Hans Emil Wippenbeck, Hermann Kaiser, Oskar Friese, Felix Broghammer, Otto Fach, Alfons Georg Mayer, Karl Klenk, Joseph Stahlberger und Albert Wolter. Der SS-Mann Schroeder erschien erst gar nicht in den Ermittlungsunterlagen; andere Verdächtigte konnten nicht gefunden werden oder waren bereits gestorben.

DER KÜNSTLER ARNOLD DAGHANI

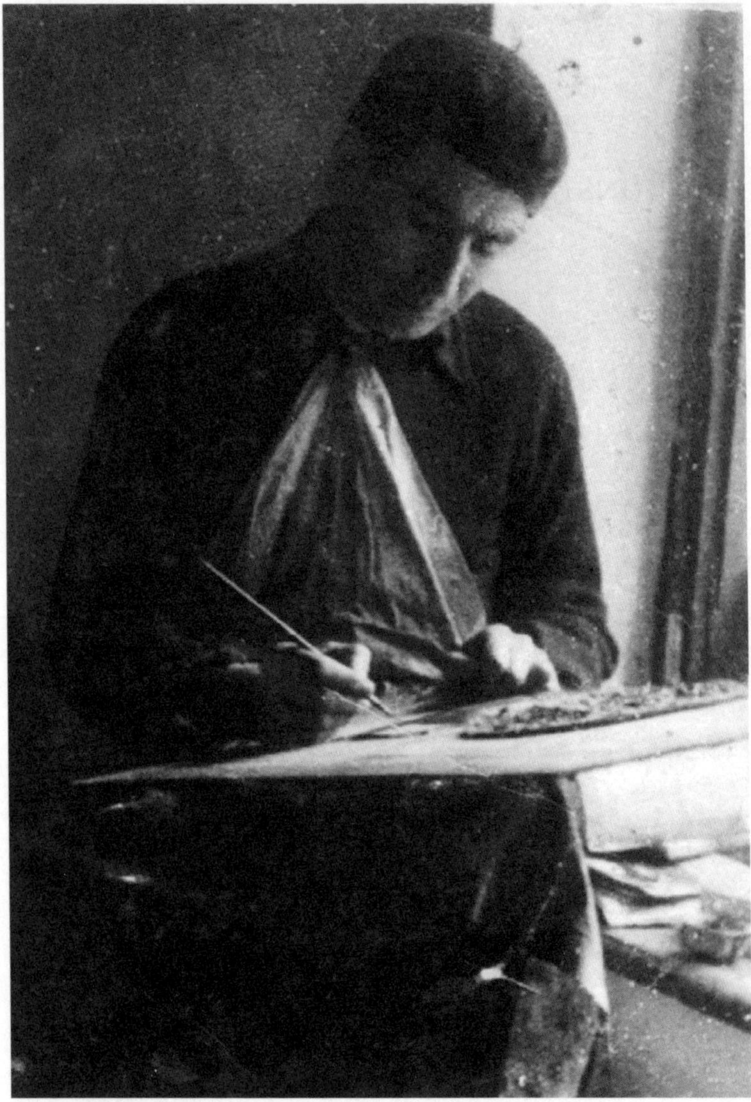

Daghani in seinem Studio.
Er unterschreibt es: »Im Studio. Das Foto wurde aufgenommen von Oscar Wittner im April 1941 in Czernowitz.«

*Deborah Schultz**

Arnold Daghani – Der Künstler als Zeitzeuge

Aus dem Englischen von Felix Rieper

»Ich warte noch auf die Nachricht, dass Sie die Ausstellung bekommen, die Sie verdienen ... Es ist unglaublich, dass ein Künstler wie Sie noch nicht weltweit bekannt ist und geschätzt wird ... Arnold Daghanis Pinselstrich hat für mich die gleiche Feinfühligkeit, Ausdruckskraft und Feinheit wie die Linien in Picassos besten Zeichnungen ... Sie sind ein Künstler mit größter Einfühlsamkeit – in der tiefsten Bedeutung dieses Wortes.«

Diese Worte eines der bekanntesten Kunsthistoriker Rumäniens, Petru Comarnescu, aus dem Jahr 1963 beleuchten einige Erfahrungen von Arnold Daghani (1909-1985), die so viele Künstler mit ihm teilen: Unterstützung und Anerkennung und immer wieder Jahre des Kampfes um einen Namen in der Kunstwelt. Ein Galerist sagte einmal zu Daghani: »Ich schätze Ihre Werke über alle Maßen, aber Sie können von mir nicht verlangen, dass ich ein solches Risiko eingehe – Sie haben einfach keinen Namen!« Dieser Teufelskreis, ohne Namen keine Käufer – ohne Käufer keinen Namen, verbunden mit Daghanis Abneigung gegen die kommerzielle Seite der zeitgenössischen Kunst, sorgten dafür, dass sein Name bis heute wenig bekannt ist. Selbst die Unterstützung durch führende Köpfe der europäischen Kunstszene und einige erfolgreiche Ausstellungen konnten daran nichts ändern.

Das Werk Arnold Daghanis spiegelt einen Künstler wider, der Zeugnis ablegt von seinem Leben als Künstler und von der Welt, in der er lebt. Werk und Leben sind eng miteinander verknüpft und die zahl-

---

* Dr. Deborah Schultz erschließt und katalogisiert seit 1999 die Sammlung Daghani im Centre For German-Jewish Studies der Universität Sussex und organisiert Ausstellungen von Daghanis Werken.

reichen Selbstporträts zeugen von einer ständigen Beobachtung seiner selbst mit all den Schwierigkeiten eines Künstlers und Holocaust-Überlebenden. Daghani stellt das Leben im Arbeitslager von Michajlowka in Tagebuchaufzeichnungen und Bildern dar. Die Erinnerungen an seine Mithäftlinge verfolgten ihn sein Leben lang und finden sich in seinem Werk wieder (siehe Farbabbildungen S. 80 ff.) Nach 1945 widmete er sich den gesellschaftlichen Veränderungen um ihn herum. Bilder aus den sechziger und siebziger Jahren kommentieren die Pop- und Hippiekultur sowie die sich verändernden Moralvorstellungen in diesen Jahren. Daghani war aber auch in anderer Hinsicht sehr produktiv: Er schrieb sehr viel – angefangen von seinem Tagebuch, über Gedichte und Kurzgeschichten, bis zu Berichten über Gerichtsverhandlungen und Kommentaren über Kunst und das gesellschaftliche Leben. Oft ergänzte er diese Textformen mit Zeichnungen, Malereien und Gegenständen, besonders mit den Mitteln des Modernismus. Deshalb ist es sehr schwierig, sein Werk einer Kunstgattung zuzuschreiben. Seine übergreifende und interdisziplinäre Kunsttechnik, die Erlebtes, Fiktives und Dokumentarisches miteinander verbindet, führte dazu, dass sein Werk in den letzten Jahren verstärkte Aufmerksamkeit durch Kunstkritiker erhielt, und im Rahmen der Postmoderne neue Bedeutung erlangen wird.

Herkunft

Arnold Daghani kam aus einer deutschsprachigen jüdischen Familie aus Suczawa (Bukowina), das damals am östlichen Rand von Österreich-Ungarn lag und heute als Suceava zu Rumänien gehört. Sein Familienname war Korn, aber als er Anfang der dreißiger Jahre nach Bukarest kam, nahm er den Künstlernamen »Daghani« an. Der Name leitet sich von dem hebräischen Wort für Korn: »Dagan« ab. Diese Namensgebung scheint typisch für den Künstler, der darin durchaus auch seinen Sinn für Humor demonstrierte und wohl auch seine jüdische Identität damit bekräftigen wollte.

Daghanis Eltern ermutigten ihn zu einem Wirtschaftsstudium, weshalb Daghani, abgesehen von zwei kurzen Aufenthalten an Kunst-

Daghanis Eltern: Viktor und Mina Korn. »Das Foto ist 1913 in Suczawa aufgenommen.«

schulen in München und Paris in den zwanziger Jahren, keine künstlerische Ausbildung erhielt. Das Fehlen einer formalen Kunstausbildung beeinflusste Daghani sehr in seiner Selbstwahrnehmung. Er war dem Leben und der Kunst gegenüber fatalistisch eingestellt. Das zeigt sich in Äußerungen wie »Wo sollen wir hingehen ... allein das Schicksal weiß das« und in der Bemerkung: »Ein Künstler zu sein ist nicht immer ein Vergnügen. Manchmal empfinde ich es als Pflicht, was mich von Zeit zu Zeit völlig erschöpft hat und mich möglicherweise krank gemacht hat ... Mehr kann ich nicht sagen, ich bin vorherbestimmt als Künstler zu leiden.« Daghanis Gefühl, sein eigenes Leben nicht in den Händen zu halten, zeigte sich, als seine Frau Anishoara und er deportiert wurden. Zwei Polizisten in Zivil wollten die Daghanis abholen, als einer der beiden Tuschkasten und Skizzenblock bemerkte, die wohl zurückgelassen werden sollten. Diese Szene ist in *What a Nice World, 1942-77*, einer riesigen, in einem Album gebundenen Sammlung von Zeichnungen und kalligraphischen Tagebucheinträgen, dargestellt: »Warum hätten wir die nicht auch eingepackt?, wollte er wissen. Als er mein Achselzucken sah, forderte er mich auf, den Rucksack zu öffnen und Farbkasten und Skizzenblock einzupacken. Hartnäckig lehnte ich das ab: ›Wir werden in den Tod geschickt und da soll ich das da mitnehmen? Wozu? Nein, wir nehmen das nicht mit.‹ ›Wozu?‹, fragte er zurück, ›das könnte euer Leben retten, man weiß nie.‹ Während ich noch immer dagegen redete, ließ er Nanino den Rucksack öffnen und Farben und Block verschwanden darin.«

Arnold Daghani und Nanino (1928). Daghanis Foto (links) »befand sich auf der Rückseite eines Taschenspiegels, den ich 1926 oder 1927 meiner Schwester Dora gegeben hatte.«

Daghani betont hier, dass es nicht seine Entscheidung war, das Zeichenmaterial mitzunehmen. Doch im Arbeitslager Michajlowka wurde er als Künstler bekannt und bekam Aufträge von einigen Wachposten, Porträts und Ansichten von ihren Zimmern zu malen. Wegen der im Lager herrschenden Hierarchie musste er für die niederen Wachposten heimlich malen. Papier war knapp. Einmal gab ihm ein Priester ein paar Bogen Schreibpapier. Um es kaufen zu können, musste man einen Offiziersrang haben. Daghanis Kommentar klingt zynisch: »Es ist scheinbar ganz leicht Herrscher über Leben und Tod der Häftlinge zu werden, der Rang des Polizeimeisters reicht dafür bereits aus – aber er reicht nicht, um Schreibpapier zu kaufen.«

Im April 1943 erhielt Daghani von den Ingenieuren Werner Bergmann und Josef Elsäßer den Auftrag, im Hauptquartier der Straßenbaufirma Dohrmann in Gaisin ein Mosaik in Form eines Reichsadlers anzulegen. Da es keine Verkehrsmittel zwischen Lager und Hauptquartier gab, entschied man sich dafür, die Daghanis bis zur Fertigstellung des Adlers in einer Garage unterzubringen. Jenseits von Stacheldraht und Wachposten des Lagers gelang ihnen die Flucht ins Ghetto von Bershad, in Transnistrien, das von der rumänischen Armee bewacht wurde. Daghani malte dort weiter, seine Werke zeigen kleine Häuser, die das Alltagsleben auf dem Markt des Ghettos (siehe Bild S. 82 oben) wiedergeben. 1944, wenige Monate bevor die Rote Armee Rumänien befreite, kehrten Daghani und Nanino nach Bukarest zurück.

Daghanis Arbeit war eng mit einem Gefühl der Schuld den ermordeten Mithäftlingen gegenüber verbunden. So schrieb er: »Ich kann einfach den Gedanken daran, wie meine Mithäftlinge einer nach dem anderen abgeschlachtet wurden, bis heute nicht vergessen. Mit welchem Recht haben nur wir überlebt?« Die aus diesem Leid erwachsene Trauer spiegelt sein gesamtes Werk wider.

Daghani in Michajlowka

Neben seiner fast offiziellen Arbeit als Porträtzeichner in Michajlowka stellte Daghani über vierzig Zeichnungen und Aquarelle des Lagers und seiner Mitgefangenen her. Dazu gehören Porträts, Innenansichten, Häftlinge beim Abendgebet und beim Straßenbau. Er stellte besondere Ereignisse zeichnerisch dar, häufig mit religiösen Anspielungen wie bei der Darstellung einer Geburt im Stall, der ihre Unterkunft war, oder als die Dichterin und Kusine Paul Celans Selma Meerbaum-Eisinger an Typhus starb und ihr Leichnam von ihrem Schlafplatz heruntergereicht wurde.

Daghani erfuhr von den Häftlingen und später von Betrachtern seiner Bilder Kritik, weil er die Brutalität des Lagerlebens zu wenig dargestellt hätte. In *The Grave is in the Cherry Orchard* heißt es: »Selma erschienen die Bilder zu friedlich, ihrer Meinung nach zeigten sie nicht genügend Gewalttaten. Dabei war es doch das Lagerleben, was ich zeigen wollte. Habe ich das erreicht? Wer weiß?« Obwohl die Reaktionen über Daghanis Bilder weit auseinander gingen, nahmen alle Daghanis Werk eher als Zeitdokument wahr, denn als Kunst. In seinem überarbeiteten Manuskript *Let me live* erläuterte Daghani seine Sicht von Kunst, die in den Arbeitslagern entstand, und erklärte, dass es ihm hauptsächlich darum gehe, die Würde der Häftlinge zu betonen und weniger ihre Opferrolle darzustellen. Trotz der widrigen Umstände, unter denen zu leben sie gezwungen waren, gaben sie sich beispielsweise größte Mühe reinlich zu bleiben und ihre Wohnstätten in Ordnung zu halten. Daghani hatte die Sorge, er könnte »die fast übermenschliche Würde, mit der die Häftlinge zur Erschießung ins Grab hinabstiegen, schmälern ... warum durch gemalte oder gezeichnete Gräueltaten herabsetzen, auch wenn die Brutalität unvorstellbar ist, wenn man sie nicht mit eigenen Augen gesehen hat?«

Im Gegensatz dazu findet man in Daghanis Tagebuch mehr Hinweise auf Brutalität. Anders als die Bilder, die sämtlich im Lager entstanden, verfasste Daghani sein Tagebuch erst nach seiner Rückkehr nach Bukarest – mit Hilfe zahlreicher knapper Notizen und seinem extrem guten Gedächtnis. Der Kunsthistoriker Ziva Amishai-Maisels stellt dazu fest, dass kurze und objektive Aufzeichnungen für Häftlinge typisch waren und führt dies auf die Unterdrückung der Gefühle im Lager zurück. Hätten sie ihre Gefühle damals ausgelebt, hätten sie die traumatischen Erlebnisse wohl kaum psychologisch verarbeiten und überleben können.

Bis zu seinem Tod im Jahre 1985 versuchte Daghani seine Vergangenheit im Lager aufzuarbeiten, indem er die Bilder von einst nachzeichnete und sein Tagebuch akribisch überarbeitete und korrigierte. Während so die Erinnerungen sein ganzes späteres Leben beeinträchtigten, zeigte die Öffentlichkeit kaum Interesse an den Arbeitslagern in der Ukraine. Dadurch wuchs neben der zunehmenden Frustration der Wille, die Welt über Michajlowka aufzuklären und sich Gehör zu verschaffen. Seine unermüdlichen Überarbeitungen scheinen die Kluft zwischen Ereignissen und Erinnerung einerseits, sowie Tagebuchnotizen und Bildern andererseits hervorzuheben. Die Unmenge an verschiedenen Bestandteilen seines Tagebuchs – veröffentlichte Teile neben unveröffentlichten Manuskripten, Handgeschriebenes und Eindrücke in Bildern – vermittelt den Eindruck, als drehe sich Daghanis Lebensgeschichte unaufhörlich im Kreise, als gäbe es keine natürliche Reihenfolge.

Das Bukarest nach dem Krieg

Mit der Gründung der Rumänischen Volksrepublik im Jahre 1948 zog die von der Sowjetunion vorgeschriebene Form des sozialistischen Realismus in das kulturelle Leben Rumäniens ein. Arnold Daghani weigerte sich bis zu seiner Auswanderung im Jahre 1958, sich dieser Vorstellung von Kunst unterzuordnen. Obwohl ihm Ausstellungen in der Öffentlichkeit vorenthalten wurden, arbeitete er intensiv als Künstler weiter – seinen Lebensunterhalt musste er sich jedoch mit Englischunterricht verdienen.

Daghani fungierte auch in dieser Zeit als Zeitzeuge – seine Bilder zeigen Arbeiter und Bauern auf der Straße und Orte aus der Umgebung von Bukarest. Seine Werke sind selten direkt politisch, aber während der Arbeit am Bild des Bukarester Triumphbogens, eines Corpus delicti in der Zeit des Kalten Krieges, bemerkte er, dass er immer noch heimlich zeichnen musste, wie im Ghetto von Bershad: »Die Lage hat sich für mich leider nicht geändert.« Andere, unter diesem Regime problematische Werke stellten Bilder mit religiösen Themen dar. Ein Gemälde zeigt Daghanis Familie beim Pessachfest in Bukarest, andere Bilder zeigen Kirchen und gelten christlichen Themen. Daghanis persönlicher Glaube war sehr komplex. Obwohl er jüdisch erzogen wurde und einige jüdischen Bräuche pflegte, fühlte er sich so stark zum Christentum hingezogen. In seinem Werk schuf er Parallelen zwischen dem Leid der Lagerhäftlinge und Jesus. Durch die Freundschaft zu einer rumänisch-orthodoxen Frau entstanden Bilder, die Kircheninterieurs und Priester, traditionelle christliche Kreuzigungs- und Madonnenbilder zeigen. Daghanis spirituelles Empfinden ließ ihn religiöse Szenen im Alltag, wie etwa in Michajlowka, und biblische Figuren hinter manch einem Zeitgenossen wiedererkennen. Ganz deutlich wird das an einer Serie von Zeichnungen mit Tinte, bei denen Albert Schweitzer als Matthäus, Albert Einstein als Markus, Pablo Casals als Lukas und Raoul Follerau als Johannes dargestellt werden. Herzliche Briefe von Schweitzer und Casals zeigen deren Unterstützung für diese Werke. In einem anderen Bild – aus Tinte, Gouachefarben und Goldfarbe – werden die Apostel durch historische Figuren wie Sokrates, Michelangelo, Gandhi und Abraham Lincoln repräsentiert. In diesen Werken stellte Daghani Menschen dar, die er bewunderte: innovative Denker für Frieden und Humanismus. Daghani schien in diesen für ihre Überzeugung eintretenden Persönlichkeiten seine Art des freien und unkonventionellen Denkens wiederzuerkennen. So wie sich Daghani gegen eine Kategorisierung seiner Kunst wehrte, vertrat er auch frei und ungebunden seinen Glauben und seine Ansichten. Daghani zeichnete und malte auch Aquarelle von rumänischen Puppen. Dann wandte er sich über mehrere Jahre weiblichen Aktstudien – mit einem feinen Zeichenstrich – sowie Szenen aus Theater und Zirkus zu. Er identifizierte sich mit der Figur des tragikomischen Clowns und stellte sein Leben unter den Titel »Zirkus Daghani«.

Die Besucher von Daghanis Wohnung, die er zu einer Kunstgalerie gemacht hatte, verewigten sich in einem Notizblock. Darunter findet man viele der berühmten Persönlichkeiten der damaligen Bukarester Kunstszene, wie Comarnescu, Max Herman Maxy, Künstler und damals Leiter des staatlichen Kunstmuseums, und den Kunstkritiker Eugen Schileru. Daghani erwähnte, wie sehr sie seine Kunst schätzten und ihn gleichzeitig ermutigten, Rumänien zu verlassen. Comarnescu sagte zu Daghani: »Obwohl es einen großen Verlust für unser Land bedeutet – Sie müssen gehen: Ihr Platz ist in Paris oder New York.«

Im Exil

1958 emigrierten Arnold und Nanino nach Israel in die »freie Welt«. Daghani war aber recht schnell enttäuscht, weil er dort nicht die Aufmerksamkeit bekam, die er sich gewünscht hatte. So machten sie sich 1960 erneut auf den Weg. Sie erhielten eine zeitlich begrenzte Aufenthaltsgenehmigung für England, wo sie in London bei Naninos Schwester Carola, einer Pianistin, wohnten. Sie und ihr Mann Miron Grindea stellten Daghani führenden Persönlichkeiten der britischen Kunstwelt vor, darunter Hugh Casson und Helmut Ruhemann, einem Restaurator der Nationalgalerie, der Daghanis Werke mit denen von Matisse, Picasso und Klee verglich. Später hielten sie sich eine

Arnold Daghani, mit Nanino und ihrem Schwager Miron Grindea in Vence um 1960.

Weile in Jona, in der Schweiz, bei einem wohlhabenden Freund auf. Doch auch hier wurde ihnen ein ständiger Aufenthalt nicht gewährt. Erst der durch die »Graf-Michail-Karolyi-Stiftung« organisierte Aufenthalt in Vence führte zu einer zeitlich unbegrenzten Aufenthaltsgenehmigung. Daghani hoffte, in die lebendige Kunstwelt von Vence eintauchen zu können, zu der auch Künstler wie Picasso, Matisse und Chagall gehörten, deren Werke Daghani verehrte. Seine Kunst erweckte Aufmerksamkeit und sein Atelier war gut besucht. Ein Reporter namens Joe Hollander schrieb in *Nice Matin*: »Unter der Schwemme von Künstlern, die an dieser kunstbewussten Küste leben, arbeiten und ausstellen ragt Daghani, meiner Meinung nach, weit heraus [...] Daghani verwandelt Stroh zu Gold.«

Daghani widmete sich neuen Themen und verwendete dabei unterschiedliche Materialien. Er kommentierte mit seiner Kunst – oft mit schwarzem Humor – seine Erlebnisse als Künstler und gesellschaftliche Strömungen wie die Pop- und Hippiekultur. Er arbeitete an Collagen, die er »Verfremdungen« nannte, in denen Teile von Fotos – meist weibliche Akte – zu neuen Figuren und Objekten arrangiert wurden. In diesen Werken kommen Witz und Ironie zum Ausdruck, aber auch ein scharfer Sarkasmus wie in der Serie »Swinging Art in the Twentieth Century«. Diese wurde 1970, zusammen mit der Serie »Love«, im Institut für zeitgenössische Kunst in London ausgestellt. In zahlreichen Folios verband Daghani weiterhin Sprache und Bild. Zeichnungen, Gedichte und kurze Geschichten stehen einander gegenüber. Die Themen reichen von Ovids Liebesgedichten und Erotik über Zirkus und die Zehn Gebote bis hin zum Zeitalter der Elektronik und Raumfahrt. Einige Folios sind Persönlichkeiten der Gegend, so zum Beispiel Katherine Mansfield, gewidmet. Ein besonders eindrucksvolles Folio begleitet den Dramaturgen Edward Gordon Craig auf seinem Weg durch Vence, als er Leute und Plätze nach Ereignissen für ein Stück erforscht.

Zu dieser Zeit begann Daghani an großformatigen Alben wie *What a nice world* und *1942-1943 and thereafter (Sporadic records till 1977)* zu arbeiten. Darin arrangierte er Zeichnungen, Gemälde und Tagebuchnotizen aus Michajlowka und Bershad mit zusätzlichen Erinnerungen und Erkenntnissen aus den Ermittlungsverfahren in Lübeck. Auf diese Weise vereinen diese Alben Bilder und Texte aus verschiedenen Lebensabschnitten. Trotz großer Anerkennung von Einzelnen wurde »Daghani« kein Name in der Kunstwelt von Vence, was ihn erneut tief enttäuschte. Obwohl ihn diese Ernüchterung in den sechziger Jahren fast zur Verzweiflung brachte, blieb er sehr schöpferisch. 1974 schrieb er: »Arbeit, Arbeit, Arbeit. Ich arbeite ohne den Funken Hoffnung, die richtige Person in dieser Kunstwelt zu treffen; ist das mein Schicksal?« Comarnescu teilte ihm damals mit, dass er in Rumänien zu den größten Künstlern gehören würde – doch für die Daghanis gab es kein Zurück.

Da nun auch die »atmosphère artistique«, wie Daghani das Milieu von Vence nannte, für ihn unerträglich wurde, siedelten die Daghanis 1970 wieder um. Ihr Ziel war Jona. Die vertraute Stadt in der Schweiz hatte allerdings keine Kunstszene und so hatte sich Daghani noch weiter ins künstlerische Abseits manövriert.

1977 erhielten die Daghanis die Aufenthaltsgenehmigung für England und so zogen sie zu Naninos Schwester nach Hove, wo sie bis zu ihrem Tod blieben – Nanino starb 1984 und ein Jahr später folgte ihr Arnold Daghani. In Jona hatte Daghani seine Arbeit wie gewohnt fortgesetzt. Er empfing in seiner Wohnung Kunstfreunde und vergrößerte seine bereits enorme Sammlung. Weitere Folios zeigen sein

Daghani in seiner Wohnung in Jona. Das Album 1942-1943 and thereafter (Sporadic records till 1977) *liegt aufgeschlagen vor ihm. Foto: Barry Goldman, 1970.*

Leben und seine Erlebnisse als Künstler der Zeit und kommentieren das Zeitgeschehen. Er setzte auch die Arbeit an den Alben fort, ließ sich auf neue Themen zur Musik und Literatur ein und zeichnete Porträts bekannter Zeitgenossen, die er im Fernsehen oder anderswo sah.

Zur Zeit des Umzugs nach Hove verschlechterte sich Daghanis Gesundheitszustand. Er wurde depressiv und litt an der Parkinson'schen Krankheit. Die Folgen seiner zunehmend zittrigen Hand sind in den Zeichnungen und Schriftzügen von damals deutlich zu erkennen. Trotz der widrigen Umstände verlor er nicht an Schaffenskraft und bedeckte nicht nur die Wände mit seinen Kunstwerken, sondern auch Möbelstücke, Lampenschirme, die Fliesen im Bad und die Fenster von Innentüren. Wegen seiner schlechten Erfahrung mit Galeristen hatte sich Daghani in den sechziger Jahren dazu entschieden, keines seiner Werke mehr zu verkaufen. Er hoffte, dass seine Wohnung nach seinem Tod ein Museum werden könnte und dass seine Sammlung so im

Ganzen erhalten bliebe. Seiner Überzeugung nach ergaben die einzelnen Werke für sich allein keinen Sinn. Leider wurde dieser Traum nach Daghanis Tod aus Mangel an Interesse in Hove nicht umgesetzt. Dafür wurde eine Stiftung ins Leben gerufen, die sich um den Nachlass kümmerte. Norbert Lynton, Professor für Kunstgeschichte an der Universität von Sussex und ein guter Bekannter Daghanis, nahm einen großen Teil der Kunstsammlung in seine Obhut und brachte sie in der Universität unter. Leider ging er kurz darauf in Pension und die Sammlung geriet zeitweilig in Vergessenheit. In den letzten Jahren engagierte sich Professor Edward Timms vom »Centre for German-Jewish Studies« für die Werke Daghanis – er organisierte Ausstellungen und vergab Aufträge zur Erforschung und Katalogisierung der Sammlung.

Daghanis große Kunstsammlung stellt eine einzigartige und komplexe Verflechtung von Zeitdokumenten und Erdachtem, von persönlichen Erfahrungen und Erinnerungen dar. Daghani erfüllt in doppelter Weise die Rolle eines Zeugen: zum einen als Beobachter gesellschaftlicher Veränderungen, zum anderen als kritischer Beobachter seiner selbst – mit all den Höhen und Tiefen eines Künstlerlebens. Seine zahlreichen Selbstporträts und Tagebuchnotizen geben Einblick in eine Karriere, die in vieler Hinsicht für Künstler des 20. Jahrhunderts typisch ist: Neben erfahrener Unterstützung und Anerkennung ein Leben, das im Abseits der Gesellschaft stattfindet und voller Enttäuschung ist. Die Verknüpfung von Zeitgeschehen und persönlichen Erlebnissen, von Bild und Sprache, das immense Spektrum an Themen und die Vielseitigkeit der verwendeten Materialien machen es schwierig, Daghanis Werk zu verstehen und einzuordnen. Dennoch wirft die Komplexität des Werks faszinierende Fragen darüber auf, wie Geschichte und Identität entstehen und macht gleichzeitig deutlich, wie wichtig dabei die Erfahrungsberichte der Einzelperson sind.

ANHANG

Anmerkung des Herausgebers

Arnold Daghani wuchs in Czernowitz in einer jüdischen Familie auf, die sich zur deutschen Kultur hingezogen fühlte – seine Muttersprache war daher Deutsch. Als die Deutschen sein Leben zerstörten, löste er sich von dieser Bindung: Seine Tagebuch-Aufzeichnungen im Zwangsarbeitslager verfasste er – auch aus Gründen der Sicherheit – in englischer Sprache. Durch die Fassade des Englischen aber spürt man immer wieder deutsche Redewendungen und Satzkonstruktionen. Das machte die Übersetzung teilweise einfach. Es finden sich aber auch Stellen, die weder für deutsche noch für englische Muttersprachler verständlich waren. Durch intensives Hineindenken in Daghanis Welt, habe ich versucht, diese Textpassagen so gut wie möglich zu übersetzen.

Schwierig war die Übersetzung auch durch Daghanis sprunghafte Gedankenwechsel, die seine Aufzeichnungen nicht immer folgerichtig erscheinen lassen. Da dies aber den Stil seines Tagebuchs kennzeichnet, besonders weil es unter solch widrigen Bedingungen entstanden ist, wurde hier nur geändert, wenn Missverständnisse beim Leser zu befürchten waren. Ein anderes Charakteristikum des Tagebuchs ist Daghanis Hang zur Genauigkeit. So notierte er alle Personen immer mit ihrem Dienstgrad.

Ich bin mir als Herausgeber und Übersetzer der Gradwanderung zwischen Texttreue und Lesbarkeit bewusst. Zahlreiche Konsultationen mit Oliver Stein, einem Historiker und Germanisten, haben mich vor einer zu großen Entfernung vom »historischen Dokument« bewahrt. Dennoch wurde das Tagebuch zu Gunsten der Lesbarkeit an einigen Stellen vorsichtig gekürzt, was stets mit [...] gekennzeichnet wurde.

Als Herausgeber und Übersetzer von *»Let me live«* habe ich folgende Eingriffe vorgenommen:

1) Nach Durchsicht der Akten des »Ermittlungsverfahrens gegen Friese und andere wegen Mordes« konnte ich folgende Namen und Dienstgrade der deutschen Zeugen und Angeklagten korrigieren.
Arthur Kiesel bezeichnete Daghani fälschlicherweise als Polizeimeister oder Feldwebel. Diese Dienstgrade wurden deshalb nicht übernommen, jedoch seine Funktion als Lagerkommandant von Tarassiwka und Michajlowka ergänzt. Stefan Bregulla gehörte nicht einer »Vermittlungseinheit Stör-Such-Trupp« an, sondern war Oberfunker der Fernsprech-Betriebskompanie. Und bei der jungen Mitgefangenen Selma handelt es sich eindeutig um Selma Meerbaum-Eisinger, nicht Meerbaum-Eisenberger.
2) Deutschsprachige Briefe und Akteneinträge des Ermittlungsverfahrens habe ich nicht aus dem Englischen rückübersetzt, sondern im deutschen Original übernommen. In einigen Fällen waren die Originale nicht mehr auffindbar, so dass ich diese Stellen zurück ins Deutsche übersetzen musste. Diese Passagen sind mit einer entsprechenden Fußnote versehen.
3) Fehler, die Daghani bei der Aufnahme von Einträgen aus den Ermittlungsverfahren unterlaufen sind, habe ich mit Hilfe der Originalakten korrigiert.
4) Da mir die Entwicklung von einer Briefbekanntschaft zu einer Freundschaft besonders wichtig erschien, habe ich zusätzliche Briefe von Martha Fischer, Werner Bergmann und Josef Elsäßer aus den späteren Jahren hinzugefügt.
Alle Veränderungen und Eingriffe in das Werk habe ich mit der Journalistin Mollie Brandl Bowen und dem Vertreter der Daghani-Stiftung, Professor Edward Timms abgesprochen.
Besonderen Dank schulde ich der Firma August Dohrmann[1], insbesondere Herrn Dr. Walter Spelsberg, der die Kosten für die Übersetzung übernommen hat. Von unschätzbarem Wert war für mich die Hilfe Oliver Steins, der als Historiker die korrekte Übersetzung von Fachbegriffen prüfte und mir als Germanist in Stilfragen zur Seite

[1] Die Firma August Dohrmann KG ist Mitglied der »Stiftungsinitiative der deutschen Wirtschaft« und damit an der Entschädigung von NS-Zwangsarbeitern beteiligt.

stand. Für die letzten Korrekturen des Werks danke ich Dr. Daniela Mohr. Dank auch an Ralph Gottschalkson, der mir die nötige Computertechnik zur Verfügung gestellt hat. Für Hinweise und Tipps sowie die Unterstützung beim Kopieren tausender Seiten und beim Abfotografieren von Daghanis Kunstwerken im Archiv der Universität Sussex möchte ich mich bei Professor Edward Timms vom »Centre for German-Jewish Studies« bedanken sowie bei Dr. Deborah Schultz für ihren Beitrag zu diesem Buch. Das letzte Puzzle zur Vollendung von Daghanis Tagebuchs habe ich Karin Bürger vom »Moses Mendelssohn Zentrum« in Potsdam zu verdanken: Sie spürte den deutschen Originaltext eines jüdischen Gebets auf. Ein großes Dankeschön auch an meine sehr engagierte und geduldige Lektorin Angelika Vogt vom Bleicher Verlag, der es trotz widriger Umstände gelang, das Werk rechtzeitig druckreif zu machen. Last – but not least – schulde ich Christoph Cless und der verstorbenen Journalistin Mollie Brandl Bowen Dank, die mir zur richtigen Zeit den Anstoß und den Mut gaben, dieses ambitiöse Projekt anzunehmen und damit Daghanis letzten Wunsch zu erfüllen.

Cottbus, im August 2002
Felix Rieper

Arnold Daghani

Liste der Opfer in den Arbeitslagern

Das Gebet für die Opfer sollte zu Yom Kippur von Verwandten, Freunden und Geliebten der Verstorbenen gesprochen werden, möglichst auch an deren Geburtstagen. Seit Arnold Daghani die Liste der Opfer zusammengestellt hatte, las er jährlich zu Yom Kippur – dem jüdischen Umkehr- und Versöhnungsfest – die Namen derjenigen laut vor, die in den Konzentrationslagern jenseits des Bug ermordet worden sind und in anonymen Gräbern in der fremden Erde der Ukraine liegen. Er begann:

Architekt Leo Antschel	anwesend	gestorben nach seiner Deportation von Michajlowka nach Gaisin.
seine Frau Fritzi Antschel *(Eltern von Paul Celan)*	anwesend	gestorben nach ihrer Deportation von Michajlowka nach Gaisin.
Frau Trebitsch	anwesend	gestorben an Herzversagen am 20.8.1942 im Zwangsarbeitslager Michajlowka
Prof. Heimer	anwesend	erschossen am 20.8.1942 in Michajlowka
Herr Kiermeier	anwesend	erschossen am 20.8.1942 in Michajlowka
Herr Axelrod	anwesend	erschossen im August 1942 in Niemirow
Herr Schaffer	anwesend	gestorben an einer Krankheit im Winter 1942
Frau Schaffer	anwesend	erschossen im März 1943 im Zwangsarbeitslager Kiblicz
Isaac Sommer	anwesend	erschossen im Sommer 1942 in Krasnapolka
junge jüdisch-ukrainische Mutter (aus Teplik oder Uman)	anwesend	erschossen am 29.8.1942 in Michajlowka zusammen mit 13 anderen Zwangsarbeitern
ihr Baby, das im Lager geboren wurde	anwesend	?????
Shlomo Wohlmanns	anwesend	erschossen am 29.8.1942 in Michajlowka
Frau von Haskel Zucker	anwesend	erschossen am 10.12.1943 in Tarassiwka
ihre beiden Töchter	anwesend	erschossen am 10.12.1943 in Tarassiwka
Mordko Seidner	anwesend	erschossen am 29.8.1942 in Michajlowka
sein Sohn (Dr. Hermann Seidner)	anwesend	erschossen am 10.12.1943 in Tarassiwka
Jüdisch-ukrainischer Zwangsarbeiter aus Uman	anwesend	erschossen am 11.9.1942 in der Nacht der Ankunft in Michajlowka
Jüdisch-ukrainisches Mädchen	anwesend	von ihrer Flucht zurückgebracht und vor den Augen der Häftlinge in der Kiesgrube von Michajlowka erschossen
Jüdisch-ukrainische Frau	anwesend	erschossen am 14.10.1942 in Michajlowka zusammen mit 24 weiteren Zwangsarbeiterinnen

Herr Goldenberg	anwesend	erschossen am 10.11.1942 während der Übersiedlung ins Schulgebäude (Winterlager)
Herr Dorbarmiker	anwesend	erschossen im Sommer 1942 in Berezowka
Frau Fuchs	anwesend	erschossen am 21.9.1942 im Maisfeld neben der Baustelle in Michajlowka
ihre Schwester	anwesend	erschossen am 21.9.1942 im Maisfeld neben der Baustelle in Michajlowka
ihre Mutter	anwesend	erschossen am 10.12.1943 in Tarassiwka
Frau Kron	anwesend	erschossen im Maisfeld neben der Baustelle in Michajlowka
ihre Tochter	anwesend	erschossen am 10.12.1943 in Tarassiwka
Frau Bromberg	anwesend	erschossen am 28.9.1942 im Maisfeld
Frau Weisselberger	anwesend	erschossen am 10.12.1943 in Tarassiwka
ihre Tochter	anwesend	erschossen am 10.12.1943 in Tarassiwka
deren Mann	anwesend	erschossen am 10.12.1943 in Tarassiwka
ihre Kinder Poldi und Lia	anwesend	erschossen am 10.12.1943 in Tarassiwka
Mia Goldschlager	anwesend	gestorben an einer Krankheit am 4.10.1943 in Michajlowka
ihre Schwester	anwesend	erschossen am 10.12.1943 in Tarassiwka
Frau Lublin	anwesend	erschossen am 5.10.194? S. 202 im Maisfeld
Herr Lublin	anwesend	erschossen im Zwangsarbeitslager Tarassiwka
1. Tochter	anwesend	erschossen im Zwangsarbeitslager Tarassiwka
2. Tochter	anwesend	erschossen im Zwangsarbeitslager Tarassiwka
3. Tochter (22 Jahre alt)	anwesend	erschossen im Zwangsarbeitslager Tarassiwka
Frau Koifmann	anwesend	erschossen am 5.10.1942 im Maisfeld
ihre Tochter	anwesend	erschossen nach der Deportation nach Tarassiwka
ihr Schwiegersohn	anwesend	erschossen nach der Deportation nach Tarassiwka
ihr Enkel	anwesend	erschossen nach der Deportation nach Tarassiwka
Herr Jurgrau	anwesend	erschossen in Naraewka nach der Deportation aus Michajlowka
seine Frau	anwesend	erschossen in Naraewka nach der Deportation aus Michajlowka
ihre Tochter Marta	anwesend	erschossen in Naraewka nach der Deportation aus Michajlowka
Dr. Arnold Goldenberg	anwesend	erschossen am 7.10.1942 nach einem Selbstmordversuch neben den Latrinen im Zwangsarbeitslager Michajlowka
Misha (ukrainischer Jude)	anwesend	erschossen auf der Straßenbaustelle durch die litauische Wache Aliosha Wisotzkas
Lothar Vogelhut (17)	anwesend	erschossen auf der Baustelle durch Wisotzkas
seine Mutter Adele Vogelhut	anwesend	erschossen am 10.12.1943 in Tarassiwka
Liuba (ukrainische Jüdin)	anwesend	erschossen am 12.11.1942 in Michajlowka
Herr Korn	anwesend	erschossen auf der Baustelle durch Wisotzkas
Frau Korn	anwesend	gestorben am 30.11.1942 an Entkräftung
Musia Korn (ihr Sohn)	anwesend	gestorben am 3.3.1943 an innerer Tuberkulosis
Vica Wollach (Verwandter)	anwesend	gestorben im Dezember 1942 an einer Krankheit

Aisic (ukrainischer Jude)	anwesend	erschossen am 12.12.1942 durch den OT-Mann Karl Ullerich
Witwe Dr. Mehler	anwesend	gestorben Ende November 1942 an Entkräftung in Michajlowka
Frau Locker	anwesend	gestorben am 17.11.1942 an Entkräftung in Michajlowka
Herr Locker (ihr Sohn)	anwesend	erschossen am 10.12.1943 in Tarassiwka
Dr. med. Alter	anwesend	gestorben am 17.11.1942 an Entkräftung in Michajlowka
Frau Stammler	anwesend	gestorben am 8.11.1942 in Michajlowka an einer Krankheit
Herr Stammler	anwesend	erschossen am 10.12.1943 in Tarassiwka
Isaac Gruber	anwesend	erschossen am 14.12.1942 nach ihrer Deportation aus Michajlowka
Frau Gruber	anwesend	erschossen am 14.12.1942 nach seiner Deportation aus Michajlowka
1. Tochter	anwesend	erschossen am 14.12.1942 nach ihrer Deportation aus Michajlowka
2. Tochter	anwesend	erschossen am 14.12.1942 nach ihrer Deportation aus Michajlowka
Herr Jablonower	anwesend	erschossen am 14.12.1942 nach der Deportation aus Michajlowka
Frau Jablonower	anwesend	erschossen am 14.12.1942 nach der Deportation aus Michajlowka
Frau Kudisch	anwesend	gestorben Ende November 1942 an Typhus
Herr Kudisch	anwesend	erschossen am 14.12.1942 nach der Deportation aus Michajlowka
1. Tochter	anwesend	erschossen am 14.12.1942 nach der Deportation aus Michajlowka
2. Tochter	anwesend	erschossen am 14.12.1942 nach der Deportation aus Michajlowka
Prof. Henner	anwesend	erschossen am 14.12.1942 nach der Deportation aus Michajlowka
seine Frau	anwesend	erschossen am 14.12.1942 nach der Deportation aus Michajlowka
Frau Rosa Kreindler-Weiss	anwesend	erschossen am 8.6.1943 in Krasnapolka zusammen mit 12 weiteren Zwangsarbeitern
Juwelier Fischmann	anwesend	erschossen wenige Monate nach ihrer Deportation aus Michajlowka am 14.12.1942
seine Frau	anwesend	erschossen wenige Monate nach ihrer Deportation aus Michajlowka am 14.12.1942
ihr Baby	anwesend	erschossen wenige Monate nach ihrer Deportation aus Michajlowka am 14.12.1942
dessen Großmutter	anwesend	erschossen wenige Monate nach ihrer Deportation aus Michajlowka am 14.12.1942
Herr Suchavaler	anwesend	erschossen wenige Monate nach ihrer Deportation aus Michajlowka am 14.12.1942
seine Frau	anwesend	erschossen wenige Monate nach ihrer Deportation aus Michajlowka am 14.12.1942

ihr Baby	anwesend	erschossen wenige Monate nach ihrer Deportation aus Michajlowka am 14.12.1942
Herr Lebel	anwesend	erschossen am 14.12.1942 zusammen mit 120 weiteren Zwangsarbeitern während der Deportation von Michajlowka nach Iwangorod
seine Frau	anwesend	erschossen am 14.12.1942 zusammen mit 120 weiteren Zwangsarbeitern während der Deportation von Michajlowka nach Iwangorod
ihr 1. Kind	anwesend	erschossen am 14.12.1942 zusammen mit 120 weiteren Zwangsarbeitern während der Deportation von Michajlowka nach Iwangorod
ihr Baby	anwesend	erschossen am 14.12.1942 zusammen mit 120 weiteren Zwangsarbeitern während der Deportation von Michajlowka nach Iwangorod
Selma Meerbaum-Eisinger (18 Jahre)	anwesend	gestorben am 16.12.1942 an Typhus in Michajlowka
ihre Mutter (Frau Eisinger)	anwesend	erschossen am 10.12.1943 in Tarassiwka
ihr Stiefvater (Herr Eisinger)	anwesend	erschossen am 10.12.1943 in Tarassiwka
Prof. Moses Gottlieb	anwesend	gestorben am 17.12.1942 an Entkräftung in Michajlowka
Tudorache Tache Gheorge	anwesend	erschossen am 24.12.1942 zusammen mit rumänischen Zigneunern im Zwangsarbeitslager Kiblicz
Herr Offenberger (20 Jahre)	anwesend	erschossen am 4.2.1943 auf der Flucht aus dem Zwangsarbeitslager Bugakow durch den ukrainischen Dolmetscher Chjmjca
Herr Rosenbach	anwesend	erschossen im August/September 1942 im Zwangsarbeitslager Braclaw durch eine ukrainische Miliz auf Befehl des Lagerkommandanten, SS-Oberscharführer Michel Kromer
Herr Ruber	anwesend	erschossen im Steinbruch des Zwangsarbeitslagers Braclaw durch den Lagerkommandanten, SS-Oberscharführer Michel Kromer
seine Frau	anwesend	erschossen im Steinbruch des Zwangsarbeitslagers Braclaw durch den Lagerkommandanten, SS-Oberscharführer Michel Kromer
Herr Roth	anwesend	erschossen nach der Deportation aus Michajlowka
seine Frau	anwesend	gestorben an Typhus im Zwangsarbeitslager Michajlowka
Lehrer Schuller	anwesend	verschwunden
Frau Scolar	anwesend	erschossen am 21.9.1942 im Zwangsarbeitslager Teplik. Frau Scolar folgte freiwillig ihrem Kind zur Erschießung
ihr Sohn (9 Jahre)	anwesend	???
Sohn der Fam. Marcowitz	anwesend	erschossen im Frühjahr 1943 im Zwangsarbeitslager Teplik durch den Polizeiwachtmeister Karl Klink (vmtl. Klenk)
Tochter der Fam. Marcowitz	anwesend	erschossen im Frühjahr 1943 im Zwangsarbeitslager Teplik durch den Polizeiwachtmeister Karl Klink (vmtl. Klenk)
Tochter der Fam. Grunberg	anwesend	erschossen im Frühjahr 1943 im Zwangsarbeitslager Teplik durch den Polizeiwachtmeister Karl Klink (vmtl. Klenk)

Herr Gottesmann (Zahnarzt)	anwesend	erschossen am 6.2.1943 im Zwangsarbeitslager Braclaw
seine Frau	anwesend	Frau Gottesmann und die anderen wurden auf der Flucht
Frau Rosenberg	anwesend	gefasst und auf Befehl Paul Reinigers (Angehöriger der
ihre Schwester	anwesend	Basaltwerke Neschen) erschossen.
Herr Goldschmidt	anwesend	???
Herr Schwarz (Friseur)	anwesend	erschossen im Februar 1943 in Niemirow
seine Frau	anwesend	erschossen beim Spazierengehen mit ihrem Kind auf Befehl des Polizeimeisters Alfred Jahnig
Herr Buxham	anwesend	erschossen im März 1943 im Zwangsarbeitslager Niemirow
seine Frau	anwesend	erschossen im März 1943 im Zwangsarbeitslager Niemirow
Aisic Schlossberg	anwesend	erschossen im März 1943 im Zwangsarbeitslager Niemirow
Lagersprecher der jüd. Zwangsarbeiter in Krasnapolka	anwesend	erschossen im Februar 1943 auf Befehl des OT-Mannes Meister Johannes Schulte (Kommandant)
Lagersprecher der jüd. Zwangsarbeiter im Zwangsarbeitslager Teplik (Dr. Schajowicz)	anwesend	gestorben im März 1943 an Typhus
Sohn der Familie Gelmann (9 Jahre)	anwesend	gestorben an Blutvergiftung wegen einer Fußverletzung und begraben auf dem jüdischen Friedhof in Braclaw
Ungurianu Dorohoi u. seine große Familie	anwesend	gestorben nach der Deportation ins Zwangsarbeitslager Berezowka
Herr Derman (Ingenieur)	anwesend	erschossen am 5.2.1943 auf Befehl des SS-Mannes Stolzmann
seine Schwester	anwesend	erschossen am 5.2.1943 auf Befehl des SS-Mannes Stolzmann
seine Mutter	anwesend	erschossen am 5.2.1943 auf Befehl des SS-Mannes Stolzmann
Israel Sucher	anwesend	gestorben im Frühjahr 1943 an Typhus im Zwangsarbeitslager Teplik
sein Sohn Manek (14 Jahre)	anwesend	erschossen im Herbst 1943 zusammen mit allen Zwangs arbeitern des Zwangsarbeitslager Krasnapolka, nach der Deportation aus dem Zwangsarbeitslager Teplik
Herr Gropper (Borohoi)		anwesend erschossen im August 1943 in Krasnapolka. Ein deutscher Polizist erschoss ihn mit seiner Pistole während der Zwangsarbeit.
Herr Metsch	anwesend	erschossen im Sommer 1943
seine Frau	anwesend	erschossen während der Vernichtung des Zwangsarbeitslagers Krasnapolka
Lutz Adler	anwesend	erschossen bei der Vernichtung des Zwangsarbeitslagers Krasnapolka
Herr Mader	anwesend	erschossen (Datum und Ort unbekannt)
seine Tochter	anwesend	erschossen (Datum und Ort unbekannt)
Herr Schifter	anwesend	erschossen (Datum und Ort unbekannt)
seine Frau Schifter-Fagadau	anwesend	erschossen (Datum und Ort unbekannt)
ihre 1. Tochter	anwesend	erschossen (Datum und Ort unbekannt)
ihre 2. Tochter	anwesend	erschossen (Datum und Ort unbekannt)

Isaac Landmann	anwesend	erschossen bei der Vernichtung des Zwangsarbeitslagers Krasnapolka
seine Frau Anutza Landmann	anwesend	erschossen bei der Vernichtung des Zwangsarbeitslagers Krasnapolka
Schapira (Cousin)	anwesend	erschossen bei der Vernichtung des Zwangsarbeitslagers Krasnapolka
Herr Scheiner	anwesend	erschossen im Sommer 1943 im Zwangsarbeitslager Krasnapolka
Abraham Kiesler	anwesend	erschossen am 26.4.1943 im Zwangsarbeitslager Michajlowka
seine Frau Malka Kiesler	anwesend	erschossen am 26.4.1943 im Zwangsarbeitslager Michajlowka
Herr Kellmer	anwesend	erschossen am 26.4.1943 im Zwangsarbeitslager Michajlowka
Frau Kellmer	anwesend	erschossen am 10.12.1943 im Zwangsarbeitslager Tarassiwka
Dvora Semmel	anwesend	erschossen am 26.4.1943 im Zwangsarbeitslager Michajlowka
ihre Tochter Cylla	anwesend	erschossen am 26.4.1943 im Zwangsarbeitslager Michajlowka
ihr Cousin	anwesend	erschossen im Zwangsarbeitslager Tarassiwka
Herr Schor	anwesend	erschossen am 26.4.1943 im Zwangsarbeitslager Michajlowka
seine Frau	anwesend	erschossen am 26.4.1943 im Zwangsarbeitslager Michajlowka
ihre 1. Tochter	anwesend	erschossen am 10.12.1943 im Zwangsarbeitslager
ihre 2. Tochter	anwesend	erschossen am 10.12.1943 im Zwangsarbeitslager Tarassiwka
Itzku Herschmann	anwesend	erschossen am 26.4.1943 im Zwangsarbeitslager Michajlowka
seine Frau	anwesend	erschossen am 10.12.1943 im Zwangsarbeitslager Tarassiwka
Hersch Scharf	anwesend	erschossen am 26.4.1943 im Zwangsarbeitslager Michajlowka
seine Frau	anwesend	erschossen am 26.4.1943 im Zwangsarbeitslager Michajlowka
Ludo Adler	anwesend	erschossen nach Zusammenbruch wegen Typhus
Lilli Adler	anwesend	sie wurden alle zusammen am 10.12.1943 im Zwangsarbeitslager Tarassiwka erschossen
ihr Vater (Dr. Markus Rudich)	anwesend	sie wurden alle zusammen am 10.12.1943 im Zwangsarbeitslager Tarassiwka erschossen
ihre Mutter (Frau Fany Rudich)	anwesend	sie wurden alle zusammen am 10.12.1943 im Zwangsarbeitslager Tarassiwka erschossen
ihr Bruder (Gery Rudich)	anwesend	sie wurden alle zusammen am 10.12.1943 im Zwangsarbeitslager Tarassiwka erschossen
David Ungar	anwesend	erschossen am 26.4.1943 im Zwangsarbeitslager Michajlowka
seine Frau (Anna Ungar)	anwesend	folgte freiwillig ihrem Mann zur Erschießung
Jacob Landmann	anwesend	erschossen am Vormittag des 10.12.1943 im Zwangsarbeitslager Tarassiwka
seine Frau (Bertha Landmann)	anwesend	erschossen am Vormittag des 10.12.1943 im Zwangsarbeitslager Tarassiwka
ihr Sohn (Turi Landmann, 19)	anwesend	erschossen am Vormittag des 10.12.1943 im Zwangsarbeitslager Tarassiwka
Onkel (David Semmel-Tabak)	anwesend	erschossen am Vormittag des 10.12.1943 im Zwangsarbeitslager Tarassiwka
Tante (Rosa Semmel-Tabak)	anwesend	erschossen am Vormittag des 10.12.1943 im Zwangsarbeitslager Tarassiwka

Herr Hammerling (Architekt)	anwesend	gestorben nach der Deportation vom 17.9.1943 von Michajlowka nach Gaisin (Datum und Ort unbekannt)
seine Frau	anwesend	gestorben nach der Deportation vom 17.9.1943 von Michajlowka nach Gaisin (Datum und Ort unbekannt)
Herr Mandel (Ingenieur)	anwesend	erschossen am 22.9.1942 im Zwangsarbeitslager Braclaw. Herr Mandel folgte freiwillig seinem Sohn in den Tod.
sein Kind	anwesend	erschossen am 22.9.1942 im Zwangsarbeitslager Braclaw.
Herr Fruchter	anwesend	erschossen nach der Deportation von Braclaw nach Gaisin
Herr Erbsenthal	anwesend	erschossen nach der Deportation von Tarassiwka nach Gaisin
seine Frau	anwesend	erschossen am 10.12.1943 im Zwangsarbeitslager Tarassiwka
Berthold Brüll	anwesend	erschossen nach der Deportation (Datum und Ort unbekannt)
seine Frau Doks Brüll	anwesend	erschossen nach der Deportation (Datum und Ort unbekannt)
ihre Tochter (Jessica, 2 Jahre)	anwesend	verstorben nach der Deportation von Michajlowka nach Iwangorod
Herr Meikhes	anwesend	erschossen am 16.9.1942 nach der Deportation von Michajlowka nach Naraewka
seine Frau	anwesend	erschossen am 16.9.1942 nach der Deportation von Michajlowka nach Naraewka
ihre Tochter	anwesend	erschossen am 16.9.1942 nach der Deportation von Michajlowka nach Naraewka
Herr Meiselmann	anwesend	erschossen wenige Monate nach ihrer Deportation von Michajlowka nach Iwangorod
seine Frau	anwesend	erschossen wenige Monate nach ihrer Deportation von Michajlowka nach Iwangorod
ihr Sohn	anwesend	erschossen wenige Monate nach ihrer Deportation von Michajlowka nach Iwangorod
ihre Tochter	anwesend	erschossen wenige Monate nach ihrer Deportation von Michajlowka nach Iwangorod
Toni Schneeberg	anwesend	erschossen am 10.12.1943 im Zwangsarbeitslager Tarassiwka
Mizzi Harth	anwesend	erschossen am 10.12.1943 im Zwangsarbeitslager Tarassiwka
Max Gutmann	anwesend	erschossen am 10.12.1943 im Zwangsarbeitslager Tarassiwka
Seidner	anwesend	erschossen am 10.12.1943 im Zwangsarbeitslager Tarassiwka
Dampf (Friseur)	anwesend	erschossen am 10.12.1943 im Zwangsarbeitslager Tarassiwka
Brüll	anwesend	erschossen am 10.12.1943 im Zwangsarbeitslager Tarassiwka
Avram Naimann (aus Uman)	anwesend	erschossen am 10.12.1943 im Zwangsarbeitslager Tarassiwka
Herr Koch	anwesend	erschossen am 10.12.1943 im Zwangsarbeitslager Tarassiwka
seine Frau	anwesend	erschossen am 10.12.1943 im Zwangsarbeitslager Tarassiwka
Herr Kiermayer	anwesend	erschossen am 10.12.1943 im Zwangsarbeitslager Tarassiwka
seine Frau Susi Kiermayer	anwesend	erschossen am 10.12.1943 im Zwangsarbeitslager Tarassiwka
Herr Cashdan (Rechtsanwalt)	anwesend	erschossen am 10.12.1943 im Zwangsarbeitslager Tarassiwka
seine Frau	anwesend	erschossen am 10.12.1943 im Zwangsarbeitslager Tarassiwka
Herr Weininger	anwesend	erschossen am 14.12.1942 nach ihrer Deportation von Michajlowka nach Iwangorod

seine Frau	anwesend	erschossen am 14.12.1942 nach ihrer Deportation von Michajlowka nach Iwangorod
ihre 1. Tochter (Poldi)	anwesend	erschossen am 14.12.1942 nach ihrer Deportation von Michajlowka nach Iwangorod
ihre 2. Tochter (Hannerl)	anwesend	erschossen am 14.12.1942 nach ihrer Deportation von Michajlowka nach Iwangorod
Herr Rabinovici	anwesend	erschossen am 10.12.1943 im Zwangsarbeitslager Tarassiwka
seine Frau Surica Rabinovici	anwesend	erschossen am 10.12.1943 im Zwangsarbeitslager Tarassiwka
Frau Steiner	anwesend	erschossen am 10.12.1943 im Zwangsarbeitslager Tarassiwka
ihr Sohn Nori (13 Jahre)	anwesend	erschossen am 10.12.1943 im Zwangsarbeitslager Tarassiwka
Marcel Gatlan (aus Harlau)	anwesend	erschossen am 10.12.1943 im Zwangsarbeitslager Tarassiwka
Herr Barasch	anwesend	erschossen am 10.12.1943 im Zwangsarbeitslager Tarassiwka
seine Frau	anwesend	erschossen am 10.12.1943 im Zwangsarbeitslager Tarassiwka
ihr Sohn (19 Jahre)	anwesend	erschossen am 10.12.1943 im Zwangsarbeitslager Tarassiwka
ihre Tochter (jünger als 20 Jahre)	anwesend	erschossen am 10.12.1943 im Zwangsarbeitslager Tarassiwka
Simon Goldstein	anwesend	erschossen am 10.12.1943 im Zwangsarbeitslager Tarassiwka
seine Frau	anwesend	erschossen am 10.12.1943 im Zwangsarbeitslager Tarassiwka
ihr Sohn Hardy (15 Jahre)	anwesend	erschossen am 10.12.1943 im Zwangsarbeitslager Tarassiwka
Sigmund Ebner	anwesend	erschossen am 10.12.1943 im Zwangsarbeitslager Tarassiwka
seine Frau	anwesend	erschossen am 10.12.1943 im Zwangsarbeitslager Tarassiwka
sein Sohn Harry	anwesend	erschossen am 10.12.1943 im Zwangsarbeitslager Tarassiwka
dessen Bruder	anwesend	erschossen am 10.12.1943 im Zwangsarbeitslager Tarassiwka
Bernhard David	anwesend	erschossen am 10.12.1943 im Zwangsarbeitslager Tarassiwka
seine Frau Kusia David	anwesend	erschossen am 10.12.1943 im Zwangsarbeitslager Tarassiwka
Clara Scharf	anwesend	erschossen am 10.12.1943 im Zwangsarbeitslager Tarassiwka
Frau Stammler	anwesend	gestorben an Typhus im November 1942 im Zwangsarbeitslager Michajlowka
Herr Tau	anwesend	erschossen am 10.12.1943 im Zwangsarbeitslager Tarassiwka
Seine Frau	anwesend	erschossen am 10.12.1943 im Zwangsarbeitslager Tarassiwka
Frau Segal	anwesend	erschossen am 10.12.1943 im Zwangsarbeitslager Tarassiwka
ihre Tochter Paula	anwesend	erschossen am 10.12.1943 im Zwangsarbeitslager Tarassiwka
Otto Freyer	anwesend	erschossen am 10.12.1943 im Zwangsarbeitslager Tarassiwka
seine Frau	anwesend	erschossen am 10.12.1943 im Zwangsarbeitslager Tarassiwka
ihre Tochter Trude	anwesend	erschossen am 10.12.1943 im Zwangsarbeitslager Tarassiwka
ihr Sohn Lothar	anwesend	erschossen am 10.12.1943 im Zwangsarbeitslager Tarassiwka
Frau Metsch	anwesend	erschossen am 10.12.1943 im Zwangsarbeitslager Tarassiwka
ihre Tochter Yuta	anwesend	erschossen am 10.12.1943 im Zwangsarbeitslager Tarassiwka
Simon Auslander	anwesend	erschossen am 10.12.1943 im Zwangsarbeitslager Tarassiwka
seine Frau	anwesend	erschossen am 10.12.1943 im Zwangsarbeitslager Tarassiwka
ihre Tochter	anwesend	erschossen am 10.12.1943 im Zwangsarbeitslager Tarassiwka
Herr Korner	anwesend	erschossen am 10.12.1943 im Zwangsarbeitslager Tarassiwka

seine Frau	anwesend	erschossen am 10.12.1943 im Zwangsarbeitslager Tarassiwka
ihre Tochter	anwesend	erschossen am 10.12.1943 im Zwangsarbeitslager Tarassiwka
Frau Kreisel	anwesend	erschossen am 10.12.1943 im Zwangsarbeitslager Tarassiwka
ihre Tochter Selma (11 Jahre)	anwesend	erschossen am 10.12.1943 im Zwangsarbeitslager Tarassiwka
Herr Ozrud	anwesend	erschossen am 10.12.1943 im Zwangsarbeitslager Tarassiwka
seine Frau Anna Ozrud	anwesend	erschossen am 10.12.1943 im Zwangsarbeitslager Tarassiwka
Frau Enzenberg	anwesend	erschossen am 10.12.1943 im Zwangsarbeitslager Tarassiwka
ihr Sohn (der kleine Mucki, 2 Jahre)	anwesend	erschossen am 10.12.1943 im Zwangsarbeitslager Tarassiwka
Heinz Rosengarten (Ingenieur)	anwesend	erschossen am 10.12.1943 im Zwangsarbeitslager Tarassiwka
seine Frau Annie Rosengarten	anwesend	erschossen am 10.12.1943 im Zwangsarbeitslager Tarassiwka
Nathan Segall	anwesend	erschossen am 10.12.1943 im Zwangsarbeitslager Tarassiwka
seine Frau	anwesend	erschossen am 10.12.1943 im Zwangsarbeitslager Tarassiwka
ihre 1. Tochter Ruth	anwesend	erschossen am 10.12.1943 im Zwangsarbeitslager Tarassiwka
ihre 2. Tochter Livia	anwesend	erschossen am 10.12.1943 im Zwangsarbeitslager Tarassiwka
deren Verlobter Edie Weiss	anwesend	erschossen am 10.12.1943 im Zwangsarbeitslager Tarassiwka
dessen Vater Meschulem Weiss	anwesend	erschossen am 10.12.1943 im Zwangsarbeitslager Tarassiwka
dessen Frau	anwesend	erschossen am 10.12.1943 im Zwangsarbeitslager Tarassiwka

Mögen die Seelen derer, die in den Zwangsarbeitslagern jenseits des Bug ermordet wurden, in Frieden ruhen. Nur einige wenige von ihnen konnte ich aus meinem Gedächtnis hier – in der Liste der Opfer – namentlich erwähnen.

Liste der Konzentrationslager

Folgend die Liste der Konzentrationslager jenseits des Bug und die Namen der Firmen, die aus diesen Lagern Zwangsarbeiter für den Straßenbau der DG IV von der SS zur Verfügung gestellt bekamen.

Konzentrationslager	**verantwortliche Firma**
Michajlowka	August Dohrmann KG (Remscheid) und Sto(e)hr KG (München)
Niemirow	Fix und Sto(e)hr KG (München)
Kiblicz	Karl Kaiser (Hanau) und Ufer
Krasnapolka	Eras (Nürnberg)
Tarassiwka	August Dohrmann KG (Remscheid)
Berezowka	Sto(e)hr KG (München)
Naraewka	Karl Kaiser (Hanau)
Iwangorod	Eras KG (Nürnberg)
Bugakow	Sto(e)hr KG (München)
Braclaw	Horst & Jüssen, Basaltwerke Neschen GmbH (Sinzig)
Teplik	Eras KG (Nürnberg)
Braclaw	August Dohrmann KG (Remscheid)

Lager und Stützpunkte der SS und die dort begangenen Tötungen jüdischer Zwangsarbeiter[157]

Weitere Ermittlungen ergaben folgende Liste der Orte des Verbrechens:

Bauabschnitt Letyczew

Wojtowcy
Erschießung von 4 bis 5 Juden oder Ukrainern in der Nähe von Wojtowcy

Friedrichowka/Padwoloczyska
Erschießung von Juden im Spätsommer 1942

Pawlicowce
Erschießung von Juden des Lagers Pawlicowce

Proskurow
Erschießung von 7 an Fleckfieber erkrankten Juden außerhalb Proskurows im Sommer 1942 beim Stützpunkt Broghammer
Erschießung von Juden außerhalb Proskurows im Spätherbst 1942
Erschießung eines vor der Exekution geflüchteten Juden
Erschießung eines Juden durch einen Wachposten

Letyczew
Auflösung des Ghettos im Sommer 1942
Selektion und Tötung von Lagerinsassen im Herbst 1942
Erschießung von an Fleckfieber erkrankten Juden im Lager
Vernichtung der Lagerinsassen im Winter 1942

Lityn
Erschießung von 7 bis 10 Juden im Sommer 1942
Erschießung einer größeren Anzahl von Juden im Sommer 1942

Gniwan
Erschießung eines Kriegsgefangenen
Erschießung von 40 bis 50 Juden im Herbst 1942

Winnica
Erschießung von arbeitsunfähigen Juden im Hochsommer 1942

---

[157] Ermittlungsverfahren ..., vgl. Bd. 1 S. 151 ff. d. A. Vgl. 3 Js 1428/65 Itzehoe (Deutschland).

Niemirow
Erschießungen im Juni 1942
Erschießung des Juden Achselrod
Selektion und Erschießung am 14. September 1942
Erschießungen um Weihnachten 1942
Selektion am 1. Februar 1943
Selektion und Erschießung am 4. Februar 1943
Erschießung des Ehepaars Schwarz
Erschießung des Ehepaars Buxbaum
Erschießung des Juden Aisic Schlossberg
Erschießung eines jungen ukrainischen Juden zu einem unbestimmten Zeitpunkt
Erschießung der letzten Zwangsarbeiter im Frühjahr 1943
Bugakow
Erschießung des Juden Offenberger
Selektion am 5. Februar 1943
Berezowka
Erschießung des Juden Dorbarmiker
Erschießung am 5. Februar 1943
Zarudynce
Selektion am 4. oder 5. Februar 1943
Czukow
Erschießungen im September 1942
Selektionen im Winter 1942/43
Erschießungen am 4. oder 5. Febraur 1943 auf dem Flugplatz von Czukow
Auflösung des Lagers Czukow
Braclaw – Lager der Firma August Dohrmann/Schütte
Erschießungen im Sommer 1942
Erschießung von zwei Juden im Lager
Erschießungen am 22. September 1942
Abtransport eines Juden vom Arbeitsplatz zur Erschießung am 22. September 1942
Erschießung eines unbekannten Juden
Erschießung einer Zahl unbekannter Juden
Selektion von etwa 15 Juden am 5. Februar 1943[158]
Abtransport einer Jüdin von der Arbeitsstelle

[158] Unter ihnen befanden sich der einarmige Ingenieur Derman und dessen Mutter.

Braclaw – Lager der Firma Horst & Jüssen
Erschießung des Ehepaars Ruber
Erschießung des Juden Rosenbach
Erschießung rumänischer Juden am Tage des jüdischen Versöhnungsfestes 1942
Erschießung des Juden Gottesmann
Erschießung von 6 geflüchteten Juden
Erschießung von 2 Jüdinnen
Erschießung eines jüdischen Gymnasiallehrers
angebliche Erschießungen am 5. und 15. Januar 1943

Raj-Gorod
Erschießung im Juni/Juli 1942
Erschießungen am 12. und 19. Dezember 1942
Selektion und Erschießung von Juden am 28. Dezember 1942

Nicznia-Kropiwa
Erschießungen von Juden im Herbst 1942
Weitere Erschießungen
Vernichtung des Lagers am 24. Mai 1943

Gaisin
Erschießung eines Juden im Herbst 1943

Tarassiwka
Erschießung eines jüdischen Mädchens
Erschießung von 10 Juden am Erntedankfest 1942
Erschießung einer Anzahl von Jüdinnen im Winter 1942/43
Erschießung von 6 Jüdinnen zu einem unbekannten Zeitpunkt im Jahre 1943
Erschießung des Juden Erbsenthal im Sommer 1943
Erschießung des Juden Dolfi Breitner im Spätsommer 1943
Vernichtung des Lagers am 10. Dezember 1943

Michajlowka
Erschießung eines alten Juden am 18. oder 19. August 1942
Erschießung des jüdischen Professors Heimer und des Juden Kiermeier am 20. August 1942
Erschießung einer Jüdin im August/September 1942
Erschießung von 16 Juden am 29. August 1942
Erschießung einer achtzehnjährigen Jüdin am 5. September 1942
Erschießung eines ukrainischen Juden aus Uman am 11. September 1942
Erschießung von 25 Juden am 14. September 1942
Erschießung von zwei jüdischen Krankenschwestern am 21. September 1942
Erschießung der jüdischen Frauen Kron und Bromberg am 28. September 1942

Erschießung der Frau Lublin und der Schwiegermutter des jüdischen Zwangsarbeiters Koifmann am 5. Oktober 1942
Erschießung des Dr. Goldenberg am 7. Oktober 1942
Erschießung des Juden Misha, Lagersprecher der ukrainischen Juden
Erschießung des Lothar Vogelhut am 2. November 1942
Selektion und Erschießung im November/Dezember 1942
Erschießung eines Juden bei der Übersiedlung vom Sommerlager ins Winterlager
Erschießung des Juden Korn und eines weiteren unbekannten Juden am 15. November 1942
Erschießung des Juden Aisic am 12. Dezember 1942
Selektion und Erschießung am 26. April 1943
Erschießung von 3 jüdischen Mädchen am 26. April 1943

Iwangorod

Erschießung verschiedener Juden im Winter 1942/43
Erschießungsaktion am jüdischen Osterfest 1943
Erschießung von 13 Juden am 8. Juli 1943

Krasnapolka

Erschießung eines unbekannten Juden im Winter 1942/43
Erschießung eines unbekannten Juden zu einem nicht feststellbaren Zeitpunkt
Erschießung von drei Säuglingen
Erschießung des Juden Isaac Sommer
Erschießungen im Herbst 1942
Selektion und Erschießung im Winter 1942/43
Erschießung des jüdischen Lagerführers im Februar 1943
Erschießungen um Ostern 1943
Erschießung des Juden Gropper im Sommer 1943
Erschießung der Jüdin Metsch im Sommer 1943
Erschießung des Juden Scheiner im Sommer 1943
Selektion und Erschießungen im August 1943
Erschießung der Lagerinsassen bei Auflösung des Lagers im Herbst 1943

Naraewka

Erschießungsaktion am 21. September 1942
Erschießung eines jüdischen Ehepaares
Erschießung von 10 Jüdinnen

Kiblicz

Erschießungen um Weihnachten 1942
Erschießung einer Jüdin

Teplik

Selektion und Tötung von Zwangsarbeitern im September 1942
Erschießung des Kindes einer ukrainischen Jüdin
Erschießung von drei jüdischen Kindern im Frühjahr 1943

Talalaewka

Erschießung einer Jüdin
Angebliche Selektion von 30 Juden Anfang 1943
Erschießung aller Lagerinsassen
Erschießung von zwei überlebenden Juden

Ositna

Selektion von kranken Juden im Herbst 1942
Selektion und Erschießung im Dezember 1942

Kunka

Kein Hinweis auf strafbare Handlungen

Unaufgeklärte Verbrechen in der Südwestukraine

Während des Ermittlungsverfahrens gegen Mitglieder der Sicherheitspolizei, erklärte die Staatsanwaltschaft diese für unschuldig: Sie hätten auf Befehl gehandelt. Weitere Ermittlungen wurden eingestellt, weil die Namen der Täter unbekannt blieben.

(Die folgende Liste unaufgeklärter Verbrechen wurde von Daghani aufgestellt.)

Bd. 23 S. 5448-X-A1 (1)	Erschießung von vier oder fünf Juden in der Gegend von Woytwocy
Bd. 23 S. 5451-X-B1 (2)	Erschießung von Juden in Friedrichowka im Spätsommer 1942
Bd. 23 S. 5467-X.C1 (3)	Erschießung aller Insassen des Lagers Pawlikowce
Bd. 24 S. 5483-X.D1 (4)	Erschießung von sieben typhuskranken Juden im Sommer 1942 im Stützpunkt Broghammer am Stadtrand von Proskurow
Bd. 24 S. 5512-X D4 (5)	Erschießung eines Juden durch einen Wachposten in Proskurow
Bd. 24 S. 5514-X E1 (6)	Liquidierung des Letyczewer Ghettos im Sommer 1942
Bd. 24 S. 5515-X E2 (7)	Selektion und Erschießung von Insassen des Lagers Letyczew im Herbst 1942
Bd. 24 S. 5521-X- E r (8)	Erschießung aller Insassen des Lagers Letyczew im Winter 1942
Bd. 24 S. 5528-X F2 (9)	Erschießung zahlreicher Juden im Lager Lityn im Sommer 1942
Bd. 24 S. 5531-X G1 (10)	Erschießung von Kriegsgefangenen in Gniwan
Bd. 24 S. 5534-X E2 (11)	Erschießung von 40-50 Juden im Lager Gniwan im Herbst 1942
Bd. 24 S. 5540-X H1 (12)	Erschießung von arbeitsuntauglichen Juden im Zwangsarbeitslager Winnizca im Sommer 1942
Bd. 24 S. 5554 XI A1 (13)	Erschießungen in Niemirow im Juni 1942
Bd. 24 S. 5557 XI A3 (14)	Selektion und Erschießungen in Niemirow am 14. September 1942
Bd. 24 S. 5567 XI A4 (15)	Erschießungen in Niemirow um die Weihnachtszeit 1942
Bd. 24 S. 5568 XI A6 (16)	Selektion und Erschießung in Niemirow im Februar 1943
Bd. 24 S. 5571 XI A8 (17)	Erschießung des Ehepaares Buxbaum in Niemirow
Bd. 24 S. 5571 XI A10 (18)	Erschießung aller Insassen des Lagers Niemirow im Frühjahr 1943
Bd. 24 S. 5579 XI C2 (19)	Erschießung in Berezowka am 5. Februar 1943
Bd. 24 S. 5581 XI D1 (20)	Selektion in Zarudynce am 4. oder 5. Februar 1943
Bd. 24 S. 5584 XI Ek (21)	Erschießungen in Czukow im September 1942
Bd. 24 S. 5589 XI E3 (22)	Erschießung auf dem Flugplatz von Czukow am 4. oder 5. Februar 1943
Bd. 24 S. 5592 XI E4 (23)	Erschießung aller Insassen des Lagers Czukow
Bd. 24 S. 5597 XI F1 (24)	Erschießungen im Lager Braclaw im Sommer 1942
Bd. 24 S. 5599 XI F3 (25)	Erschießungen im Lager Braclaw am 22. September 1942

Bd. 24 S. 5625 XI G2 (26)	Erschießung des Juden Rosenbach in Braclaw
Bd. 24 S. 5626 XI G3 (27)	Erschießung von rumänischen Juden in Braclaw am jüdischen Versöhnungstag Yom Kippur 1942
Bd. 24 S. 5630 XI G5 (28)	Erschießung von sechs Juden in Braclaw nach einer missglückten Flucht
Bd. 24 S. 5632 XI G6 (29)	Erschießung von zwei jüdischen Frauen in Braclaw
Bd. 24 S. 5635 XI H1 (30)	Erschießung in Raj-Gorod im Juni oder Juli 1942
Bd. 24 S. 5640 XI H3 (31)	Selektion und Erschießung von Juden in Jay-Gorod am 28. Dezember 1942
Bd. 24 S. 5645 XI J1 (32)	Erschießung von Juden in Nz. Kropiwna im Herbst 1942
Bd. 24 S. 5646 XI J2 (33)	Erschießung von Juden in Nz. Kropiwna
Bd. 24 S. 5659 XI J3 (34)	Erschießung des Juden Erbsenthal im Herbst 1943
Bd. 24 S. 5663 XI K1 (35)	Erschießung eines jüdischen Mädchens in Tarassiwka
Bd. 24 S. 5672 XI K4 (36)	Erschießung von 30 Juden im Sommer 1943
Bd. 24 S. 5674 XI K5 (37)	Erschießung von sechs jüdischen Frauen in Tarassiwka, 1943
Bd. 25 S. 6582 XI K7 (38)	Erschießung aller Insassen des Lagers Tarassiwka am 10. Dezember 1943
Bd. 25 S. 5703 XI K8 (39)	Erschießung einer jüdischen Frau in Tarassiwka im Dezember 1943
Bd. 25 S. 5716 XI L3 (40)	Erschießungen in Michajlowka im September 1942
Bd. 25 S. 5739 XI L18 (41)	Selektion und Erschießung in Michajlowka am 26. April 1943
Bd. 25 S. 5756 XI M3 (42)	Erschießung von 13 Juden in Iwangorod im Juni oder Juli 1943
Bd. 25 S. 5760 XI N2 (43)	Erschießung eines Juden in Krasnapolka
Bd. 25 S. 5760 XI N3 (44)	Erschießung von drei jüdischen Babys in Krasnapolka
Bd. 25 S. 5761 XI N4 (45)	Erschießung Isaac Sommers in Krasnapolka
Bd. 25 S. 5763 XI N6 (46)	Erschießungen in Krasnapolka im Herbst 1942
Bd. 25 S. 5767 XI N6 (47)	Selektion und Erschießung in Krasnapolka im Winter 1942/43
Bd. 25 S. 5773 XI N9 (48)	Erschießung des Juden Gropper in Krasnapolka im Winter 1942/43
Bd. 25 S. 5784 XI O1 (49)	Massaker in Naraewka am 21. September 1942
Bd. 25 S. 5795 XI Q1 (50)	Selektion und Erschießung von Zwangsarbeitern in Teplik im September 1942
Bd. 25 S. 5813 XI R1 (51)	Erschießung einer jüdischen Frau in Talalaewka
Bd. 25 S. 5814 XI R3 (52)	Erschießung aller Insassen des Lagers Talalaewka
Bd. 25 S. 5814 XI R3 (53)	Erschießung zwei Überlebender in Talalaewka
Bd. 25 S. 5816 XI S1 (54)	Erschießung aller Insassen des Lagers Oradewka
Bd. 25 S. 5818 XI T1 (55)	Selektion und Erschießung von fünf Juden in Ositna im Herbst 1942
Bd. 25 S. 5825 XII 1 (56)	Vernichtung aller Einwohner des jüdischen Viertels von Uman Anfang 1942
Bd. 25 S. 5847 XII (57)	Erschießung von jüdischen Zwangsarbeitern im Gebiet Sofiewka
Bd. 25 S. 5850 XIV (58)	Erschießungen in diversen Lagern im Jahr 1942
Bd. 25 S. 5783 XI N13 (59)	Erschießung aller Zwangsarbeiter des Lagers Krasnapolka im Herbst 1943

Laufende Ermittlungen in anderen Staatsanwaltsbüros

Neben den Ermittlungen der Lübecker Staatsanwaltschaft beschäftigten sich in den sechziger und siebziger Jahren zahlreiche andere Landgerichte in der Bundesrepublik Deutschland mit folgenden Verbrechen, die während des zweiten Weltkrieges in der Südwestukraine begangen wurden:

Gaisin	Erschießung von 1500 Juden im Juli/August 1941
Gaisin	Erschießung von 300 bis 400 Juden im Frühjahr 1942
Gniwan	Erschießung von 40 bis 50 Juden im Herbst 1942
Lityn	Erschießung von 60 bis 70 Kindern im Sommer 1942
Niemirow	Erschießung von 1800 Juden im November 1941
Proskurow	Massenerschießung am 4. November 1941
Proskurow	Massaker an Kriegsgefangenen und Zivilisten – darunter Juden – im Herbst und Winter 1942
Teplik	Erschießung von etwa 1000 ukrainischen Juden im Mai 1942
Winnica	Massaker an der jüdischen Bevölkerung im Herbst 1941
Winnica	Massaker an der jüdischen Bevölkerung im Frühjahr 1942
Winnica	Erschießung von etwa 100 Juden im März 1942
Woronowicza	Massaker an der jüdischen Bevölkerung im Herbst 1941
Naraewka	Erschießung von Juden, die an Fleckfieber erkrankt waren, Winter 1942/43
Malaryta	Erschießung von mehreren hundert Juden im Sommer 1942
Kurowici	Erschießung von Lagerinsassen von 1941-1944
Lityn	Erschießung von drei Juden im Herbst 1942

Bildnachweis

Die hier aufgenommenen Bilder und Fotos stammen alle aus dem Archiv des *Centre for German-Jewish Studies* der University of Sussex, Brighton (England).

Farbbildteil:

Seite 81: Nanino am Fenster, aus: *1942 1943 And Thereafter (Sporadic records till 1977)*, S. 97, G2.053r[1]
Seite 82 oben: Der Markt von Bershad, aus: *1942 1943 And Thereafter (Sporadic records till 1977)*, S. 207, G2.110r
Seite 82, unten: Zwei Porträts aus Michajlowka, aus: *1942 1943 And Thereafter (Sporadic records till 1977)*, S. (XI) 35, G2.021r
Seite 83: Wachen und Gesichter von Gefangenen, aus: *1942 1943 And Thereafter (Sporadic records till 1977)*, S. 80b, G2.044v
Seite 84: Selbstporträt Daghanis, Quelle: A 1191
Seite 85: Nanino denkt über einen Brief nach, aus: *Memoirs. Switzerland*, S. 19, C21.025v
Seite 86: Blumen, aus: *1942 1943 And Thereafter (Sporadic records till 1977)*, S. 181, G2.097r
Seite 87: Kopf eines Clowns.
Seite 88, oben: Zirkusimpressionen – drei Clowns auf ihren Fahrrädern. Archiv des *Centre for German-Jewish Studies* der University of Sussex, Brighton (England).
Seite 88, unten: Nanino, aus: *What a Nice World*, S. 134, G1.070r

Schwarz-Weiß-Fotos:

Seite 202: *A Pictorial Autobiography 1940-1960*, Band 1, Seite 132
Seite 203: *A Pictorial Autobiography 1940-1960*, Band 1, Seite 143
Seite 208: *A Pictorial Autobiography 1963-1976*, Band 3, Seite 254
Seite 216: *1942 1943 And Thereafter (Sporadic records till 1977)*, S. 179, G2.021r

---

159 Es handelt sich hier um die Titel der Foliobände Arnold Daghanis. Daghani hat sein Kunstwerk als Gesamtkunstwerk verstanden, deshalb sehr häufig Bilder in konkreten Bezug zum Text gesetzt.

Seite 243: Privatbesitz Rieper
Seite 259: *A Pictorial Autobiography 1963-1976*, Band 3, Seite 305
Seite 269: *Arnold Daghani Proteus*, Seite 69
Seite 307: *A Pictorial Autobiography 1940-1960*, Band 1, Seite 22
Seite 284: *A Pictorial Autobiography 1940-1960*, Band 1, Seite 14
Seite 285: *A Pictorial Autobiography 1940-1960*, Band 1, Seite 18
Seite 285: *A Pictorial Autobiography 1940-1960*, Band 1, Seite 17
Seite 289: *A Pictorial Autobiography 1963-1976*, Band 3, Seite 225
Seite 291: *Arnold Daghani Proteus*, Seite 73

Herausgeber und Verlag bedanken sich herzlich bei Dr. Deborah Schultz und Professor Edward Timms vom Centre for German-Jewish Studies der University of Sussex in Brighton für die Unterstützung bei der Bildauswahl und die Bereitstellung der Daten sowie die erteilte Abdruckgenehmigung insbesondere der Bilder Arnold Daghanis. Unser Dank gilt außerdem dem Daghani Trust, der das künstlerische Erbe Daghanis verwaltet und ebenfalls seine Zustimmung erteilt hat.

Namenregister